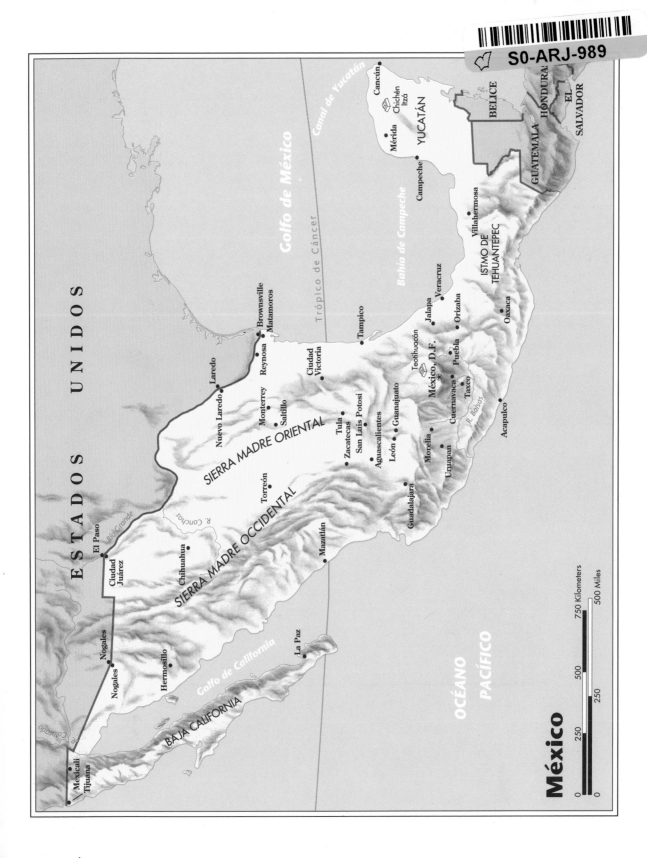

México

ESTADOS UNIDOS

OCÉANO PACÍFICO

Golfo de México

Golfo de California

BAJA CALIFORNIA

SIERRA MADRE OCCIDENTAL

SIERRA MADRE ORIENTAL

Bahía de Campeche

Canal de Yucatán

YUCATÁN

BELICE

GUATEMALA

HONDURAS

EL SALVADOR

ISTMO DE TEHUANTEPEC

Trópico de Cáncer

R. Conchos

Río Grande

R. Colorado

R. Balsas

Mexicali
Tijuana
Nogales
Nogales
Hermosillo
La Paz
Ciudad Juárez
El Paso
Chihuahua
Nuevo Laredo
Laredo
Torreón
Mazatlán
Monterrey
Saltillo
Reynosa
Matamoros
Brownsville
Ciudad Victoria
Tampico
Zacatecas
San Luis Potosí
Tula
Aguascalientes
León
Guanajuato
Guadalajara
Morelia
Uruapan
Cuernavaca
Taxco
México, D.F.
Teotihuacán
Puebla
Orizaba
Jalapa
Veracruz
Acapulco
Oaxaca
Villahermosa
Campeche
Mérida
Chichén Itzá
Cancún

750 Kilometers
500 Miles
500
250
0
0
250
500
250

¡Hola, amigos!

¡Hola, amigos!
Fifth Edition

Ana C. Jarvis
Chandler-Gilbert Community College

Raquel Lebredo
California Baptist College

Francisco Mena-Ayllón
University of Redlands

Houghton Mifflin Company   Boston   New York

Director, World Languages: New Media and Modern Language Publishing: Beth Kramer
Senior Development Editor: Sandra Guadano
Senior Project Editor: Rosemary R. Jaffe
Senior Production/Design Coordinator: Carol Merrigan
Manufacturing Manager: Florence Cadran
Marketing Manager: Tina Crowley Desprez

Cover design: Rebecca Fagan
Cover illustration: Jennie Oppenheimer

Credits for photographs are found following the index at the back of the book.

Printed in the U.S.A.

Student Text ISBN: 0-618-01183-8

Instructor's Annotated Edition ISBN: 0-618-01184-6

Library of Congress Catalog Card Number: 00-133904

789-DOC-04 03

Preface

¡Hola, amigos!, Fifth Edition, is a complete, flexible program designed for beginning college and university students. It presents the basic grammar of Spanish using a balanced, eclectic approach that stresses all four skills—listening, speaking, reading, and writing. Because the program emphasizes the active, practical use of Spanish for communication in high-frequency situations, a special effort has been made to provide up-to-date, practical insights into the cultural diversity of the contemporary Spanish-speaking world. The program's goal is to help learners achieve linguistic proficiency and cultural awareness, and to motivate them to continue their study of the Spanish language and the many cultures in which it is spoken.

Since it is essential to understand the underlying philosophy and organization of the program to use it to greatest advantage, the student's text and other components are described in detail below.

The Student's Text

¡Hola, amigos!, Fifth Edition, is divided into seven units of thematically related lessons.

- The **Lección preliminar** introduces basic concepts such as greetings and farewells, the alphabet, numbers from one to ten, colors, and days of the week, enabling students to communicate in Spanish from the outset of the course.

- Each of the fifteen regular lessons focuses on one or two real-life situations and contains the following features:

■ Objectives

Each unit begins with a list of communicative objectives for the ensuing lessons to focus students' attention on important linguistic functions.

■ Dialogues

New vocabulary and grammatical structures are first presented in the context of two brief conversations in idiomatic Spanish dealing with high-frequency situations that are the lesson's central themes. Each conversation is illustrated and English translations are provided in Appendix D to encourage deducing meaning from context. A headphone icon indicates that the dialogue is recorded on the student cassette or audio CD accompanying the text as well as the Audio Program.

■ **Vocabulario**

All new words and expressions introduced in the conversations are listed by parts of speech or under the general headings **Cognados** and **Otras palabras y expresiones.** Entries in these lists are to be learned for active use. The **Amplíe su vocabulario** section that follows expands on the thematic vocabulary introduced in the dialogues.

■ **Notas culturales**

These cultural sections, written in easy-to-read Spanish, provide information on at least two topics. The first note (**De aquí y de allá**) offers an overview of the locale in which the introductory dialogues were set, with attention to such details as climate, points of interest, customs, politics, economy, and inhabitants. A map highlighting important geographic locations accompanies each note. Subsequent notes (**De esto y aquello**) inform students about prevailing customs in the Spanish-speaking world that relate to the lesson theme. Color photos depict visually the country or custom(s) discussed.

■ **Pronunciación**

Lessons 1–7 present and practice the sounds of the Spanish language with special attention to features that pose difficulty for English speakers. A headphone icon indicates that the section is recorded on the student cassette or audio CD.

■ **Puntos para recordar and ¡Vamos a practicar!**

Each new grammatical structure featured in the dialogue is explained clearly and concisely in English so that the explanations may be used independently as an out-of-class reference. All explanations are followed by examples of their practical use in natural Spanish and some are illustrated by a cartoon. After each explanation, the activities in **¡Vamos a practicar!** offer immediate reinforcement through a variety of structured and communicative exercises. Flexible in format and expanded for the Fifth Edition, the majority of the activities may be done orally in class or assigned as written practice outside of class.

■ **Rodeo**

The **Rodeo** sections in Lessons 7, 13, and 15 summarize and practice major grammatical topics such as pronouns, commands, and the subjunctive.

■ **Y ahora, ¿qué?**

This final section provides for the recombination and synthesis of the lesson's new vocabulary and grammatical structures in a series of communicative activities. Because language is best learned through interpersonal communication, most of these exercises are designed to be done orally and require student interaction.

       Palabras y más palabras reviews new vocabulary presented in the lesson. **¡Vamos a conversar!** features personalized questions for pair interviews and a class poll. **Situaciones** involves pairs or small groups of students in using new structures and vocabulary in brief conversational exchanges. With an increasing degree of freedom, **Para escribir** guides students to express themselves in writing in a variety of formats such as letters, conversations, and descriptions. To provide additional communicative practice, photo-, realia-, or illustration-based activities appear in each lesson. For cultural enrichment, each lesson ends with a thematically related popular saying (**Un dicho** or **Un refrán**).

■ Lectura

A reading section in the final lesson of each unit contains authentic, theme-related material from Hispanic newspapers or magazines and, in Units IV–VII, literary selections. Activities include a pre-reading activity that emphasizes development of reading strategies and comprehension and personalized questions.

■ Tome este examen

At the end of each unit, the self-tests review and synthesize important vocabulary and grammatical structures introduced in the unit. And because cultural awareness is as important as linguistic competence, the self-tests also check students' knowledge of cultural concepts. Organized by lesson, the self-tests quickly enable students to determine what material they have mastered and which concepts to target for further review. An answer key for immediate verification is provided in Appendix E.

■ Material suplementario

This optional lesson at the end of the text presents grammatical structures often considered beyond the scope and sequence of an introductory Spanish program: the future and conditional perfect tenses and the compound tenses of the subjunctive. Inclusion of these materials increases the program's overall flexibility by enabling individual instructors to establish the needs of their students and to tailor the course appropriately to varying time constraints and scheduling considerations.

■ Reference Materials

The following sections provide learners with useful reference tools throughout the course.

- Maps: Up-to-date maps of the Hispanic world appear on the inside front and back covers of the textbook for quick reference.

- Appendixes: Appendix A summarizes the sounds and key pronunciation features of the Spanish language, with abundant examples. Conjugations of high-frequency regular, stem-changing, and irregular Spanish verbs constitute Appendix B. Appendix C is a glossary of all grammatical terms used in the text, with examples. Appendix D provides English translations for all the lesson dialogues. Appendix E is the answer key to the **Tome este examen** exercises.

- Vocabularies: Spanish-English and English-Spanish glossaries list all active, core vocabulary introduced in the dialogues and the **Amplíe su vocabulario** and grammar sections, as well as the passive vocabulary employed in the readings and the **Notas culturales.** The number following each entry indicates the lesson in which it first appears.

- Index: An index provides ready access to all grammatical structures presented in the text.

Supplementary Materials for the Student

■ Student Cassette or Audio CD

A free ninety-minute cassette or audio CD containing recordings of the dialogues and pronunciation sections from all textbook lessons is packaged with each copy of the student's text. This cassette or CD is designed to maximize learners' exposure to the sounds of natural spoken Spanish and improve their pronunciation.

■ Workbook/Laboratory Manual/Video Manual

Each lesson of the Workbook and Laboratory Manual sections is correlated to the corresponding lesson in the student's text. The Workbook section offers an array of writing activities—sentence completion, matching, sentence transformation, and illustration-based exercises—that provide further practice and reinforcement of concepts presented in the textbook. All lessons include a crossword puzzle for vocabulary review and a reading comprehension passage. Writing strategies and topics appear in each lesson to further skill development in that area. The Laboratory Manual section opens with an Introduction to Spanish Sounds designed to make learners aware of the differences between Spanish and English pronunciation. Each regular lesson of the Laboratory Manual includes pronunciation, structure, listening-and-speaking practice, illustration-based listening comprehension, and dictation exercises to be used in conjunction with the audio program. An answer key for all written exercises in both sections is provided for self-correction.

The Video Manual activities expand upon and enhance students' cultural knowledge of the Hispanic world and reinforce textbook content. The three activity sections—**Preparación** (pre-viewing), **Comprensión** (post-viewing comprehension), and **Ampliación** (post-viewing expansion)—are pedagogically designed to fully exploit the video footage and to give students the support they need to comprehend natural speech.

■ Audio Program

Pronunciation exercises at the beginning of each lesson feature practice of isolated sounds in the Preliminary Lesson and Lessons 1–7; global pronunciation practice is provided in Lessons 8–15. The textbook dialogues then appear as listening and pronunciation exercises in each lesson; they are dramatized once at natural speed, then reread with pauses for student repetition. They are followed by comprehension questions on the dialogues, structured grammar exercises (one for each point in the lesson), a listening comprehension activity, and a dictation. A comprehensive review section of questions follows Lesson 15. Answers to all exercises, except the dictation, are provided on the cassettes or audio CDs.

■ The ¡Hola, amigos! Video

The video features footage of locations presented in the **Notas culturales** and interview segments coordinated with lesson themes and functions. The fifteen video lessons, each ranging from approximately three or four minutes in length, develop students' listening skills and cultural awareness as they present diverse images of the Hispanic world and Hispanic life and lifestyles. Pre-viewing, post-viewing, and expansion activities correlated to the video are included in the Workbook/Laboratory Manual/Video Manual.

■ ¡Hola, amigos! *NOW!* CD-ROM

Developed in collaboration with Transparent Language, Inc., this interactive CD-ROM provides a self-paced, learner-centered environment for further practice of the language and cultural information presented in **¡Hola, amigos!** The textbook's vocabulary and grammatical points are used in context throughout, while specially created activities and games present native-speaker speech, develop listening and reading skills, and help improve pronunciation and intonation.

■ Computer Study Modules 2.0 CD-ROM

The dual-platform CD-ROM offers additional, computer-aided practice using structures and vocabulary from the textbook. Cue-response and fill-in exercises focus on lesson vocabulary and grammar. Multiple-choice completion of mini-conversations and fill-in paragraphs and conversations provide reading comprehension practice. Help boxes with verb conjugations or word lists offer immediate assistance to students as they work.

■ The ¡Hola, amigos! Web Site

The text web site features varied web-search activities related to the content of the lessons. A self-test for each lesson serves as an additional check for students of their progress in Spanish. The site may be accessed at <http://college.hmco.com>, select Spanish.

We would like to hear your comments on and reactions to **¡Hola, amigos!**, Fifth Edition. Reports on your experiences using this program would also be of great interest and value to us. Please write us care of Houghton Mifflin Company, 222 Berkeley Street, Boston, Massachusetts, 02116-3764.

Acknowledgments

We wish to express appreciation to the users of **¡Hola, amigos!** who have provided feedback on their experience with the program and to the following colleagues for the many valuable suggestions they offered in their reviews of the Fourth Edition.

Lydia Bernstein, Bridgewater State College
Linda Burk, Manchester Community Technical College
Dimitrios Karayiannis, Southern Illinois University
David Korn, Anderson College
Barbara Kruger, Finger Lakes Community College
Ping Mei Law, McMaster University
Denis Mohan, University of Guelph
Stephen Richman, Mercer County Community College
Mercedes Rowinsky, Wilfred Laurier University
Virginia Vigil, Austin Community College at Rio Grande

We also extend our sincere appreciation to Rosario Mercado (Riverside Community College) for reviewing proof; Marisa Garman for writing the video activities; Sylvia Madrigal for writing the video narrations; and the World Languages Staff of Houghton Mifflin Company, College Division: Beth Kramer, Director; Amy Baron, Sponsoring Editor; Sandra Guadano, Senior Development Editor; Julie Lane, Project Editor; Rosemary Jaffe, Senior Project Editor; and the design, production, and art staff who assisted with the program.

Ana C. Jarvis
Raquel Lebredo
Francisco Mena-Ayllón

Contents

¡Hola, amigos!

Estudiantes universitarios, México.

Lección preliminar: Saludos y despedidas

By the end of this lesson, you will be able to:

- greet and say good-bye to others
- name the days of the week
- identify colors
- request and give phone numbers

Saludos y despedidas

En el parque de Chapultepec, en la Ciudad de México.

Por la mañana

— Buenos días, José Luis.
— Buenos días, Inés. ¿Cómo estás?
— Bien, ¿y tú?
— Muy bien, gracias. ¿Qué hay de nuevo?
— No mucho...

Por la tarde

— Buenas tardes, Amelia.
— Hola, Lupe. ¿Qué tal?
— Bien. Oye, ¿cuál es tu número de teléfono?
— Cinco-cero-siete-cuatro-dos-nueve-ocho.

Por la noche

— Hasta mañana, Raúl.
— Adiós y buenas
  noches. Saludos a
  Verónica.
— Gracias. Nos vemos.

Vocabulario

Algunos saludos y despedidas (*Some greetings and farewells*)

Buenos días. Good morning.
Buenas tardes. Good afternoon.
Buenas noches. Good evening;
  Good night.
Hola. Hello; Hi.
✓**¿Qué hay de nuevo?** What's new?
¿Qué tal? How is it going?
Adiós. Good-bye.
Hasta mañana. (I'll) see you
  tomorrow.
Nos vemos. (I'll) see you.

Otras palabras y expresiones (*Other words and expressions*)

bien fine, well
✓**¿Cómo estás?** How are you?
✓**¿Cuál es tu número de teléfono?**
  What's your phone number?
en at, in, on
en el parque in the park
en la Ciudad de México in Mexico
  City
gracias thanks, thank you
muy very
muy bien very well; just fine
por la mañana in the morning
por la noche in the evening; at
  night
por la tarde in the afternoon
Saludos a... Say hi to . . .
¿Y tú? And you?

96 Amplíe su vocabulario
(*Expand your vocabulary*)

Más despedidas (*More farewells*)

Chau.	*Bye.*
Hasta la vista.	*(I'll) see you around.*
Hasta luego.	*(I'll) see you later.*

Algunas expresiones de cortesía (*Some polite expressions*)

¿Cómo? ¿Mande? (*Mex.*)	*Pardon?* (when one doesn't understand or hear what is being said)
De nada.	*You're welcome.*
Más despacio, por favor.	*Slower, please.*
Muchas gracias.	*Thank you very much.*
Pase.	*Come in.*
Perdón.	*Sorry.*
Permiso.	*Excuse me.*
Tome asiento.	*Have a seat.*

¿Qué diría usted? (*What would you say?*)

What would you say in each of the following situations? What might the other person say?

1. You greet your friend Inés in the morning. You want to catch up on the latest news.
2. You are very grateful for a favor. You will see your friend tomorrow.
3. You ask a classmate his/her phone number.
4. You stepped on someone's foot.
5. You didn't understand what someone said.
6. You want to know how things are going for your friend.
7. You expect to see someone later on. You tell that person to say hi to your best friend.
8. You are waving good-bye.
9. Your Spanish-speaking friend is talking too fast.
10. Someone knocks on your door.
11. You offer someone a seat.
12. You are going through a crowded room.

DE AQUÍ Y DE ALLÁ
(*From here and there*)

La capital de México es una de las ciudades más antiguas del Hemisferio Occidental. La población es de unos 17 millones de habitantes. Un aspecto fascinante de la Ciudad de México es el contraste entre (*between*) lo antiguo y lo nuevo, especialmente entre la arquitectura indígena, española y ultramoderna.

Otra ciudad importante es Guadalajara, famosa por sus mariachis. La ciudad tiene (*has*) hermosos (*beautiful*) parques, monumentos y avenidas.

¿Verdadero o falso?
(*True or false?*)

1. La Ciudad de México es muy moderna.
2. En México hay 23 millones de habitantes.
3. La arquitectura de México es indígena, española y ultramoderna.
4. Guadalajara es famosa por sus mariachis.

Plaza del Zócalo, Ciudad de México.

Puntos para recordar
(*Points to remember*)

1. The alphabet (*El alfabeto*)¹

Letter²	Name	Letter	Name	Letter	Name
a	a	j	jota *-hota*	r	ere *- airay*
b	be	k	ka	rr	erre *airrtay*
c	ce	l	ele	s	ese
ch	che	ll	elle *-ajay*	t	te
d	de	m	eme	u	u *- ooh*
e *-a*	e	n	ene	v	ve
f	efe	ñ	eñe *-enyay*	w	doble ve
g *- haig*	ge	o	o	x	equis
h	hache	p	pe	y	i griega *- eegreeayga*
i	i	q	cu *-c oo*	z	zeta *- ceta*

¡Atención!   **Ch** and **ll** are not treated as separate letters in new dictionaries.

¡Vamos a practicar! (*Let's practice!*)

A. Read the following abbreviations aloud in Spanish.

1. FBI
2. CIA
3. USA
4. TWA
5. D.C.

B. In groups of four, ask each person in the group how to spell his/her last name. Ask: **¿Cómo se deletrea tu apellido?**

---

¹For a complete introduction to Spanish sounds, see Appendix A, p. 355, which appears on the lab recording before the Preliminary Lesson.
²All letters are feminine: **la a, la b,** and so on.

2. Days of the week (*Días de la semana*)

ENERO 2001						
lunes	**martes**	**miércoles**	**jueves**	**viernes**	**sábado**	**domingo**
MON 1	*Tues* 2	*wed* 3	*Thurs* 4	*fri* 5	*Sat* 6	*sun* 7
8	9	10	11	12	13	14
15	16	17	18	19	20	21
22	23	24	25	26	27	28
29	30	31				

- In Spanish-speaking countries, the week begins on Monday.

- Note that the days of the week are not capitalized in Spanish.

- The days of the week are masculine in Spanish. The masculine definite articles **el** and **los** are used with them to express *on*: **el lunes, los martes,** etc.

- To ask "What day is today?" say: **¿Qué día es hoy?**

¡Vamos a practicar!

A. Look at the preceding calendar and say the day that corresponds to each of the following dates.

1. el 11 de enero
2. el 31 de enero
3. el 9 de enero
4. el 12 de enero
5. el 7 de enero
6. el 29 de enero
7. el 20 de enero

B. The person asking the following questions is always a day ahead. Respond according to the model.

MODELO: Hoy es lunes, ¿no?
No, hoy es domingo.

1. Hoy es miércoles, ¿no?
2. Hoy es domingo, ¿no?
3. Hoy es viernes, ¿no?
4. Hoy es martes, ¿no?
5. Hoy es sábado, ¿no?
6. Hoy es jueves, ¿no?

3. Numbers 0 to 10 (*Números 0 a 10*)

■ Learn the Spanish numbers from zero to ten. You will then be able to give your phone number in Spanish.

0	cero	6	seis
1	uno	7	siete
2	dos	8	ocho
3	tres	9	nueve
4	cuatro	10	diez
5	cinco		

■ To ask someone for his or her phone number, say:

¿Cuál es tu número de teléfono?   *What is your phone number?*

¡Atención!   **Uno** changes to **un** before a masculine, singular noun: **un libro** (*one book*).
Uno changes to **una** before a feminine singular noun: **una silla** (*one chair*).

¡Vamos a practicar!

A. Say the telephone number of each of the following people.

NOMBRES	TELÉFONOS
María Luisa Pagán	325-4270
José María Pereyra	476-0389
Teresita Peña	721-4693
Amanda Pidal	396-7548
Angel Pardo	482-3957
Benito Paredes	396-1598
Raquel Parra	476-8539
Tito Paz	721-0653
David Pizarro	482-7986
María Inés Pinto	396-8510

B. Ask three or four of your classmates for their phone numbers. Write down the response and show it to each one, asking **¿Está bien?** (*Is it okay?*). He or she will say **sí** or **no** and will correct any mistakes.

4. Colors (*Colores*)

Learn the names of the different colors that you see in the classroom. They are:

amarillo

gris

rojo

anaranjado

marrón
(café)

rosado

azul

morado

verde

blanco

negro

¡Vamos a practicar!

A. Review the colors you have just learned. What color(s) do you associate with each of the following objects?

1. an orange
2. blood
3. a tree
4. coffee
5. an elephant
6. a banana
7. coal
8. a canary
9. a cloudy sky
10. the night
11. rosy cheeks
12. a violet
13. your clothes
14. the American flag
15. your favorite sports team

B. To ask someone whether he or she likes something, you say: **"¿Te gusta...?"**[1] To say that you like something, say: **"Me gusta..."** Conduct a survey of your classmates to find out which color is the most popular in class, following the model.

MODELO: — ¿Qué color te gusta?
— *Me gusta **el color rojo**.*

---

[1]When addressing someone as **usted,** use **"¿Le gusta...?"**

Lección preliminar

A. The alphabet

Spell the following last names in Spanish.

1. Vera   3. Soto   5. Barrios
2. Paz   4. Laredo   6. Núñez

B. Days of the week

Write the names of the missing days.

lunes, _____, _____, jueves, _____, _____, domingo

C. Numbers 0–10

Write the following numbers in Spanish.

1. 8 _____   5. 5 _____   9. 2 _____
2. 4 _____   6. 10 _____   10. 7 _____
3. 6 _____   7. 3 _____   11. 9 _____
4. 1 _____   8. 0 _____

D. Colors

What colors do you associate with each of the following objects?

1. a banana   4. a clear sky   7. an orange
2. coffee   5. an elephant   8. snow
3. grass   6. a dark night   9. plums

E. Vocabulary

Complete the following sentences, using vocabulary from **Lección preliminar.**

1. _____ días, Lupe. ¿_____ estás?
2. Hola, Sergio. ¿Qué _____ de _____?
3. — ¿Cuál _____ tu _____ de _____?
   —Es 467-2205.
4. Hasta la _____. _____ a María Inés.
5. Más _____, por favor.
6. Pase y _____ _____.

F. Cultura

Circle the correct answer, based on the **Notas culturales** you have read.

1. La capital de México es una de las ciudades más (modernas/antiguas) del Hemisferio Occidental.
2. Guadalajara es una ciudad (ultramoderna/hermosa).

La vida universitaria

Estudiantes de la Universidad Ibero Americana, Ciudad de México.

Lección 1: **El primer día de clase**
Lección 2: **¿Qué clases tomamos?**
Lección 3: **El día de matrícula**

By the end of this unit, you will be able to:
- introduce yourself
- request and give the correct time
- discuss the courses you and your classmates are taking
- talk about your activities and what you have to do
- express possession
- give and request information regarding nationality and place of residence
- describe people
- talk about how you feel

El primer día de clase

En la Universidad de Puebla, en México.

La profesora Vargas[1] habla con María Inés Vega, una alumna. (student)

MARÍA INÉS	— Buenas tardes, señora.
PROFESORA	— Buenas tardes, señorita. ¿Cómo se <u>llama</u> usted?
Jama	
MARÍA INÉS	— Me llamo María Inés Vega.
PROFESORA	— Mucho gusto, señorita Vega.
MARÍA INÉS	— El gusto es mío.

En la clase, María Inés habla con Pedro. (friendlier)

PEDRO	— Hola. ¿Cómo te llamas?
MARÍA INÉS	— Me llamo María Inés Vega. ¿Y tú?
PEDRO	— Pedro Morales.
MARÍA INÉS	— ¿De dónde eres, Pedro? ¿De México?
PEDRO	— Sí, soy mexicano. ¿Y tú eres norteamericana?
MARÍA INÉS	— No, yo soy cubana. Soy de La Habana.

---

[1]When you are speaking *about* (not *to*) a person both by name and by title, use of the definite article is required.

Es **el** doctor Martínez.

El profesor Vega habla con **el** señor Ramírez.

Daniel habla con Sergio.

DANIEL — ¿Cómo es tu nueva compañera de clase? *(fem.)*

SERGIO — ¿Ana? Es una chica alta y delgada. Es bonita,[1] inteligente y muy simpática.

DANIEL — ¿Es mexicana?

SERGIO — Sí, es de Guadalajara.

El doctor Martínez habla con los estudiantes.

ROBERTO — Buenos días, profesor. ¿Cómo está usted?

PROFESOR — Bien, ¿y usted?

ROBERTO — Muy bien. Profesor, ¿cómo se dice "de nada" en inglés? *= how do you say?*

PROFESOR — Se dice *"you're welcome"*.

MARÍA — ¿Qué quiere decir *"I'm sorry"*? *what does this word mean?*

PROFESOR — Quiere decir "lo siento".

MARÍA — Muchas gracias.

PROFESOR — De nada. Hasta mañana.

MARÍA — ¿Hay clases mañana, profesor?

PROFESOR — Sí, señorita.

---

[1]When referring to men, **guapo** (*handsome*) is used.

¿Recuerda usted? (*Do you remember?*)

With a partner, decide whether the following statements about the dialogues
are true (**verdadero**) or false (**falso**).

1. María Inés Vega es profesora.
2. María Inés habla con Daniel.
3. Pedro Morales es cubano.
4. María Inés es de La Habana.
5. Ana es bonita y muy simpática.
6. Ana es norteamericana.
7. De nada quiere decir *I'm sorry*.
8. Ana es la compañera de clase de Sergio.
9. El doctor Martínez es profesor.
10. Mañana hay clases.

 # Vocabulario

Títulos (*Titles*)[1]

doctor (Dr.) doctor (*m.*)
doctora (Dra.) doctor (*f.*)
profesor(a) professor
señor (Sr.) Mr., sir, gentleman
señora (Sra.) Mrs., Madam, lady
señorita (Srta.) Miss, young lady

Nombres (*Nouns*)

el, la alumno(a) student
la chica, la muchacha young girl
el chico, el muchacho young man
la clase class
el, la compañero(a) de clase classmate
el, la estudiante student
la universidad university

Adjetivos (*Adjectives*)

alto(a) tall
bonito(a) pretty
cubano(a) Cuban
delgado(a) slender, thin
guapo(a) handsome, good looking
inteligente intelligent
mexicano(a) Mexican
norteamericano(a) North American (from the U.S.)[2]
nuevo(a) new
simpático(a) charming, nice

Otras palabras y expresiones

¿Cómo? How?
¿Cómo es? What is he/she like?
con with
De nada. You're welcome.
en inglés in English[3]
habla he/she speaks
hay there is, there are
La Habana Havana
no no, not
ser to be
sí yes
tu your

---

[1]In Spanish, titles are not capitalized when used with a last name unless they are abbreviated:
 señor Fernández but **Sr. Fernández.**
[2]In documents and formal situations, **estadounidense** is used to denote U.S. citizenship.
[3]**En español** = in Spanish.

Expresiones de cortesía (*Polite expressions*)

Mucho gusto.   It's a pleasure to meet you; How do you do?

El gusto es mío.   The pleasure is mine.

Lo siento.   I'm sorry.

Preguntas y respuestas útiles (*Useful questions and replies*)

¿Cómo está usted?   How are you?

No muy bien.   Not very well.

¿Cómo se dice...?   How do you say . . .?

Se dice...   You say . . .

¿Cómo se llama usted?   What is your name? (*formal*)

¿Cómo te llamas?   What is your name? (*familiar*)

Me llamo...   My name is . . .

¿De dónde eres?   Where are you from?

Soy de...   I'm from . . .

¿Qué quiere decir...?   What does . . . mean?

Quiere decir...   It means . . .

96 Amplíe su vocabulario

Vocabulario para la clase (*Vocabulary for the class*)

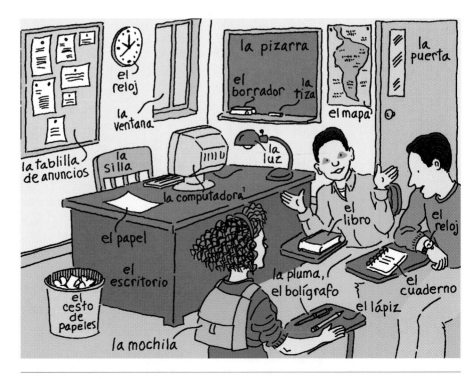

---

[1] **El ordenador** in Spain.

¿Qué necesitamos? (*What do we need?*)

A. Explain what object or objects you and your classmates need for each purpose listed. Begin each sentence with **Necesitamos.**

  1. to write on
  2. to see when the room is dark
  3. to write with and to erase with
  4. to sit in class
  5. to place or post ads, notices, or bits of news
  6. to throw away used papers
  7. to carry books and notebooks
  8. to study geography
  9. to send e-mail
  10. to know what time it is

B. Work with a partner and ask each other whether you need certain objects. Name ten items. When asking, point to or offer the item. When answering, tell what you do need if you answer **no.** Follow the model.

> MODELO: — *¿Necesitas el mapa?*   (Do you need the map?)
> — *Sí, necesito el mapa.*
> (*No, necesito el lápiz.*)

DE AQUÍ Y DE ALLÁ

A poco más de (*a little more than*) 80 millas al sur de la Ciudad de México está situada la pintoresca ciudad de Puebla, una de las primeras ciudades coloniales de América. Está diseñada en la forma tradicional de las ciudades coloniales españolas: al centro hay una gran plaza rodeada (*surrounded*) por la catedral y los principales edificios del gobierno (*government*). Entre sus muchos lugares (*places*) de interés están, además de la catedral, una de las más grandes (*biggest*) del hemisferio occidental, La Casa de Alfeñique, una ostentosa mansión colonial convertida en museo, la Universidad Autónoma de Puebla y un teatro del siglo (*century*) XVIII, posiblemente el más antiguo (*the oldest*) de América del Norte.

DE ESTO Y AQUELLO
(*Of this and that*)

- **María** es un nombre muy popular en España y en Latinoamérica. Se usa (*It's used*) frecuentemente con otros nombres: **Ana María, María Isabel,** etc. También (*Also*) se usa como segundo nombre para los hombres: **José María, Jesús María,** etc.

- En muchos países hispanos, los abogados (*lawyers*) y otros profesionales que tienen el equivalente de un *Ph.D.* tienen el título de **doctor** o **doctora.**[1]

Una plaza en la ciudad de Puebla, México.

[1]**Licenciado** in Mexico.

¿Verdadero o falso?

1. Puebla es una ciudad muy moderna.
2. En las ciudades coloniales españolas siempre hay una plaza.
3. No hay muchos lugares de interés en Puebla.
4. La Casa de Alfeñique es hoy un museo.
5. El teatro de Puebla es muy moderno.
6. En Puebla hay una universidad autónoma.
7. María no es un nombre popular en España.
8. En muchos países hispanos sólo (*only*) los abogados tienen el título de doctor.

Pronunciación (*Pronunciation*)

 ## Las vocales (*vowels*) *a, e, i, o, u*[1]

Spanish vowels are constant, clear, and short. To practice the sound of each vowel, repeat the following words.

a	m**a**p**a**	s**á**b**a**do	h**a**st**a** m**a**ñ**a**n**a**
	h**a**bl**a**r	tr**a**b**a**j**a**r	de n**a**d**a**
e	m**e**s	l**e**ch**e**	**e**studiant**e**
	est**e**	P**e**p**e**	s**e**m**e**str**e**
i	s**i**lla	l**i**bro	un**i**vers**i**dad
	t**i**za	láp**i**z	señor**i**ta
o	d**o**ct**o**r	S**o**t**o**	l**o**s pr**o**fes**o**res
	d**o**nde	b**o**rrad**o**r	d**o**ming**o**
u	m**u**jer	al**u**mno	**u**niversidad
	g**u**sto	l**u**nes	comp**u**tadora

Puntos para recordar

1. Gender of nouns, part I (*Género de los nombres, parte I*)

■ In Spanish, all nouns—including those denoting non-living things—are either masculine or feminine in gender.[2]

---

[1]See Appendix A for a complete introduction to Spanish pronunciation.
[2]See Appendix C for a glossary of grammatical terms.

Masculine		Feminine	
el hombre	man	**la mujer**	woman
el profesor		**la profesora**	
el cuaderno		**la tiza** - chalk.	
el lápiz		**la ventana**	

- Most nouns that end in **-o** or denote males are masculine: **cuaderno, hombre.**

- Most nouns that end in **-a** or denote females are feminine: **ventana, mujer.**

¡Atención!   Some common exceptions include the words **día** (*day*) and **mapa** (*map*), which end in **-a** but are masculine, and **mano** (*hand*), which ends in **-o** but is feminine.

■ Here are some helpful rules to remember about gender.

- Some masculine nouns ending in **-o** have a corresponding feminine form ending in **-a: el secretario / la secretaria.**

- When a masculine noun ends in a consonant, you often add **-a** to obtain its corresponding feminine form: **el profesor / la profesora.**

- Some nouns have the same form for both genders: **el estudiante / la estudiante.** In such cases, gender is indicated by the article **el** (masculine) or **la** (feminine).

¡Vamos a practicar!

Tell whether the following nouns are feminine or masculine.

1. mapa M
2. tiza F
3. escritorio M
4. secretaria F
5. silla F
6. profesora F
7. pizarra F
8. libro B
9. mujer F
10. puerta F
11. ventana F
12. bolígrafo M
13. hombre M
14. día M
15. secretario
16. mano F
17. computadora
18. profesor

2. Plural forms of nouns (*Formas del plural de los nombres*)

Spanish singular nouns are made plural by adding **-s** to words ending in a vowel and **-es** to words ending in a consonant. When a noun ends in **-z,** change the **z** to **c** and add **-es.**

Singular	*Plural*
silla	sillas
estudiante	estudiantes
profesor	profesores
borrador	borradores
lápiz	lápices

¡Atención! When an accent mark falls on the *last* syllable of a word that ends in a consonant, it is omitted in the plural form:

lec**ción** → lec**ciones**[1]

¡Vamos a practicar!

Give the plural of the following nouns.

1. mapa
2. profesor
3. tiza
4. lápiz
5. ventana
6. mochila
7. lección
8. escritorio
9. borrador
10. día
11. luz
12. papel

3. Definite and indefinite articles (*Artículos determinados e indeterminados*)

■ The definite article[2]

Spanish has four forms that are equivalent to the English definite article *the.*

	Singular	*Plural*
Masculine	**el**	**los**
Feminine	**la**	**las**

el profesor	**los** profesores
el lápiz	**los** lápices
la profesora	**las** profesoras
la pluma	**las** plumas

[1]For an explanation of written accent marks, refer to Appendix A.
[2]See Appendix C.

¡Atención! Always learn new nouns with their corresponding definite articles—this will help you remember their gender.

■ The indefinite article[1]

The Spanish equivalents of *a* (*an*) and *some* are as follows:

	Singular		*Plural*	
Masculine	**un**	a, an	**unos**	some
Feminine	**una**	a, an	**unas**	some

un libro   **unos** libros
un profesor   **unos** profesores
una silla   **unas** sillas
una ventana   **unas** ventanas

¡Vamos a practicar!

For each of the following illustrations, identify the noun together with its corresponding definite and indefinite articles.

1.   2.   3.

4.   5.   6.

7.   8.   9.   10.

[1]See Appendix C.

4. Subject pronouns (*Pronombres personales usados como sujetos*)[1]

	Singular		*Plural*
yo	I	**nosotros**	we (*m.*)
		nosotras	we (*f.*)
tú	you (*familiar*)	**vosotros**	you (*m., familiar*)
		vosotras	you (*f., familiar*)
usted	you (*formal*)	**ustedes**	you (*formal, familiar*[2])
él	he	**ellos**	they (*m.*)
ella	she	**ellas**	they (*f.*)

■ Use the **tú** form as the equivalent of *you* when addressing a close friend, a relative, or a child. Use the **usted** form in *all* other instances. In most Spanish-speaking countries, young people tend to call each other **tú,** even if they have just met.

■ In Latin America, **ustedes** (abbreviated **Uds.**) is used as the plural form of both **tú** and **usted** (abbreviated **Ud.**). In Spain, however, the plural form of **tú** is **vosotros(as).**

■ The masculine plural forms **nosotros, vosotros,** and **ellos** can refer to the masculine gender alone or to both genders together:

Juan y Roberto → **ellos**   Juan y María → **ellos**

■ Unlike English, Spanish does not generally express *it* or *they* as separate words when the subject of the sentence is a thing.

Es una mesa.   *It is a table.*

¡Vamos a practicar!

A. What subject pronouns do the following pictures suggest to you?

1. _____Yo_____   2. _____tú_____   3. _____nosotros_____

[1]See Appendix C.
[2]In Latin America.

4. _NOSOTRAS_

5. _ELLOS_

6. _ustedes = uds._

7. _él_

8. _ella_

9. _usted ud._

B. What pronoun would you use to address the following people?

1. the president of the university
2. two strangers
3. your best friend
4. your mother
5. a new classmate
6. your neighbor's children

5. Present indicative of *ser* (*Presente de indicativo del verbo* ser)[1]

The verb **ser** (*to be*) is irregular. Its forms must therefore be memorized.

yo	**soy**	I am
tú	**eres**	you (*fam.*) are
Ud. ⎱		you (*form.*) are
él ⎬	**es**	he is
ella ⎰		she is
nosotros(as)	**somos**	we are
vosotros(as)	**sois**	you (*fam.*) are
Uds. ⎱		you are
ellos ⎬	**son**	they (*masc.*) are
ellas ⎰		they (*fem.*) are

[1]See Appendix C.

— Ud. **es** el doctor Rivas, ¿no?
— No, **soy** el profesor Vera.

*"You **are** Dr. Rivas, aren't you?"*
*"No, **I am** Professor Vera."*

— ¿De dónde son Uds.?
— **Somos** de Puebla. ¿De dónde **eres** tú?
—**Soy** de Guanajuato.

*"Where **are** you from?"*
*"We **are** from Puebla. Where **are** you from?"*
*"**I'm** from Guanajuato."*

¡Vamos a practicar!

A. Complete each of the following sentences in a logical manner.

1. Carlos es de Colorado y yo...
2. Ellas son estudiantes y el doctor Alvarado...
3. Ellos son cubanos y nosotros...
4. José es de Utah y tú...
5. Ella es María Vega y yo...
6. Marcos es de Argentina y Uds. ...
7. Elsa es de Lima y tú y yo...
8. Ellos son doctores y Ud. ...

B. Answer the following questions.

1. ¿Qué día es hoy?
2. ¿De dónde es Ud.?
3. ¿De dónde es el profesor (la profesora)?
4. ¿Uds. son norteamericanos?
5. ¿Cuál es su número de teléfono?

C. In groups of three, ask each other where you are from. Be prepared to have one person report to the class.

6. Forms of adjectives and agreement of articles, nouns, and adjectives
(*La formación de adjetivos y la concordancia de artículos, nombres y adjetivos*)

A. Forms of adjectives[1]

■ Most adjectives in Spanish have two basic forms: the masculine form ending in **-o** and the feminine form ending in **-a.** Their corresponding plural forms end in **-os** and **-as,** respectively.

profesor cuban**o**	profesores cuban**os**
profesor**a** cuban**a**	profesor**as** cuban**as**
chic**o** alt**o**	chic**os** alt**os**
chic**a** alt**a**	chic**as** alt**as**

■ When an adjective ends in **-e** or a consonant, the same form is normally used with both masculine and feminine nouns.

libro verd**e**	pluma verd**e**
lápiz azu**l**	tiza azu**l**

■ The only exceptions are as follows:

- Adjectives of nationality that end in a consonant have feminine forms ending in **-a.**

señ**or** español (*Spanish*)	señ**ora** español**a**
señ**or** inglé**s** (*English*)	señ**ora** ingle**sa**

- Adjectives ending in **-or, -án, -ón,** or **-ín** have feminine forms ending in **-a.**

el alumno trabajad**or**
la alumna trabajad**ora** } *the hardworking student*

■ In forming the plural, adjectives follow the same rules as nouns.

mexican**o** → mexican**os**
feli**z** (*happy*) → feli**ces**
azul → azu**les**

B. Position of adjectives

■ In Spanish, adjectives that describe qualities (*tall, good,* and so on) generally *follow* nouns, while adjectives of quantity precede them.

Estela es una mujer **alta.**	*Estela is a **tall** woman.*
Hay **tres** plumas.	*There are **three** pens.*

C. Agreement of articles, nouns, and adjectives

■ In Spanish, the article, the noun, and the adjective agree in gender and number.

el muchach**o** simpátic**o**	**los** muchach**os** simpátic**os**
la muchach**a** simpátic**a**	**las** muchach**as** simpátic**as**

---

[1]See Appendix C.

¡Vamos a practicar!

A. Rewrite the following sentences according to the cues given in parentheses. Make all necessary changes.

1. *La pluma* es azul. (lápices)
2. *El alumno* es mexicano. (alumnas)
3. *El hombre* es feliz. (mujeres)
4. *El señor* es cubano. (señoritas)
5. *Las ventanas* son blancas. (puerta)
6. Hay *una silla* negra. (sillas)
7. Es *un hombre* trabajador. (mujeres)
8. *La doctora* es española. (doctor)

B. With a partner describe the following people.

1. Ricky Martin
2. Cameron Díaz y Julia Roberts
3. Bill Cosby
4. Einstein
5. Leonardo DiCaprio y Antonio Banderas
6. Gwyneth Paltrow

7. Numbers 11 to 100 (*Números 11 a 100*)

11 once	20 veinte	30 treinta
12 doce	21 veintiuno	31 treinta y uno
13 trece	22 veintidós	32 treinta y dos
14 catorce	23 veintitrés	40 cuarenta
15 quince	24 veinticuatro	41 cuarenta y uno
16 dieciséis[1]	25 veinticinco	50 cincuenta
17 diecisiete	26 veintiséis	60 sesenta
18 dieciocho	27 veintisiete	70 setenta
19 diecinueve	28 veintiocho	80 ochenta
	29 veintinueve	90 noventa
		100 cien[2]

[1]The numbers sixteen to nineteen and twenty-one to twenty-nine can also be spelled with a **y** (*and*): **diez y seis, diez y siete... veinte y uno, veinte y dos,** and so on. The pronunciation of each group of words, however, is identical to the corresponding word spelled with the **i.**
[2]When counting beyond 100, **ciento** is used: **ciento uno.**

¡Vamos a practicar!

A. Complete the following series of numbers.

> MODELO: tres, seis, ..., quince
> *tres, seis, nueve, doce, quince*

1. dos, cuatro, ..., dieciocho
2. uno, tres, cinco, ..., diecisiete
3. once, catorce, diecisiete, ..., veintinueve
4. cinco, diez, ..., treinta
5. diez, veinte, ..., cien

B. Learn the following mathematical terms; then solve the problems.

+ más   − menos   = son

1. $7 + 13 =$	5. $52 - 20 =$	9. $16 + 56 =$
2. $17 + 12 =$	6. $90 - 30 =$	10. $40 + 22 =$
3. $90 + 5 =$	7. $65 + 35 =$	11. $21 - 10 =$
4. $5 + 13 =$	8. $80 - 35 =$	12. $100 - 60 =$

C. Ask three or four classmates their phone number. To give a phone number, say the first number alone and the rest in pairs. This pattern is common in many Spanish-speaking countries.

> MODELO: — *¿Cuál es tu número de teléfono?*
> — *Es 9-24-85-37.*

Y ahora, ¿qué? (*And now, what?*)

Palabras y más palabras (*Words and more words*)

Internet

For more practice with lesson topics, see the related activities on the **¡Hola, amigos!** web site (http://www.hmco.com/college).

Complete each sentence using vocabulary from **Lección 1.**

1. ¿Cómo te _____ tú? ¿María?
2. ¿Qué _____ decir "lo siento"?
3. ¿Cómo se _____ "*window*" en español?
4. El _____ es mío, señora.
5. La profesora _____ con los alumnos en español.
6. Ella es de La Habana. Es _____.
7. Ellos son de Utah; son _____.
8. ¿De dónde _____ tú? ¿De México?
9. ¿Cómo _____ Ud.? ¿Bien?
10. En la clase hay un profesor y veinte _____.

11. Ramiro es un _____ muy simpático.
12. Ellos son mis (*my*) nuevos _____ de clase.
13. ¿ _____ es Olga? ¿Bonita?
14. _____ 20 alumnos en la clase.
15. Me _____ Marisa Robles.

¡Vamos a conversar! (*Let's talk!*)

A. Para conocerse mejor (*To know each other better*) Get to know your partner better by asking each other the following questions.

1. ¿Cómo te llamas?
2. ¿Eres norteamericano(a)?
3. ¿De dónde eres?
4. ¿Cuál es tu número de teléfono?
5. ¿Quién (*who*) es tu profesor(a) favorito(a)?
6. ¿Cómo es tu mejor amigo(a) (*best friend*)?
7. ¿Cómo estás?

B. Una encuesta (*A survey*) Interview your classmates to identify who fits the following descriptions. Include your instructor, but remember to use the **Ud.** form when addressing him/her.

	Nombre
1. Es muy paciente.	
2. Es inteligente.	
3. Es muy liberal.	
4. Es conservador(a).	
5. Es popular.	
6. Es eficiente.	
7. Es perfeccionista.	
8. Es atlético(a).	
9. Es optimista.	
10. Es pesimista.	

Situaciones (*Situations*)

What would you say in the following situations? What might the other person say? Act out the scenes with a partner.

1. You meet Mrs. García in the evening and you ask her how she is.
2. You ask Professor Vega how to say "I'm sorry" in Spanish.
3. You ask a young girl what her name is.
4. You ask a classmate what the new student is like.
5. You ask a classmate where he or she is from.
6. You ask your professor what "slender" means.

 ## Para escribir (*To write*)

Complete the following dialogue in which Dr. Rivera talks with a student.

Dr. Rivera	— _____
Estudiante	— Me llamo Daniel Menéndez.
Dr. Rivera	— _____
Estudiante	— El gusto es mío, profesor.
Dr. Rivera	— _____
Estudiante	— Sí, soy de Guadalajara. ¿Y usted, profesor? ¿Es de Cuba?
Dr. Rivera	— _____

¿Qué pasa aquí? (*What's going on here?*) With a partner, look at the photograph on page 11 and create a dialogue between two of the people in the photo. The two people should greet each other, introduce themselves and tell where they're from.

~~~~ Un dicho ~~~~
Saber es poder.

Knowledge is power.

¿Qué clases tomamos?

Cuatro estudiantes de Latinoamérica hablan en la Universidad de California en Los Ángeles.

Pedro habla con su amigo Jorge.

PEDRO	— ¿Qué asignaturas tomas este semestre, Jorge?
JORGE	— Tomo matemáticas, inglés, historia y química. ¿Y tú?
PEDRO	— Yo estudio biología, física, literatura y español.
JORGE	— ¿Es difícil tu clase de física?
PEDRO	— No, todas mis clases son fáciles.
JORGE	— ¿Tú trabajas en la cafetería?
PEDRO	— No, trabajo en el laboratorio de lenguas.
JORGE	— ¿Y Adela? ¿Dónde trabaja ella?
PEDRO	— Ella y Susana trabajan en la biblioteca.
JORGE	— ¿Cuántas horas trabajan?
PEDRO	— Tres horas al día.
JORGE	— ¿Trabajan en el verano?
PEDRO	— No, en junio, julio y agosto no trabajan.

Elsa y Dora conversan en la cafetería.

ELSA — ¿Qué deseas tomar?
DORA — Una taza de café. ¿Y tú?
ELSA — Un vaso de leche.
DORA — Oye, necesito mi horario de clases.
ELSA — Aquí está. ¿Cuántas clases tomas este semestre?
DORA — Cuatro. A ver…, ¿A qué hora es la clase de historia?
ELSA — Es a las nueve.
DORA — ¿Qué hora es?
ELSA — Son las ocho y media.
DORA — ¡Caramba! Me voy.
ELSA — ¿Por qué?
DORA — Porque ya es tarde.
ELSA — ¿A qué hora terminas hoy?
DORA — Termino a la una. Ah, ¿con quién estudias hoy?
ELSA — Con Eva, mi compañera de cuarto.

¿Recuerda usted?

With a partner, decide whether the following statements about the dialogues are true (**verdadero**) or false (**falso**).

T   1. Pedro, Jorge, Elsa y Dora son latinoamericanos.
T   2. Jorge y Pedro son amigos.
F   3. Todas las clases de Jorge son difíciles.
F   4. Susana y Adela trabajan en el laboratorio de lenguas.
F   5. Las chicas trabajan en el verano.
T   6. Elsa habla con Dora.
T   7. Dora desea tomar café.
F   8. Dora no toma clases este semestre.
T   9. La clase de historia es por la mañana.
T 10. Eva es la compañera de cuarto de Elsa.

Vocabulario

Cognados	
agosto August	**junio** June
la biología biology	**Latinoamérica** Latin America
la cafetería cafeteria	**la literatura** literature
la física physics	**las matemáticas** mathematics
la historia history	**el semestre** semester
julio July	

Nombres (*Nouns*)

el (la) amigo(a) friend
la asignatura, la materia course, subject
la biblioteca library
el café coffee
el (la) compañero(a) de cuarto roommate
el español Spanish (*language*)
la hora hour
el horario de clases[1] class schedule

la informática, la cibernética computer science
el inglés English (*language*)
el laboratorio de lenguas[1] language lab
la leche milk
la química chemistry
la taza cup
el vaso (drinking) glass
el verano summer

---

[1]Spanish uses prepositional phrases that correspond to the English adjectival use of nouns: **horario de clases** (*class schedule*); **laboratorio de lenguas** (*language lab*).

Verbos (*Verbs*)

conversar   to talk, converse
desear   to wish, want
estudiar   to study
hablar   to speak
necesitar   to need
terminar   to end, finish, get through
tomar   to take (*a class*); to drink
trabajar   to work

Adjetivos

difícil   difficult
fácil   easy
todos(as)   all

Otras palabras y expresiones

a   at (*with time of day*)
a ver...   let's see . . .

usar – to use

al día   a day, per day
✓**¿A qué hora...?**   (At) what time . . . ?
Aquí está.   Here it is.
¡Caramba!   Wow! Gee!
¿Con quién?   With whom?
¿Cuántos(as)?   How many?
de   of
✓**¿Dónde?**   Where?
✓**este semestre**   this semester
✓**hoy**   today
Me voy.   I'm leaving.
oye...   listen . . .
¿Por qué...?   Why . . . ?
porque   because
✓**¿Qué?**   What?
✓**¿Qué hora es?**   What time is it?
¿Quién? (¿Quiénes?)   Who?
y media   half past
ya es tarde   it's (already) late

9.5 Amplíe su vocabulario

Para pedir bebidas (*Ordering drinks*)

Deseo una taza de

café
té — *tea*
chocolate caliente — *hot chocolate*
café con leche — *coffee and milk*

Deseo un vaso de

agua con hielo — *ice water*
leche
cerveza — *beer*
té helado, té frío — *iced tea*

Deseo jugo[1] (*juice*) de

- manzana — *apple*
- naranja — *orange*
- tomate
- toronja — *grapefruit*
- uvas — *grapes*

Deseo una copa de vino (*wine*)

- blanco
- rosado — *rosé*
- tinto — *red*

Deseo una botella (*a bottle*) de agua mineral

Más asignaturas (*More course subjects*)

- ✓ la administración de empresas — *business administration*
- ✓ la antropología — *anthropology*
- ✓ el arte — *art*
- ✓ las ciencias políticas — *political science*
- ✓ la contabilidad — *accounting*
- ✓ la danza aeróbica — *aerobic dance*
- ✓ la geografía — *geography*
- ✓ la geología — *geology*
- la música — *music*
- la psicología — *psychology*
- la sociología — *sociology*

---

[1]**Zumo** in Spain.

¿Qué deciden?

A. Choose what you will have to drink according to the circumstances described in each case. Then indicate your choice, using **Voy a tomar...**

1. You are allergic to citrus fruit.
   a. un vaso de jugo de toronja
   b. un vaso de jugo de manzana
   c. un vaso de jugo de naranja

2. You are very hot and thirsty.
   a. una taza de chocolate caliente
   b. un vaso de té helado
   c. una taza de café

3. You don't drink alcohol.
   a. una botella de agua mineral
   b. una botella de cerveza
   c. una copa de vino tinto

4. You're having breakfast in Madrid.
   a. una copa de vino rosado
   b. un vaso de agua con hielo
   c. una taza de café con leche

5. It's a cold winter night.
   a. un vaso de jugo de uvas
   b. una taza de chocolate caliente
   c. un vaso de leche fría

B. Say what class(es) you need according to the following situations. Start by saying **Necesito tomar...**

1. You need to get in shape.
2. You would like to get a job in the business world.
3. You need two humanities classes.
4. You need three social science classes.
5. You know very little about other countries.

DE AQUÍ Y DE ALLÁ

 Los Ángeles fue <u>fundada</u> (*was founded*) <u>por los españoles</u> en <u>1771.</u> El nombre original de la ciudad era (*was*) Pueblo de Nuestra Señora de la Reina de los Ángeles. En 1847, la ciudad <u>pasó a formar parte</u> (*became part*) de los Estados Unidos después de la Guerra (*War*) México-Americana. En Los Ángeles, <u>como</u> (*as*) <u>en toda</u> California, la influencia española es evidente en los nombres <u>de las calles</u> (*streets*) y en la arquitectura.

Gran parte de la población de Los Ángeles es hispana, principalmente de origen mexicano. La influencia mexicana se nota especialmente en la calle Olvera, una de las más antiguas de la ciudad. En este centro turístico con numerosos mercados, restaurantes y <u>tiendas</u> (*shops*), los turistas <u>encuentran</u> (*find*) un <u>pequeño</u> (*little*) México.

En 1998 los californianos <u>eligieron</u> (*chose*) al primer vicegobernador de origen hispano, Cruz Bustamante.

DE ESTO Y AQUELLO

- En la mayoría de los países hispanos, <u>el año escolar</u> (*school year*) no se divide en semestres o trimestres; <u>dura</u> (*it lasts*) nueve meses. Hay <u>pocas</u> (*few*) asignaturas electivas. Los requisitos generales se toman en la escuela secundaria. Al nivel universitario, los estudiantes <u>se concentran en sus propios campos</u> (*their own fields*): arquitectura, ingeniería, medicina, ciencias económicas, etc.

- En las <u>notas</u> (*grades*) se usan números <u>en vez de</u> (*instead of*) letras como en los Estados Unidos y muchas veces los exámenes son orales.

Mural de Roberto Delgado en Aliso Pico, en el este de Los Ángeles.

¿Verdadero o falso?

1. La ciudad de Los Ángeles fue fundada por los mexicanos.
2. La influencia española es evidente en California.
3. La población hispana en Los Ángeles es muy numerosa.
4. La calle Olvera es un centro turístico.
5. La mayor parte de la población hispana de Los Ángeles es de origen mexicano.
6. El primer vicegobernador de origen hispano fue elegido en 1989.
7. Hay muchas asignaturas electivas en los países hispanos.
8. El año escolar dura doce meses.
9. En los países hispanos se usan letras para las notas.
10. Los estudiantes hispanos no toman exámenes orales.

Pronunciación

 ## Linking[1]

Practice linking by reading aloud the following sentences.

1. Hoy es el último día.

2. Juan habla con Norma.

3. Necesita una identificación.

4. ¿A qué hora es su clase?

5. Deseo un vaso de agua.

Puntos para recordar

1. Present indicative of *-ar* verbs (*Presente de indicativo de los verbos terminados en* -ar)

■ Spanish verbs are classified according to their endings. There are three conjugations:[2] **-ar, -er,** and **-ir.**[3]

---

[1]See Appendix A for an explanation of linking.
[2]See Appendix C.
[3]The infinitive (unconjugated form) of a Spanish verb consists of a stem and an ending. The stem is what remains after the ending (**-ar, -er,** or **-ir**) is removed from the infinitive.

hablar (*to speak*)		
Singular		
	Stem Ending	
yo	habl- **o**	Yo **hablo** español.
tú	habl- **as**	Tú **hablas** español.
Ud.	habl- **a**	Ud. **habla** español.
él	habl- **a**	Juan **habla** español. Él **habla** español.
ella	habl- **a**	Ana **habla** español. Ella **habla** español.
Plural		
nosotros(as)	habl- **amos**	Nosotros(as) **hablamos** español.
vosotros(as)	habl- **áis**	Vosotros(as) **habláis** español.
Uds.	habl- **an**	Uds. **hablan** español.
ellos	habl- **an**	Ellos **hablan** español.
ellas	habl- **an**	Ellas **hablan** español.

— Rosa, <u>tú</u> **hablas** inglés, ¿no?   *"Rosa, you **speak** English, don't you?"*
— Sí, **hablo** inglés y español.   *"Yes, I **speak** English and Spanish."*
— ¿Qué idioma **hablan** Uds.   *"What language **do you speak***
   con el profesor?   *with the professor?*
— **Hablamos** español.   *"**We speak** Spanish."*

■ Native speakers usually omit subject pronouns in conversation because the ending of each verb form indicates who is performing the action described by the verb. The context of the conversation also provides clues as to whom the verb refers. However, the forms **habla** and **hablan** are sometimes ambiguous even in context. Therefore, the subject pronouns **usted, él, ella, ustedes, ellos,** and **ellas** are used in speech with greater frequency than the other pronouns.

■ Regular verbs ending in **-ar** are conjugated like **hablar.** Other verbs conjugated like **hablar** are **conversar, desear, estudiar, necesitar, terminar, tomar,** and **trabajar.**

— ¿A qué hora **terminan** Uds. hoy?   *"What time **do you finish** today?"*
— **Terminamos** a las tres.   *"**We finish** at three o'clock."*

— ¿Qué **necesitas**?   *"What **do you need**?"*
— **Necesito** el horario de clases.   *"**I need** the class schedule."*

¡Atención!   In Spanish, as in English, when two verbs are used together, the second verb remains in the infinitive.

Deseo **hablar** con Roberto.   *I want to speak with Roberto.*

■ The Spanish present tense has three equivalents in English.

Yo hablo.
$\begin{cases} \textit{I speak.} \\ \textit{I am speaking.} \\ \textit{I do speak.} \end{cases}$

¡Vamos a practicar!

A. Complete the following exchanges using the present indicative of the verbs in the list. Then act them out with a partner.

~~hablar~~   ~~desear~~   ~~estudiar~~   necesitar   ~~terminar~~   ~~tomar~~   ~~trabajar~~

1. — ¿Con quién _Estudias_ tú historia?

   _Yo_ _estudio_ con Carlos.

2. — ¿A qué hora _termina_ la clase?

   — A las dos.

3. — ¿Uds. _trabajan_ en el verano?

   — No, _tomamos_ clases.

4. — ¿Qué idioma _hablan_ (ellos) en Chile?   *lang.*

   — Español.

5. — ¿Qué _desea_ tomar Ud.?

   — Yo _deseo_ tomar té helado.

6. — ¿Qué _necesita_ Teresa?

   — Un vaso.

B. Complete each of the following sentences.

   MODELO: — Yo trabajo en el laboratorio de lenguas y María...
   — *Yo trabajo en el laboratorio de lenguas y María trabaja en la biblioteca.*

1. Jorge estudia química y nosotros...
2. Yo hablo inglés y tú...
3. Ud. toma un vaso de leche y ella...
4. Tú deseas una taza de café y Raúl...
5. Roberto necesita el horario de clases y Uds. ...
6. Este semestre ella toma física y nosotros...
7. Yo converso con el profesor y ellos...
8. Tú terminas en agosto y yo...
9. Él trabaja tres horas al día y nosotros...
10. Nosotros hablamos español y ellos...

C. Interview a partner, using the following questions.

1. ¿Cuántas clases tomas este semestre?
2. ¿Qué asignaturas tomas?
3. ¿Estudias en la biblioteca o en el laboratorio de lenguas?
4. ¿Trabajas en la universidad?
5. ¿Cuántas horas al día trabajas?
6. ¿Deseas una taza de café o (or) un vaso de agua?
7. ¿Con quién estudias?

2. Interrogative and negative sentences (Oraciones interrogativas y negativas)

A. Interrogative sentences

■ In Spanish, there are three ways of asking a question to elicit a *yes/no* response.

> ¿**Elena** habla español?
> ¿Habla **Elena** español?   Sí, Elena habla español.
> ¿Habla español **Elena?**

■ These three questions ask for the same information and have the same meaning. The subject may be placed at the beginning of the sentence, after the verb, or at the end of the sentence. Note that written questions in Spanish begin with an inverted question mark.

— ¿**Trabajan Uds.** en la biblioteca?   *"**Do you work** in the library?"*
— No, trabajamos en el laboratorio   *"No, we work in the language*
  de lenguas.   *lab."*

— ¿**Habla** español **la profesora?**   *"**Does the professor speak**
                                                     Spanish?"
— Sí, y también habla inglés.   *"Yes, and she also speaks*
                                                     English."

— ¿**Carmen es** de Venezuela?   *"**Is Carmen** from Venezuela?"*
— Sí, es de Caracas.   *"Yes, she's from Caracas."*

¡Atención!   Spanish does not use an auxiliary verb, such as *do* or *does*, in an interrogative sentence.

¿**Habla Ud.** inglés?   ***Do you speak*** *English?*
¿**Necesita él** el libro?   ***Does he need*** *the book?*

¡Vamos a practicar!

Complete the following dialogues by supplying the questions that would elicit the responses given.

1. —¿ _Ustedes estudian_ enla...
   — Sí, estudiamos en la biblioteca.

2. —¿ _Tomas mathemática este semestre._
   — No, este semestre tomo sociología.

3. —¿ _Trabajas por la mañana_
   — No, trabajo por la noche.

4. —¿ _Ellos trabajan en el verano._
   — Sí, ellos trabajan en el verano.

5. —¿ _Tomas vino_ ?
   —No, tomo jugo.

6. —¿ _deseas una taza de café._
   — No, deseo una taza de chocolate.

B. Negative sentences

■ To make a sentence negative in Spanish, simply place the word **no** in front of the verb.

Yo tomo café.	*I drink coffee.*
Yo **no** tomo café.	*I **don't** drink coffee.*

■ If the answer to a question is negative, the word **no** appears twice: once at the beginning of the sentence, as in English, and again before the verb.

—¿Trabajan Uds. por la noche?	*"Do you work at night?"*
—**No,** nosotros **no** trabajamos por la noche.	*"No, we don't work at night."*

¡Atención!   Spanish does not use an auxiliary verb, such as the English *do* or *does*, in a negative sentence.

Ella no estudia inglés.   *She does not study English.*
Yo no estudio hoy.   *I do not study today.*

¡Vamos a practicar!

A. This person has the wrong information. Use the cues provided to give him the right information.

MODELO: ¿Ud. es de Chile?   (México)
          No, no soy de Chile; soy de México.

1. ¿Tú necesitas el libro?   (el horario de clases)
2. ¿Tú tomas café?   (Pepsi)
3. ¿Necesitamos muchos libros?   (dos)
4. ¿Rebeca es norteamericana?   (cubana)
5. ¿Elsa termina a las ocho?   (a las siete)
6. ¿Ellos hablan español?   (inglés)
7. ¿Es difícil la clase de geografía?   (fácil)

B. Write a list of five original *yes/no* questions, and ask a partner to answer them.

3. Possessive adjectives (*Adjetivos posesivos*)

Forms of the Possessive Adjectives		
Singular	*Plural*	
mi	**mis**	my
tu	**tus**	your (*fam.*)
su	**sus**	your (*form.*) his her its their
nuestro(a)	**nuestros(as)**	our
vuestro(a)	**vuestros(as)**	your (*fam. pl.*)

■ Possessive adjectives[1] always precede the nouns they introduce. They agree in number (singular or plural) with the nouns they modify.

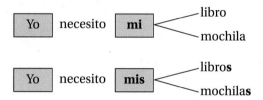

■ **Nuestro** and **vuestro** are the only possessive adjectives that have the feminine endings **-a** and **-as.** The others take the same endings for both genders.

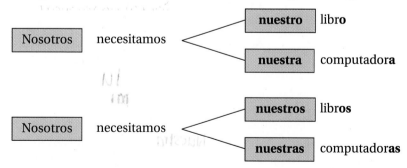

■ Possessive adjectives agree with the thing possessed and *not* with the possessor. For instance, two male students would refer to their female professor as **nuestra profesora,** because **profesora** is feminine.

---

[1]See Appendix C.

■ Because **su** and **sus** have several possible meanings, the forms **de él, de ella, de ellos, de ellas, de Ud.,** or **de Uds.** can be substituted to avoid confusion. Use this pattern: *article* + *noun* + **de** + *pronoun.*

   — ¿Es la amiga **de él?**   *"Is she **his** friend?"*
   — Sí, es **su** amiga.   *"Yes, she is **his** friend."*

¡Vamos a practicar!

A. Complete the following exchanges using the appropriate possessive adjectives. Then act them out with a partner.

1. — ¿Tú necesitas _tu_ bolígrafo rojo?
   — Sí, necesito _mi_ bolígrafo rojo y _mis_ lápices negros.

2. — ¿De dónde es la profesora de Uds.?
   — _Nuestra_ profesora es de Los Ángeles.

3. — ¿Qué necesita Roberto?
   — _Sus_ cuadernos y _su_ libro de español.

4. — Los alumnos de Uds., ¿son mexicanos?
   — No, _nuestros_ alumnos son de Cuba.

5. — ¿Qué necesita Ana? ¿ _su_ mochila?
   — No, necesita _su_ reloj.

B. With a partner, ask each other the following questions.

1. ¿De dónde es tu mejor amigo(a)?
2. ¿Tus padres (*parents*) son de California?
3. ¿Necesitas tus libros hoy?
4. ¿Son fáciles tus clases?
5. ¿Es simpático(a) tu compañero(a) de cuarto?

4. Gender of nouns, part II (*Género de los nombres, parte II*)

Here are practical rules to help you determine the gender of those nouns that do not end in **-o** or **-a.** There are also a few important exceptions.

■ Nouns ending in **-ción, -sión, -tad,** and **-dad** are feminine.

la lec**ción**	*lesson*	**la** liber**tad**	*liberty*
la televi**sión**	*television*	**la** universi**dad**	*university*

[handwritten margin note: tion ending = ción in eng.]

■ Many words that end in **-ma** are masculine.

el telegra**ma**	*telegram*	**el** idio**ma**	*language*
el progra**ma**	*program*	**el** cli**ma**	*climate*
el siste**ma**	*system*	**el** proble**ma**	*problem*

■ The gender of nouns that have other endings and that do not refer to males or females must be learned. Remember that it is helpful to memorize a noun with its corresponding article.

el español	**la** clase
el inglés	**la** tarde
el café	**la** noche
el borrador	**la** luz
el reloj	

[handwritten: el poema = poem]
[handwritten: el toma = theme]

¡Vamos a practicar!

For each illustration or set of words, give the Spanish noun together with its corresponding definite article.

1. *el programa*   2. *el café*

3. francés, italiano, portugués

<u>el idioma</u>

4. Harvard, Yale, Stanford

<u>la universidad.</u>

5. <u>la lección</u>

6. <u>el problema</u>

7. <u>la noche</u>

8. <u>el borrador.</u>

5. Telling time (*La hora*)

■ The following word order is used for telling time in Spanish:

Es la		**y**		
or	+	hour	+	*or*	+	*minutes*
Son las		**menos**		

Es la una y veinte.

Son las cinco menos diez.

■ **Es** is used with **una.**

Es la una y cuarto.   *It is a quarter after one.*

Son is used with all the other hours.

Son las dos y cuarto.   *It is a quarter after two.*
Son las cinco y diez.   *It is ten after five.*

Programación de Telecaribe

VIERNES

6:00	Telecaribe	9:00	Noticiero Televista
6:50	Noticiero Cartagena T.V.	9:30	Las Amazonas
7:00	Champagne	10:00	Amor Gitano
7:30	Esta sí es la Costa	11:00	Noticiero Cartagena T.V.
8:00	Coralito	11:10	Cierre

■ The feminine definite article is always used before the hour, since it refers to **la hora.**

Es **la** una menos veinticinco.   *It is twenty-five to one.*
Son **las** cuatro y media.   *It is four-thirty.*

■ The hour is given first, then the minutes.

Son las **cuatro** y **diez.**   *It is **ten** after **four.** (literally, "four and ten")*

■ The equivalent of *past* or *after* is **y.**

Son las doce **y** cinco.   *It is five **after** twelve.*

■ The equivalent of *to* or *till* is **menos.** It is used with fractions of time up to a half hour.

Son las ocho **menos** veinte.   *It is twenty **to** eight.*

¡Atención!   To find out at what time an event will take place, use **¿A qué hora...?** as shown below. Observe that in the responses the equivalent of *at* + *time* is **a** + **la(s)** + *time*.

> — **¿A qué hora** es la clase de arte? "**What time** is art class?"
> — **A la** una. "**At** one o'clock."
>
> — **¿A qué hora** termina Julio hoy? "**What time** does Julio finish today?"
> — **A las** cinco y media. "**At** five-thirty."

■ Note the difference between **de la** and **por la** in expressions of time.

• When a specific time is mentioned, **de la (mañana, tarde, noche)** should be used. This is the equivalent to the English A.M. and P.M.

> Estudiamos a las **cuatro de la tarde.**   *We study at* **4** P.M.

• When no specific time is mentioned, **por la (mañana, tarde, noche)** should be used.

> Yo trabajo **por la mañana** y ella trabaja **por la noche.**   *I work* **in the morning** *and she works* **at night.**

¡Vamos a practicar!

A. Give the time indicated on the following clocks, writing out the numerals in Spanish. Start with clock number one, then read the times aloud.

B. With a partner, ask each other the following questions.

1. ¿A qué hora es tu primera (*first*) clase?
2. ¿A qué hora termina?
3. ¿Estudias por la mañana, por la tarde o por la noche?
4. ¿A qué hora trabajas?
5. ¿A qué hora terminas de trabajar?

6. Months and seasons (*Los meses y las estaciones*)

Los meses del año

enero	*January*	**mayo**	*May*	**septiembre**	*September*
febrero	*February*	**junio**	*June*	**octubre**	*October*
marzo	*March*	**julio**	*July*	**noviembre**	*November*
abril	*April*	**agosto**	*August*	**diciembre**	*December*

¡Atención!   In Spanish, months are not capitalized.

Las estaciones del año

la primavera	*spring*	**el otoño**	*autumn*
el verano	*summer*	**el invierno**	*winter*

- Note that all the seasons are masculine except **la primavera.**

- In South America, the seasons are the reverse of those in North America; that is, summer starts on December 21, and winter on June 21.

- To ask for the date, say:

  ¿Qué fecha es hoy?   ***What's the date today?***

- When telling the date, always begin with the expression **Hoy es el...**

  Hoy es el veinte de mayo.   ***Today is*** May twentieth.

- Note that the number is followed by the preposition **de** (*of*), and then the month.

el quince de mayo	*May fifteenth*
el diez de septiembre	*September tenth*
el doce de octubre	*October twelfth*

- The ordinal number **primero** (*first*) is used when referring to the first day of the month.[1]

el primero de febrero	*February first*
— ¿Qué fecha es hoy, **el primero de octubre?**	*"What's the date today, **October first?**"*
— No, hoy es **el dos de octubre.**	*"No, today is **October second.**"*

---

[1]In Spain today, many people say **el uno de: el uno de febrero.**

¡Vamos a practicar!

A. On what dates do the following annual events take place?

1. Independence Day
2. Halloween
3. New Year's Day
4. Washington's birthday
5. Christmas
6. the first day of spring
7. April Fool's Day
8. Veteran's Day

B. In which season does each of these months fall?

1. febrero
2. agosto
3. mayo
4. enero
5. octubre
6. julio
7. abril
8. noviembre

C. On what dates do the following events occur?

1. your mother's birthday
2. your father's birthday
3. your best friend's birthday
4. your birthday
5. the first day of classes this semester
6. the end of classes

D. Ask four or five classmates when their birthday is. Ask: **¿Cuándo es tu cumpleaños?**

Y ahora, ¿qué?

Palabras y más palabras

Internet

For more practice with lesson topics, see the related activities on the **¡Hola, amigos!** web site.

Complete each sentence, using vocabulary from **Lección 2.**

1. ¿Qué _____ toma tu amiga?
2. En Madrid hablan _____ .
3. ¿Deseas una _____ de café?
4. Necesito el _____ de clases.
5. Trabajo en el _____ de lenguas.
6. Un sinónimo de **materia** es _____ .
7. ¿_____ clases tomas? ¿Tres o cuatro?
8. ¿Trabajan cuatro _____ al día?
9. ¿Qué _____ es? ¿Las dos y media?

10. Yo deseo un _____ de leche.
11. ¿Quién es tu compañero de _____?
12. Las estaciones del año son la _____, el verano, el _____ y el invierno.

¡Vamos a conversar!

A. **Para conocerse mejor.** Get to know your partner better by asking each other the following questions.

1. ¿Qué asignaturas tomas tú este semestre?
2. ¿Cuál es tu clase favorita?
3. ¿Conversas con tus amigos en la cafetería? ¿Tomas café con ellos?
4. ¿Cuántas horas al día estudias? ¿Cuántas horas trabajas?
5. ¿Qué clases deseas tomar el próximo (*next*) semestre?
6. ¿Tomas clases en el verano?
7. ¿Qué estación te gusta?
8. ¿Deseas tomar café, leche, té o jugo?

B. **Una encuesta.** Interview your classmates to identify who does the following activities. Include your instructor, but remember to use the **Ud.** form when addressing him/her.

	Nombre
1. Trabaja por la noche.	
2. Trabaja cuatro horas al día.	
3. Toma clases en el verano.	
4. Toma mucho café.	
5. Toma cerveza o vino.	
6. Estudia los domingos.	
7. Estudia en la biblioteca.	
8. Toma danza aeróbica.	
9. Toma una clase de psicología.	
10. Desea tomar una clase de arte.	

Situaciones

What would you say in the following situations? What might the other person say? Act out the scenes with a partner.

1. You want to ask a friend what subjects he or she is taking this semester.
2. You want to tell someone what subjects you are taking.
3. You want to ask someone where he or she works.
4. You want to order something to drink.
5. You want to know the time.

 ## Para escribir

Work with a partner to create a schedule for him/her. Use the following questions to ask about your partner's schedule.

¿Qué clases tomas?
¿Qué días es la clase de...? ¿A qué hora?
¿Trabajas? ¿Qué días? ¿A qué hora?

¿Qué dice aquí? (*What does it say here?*)

With a classmate, study Virginia's schedule and answer the following questions.

1. ¿Qué días tiene (*has*) Virginia la clase de historia? ¿A qué hora?
2. ¿Cuántas clases tiene Virginia por la noche?
3. ¿Qué clases tiene ella los (*on*) lunes, miércoles y viernes a las ocho?
4. ¿Qué idioma estudia Virginia? ¿Qué días?
5. ¿Cuándo estudia con el grupo?
6. ¿A qué hora almuerza Virginia (*does Virginia have lunch*)? ¿Dónde?
7. ¿Dónde trabaja Virginia?
8. ¿Cuántas horas trabaja por (*per*) semana?
9. ¿Qué clases incluyen laboratorio?
10. ¿Qué estudia Virginia los sábados?

Horario de Virginia

	Lunes	Martes	Miércoles	Jueves	Viernes	Sábado
8:00	Biología		Biología		Biología	
9:00	Japonés	Japonés	Japonés	Japonés		
10:00	Estudiar con el grupo		Estudiar con el grupo		Estudiar con el grupo	Cibernética
11:00		Educación física		Educación física		
12:00	Cafetería	Cafetería	Cafetería	Cafetería	Cafetería	
1:00		Biología (Laboratorio)		Japonés (Laboratorio)		
2:00	Trabajar en la biblioteca ⟶					
3:00						
4:00	↓	↓	↓	↓	↓	
5:00						
6:00						
7:00	Historia		Historia			
8:00	↓		↓			

~~~ **Un dicho** ~~~

El tiempo es oro (gold).

Time is money (gold).

El día de matrícula

En una universidad en San Antonio, Texas.

Hoy es el último día para pagar la matrícula. Juan habla con la cajera.

JUAN — ¿Cuánto debo pagar por cada unidad?
CAJERA — ¿Es usted residente del estado?
JUAN — Sí, soy residente.
CAJERA — Tiene que pagar ochenta y cinco dólares por unidad.
JUAN — ¿Aceptan cheques?
CAJERA — Sí, pero necesita una identificación.
JUAN — ¿Mi licencia para conducir es suficiente?
CAJERA — Sí. Aquí tiene su recibo.

Juan escribe su horario de clases en su cuaderno y después decide ir a su casa para ver si tiene algún mensaje electrónico.

Como Juan y Roberto tienen mucha hambre, deciden comer en la cafetería. Al rato viene Olga, la novia de Roberto.

ROBERTO — ¿De dónde vienes, Olga?

OLGA — Vengo de la librería. Ya tengo todos los libros que necesito.

JUAN — ¿Tú vives en la residencia universitaria?

OLGA — No, vivo en un apartamento, cerca de la universidad.

JUAN — ¿Qué clases tomas este trimestre?

OLGA — Matemáticas, francés, informática y contabilidad.

JUAN — Tomas informática...¿Te gusta navegar la red?

OLGA — Sí, y recibo muchos mensajes electrónicos de mis amigos.

ROBERTO — Bueno... ¿qué comemos? ¿Sándwiches y ensalada?

OLGA — Sí, y limonada, porque tengo mucha sed. Oye, Roberto, ¿a qué hora corremos mañana por la mañana?

ROBERTO — A las seis, como siempre. Juan, tú también corres, ¿no?

JUAN — ¿Yo? ¡No! Siempre tengo sueño por la mañana.

¿Recuerda usted?

With a partner, decide whether the following statements about the dialogues are true (**verdadero**) or false (**falso**).

1. Juan es residente de San Antonio.
2. La cajera no acepta cheques.
3. La licencia para conducir es una identificación.
4. Juan recibe mensajes electrónicos.
5. Juan y Roberto tienen sed.
6. Olga es la novia de Juan.
7. Olga vive en la residencia universitaria.
8. Olga navega la red.
9. Roberto y Olga corren por la mañana.
10. Olga bebe café.

Vocabulario

Cognados

el apartamento apartment	**la limonada** lemonade
el cheque check	**el mensaje** message
el dólar dollar	**el, la residente** resident
la ensalada salad	**el sándwich** sandwich
el estado state	**suficiente** sufficient
la identificación identification	**la unidad** unit

Nombres

el, la cajero(a) cashier
la casa house
el francés French (*language*)
la informática computer science
la librería bookstore
la licencia para conducir (manejar) driver's license
la matrícula registration
el mensaje electrónico e-mail

la novia girlfriend (*steady*)
el novio boyfriend (*steady*)
el recibo receipt
la residencia universitaria dormitory
el trimestre quarter, trimester

Verbos

aceptar to accept
beber to drink
comer to eat

VERBS:

correr   to run
deber   must, to have to, should
decidir   to decide
escribir   to write
ir   to go[1]
pagar   to pay
recibir   to receive
tener   to have
venir   to come
ver (yo veo)   to see
vivir   to live

Adjetivos

muchos(as)   many
último(a)   last

Otras palabras y expresiones

al rato   a while later
algún   any
Aquí tiene...   Here is . . .
Bueno.   Okay.
cada   each, every
cerca (de)   near
como   since, being that

como siempre   as usual, as always
¿Cuánto...?   How much . . . ?
después, luego   then, afterwards
el último día para...   the last day to . . .
mañana por la mañana   tomorrow morning
navegar la red   to surf the net
para   in order to
pero   but
por   for, per
que   that
si   if
siempre   always
también   also, too
tener (mucha) hambre   to be (very) hungry
tener (mucha) sed   to be (very) thirsty
tener (mucho) sueño   to be (very) sleepy
tener que + *infinitivo*   to have to + *infinitive*
ya   already

🔲 Amplíe su vocabulario

Otros idiomas (*Some other languages*)

el alemán   *German*
el chino   *Chinese*
el italiano   *Italian*
el japonés   *Japanese*
el portugués   *Portuguese*
el ruso   *Russian*
el francés - French.

---

[1]Conjugated in **Lección 4.**

Más sobre las computadoras (*More about computers*)

la memoria	*memory*
la microcomputadora	*laptop*
el ordenador personal,	*personal computer*
la computadora personal	
archivar la información	*to store information*
diseñar programas	*to design, write programs*
tener acceso a la red	*to have access to the Internet*

¿Qué idioma tenemos que hablar?

Tell what languages you and your friends have to speak with different exchange students.

MODELO: Vienen de París.
Tenemos que hablar francés.

1. Vienen de Moscú.
2. Vienen de Pekín.
3. Vienen de Río de Janeiro.
4. Vienen de Roma.
5. Vienen de Tokio.
6. Vienen de Berlín.

¿Qué necesita hacer?

With a partner, take turns saying what parts of the computer you need to use or what you need to do, according to each circumstance. Use **Necesito** (+ infinitive)... or *Necesito usar...*

1. You need to write a report on the computer.
2. You need to print the report.
3. You need to read your e-mails.
4. You need to save a resume.
5. You need to use a computer during a plane trip.
6. You need to look something up on the Internet.

DE AQUÍ Y DE ALLÁ

 Desde 1848, San Antonio es parte de los Estados Unidos como resultado del tratado de Guadalupe Hidalgo, que puso fin (*ended*) a la Guerra México-Americana.

Hoy la gran mayoría de la población de San Antonio es de origen mexicano, pero en la ciudad se mezclan las culturas de España, México y los Estados Unidos. Los mayores puntos de interés en la ciudad son: El Álamo, una de las cinco misiones fundadas por los españoles, convertida después en una fortaleza (*fortress*); el palacio del gobernador español de Texas; La Villita, un pueblo mexicano del siglo (*century*) XIX, restaurado; la Catedral de San Fernando; el distrito histórico King William, un área residencial de mercaderes (*merchants*) alemanes en el siglo XIX y la Torre de las

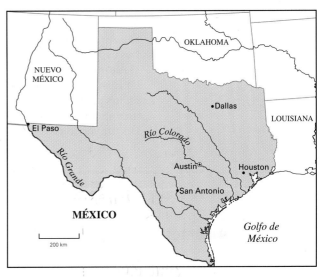

Américas, construida para la feria mundial (*world fair*) de 1968.

DE ESTO Y AQUELLO

- En la mayoría de los países hispanos los estudiantes no viven en residencias universitarias; viven con sus familias o en pensiones (*boarding houses*).

- En la mayoría de los países hispanos, las universidades públicas son gratis o cobran (*charge*) muy poco (*little*).

Una lancha de excursión que va por el río San Antonio pasa por un restaurante al aire libre, San Antonio, Texas.

¿Verdadero o falso?

1. San Antonio es parte de los Estados Unidos desde el siglo XIX.
2. El tratado de Guadalupe Hidalgo puso fin a la guerra entre (*between*) México y los Estados Unidos.
3. San Antonio no tiene influencia española.
4. Los españoles fundaron misiones en Texas.
5. El Álamo era una misión antes de ser una fortaleza.
6. La Torre de las Américas fue construida por los españoles.
7. En los países hispanos, la mayoría de los estudiantes vive en residencias universitarias.
8. Las universidades públicas son gratis en la mayoría de los países hispanos.

Pronunciación

Las consonantes (*consonants*) *b, v*

In Spanish, **b** and **v** have the same bilabial sound.[1] To practice this sound, pronounce the following words, paying particular attention to the sound of **b** and **v.**

b	tam**b**ién	reci**b**o	cu**b**ano	**b**ueno	escri**b**e
v	**v**iene	uni**v**ersidad	no**v**ia	**v**ives	**v**engo

Bena**v**ente

Puntos para recordar

1. Present indicative of *-er* and *-ir* verbs
(*Presente de indicativo de los verbos terminados en* -er *y en* -ir)

comer (*to eat*)		vivir (*to live*)	
yo	com**o**	yo	viv**o**
tú	com**es**	tú	viv**es**
Ud.		Ud.	
él	com**e**	él	viv**e**
ella		ella	
nosotros (as)	com**emos**	nosotros (as)	viv**imos**
vosotros (as)	com**éis**	vosotros (as)	viv**ís**
Uds.		Uds.	
ellos	com**en**	ellos	viv**en**
ellas		ellas	

---

[1]See Appendix A for an explanation of bilabial sounds.

■ Regular verbs ending in **-er** are conjugated like **comer.** Other regular **-er** verbs are **beber, correr,** and **deber.**

— Uds. **beben** café, ¿no?   *"You **drink** coffee, don't you?"*
— No, **bebemos** Coca-Cola.   *"No, **we drink** Coca-Cola."*

— ¿Nosotros **debemos** hablar   *"**Do we have to** speak with*
   con el profesor Rojas?   *Professor Rojas?"*
— No, ustedes **deben** hablar con   *"No, **you must** speak with*
   la profesora Melciades.   *Professor Melciades."* ~now tell fem~

■ Regular verbs ending in **-ir** are conjugated like **vivir.** Other regular **-ir** verbs are **decidir, escribir,** and **recibir.**

— Tú **escribes** en francés, ¿no?   *"**You write** in French, don't you?"*
— No, **escribo** en español.   *"No, **I write** in Spanish."*

— **¿Recibe** Ud. mensajes   *"**Do you receive** e-mail?"*
   electrónicos?
— Sí, **recibo** muchos mensajes   *"Yes, **I receive** a lot of e-mail."*
   electrónicos.

¡Vamos a practicar!

A. Complete the following sentences appropriately, using the present indicative of the verbs in the list.

escribir   recibir   vivir   beber   decidir
correr   comer   deber

1. Yo _____ sándwiches y _____ café.
2. Mi compañero de clase _____ estudiar más.
3. ¿En qué calle (*street*) _____ tú?

4. Para hacer ejercicio (*To exercise*), Ana y yo _____ por la mañana.
5. ¿Uds. _____ mensajes en la computadora?
6. Ellos _____ comer en un restaurante, no en la cafetería.
7. Nosotros siempre _____ mensajes electrónicos.

B. Complete each of the following sentences in a logical manner.

> MODELO: Yo bebo Coca-Cola, pero Tito...
> *Yo bebo Coca-Cola, pero Tito bebe café.*

1. Tú escribes con lápiz, pero yo...
2. Nora decide estudiar francés, pero ellos...
3. Nosotros comemos en un restaurante, pero Uds....
4. Jorge debe pagar veinte dólares, pero tú...
5. Carlos vive en la residencia universitaria, pero nosotros...
6. Luis corre con Dora, pero yo...
7. Uds. deben hablar con la cajera, pero nosotros...
8. Yo escribo en el cuaderno, pero el profesor...

C. Interview a partner, using the following questions.

1. ¿Tú vives cerca de la universidad?
2. ¿Dónde vives?
3. ¿Bebes café por la mañana?
4. ¿Bebes té por la tarde?
5. ¿Comes en la cafetería de la universidad?
6. ¿A qué hora comes?
7. ¿Tú escribes en inglés o en español?
8. ¿Cuánto debes pagar por cada unidad en la universidad?
9. ¿Tú corres por la mañana?
10. ¿Recibes muchos mensajes electrónicos?

2. Possession with *de* (*El caso posesivo*)

■ The **de** + *noun* construction is used to express possession or relationship. Unlike English, Spanish does not use the apostrophe.

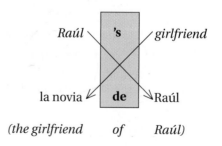

— ¿Es **la** novia **de** Carlos?   *"Is she Carlos's girlfriend?"*
— No, es **la** novia **de** Raúl.   *"No, she's Raul's girlfriend."*

— ¿Dónde estudian Uds.?   *"Where do you study?"*
— En **la** casa **de** Rafael.   *"At Rafael's house."*

¡Atención!   Note the use of the definite article before the words ***novia*** and ***casa.***

¡Vamos a practicar!

A. Express the relationship of the people and/or objects in each illustration,
using **de** + *noun* (i.e., the Spanish equivalent of *Marta's boyfriend*).

1. <u>el novio de Marta</u>

2. <u>el número de teléphono</u>
   <u>de la señorita Martínez</u>

3. <u>Los libros de elena</u>

4. <u>el escritorio de la</u>
   prof.

B. Express the relationship that exists among the people named.

> MODELO: La señora López tiene (*has*) dos estudiantes: Eva y Ana.
> *Eva y Ana son las estudiantes **de la** señora López.*

1. Elena tiene un secretario: Roberto.
2. La profesora Fernández tiene tres alumnos: Sergio, Daniel y Luis.
3. Jorge tiene una novia: Marisa.
4. La señora Gutiérrez tiene una secretaria: Alicia.
5. Diana tiene un novio: Marcos.
6. Eva tiene dos profesoras: la doctora Vélez y la doctora Mena.
7. José Luis tiene un amigo: David.
8. Marta tiene dos compañeras de cuarto: Silvia y Mónica.

3. Present indicative of *tener* and *venir* (*Presente de indicativo de tener y venir*)

tener (*to have*)		venir (*to come*)	
yo	**tengo**	yo	**vengo**
tú	**tienes**	tú	**vienes**
Ud. él ella	**tiene**	Ud. él ella	**viene**
nosotros(as)	**tenemos**	nosotros(as)	**venimos**
vosotros(as)	**tenéis**	vosotros(as)	**venís**
Uds. ellos ellas	**tienen**	Uds. ellos ellas	**vienen**

— **¿Tienes** los cheques?
— Sí, **tengo** los cheques y los recibos.

*"**Do you have** the checks?"*
*"Yes, **I have** the checks and the receipts."*

— **¿Vienes** mañana por la mañana?
— No, **vengo** el jueves.

*"**Are you coming** tomorrow morning?"*
*"No, **I'm coming** on Thursday."*

— ¿Cuántas materias **tienen** Uds.?

*"How many courses **do you have?**"*

— **Tenemos** cuatro materias.
— ¿Uds. **vienen** a la universidad los martes y jueves?
— No, nosotros **venimos** los lunes, miércoles y viernes.

*"**We have** four courses."*
*"**Do you come** to the university on Tuesdays and Thursdays?"*
*"No, **we come** on Mondays, Wednesdays, and Fridays."*

¡Vamos a practicar!

[handwritten: to have / to come]

A. Supply the missing forms of **tener** and **venir** to complete the dialogues. Then act them out with a partner.

1. — ¿Cuándo <u>vienen</u> Uds.?
   — Mi novia <u>viene</u> el sábado y yo _____ el domingo.
   — ¿Con quién <u>vienes</u> tú?
   — Yo <u>veng</u> con la Srta. Aranda.

[handwritten: a → to ∴ tener doesn't make sense.]

2. — ¿Tú <u>vienes</u> a la clase de biología mañana?
   — No, yo no <u>tengo</u> clase de biología los viernes.

3. — ¿Uds. <u>tienen</u> clase de portugués los lunes?
   — No, <u>tenemos</u> clase de portugués los martes y jueves.

4. — ¿Cuándo <u>vienes</u> tú a la biblioteca?
   — <u>Vengo</u> los jueves. ¿Qué clases <u>tienes</u> tú los jueves?
   — Biología, italiano y matemáticas.

[handwritten margin note: NOTE: can't use tener "to have" w/ "a" in sentence.]

B. Interview a partner, using the following questions.

1. ¿Cuántas clases tienes?
2. ¿Vienes a la universidad los sábados?
3. ¿Qué días vienes a la universidad?
4. ¿Siempre vienes a la universidad por la mañana?
5. ¿Tienes clases los viernes por la tarde?
6. ¿A qué hora vienes a la universidad mañana?
7. ¿Ya tienes todos los libros que necesitas?
8. ¿Tienes algún mensaje electrónico?
9. ¿Tienes microcomputadora? ¿Tienes impresora?
10. ¿Tienes acceso a la red?

4. Use of *tener que* + infinitive (*Uso de* tener que + *infinitivo*)

Tener que is the Spanish equivalent of *to have (to)*

Yo	**tengo**	**que**	estudiar.
I	***have to***		*study.*

— ¿Tú **tienes que** trabajar hoy?　　　*"Do you have to work today?"*
— No, hoy no **tengo que** trabajar.　　　*"No, I don't have to work today."*

¡Vamos a practicar!

A. Use the elements given and the expression **tener que** + *infinitive* to create complete sentences describing what everyone has to do today.

1. Yo / la matrícula
2. Uds. / química
3. Nosotros / en la pizarra
4. Tú / dos libros
5. Ellos / a las cuatro
6. Ella / en la cafetería
7. Ud. / mucha leche
8. Él / con el profesor

B. Work with a partner to ask each other five questions about what you have to do at different times and on different days. Follow the model.

MODELO: — ¿Qué tienes que hacer (*to do*) el sábado?
— *Tengo que ir a la biblioteca.*

5. Expressions with *tener* (*Expresiones con* tener)

The following idiomatic expressions are formed with **tener**.

tener (mucho) frío	to be (very) cold
tener (mucha) sed	to be (very) thirsty
tener (mucha) hambre	to be (very) hungry
tener (mucho) calor	to be (very) hot
tener (mucho) sueño	to be (very) sleepy
tener prisa	to be in a hurry
tener miedo	to be afraid, scared
tener razón	to be right
no tener razón	to be wrong
tener... años (de edad)	to be . . . years old

— ¿Tienes hambre?
— No, pero **tengo** mucha **sed**.

— ¿Cuántos **años tiene** Eva?
— **Tiene** veinte **años**.

"Are you hungry?"
"No, but I am very thirsty."

"How old is Eva?"
"She is twenty years old."

¡Vamos a practicar!

A. Tell us why you are or are not doing the following.

1. ¿Por qué no abres (*open*) las ventanas?
2. ¿Por qué corres?
3. ¿Por qué no comes algo?
4. ¿Por qué no tomas un vaso de limonada?
5. ¿Por qué abres las ventanas?

B. **¿Qué tienen?** Answer the question according to the illustrations below, using an expression with **tener.**

Elena   Yo   Nosotros

Él   Ellos   Tú

C. How do Carlos and Daniel feel? Answer, using expressions with **tener,** according to the information given.

1. Carlos and Daniel are in the middle of the Sahara desert.
2. Carlos hasn't had a bite to eat for fifteen hours.
3. Daniel sees a snake near his feet.
4. Carlos and Daniel have to get to the airport in a few minutes.
5. Carlos is in South Dakota in February.

6. Numbers over 200 (*Números mayores de 200*)

200 doscientos	500 quinientos	800 ochocientos
300 trescientos	600 seiscientos	900 novecientos
400 cuatrocientos	700 setecientos	1.000 mil

■ In Spanish, one does not count in hundreds beyond one thousand; thus 1,100 is expressed as **mil cien**. Note that Spanish uses a comma where English uses a decimal point to indicate values below one: 1.095,99 (Spanish) = 1,095.99 (English).

■ When a number from 200 to 900 is used before a feminine noun, it takes a feminine ending: **doscient*as* mes*as*.**[1]

---

[1]This is also true for higher numbers that incorporate the numbers 200–900: **mil doscientas treinta sillas, dos mil ochocientos libros.**

¡Vamos a practicar!

A. With a partner, solve the following mathematical problems in Spanish.

1. $308 + 70 =$ _____
2. $500 - 112 =$ _____
3. $653 + 347 =$ _____
4. $892 - 163 =$ _____
5. $216 + 284 =$ _____

6. $1.000 - 450 =$ _____
7. $700 + 280 =$ _____
8. $125 + 275 =$ _____
9. $900 - 520 =$ _____
10. $230 + 725 =$ _____

B. With a partner, take turns asking each other how much everything costs.

MODELO: — ¿Cuánto cuesta el libro?
— *Cuesta tres mil doscientos pesos.*

1. ¿Cuánto cuesta la pluma?
2. ¿Cuánto cuesta el vino (*wine*)?
3. ¿Cuánto cuesta la silla?
4. ¿Cuánto cuesta la radio?

5. ¿Cuánto cuesta el reloj?
6. ¿Cuánto cuesta la mesa?
7. ¿Cuánto cuesta el escritorio?
8. ¿Cuánto cuesta el libro?

Y ahora, ¿qué?

Palabras y más palabras

Internet

For more practice with lesson topics, see the related activities on the **¡Hola, amigos!** web site.

Complete each sentence, using vocabulary from **Lección 3**.

1. Luigi es de Roma, Marie es de París, y ellos son de Pekín. Él habla _____, ella habla _____ y ellos hablan _____.
2. No vivimos en un apartamento; vivimos en la _____ universitaria.
3. Hoy es el _____ día para _____ la matrícula.
4. Ellos _____ sándwiches y ensalada y _____ limonada.
5. Necesito veinticinco _____ porque ellos no _____ cheques.
6. _____ tiene su recibo, señora.
7. Ella _____ el horario en su ordenador _____.
8. Yo _____ pagar ochenta dólares por _____ unidad.
9. La _____ para conducir es una _____.
10. El _____ de Portugal es el _____.
11. _____ siempre, ellos comen en la cafetería cuando tienen _____.
12. Trabaja en la librería. Es _____ de Teresa.
13. Todos viven en el _____ de Utah.
14. Viene Roberto y al _____ viene Olga.
15. Ellos viven en una casa, _____ de la universidad.

¡Vamos a conversar!

A. **Para conocerse mejor.** Get to know your partner better by asking each other the following questions.

1. ¿Cuántos años tienes?
2. ¿Tú eres residente de este (*this*) estado?
3. ¿Tienes tu licencia para manejar aquí (*here*)?
4. ¿Cuántas asignaturas tomas este semestre (trimestre)?
5. ¿Tienes un ordenador personal?
6. ¿Te gusta navegar la red?
7. ¿Vives en la residencia universitaria, en una casa o en un apartamento?
8. Generalmente, ¿comes en la cafetería de la universidad?
9. ¿Qué bebes cuando (*when*) tienes sed?
10. ¿Tú corres por la mañana?

B. Una encuesta. Interview your classmates to identify who fits the following descriptions. Include your instructor, but remember to use the **Ud.** form when addressing him/her.

	Nombre
1. Siempre tiene suficiente dinero para pagar la matrícula.	
2. Ya tiene todos los libros que necesita.	
3. Generalmente (*generally*) paga con cheque.	
4. Recibe muchos mensajes electrónicos.	
5. Tiene acceso a la red.	
6. Tiene novio(a).	
7. Siempre tiene razón.	
8. Tiene sueño en este momento.	
9. Siempre tiene prisa.	
10. Siempre tiene frío.	

Situaciones

What would you say in the following situations? What might the other person say? Act out the scenes with a partner.

1. You need to find out when the last day to pay tuition is, and how much you have to pay for each unit of credit.
2. You are at a store. You want to know if they accept checks there and, if so, whether you need identification. Ask whether your driver's license is sufficient.
3. You are telling a little about yourself to someone you just met: where you are from, where you live, and what classes you are taking.
4. You are a host and you worry about your guest's comfort. Ask him/her if he/she is hungry or thirsty, hot or cold, etc.

Para escribir

You are writing to a new pen pal. Tell the following information about yourself in a paragraph.

1. your name
2. where you are from
3. which state you are a resident of
4. the city where you live

5. at which university you study
6. what languages you study
7. what you have to do every day

¿Qué pasa aquí?

With a partner, use your imagination to create a story about the people in the picture. Who are they? Where are they from? What classes are they taking? What are they drinking and eating? For additional vocabulary refer to pages 32–34.

 # Lectura

A. **Estrategia de lectura.** The selection you are going to read talks about registration procedures at the **Universidad Nacional.** What types of information would you expect to find in such instructions?

B. **Vamos a leer.** As you read the **Información sobre la matrícula** on the next page, find the answer to each of the following questions.

1. ¿Qué debe revisar (*check*) el estudiante?
2. ¿Qué debe notificar?
3. ¿Qué debe hacer (*to do*) para tomar más de (*more than*) 18 unidades?

4. ¿Debe asistir (*attend*) a todas las clases?
5. ¿Qué información debe tener el carnet de estudiante?
6. ¿Cuándo debe pagar la matrícula?
7. ¿Qué debe hacer si necesita un plan de pago (*payment*) especial?
8. ¿Con quién debe hablar si necesita cambiar (*to change*) una clase?

Universidad Nacional
Información sobre la matrícula

El estudiante debe:

- revisar su horario de clases.

- notificar cualquier error.

- recibir la aprobación de la Administración para tomar más de 18 unidades.

- asistir a todas las clases.

- sacar un carnet de estudiante con su nombre, su número de identificación y su foto.

- pagar la matrícula antes del primer día de clases.

- llenar una solicitud en la Oficina de Administración si necesita un plan de pago especial.

- hablar con un consejero si necesita cambiar una clase.

C. Díganos. Answer the following questions, based on your own thoughts and experience.

1. ¿Revisa Ud. su horario de clases cuidadosamente (*carefully*)?
2. ¿Toma usted más o menos de (*less than*) 18 unidades?
3. ¿Asiste usted a todas las clases?
4. ¿Qué información tiene su carnet de estudiante?
5. ¿Cuánto es la matrícula en su universidad?
6. ¿Necesita usted un plan de pago especial?
7. ¿Habla usted con un(a) consejero(a) o con un(a) profesor(a) si necesita cambiar una clase?

~~~~~ Un dicho ~~~~~

El saber no ocupa lugar.

Knowledge doesn't take up any space.

Tome este examen

Lecciones 1–3

Lección 1

A. Gender of nouns; plural forms of nouns; definite and indefinite articles

Place the corresponding definite and indefinite articles before each noun.

Definite	Indefinite	Nouns
1. _____	_____	lápices
2. _____	_____	días
3. _____	_____	hombre
4. _____	_____	mujeres
5. _____	_____	mano
6. _____	_____	silla
7. _____	_____	borradores
8. _____	_____	mapas

B. Subject pronouns

how would you refer to them.

Say which pronoun would be used to talk about the following people.

1. Ana y yo (*f.*)
2. Jorge y Rafael
3. el Dr. García
4. usted y el Sr. López
5. Amalia y Teresa

Now give the pronouns used to address the following people.

6. your professor
7. your best friend

C. Present indicative of *ser*

Complete the following sentences, using the present indicative of the verb **ser.**

1. Yo _____ cubana y John _____ norteamericano.
2. ¿Uds. _____ de Lima?
3. Teresa y yo _____ estudiantes.
4. Las plumas _____ rojas.
5. ¿Tú _____ de Buenos Aires?
6. ¿De dónde _____ Ud.?

D. Formation of adjectives and agreement of articles, nouns, and adjectives

Change each sentence according to each new element.

1. Las alumnas son norteamericanas. (*alumno*)
2. Las tizas son verdes. (*lápices*)
3. El escritorio es blanco. (*mesas*)

Setenta y tres **73**

4. Es una mujer española.   (*hombre*)
5. El profesor es inglés.   (*profesoras*)
6. La chica es alta.   (*muchachos*)
7. Es un hombre inteligente.   (*mujer*)
8. La señora es muy simpática.   (*señores*)

E. Numbers: 11–100

Write the following phrases in Spanish. (Write the numbers in words)

1. 30 ballpoint pens
2. 16 backpacks
3. 22 clocks
4. 13 windows
5. 62 books
6. 15 notebooks
7. 18 students
8. 11 maps
9. 95 computers
10. 73 waste baskets
11. 100 pens
12. 58 erasers

F. Vocabulary

Complete the following sentences, using vocabulary from **Lección 1.**

1. ¿Cómo se _____ Ud.? ¿Teresa?
2. Mucho _____ , señor Vargas.
3. ¿Cómo se _____ *desk* en español?
4. ¿Qué _____ decir *pencil*?
5. Hay una profesora y diez _____ en la clase.
6. ¿Él _____ español?
7. Buenos días. ¿Cómo _____ usted? ¿Bien?
8. — Muchas gracias.
   — De _____ .
9. Ella es una _____ de clase.
10. ¿Cómo _____ Sergio? ¿Guapo?

G. Culture

Circle the correct answer, based on the **Notas culturales** you have read.

1. Puebla está situada al (sur / norte) de la Ciudad de México.
2. Puebla está diseñada en la forma tradicional de las ciudades (modernas / coloniales) españolas.
3. El nombre María (no es / es) muy popular en los países hispanos.

Lección 2

A. Present indicative of -*ar* verbs

Complete each sentence with the correct form of the verb in parentheses.

1. ¿Tú _____ leche?   (*drink*)
2. La señora Paz _____ con los alumnos.   (*talk*)
3. Nosotros _____ inglés con la doctora Torres.   (*speak*)
4. Yo _____ tomar café.   (*wish*)
5. ¿Ud. _____ matemáticas o biología?   (*study*)

6. Ana y Paco _____ en la biblioteca.   (*work*)
7. Ernesto _____ la pluma roja.   (*needs*)
8. Eva y yo _____ en agosto.   (*finish*)

B. Interrogative and negative sentences

Convert the following statements first into questions and then into negative statements.

1. Ellos hablan inglés con los estudiantes.
   a.
   b.

2. Ella estudia química.
   a.
   b.

3. Ustedes terminan hoy.
   a.
   b.

C. Possessive adjectives

Complete these sentences, using the Spanish equivalent of the words in parentheses.

1. ¿Tú necesitas _____ libro?   (*your*)
2. Yo hablo con _____ profesor.   (*her*)
3. Nosotros necesitamos hablar con _____ profesora.   (*our*)
4. Trabajo con _____ compañeros de clase.   (*my*)
5. ¿Ud. desea hablar con _____ amigos?   (*your*)
6. Carlos habla con _____ profesores.   (*our*)
7. Los estudiantes necesitan hablar con _____ profesor.   (*their*)

D. Gender of nouns (Part II)

Write the definite article that corresponds to each of the following nouns.

1. _____ lecciones		5. _____ problemas	
2. _____ apartamento		6. _____ café	
3. _____ idioma		7. _____ libertad	
4. _____ unidades		8. _____ televisión	

E. Telling time

Write the following sentences in Spanish.

1. Listen, what time is it? One o'clock?
2. He takes chemistry at nine-thirty in the morning.
3. We study Spanish in the afternoon.
4. It is a quarter to eight.

F. Months and seasons of the year

Give the following dates in Spanish.

1. March 1st
2. June 10th
3. August 13th
4. December 26th
5. September 3rd

6. October 28th
7. July 17th
8. April 4th
9. January 2nd
10. February 5th

What seasons do these months fall in?

1. febrero
2. abril

3. octubre
4. julio

G. Vocabulary

Complete the following sentences, using vocabulary from **Lección 2.**

1. ¿Qué _____ es? ¿Las dos?
2. Necesito el _____ de clases. ¡Ah! ¡_____ está!
3. Yo trabajo en el _____ de lenguas.
4. Deseo una _____ de café.
5. ¿Ellos _____ café en la cafetería?
6. Este _____ tomo tres clases.
7. Ya es _____. ¡Me voy!
8. ¿Qué _____ estudias? ¿Historia?
9. Él toma un _____ de leche.
10. Trabajo tres horas _____ día.
11. Ella es mi amiga y mi _____ de cuarto.
12. ¿Con _____ estudias? ¿Con Marcela?

H. Culture

Circle the correct answer, based on the **Notas culturales** you have read.

1. Gran parte de la población de Los Ángeles es de origen (francés / mexicano).
2. La calle Olvera es una de las más (antiguas / modernas) de la ciudad de Los Ángeles.
3. En la mayoría de los países hispanos los requisitos generales se toman en la (universidad / escuela secundaria).

Lección 3

A. Present indicative of -*er* and -*ir* verbs

Complete each sentence with the correct form of the Spanish equivalent of the verb in parentheses.

1. El profesor _____ en la pizarra. (*writes*)
2. Ana y yo _____ en la residencia universitaria. (*live*)

3. Ellos _____ pagar la matrícula.   (*should, must*)
4. ¿Tú _____ por la noche?   (*run*)
5. Yo _____ leche.   (*drink*)
6. Esteban _____ en la cafetería de la universidad.   (*eats*)
7. María _____ estudiar portugués.   (*decides*)
8. Uds. _____ mensajes electrónicos.   (*receive*)

B. Possession with *de*

Write the following expressions in Spanish.

1. Pedro's girlfriend
2. Alicia's driver's license
3. Mrs. Peña's apartment
4. Carlos's checks

C. Present indicative of *tener* and *venir*

Complete the following sentences, using the present indicative of **tener** and **venir**.

1. ¿Tú _____ a la universidad los lunes?
2. Eva y yo _____ con Roberto porque no _____ automóvil.
3. Ellos _____ mis libros de español y hoy no _____ a clase.
4. Yo no _____ a la universidad los viernes porque no _____ clase.
5. Sergio no _____ novia.

D. *Tener que* + infinitive

Write the following sentences in Spanish.

1. I don't have to work tomorrow morning.
2. Do we have to decide today?
3. They have to pay (the) tuition.
4. We have to write in Spanish.

E. Expressions with *tener*

Say how you and everybody else feel according to each situation, using expressions with **tener**.

1. It's July and you are in Phoenix, Arizona.   (*Yo...*)
2. Marcelo hasn't had anything to eat for the last twelve hours. (*Marcelo...*)
3. Adela's throat is very dry.   (*Adela...*)
4. I am in Alaska and it is winter.   (*Tú...*)
5. We haven't slept for the last twenty-four hours.   (*Nosotros...*)
6. The boys are being chased by a big dog.   (*Los muchachos...*)
7. You have one minute to get to your next class, across campus.   (*Yo...*)

F. Numbers (200–1,000)

Write the following numbers in Spanish.

1. 567		6.	874
2. 790		7.	965
3. 1.000		8.	213
4. 345		9.	481
5. 615		10.	13.816

G. Vocabulary

Complete the following sentences, using vocabulary from **Lección 3.**

1. La _____ para conducir es una _____.
2. Ella _____ cuarenta dólares por _____ unidad.
3. Aquí _____ el recibo, señora.
4. Ellos viven _____ de la universidad, en un _____.
5. El profesor _____ en la pizarra con una tiza amarilla.
6. Recibo muchos _____ electrónicos.
7. Como _____, ellos estudian en la biblioteca.
8. Viven en el _____ de Arizona.
9. Hoy es el _____ día para _____ la matrícula.
10. Me gusta _____ la red.
11. No vivo en la residencia _____; vivo en una _____.
12. ¿Tienes sed? ¿Deseas beber una _____?

H. Culture

Circle the correct answer, based on the **Notas culturales** you have read.

1. San Antonio es parte de los Estados Unidos como resultado del tratado de (Guadalupe Hidalgo / King William).
2. La mayoría de la población de San Antonio es de origen (norteamericano / mexicano).
3. Los estudiantes en los países hispanos usualmente viven en (residencias universitarias / pensiones) o con sus familias.
4. En los países hispanos las universidades públicas cobran (mucho / poco).

UNIDAD II

La familia y los amigos

Una familia de Buenos Aires, comiendo.

Lección 4: Actividades para un fin de semana
Lección 5: Una fiesta de bienvenida

By the end of this unit, you will be able to:

- talk about family
- discuss plans and activities
- talk about what you like or dislike to do
- talk about how you feel
- extend, accept, and decline invitations
- handle informal social situations such as parties
- make comparisons

Actividades para un fin de semana

Lupe y su esposo, Raúl, planean varias actividades para el fin de semana.
La pareja vive en Miami, Florida.

LUPE — Esta noche estamos invitados a ir al teatro con tu mamá y con tus tíos.

RAÚL — ¿Por qué no llevamos también a mi hermana?

LUPE — No, hoy ella va al cine con su novio y después van a visitar a Ana.

RAÚL — Es verdad. ¡Ah! Mañana vienen tus padres a comer, ¿no?

LUPE — Sí, y después vamos todos al club a jugar al tenis.

RAÚL — No me gusta jugar al tenis. ¿Por qué no vamos a nadar?

LUPE — Pero yo no sé nadar bien....

RAÚL — Tienes que aprender, Lupita.

LUPE — Bueno, vamos a la piscina, y por la noche vamos al concierto.

RAÚL — Perfecto. Oye, tengo mucha hambre. ¿Hay algo para comer?

LUPE — Sí, tenemos queso, frutas y esos sándwiches de jamón que están en la mesa.

*Al día siguiente, Carmen, la hermana de Raúl, está en un café al aire libre
con su novio.*

CARMEN — ¿Qué hacemos esta tarde? ¿Adónde vamos...? ¿Vamos a patinar?
HÉCTOR — No sé... Estoy cansado y tengo ganas de ver el juego de béisbol.
CARMEN — Bueno, vamos al estadio y por la noche vamos al club.
HÉCTOR — No, mi jefe da una fiesta esta noche y estamos invitados.
CARMEN — ¡Ay, Héctor! Yo no conozco a tu jefe. Además, vive muy lejos.
HÉCTOR — ¿Por qué no vamos a la fiesta un rato y después vamos al club a
bailar?
CARMEN — ¡Buena idea! Oye, ¿comemos algo?
HÉCTOR — Sí, voy a llamar al camarero. ¿Qué vas a comer?
CARMEN — Un sándwich de jamón y queso.
HÉCTOR — Yo también. En este café hacen unos sándwiches muy buenos.
CARMEN — Oye, ¿tomamos un refresco?
HÉCTOR — Sí, una Coca Cola.

¿Recuerda usted?

With a partner, decide whether the following statements about the dialogues are true (**verdadero**) or false (**falso**).

1. Lupe y Raúl viven en Miami.
2. Raúl no tiene hermanas.
3. A Raúl le gusta jugar al tenis.
4. Lupe no sabe nadar bien.
5. Raúl tiene hambre.
6. Héctor quiere ir a patinar.
7. Carmen y Héctor son hermanos.
8. Carmen y Héctor no van a la fiesta.
9. Héctor va a comer un sándwich.
10. Carmen y Héctor van a tomar un refresco.

Vocabulario

Cognados

la actividad activity	**la fruta** fruit
el béisbol baseball	**la idea** idea
el café cafe (*restaurant*)	**invitados(as)** invited
el club club	**perfecto(a)** perfect
el concierto concert	**el teatro** theater

Nombres

el café al aire libre outdoor cafe	**el (la) jefe(a)** boss
el (la) camarero(a), el mozo[1] waiter, waitress	**el juego, el partido** game
el cine movies, movie theater	**la mamá, la madre** mom, mother
la esposa wife	**la mesa** table
el esposo husband	**los padres** parents
el estadio stadium	**el papá, el padre** dad, father
la fiesta party	**la pareja** couple
el fin de semana weekend	**la piscina** swimming pool
la hermana sister	**el queso** cheese
el hermano brother	**el refresco** soft drink, soda
el jamón ham	**la tía** aunt[2]
	el tío uncle[2]
	la verdad truth

---

[1] **el (la) mesero(a)** in Mexico.
[2] The plural **tíos** can mean either *uncles* or *aunts and uncles*.

Verbos

aprender   to learn
bailar   to dance
conocer (yo conozco)[1]   to be acquainted with; to know (*someone*)
dar   to give
estar   to be
hacer (yo hago)[1]   to do, to make
llamar   to call
llevar   to take (*someone or something someplace*)
nadar   to swim
patinar   to skate
planear   to plan
saber (yo sé)[1]   to know (*a fact; how to do something*)
visitar   to visit

Adjetivos

bueno(a)   good
cansado(a)   tired

Otras palabras y expresiones

además   besides
¿Adónde?   Where (to)?
al día siguiente   (on) the following day
algo para comer (tomar)   something to eat (drink)
Es verdad   It's true
esta noche   tonight
esta tarde   this afternoon
ir a nadar   to go swimming
jugar al tenis   to play tennis
lejos   far (*away*)
me gusta   I like (It appeals to me.)
para   for
te gusta...   you (*fam.*) like[2] (It appeals to you.)
tener ganas de   to feel like (*doing something*)
un rato   a while
Vamos   Let's go
varios(as)   several

Amplíe su vocabulario

La familia

¿Con quién vamos?

With a partner, take turns saying with whom you like to do different things. Refer to the preceding vocabulary lists and to the family tree on the next page.

MODELO: la hermana de mi mamá
Me gusta ir al teatro con mi tía.

1. la hija de mi tía
2. el hijo de mi hermano
3. la mamá de mi esposo(a)
4. el hermano de mi esposo(a)
5. el papá de mi primo
6. la mamá de mi papá
7. el esposo de mi hija
8. la esposa de mi hijo
9. la hija de mi hijo
10. la hija de mi hermana

---

[1]The verbs **conocer, hacer** and **saber** are irregular in the first-person singular form of the present indicative. All other present indicative forms of these verbs are regular.
[2]In situations where **Ud.** is the form of address, use **le gusta.**

La familia

abuela
(grandmother)

suegra
(mother-in-law)

abuelo
(grandfather)

suegro
(father-in-law)

padres
(parents)

cuñado
(brother-in-law)

yerno
(son-in-law)

hija (daughter)
tía (aunt)
hermana
madre (mother)
mamá (mom)

hijo (son)
padre (father)
papá (dad)
hermano
tío (uncle)

cuñada
(sister-in-law)

nuera
(daughter-in-law)

hijos

hijos

sobrina

sobrino
(nephew)

nieto
(grandson)

prima

primo

nieta
(granddaughter)

DE AQUÍ Y DE ALLÁ

 La ciudad de Miami, Florida, es un centro turístico muy importante. Miami es también un centro comercial y financiero de primer orden.

Más de 1.000.000 de hispanos—la mayoría cubanos— viven en Miami. La influencia hispana se nota en lo cultural y en lo económico. El español se usa tanto (*so much*) en esta ciudad que hay tiendas con letreros (*signs*) que dicen *English spoken here.* Además de (*in addition to*) la colonia cubana, viven allí numerosos grupos de puertorriqueños, nicaragüenses y argentinos. Estos diversos grupos contribuyen al carácter internacional de la ciudad.

DE ESTO Y AQUELLO

El béisbol es un deporte (*sport*) muy popular en Cuba, Puerto Rico, Venezuela y en la República Dominicana. Muchos de los jugadores (*players*) de las grandes ligas de béisbol de los Estados Unidos son cubanos, puertorriqueños, dominicanos y mexicanos. En España y en la mayoría de los países latinoamericanos el deporte más popular es el fútbol (*soccer*).

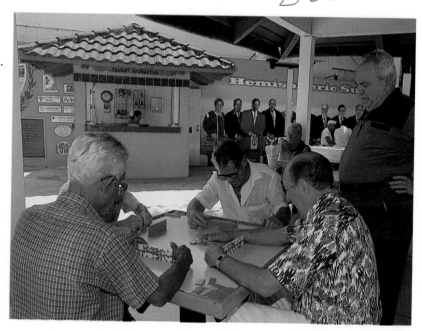

**Jugando al dominó en
La pequeña Habana, Miami.**

¿Verdadero o falso?

1. Miami no es una ciudad importante.
2. En Miami no hay influencia hispana.
3. En Miami no se habla español.
4. Además de los cubanos, en Miami viven puertorriqueños, nicaragüenses y argentinos.
5. Los cubanos no juegan al béisbol.
6. El deporte más popular en España es el fútbol.

Pronunciación

La consonante *c*

In Spanish, **c** has two different sounds: [s] and [k]. The [s] sound occurs in **ce** and **ci,** the [k] sound in **ca, co, cu, cl,** and **cr.** Read the following words aloud.

[s]		[k]	
cerveza	**ci**encias	**Ca**rmen	**cu**ándo
gra**ci**as	ne**ce**sito	**ca**nsado	**cl**ase
invita**ci**ón	li**ce**ncia	**có**mo	**cr**eo

Puntos para recordar

1. Demonstrative adjectives and pronouns (*Adjetivos y pronombres demostrativos*)

A. Demonstrative adjectives

■ Demonstrative adjectives point out persons and things. Like all other adjectives, they agree in gender and number with the nouns they modify. The forms of the demonstrative adjectives are as follows.

Masculine		Feminine		English Equivalent	
Sing.	*Pl.*	*Sing.*	*Pl.*	*Sing.*	*Pl.*
este	**estos**	**esta**	**estas**	this	these
ese	**esos**	**esa**	**esas**	that	those
aquel	**aquellos**	**aquella**	**aquellas**	that (*over there*)	those (*at a distance*)

— ¿Qué necesitas?
— **Estos** vasos y **aquellas** tazas.

"What do you need?"
*"**These** glasses and **those** cups."*

B. Demonstrative pronouns

■ The forms of the demonstrative pronouns are as follows.

don't need accent

	Masculine		Feminine		Neuter	
	Sing.	*Pl.*	*Sing.*	*Pl.*		
	éste	**éstos**	**ésta**	**éstas**	**esto**	this (one), these
	ése	**ésos**	**ésa**	**ésas**	**eso**	that (one), those
	aquél	**aquéllos**	**aquélla**	**aquéllas**	**aquello**	that (one), those (*at a distance*)

■ The masculine and feminine demonstrative pronouns are the same as the demonstrative adjectives, ~~except that they have a written accent.~~

■ Each demonstrative pronoun has a neuter form. The neuter forms have no gender and refer to unspecified situations, ideas, or things: *this, this matter; that, that business.*

■ Note that the demonstrative pronouns replace a noun.

— ¿Qué libro quiere Ud., **éste**
   o **ése?**
— Quiero **aquél.**

*"Which book do you want, **this**
   one or that one?"*
*"I want **that one over there**."*

— ¿Qué es **eso?**
— Es un mapa.

*"What is **that?**"*
"It's a map."

¡Vamos a practicar!

A. Describe in Spanish the following illustrations, using the suggested demonstrative adjectives.

1. this, these:

a.

b.

c.

d.

2. that, those:

a.

b.

c.

d.

3. that (over there); those (over there):

a.

b.

c.

d.

B. Say what you need according to the objects in the illustration, using the corresponding demonstrative adjectives.

C. Complete the following exchanges with the Spanish equivalent of the demonstrative pronouns in parentheses. Then act them out with a partner.

1. — ¿Necesitas estos bolígrafos?
   — No, necesito _____. (*those*)

2. — ¿Cuál de las mesas necesitan Uds.?
   — _____. (*this one*)

3. — ¿Cuáles son tus libros? ¿_____ o _____? (*These / those over there*)
   — _____. (*Those*)

4. — ¿Cuál es tu casa? ¿_____ o _____? (*This one / that one*)
   — _____. (*That one over there*)

2. Personal *a* (*La a personal*)

■ The preposition **a** is used in Spanish before a direct object (recipient of the action expressed by the verb) referring to a specific person or persons. When the preposition **a** is used in this way, it is called the *personal* **a** and has no English equivalent.

(Direct object)

Yo conozco | a | Roberto.
I know | | *Robert.*

— ¿Tú conoces **a** Carmen y **a** Héctor?   *"Do you know Carmen and Hector?"*
— Conozco **a** Carmen, pero no conozco **a** Héctor.   *"I know Carmen, but I don't know Hector."*

¡Atención! When there is a series of direct object nouns, referring to people, the personal **a** is repeated: **¿Tú conoces _a_ Carmen y _a_ Héctor?**

■ The personal **a** is _not_ used when the direct object is a thing or place.

Yo conozco Los Ángeles.   *I know Los Angeles.*

■ The personal **a** is seldom used following the verb **tener** even if the direct object is a person or persons.

Tengo dos hermanas.   *I have two sisters.*

■ The personal **a** is also used when referring to pets.

Yo llevo **a** mi perro al veterinario.   *I take my dog to the vet.*

¡Vamos a practicar!

A. Add the personal **a** to the following sentences, when appropriate.
1. Yo no conozco ___a___ Julia. [KNOW]
2. Tengo _____ tres tías. [AUNT]
3. Llevo ___a___ mis padres a la fiesta.
4. ¿Tú conoces _____ Madrid?
5. Tenemos ___a___ dos profesores.
6. Llevamos ___a___ Teresa y ___a___ Rosa a la universidad.
7. ¿Adónde llevas ___a___ tu perro?
8. Ellos no tienen _____ hermanas. [DOG]

[handwritten: TENER a / im taking]

B. With a partner, take turns asking whom you call, visit, and see every weekend.

MODELO: — ¿A quién llamas todos los fines de semana?
— Yo llamo **a** mi mamá.

3. Contractions: _al_ and _del_ (Contracciones: al y del)[1]

■ The preposition **a** and the article **el** contract to form **al.**

Llevamos   **a** + **el**   profesor.

Llevamos   **al**   profesor.

■ Similarly, the preposition **de** and the definite article **el** contract to form **del.**

Tiene los libros   **de** + **el**   profesor.

Tiene los libros   **del**   profesor.

[1]See Appendix C.

¡Atención!   **A** + **el** and **de** + **el** must *always* be contracted to **al** and **del.**

— ¿Vienes **del** laboratorio?	*"Are you coming from the lab?"*
— No, vengo **de la** biblioteca.	*"No, I'm coming from the library."*
— ¿Vamos **al** partido de béisbol?	*"Shall we go to the baseball game?"*
— Sí, vamos.	*"Yes, let's go."*

■ None of the other combinations of preposition and definite article (**de la, de los, de las, a la, a los, a las**) is contracted.

El esposo **de la** profesora viene **a la** clase de español.

¡Vamos a practicar!

A. Complete the following sentences with **al, a la, a los, a las, del, de la, de los,** or **de las.**

1. ¿Vamos _____ clase de historia?
2. Tengo el lápiz _____ profesor.
3. Ella lleva _____ novia de Juan.
4. Vengo _____ laboratorio de lenguas.
5. Tenemos los mapas _____ señor Quiroga.
6. Visitamos _____ señor López.
7. Vienen _____ clase de informática.
8. Pagan la matrícula _____ trimestre.
9. No conocemos _____ hermanas _____ señora Rojas.
10. ¿Llamas _____ profesor?

(handwritten: vengo / vengan / to come)

(handwritten: sisters)

B. With a partner, ask each other the following questions.

1. ¿Tú conoces a los amigos del profesor (de la profesora)?
2. ¿Tú vienes a la universidad antes de (*before*) las ocho de la mañana?
3. ¿Tú llamas al profesor (a la profesora) a veces (*sometimes*)?
4. ¿Tú tienes el libro del profesor (de la profesora)?
5. ¿Tú vienes a la universidad los domingos?

4. Present indicative of *ir, dar,* and *estar* (*Presente de indicativo de* ir, dar y estar)

	ir (*to go*)	**dar** (*to give*)	**estar** (*to be*)
yo	**voy**	**doy**	**estoy**
tú	**vas**	**das**	**estás**
Ud. él ella	**va**	**da**	**está**
nosotros(as)	**vamos**	**damos**	**estamos**
vosotros(as)	**vais**	**dais**	**estáis**
Uds. ellos ellas	**van**	**dan**	**están**

— ¿Dónde **está** Aurora?	*"Where **is** Aurora?"*
— **Está** en el teatro.	*"**She is** at the theater."*
— ¿No **da** una fiesta hoy?	*"Isn't **she giving** a party today?"*
— No, mañana.	*"No, tomorrow."*

— ¿Adónde **vas?**	*"Where **are you going** (to)?"*
— **Voy** al cine.	*"**I'm going** to the movies."*
— ¿No **estás** cansada?	*"**Aren't you** tired?"*
— No, no **estoy** cansada.	*"No, **I am** not tired."*

¡Atención! The verb **estar** is used to indicate location and to describe condition at a given moment in time. **Estar** and **ser** are not interchangeable.

Location: Aurora está en el teatro.
Current condition: Estoy cansada.

¡Vamos a practicar!

A. Use your imagination to complete each sentence.

1. Patricia da diez dólares y nosotros...
2. Jorge está en la clase de literatura y yo...
3. Rafael va a la fiesta y sus hermanos...
4. Carlos está cansado y nosotros también...
5. Yo doy una fiesta para mi familia y Uds. ...
6. Nosotros vamos a la cafetería y Uds. ...
7. Yo doy veinte dólares y tú...
8. Yo estoy en la biblioteca y tú...

B. Interview a partner, using the following questions.

1. ¿Adónde vas los fines de semana?
2. ¿Vas al cine los sábados? ¿Con quién?
3. ¿Vas a nadar los domingos?
4. ¿Tú vas a los juegos de béisbol de la universidad?
5. ¿Estás invitado(a) a una fiesta esta noche?
6. ¿Das muchas fiestas en tu casa?
7. ¿Estás cansado(a)?
8. ¿Dónde están tus padres?

C. In groups of three or four, ask each other where you go on different days of the week. Be prepared to report to the class.

5. *Ir a* + **infinitive** (Ir a *más el infinitivo*)

The **ir a** + *infinitive* construction is used in Spanish to express future time, in the same way English uses the expression *to be going to* + *infinitive*.

ir *(conjugated)*	+	**a**	+	*infinitive.*
Voy		a		**estudiar.**
I am going				*to study.*

— ¿Tú **vas a bailar** con Jorge?   *"**Are you going to dance** with Jorge?"*

— No, **voy a bailar** con Carlos.   *"No, **I'm going to dance** with Carlos."*

Ahora voy a estudiar un poco.

¡Vamos a practicar!

A. This is what the following people do every day. With a partner, decide what they are going to do differently tomorrow.

1. Yo llevo a mi hermana al club. Mañana...
2. Nosotros comemos sándwiches. Mañana...

3. Tú conversas con tus padres. Mañana...
4. Mi tío va a la biblioteca. Mañana...
5. Mi hermano estudia con Elena. Mañana...
6. Mis padres beben café. Mañana...
7. Ud. llama a su esposa. Mañana....
8. Uds. trabajan por la tarde. Mañana...

B. What will be the result of each of the following situations?

> MODELO: Ud. tiene hambre.
> *Voy a comer algo.*

1. Ud. tiene un examen mañana.
2. Ud. y yo tenemos sed.
3. Mi tío tiene hambre.
4. Raquel y Luis van a ir a una fiesta.
5. Anita desea hablar con su novio por teléfono.
6. Yo voy a la piscina.

C. In groups of three or four, make plans for the weekend. Discuss what you are going to do and with whom. Compare your plans with those of another group.

6. *Saber* vs. *conocer*

The verb *to know* has two Spanish equivalents, **saber** and **conocer,** which are used to express distinct types of knowledge.

■ **Saber** means to know something by heart, to know how to do something (a learned skill), or to know a fact (information).

— ¿**Sabes** el poema "The Raven" de memoria?	*"Do you know the poem 'The Raven' by heart?"*
— ¡No!	*"No!"*
— ¿Ana **sabe** hablar francés?	*"Does Ana know how to speak French?"*
— No muy bien...	*"Not very well ..."*
— ¿Ud. **sabe** el número de teléfono de David?	*"Do you know David's phone number?"*
— Sí, es 8–26–49–30.	*"Yes, it's 8–26–49–30."*

■ **Conocer** means to be familiar or acquainted with a person, a thing, or a place.

— ¿**Conoces** a Hugo?	*"Do you know Hugo?"*
— Sí, es el primo de Alberto.	*"Yes, he's Alberto's cousin."*
— ¿**Conocen** Uds. todas las novelas de Cervantes?	*"Are you acquainted with all of Cervantes's novels?"*
— No, no todas.	*"No, not all of them."*

— ¿**Conoces** San Francisco?

*"**Do you know** (Have you been to) San Francisco?"*

— Sí, es una ciudad muy bonita.

"Yes, it is a very pretty city."

¡Vamos a practicar!

A. Interview a partner, using the **tú** form. Ask if your partner *knows* the following.

> MODELO: escribir en francés
> — *¿Sabes escribir en francés?*
> — *Sí, yo sé escribir en francés. (No, no sé escribir en francés.)*

1. el número de teléfono de la universidad
2. Buenos Aires
3. las novelas de Hemingway
4. hablar italiano
5. a los padres del profesor (de la profesora)
6. el poema "The Raven" de memoria
7. dónde vive el profesor (la profesora) de español
8. nadar (patinar, jugar al tenis, jugar al béisbol)

B. With a partner, use **saber** and **conocer** to prepare five questions to ask your instructor.

Y ahora, ¿qué?

Palabras y más palabras

Internet

For more practice with lesson topics, see the related activities on the **¡Hola, amigos!** web site.

Complete each sentence, using vocabulary from **Lección 4.**

1. Tengo hambre. ¿Tienes _____ para comer?
2. Mañana mis hijos van a nadar y al día _____ van a patinar.
3. Yo no _____ jugar al tenis.
4. Estoy cansado; no tengo _____ de ir al partido.
5. ¿Tienes sed? ¿Por qué no vamos a _____ algo?
6. ¿Por qué no vamos a la biblioteca y estamos allí por un _____?
7. Ellos planean _____ actividades para el fin de _____.
8. Mis primos están en un _____ al aire _____.
9. Esta noche vamos a _____ al club.
10. ¿Vamos al _____ o al teatro?
11. ¿Te _____ el queso? ¿Y el jamón?
12. Yo nado en la _____ de la universidad.
13. Voy a _____ al camarero.
14. Tengo sed. Voy a tomar un _____.
15. Mi sobrina está _____ a la fiesta de Raúl.

¡Vamos a conversar!

A. Para conocerse mejor. Get to know your partner better by asking each other the following questions.

1. ¿Qué actividades planeas para este fin de semana?
2. ¿Adónde vas los viernes por la noche?
3. ¿Estás invitado(a) a una fiesta este fin de semana?
4. Cuando tú vas a una fiesta, ¿a quién llevas?
5. ¿Vas a un concierto esta noche?
6. ¿Te gusta bailar?
7. ¿Qué tienes ganas de hacer mañana?
8. ¿Te gusta jugar al tenis? ¿Al béisbol?
9. ¿Sabes nadar? ¿Sabes patinar?
10. ¿Vives lejos o cerca de la universidad?

B. Una encuesta. Interview your classmates to identify who fits the following descriptions. Include your instructor, but remember to use the **Ud.** form when addressing him/her.

	Nombre
1. Tiene un esposo muy guapo (una esposa muy bonita).	
2. Tiene dos hermanos.	
3. Visita a sus abuelos frecuentemente.	
4. Da muchas fiestas en su casa.	
5. Va al cine todos los fines de semana.	
6. Come muchas frutas.	
7. Tiene ganas de tomar algo.	
8. Trabaja de camarero(a).	
9. Está cansado(a).	
10. Siempre tiene buenas ideas.	

Situaciones

What would you say in the following situations? What might the other person say? Act out the scenes with a partner.

1. You and a friend are making plans for the weekend and are discussing activities that you like (or don't like).

2. Someone invites you to go swimming. Decline. Start out by saying **No puedo ir porque...** (*I can't go because . . .*), and give some excuses.
3. Someone offers you something to eat and to drink. Thank him or her and decline.

 Para escribir

You are making plans for a very busy, fun-filled weekend with some out-of-town friends. Write down all the activities that you are planning. Your friends will be arriving late Friday night and leaving Sunday evening.

El sábado por la mañana
El sábado por la tarde
El sábado por la noche

El domingo por la mañana
El domingo por la tarde

¿Qué pasa aquí?

Get together in groups of three or four and create a story about the people in the picture. Say who they are and what their relationships are to one another. Say also what plans they have for the weekend.

~~ Un dicho ~~

Donde hay hambre, no hay pan duro.

Where there is hunger, there's no such thing as stale bread.

Una fiesta de bienvenida

 Eva, la hermana menor de Luis, llega hoy a San Juan, la capital de Puerto Rico, y él y sus amigos dan una fiesta para ella. Luis llama por teléfono a su amiga Estela.

LUIS — Hola, ¿Estela? Habla Luis.

ESTELA — Hola, ¿qué tal, Luis?

LUIS — Bien. Oye, vamos a dar una fiesta de bienvenida para Eva. ¿Quieres venir? Es en la casa de mi primo Jorge.

ESTELA — Sí, cómo no. ¿Cuándo es?

LUIS — El próximo sábado. Empieza a las ocho de la noche.

ESTELA — Gracias por la invitación. ¿Juan y Olga van también?

LUIS — No estoy seguro, pero creo que piensan ir, si no están ocupados.

ESTELA — ¿Andrés va a llevar sus discos compactos y sus cintas?

LUIS — Sí, pero el estéreo de Jorge no es muy bueno.

ESTELA — Si quieres, llevo mi estéreo; es mejor que el de ustedes.

LUIS — ¡Magnífico! Hasta el sábado, entonces.

En la fiesta, Pablo y Estela están conversando. Pablo es joven, moreno, guapo y mucho más alto que Estela. Ella es una muchacha bonita, rubia, de[1] ojos azules, delgada y de estatura mediana. Ahora están hablando de Sara.

ESTELA — Pablo, tienes que conocer a Sara, mi compañera de cuarto.

PABLO — ¿Cómo es? ¿Alta... baja...? ¿Es tan hermosa como tú?

ESTELA — ¡Es muy bonita! Tiene pelo negro y ojos castaños. ¡Y es muy simpática!

PABLO — Pero, ¿es inteligente? (*bromeando*) Y, lo más importante... ¿tiene dinero?

ESTELA — Sí, es rica; y es la más inteligente del grupo.

PABLO — Es perfecta para mí. ¿Está aquí?

ESTELA — No, está en casa porque está enferma.

PABLO — ¡Qué lástima! ¡Oye! Están sirviendo las bebidas. ¿Quieres ponche?

ESTELA — No, prefiero un refresco, pero primero quiero bailar contigo.

PABLO — Bueno, vamos a bailar. Están tocando una salsa.[2]

---

[1]**De** means *with* for features that physically are part of a person.
[2]A type of Latinamerican music and dance.

¿Recuerda usted?

With a partner, decide whether the following statements about the dialogues are true (**verdadero**) or false (**falso**).

1. Eva es mayor que Luis.
2. La fiesta es el sábado.
3. El estéreo de Jorge es muy bueno.
4. Pablo es más alto que Estela.
5. Estela es la más alta de la fiesta.
6. Sara es muy inteligente.
7. Sara es la compañera de cuarto de Eva.
8. Estela prefiere tomar ponche.
9. Estela quiere bailar con Pablo.
10. Pablo y Estela van a bailar un tango.

Vocabulario

Cognados		
la capital　capital	**mucho(a)**　much	**la salsa**　salsa (*dance*)
el grupo　group	**el ponche**　punch	**el teléfono**　telephone
la invitación　invitation		

Nombres

la bebida　drink
la cinta, el casete　tape
el dinero　money
el disco　record
____ compacto　compact disc (CD)
la fiesta de bienvenida　welcome party
los ojos　eyes

el pelo　hair
el (la) primo(a)　cousin
el reproductor de discos compactos, el estéreo　CD player, stereo

Verbos

bromear　to joke, to kid
creer　to think, to believe
empezar[1] **(e > ie)**[2]**, comenzar**[1] **(e > ie)**[2]　to start, to begin

llegar　to arrive
pensar (e > ie)[2]　to think
pensar + *infinitive*　to plan to (do something)
preferir (e > ie)[2]　to prefer
querer (e > ie)[2]　to want, to wish
tocar　to play (*music, an instrument*)

---

[1]**Empezar** and **comenzar** take the preposition **a** when followed by an infinitive: **Empiezan (Comienzan) a estudiar.**

[2]In this lesson and subsequent lessons, the symbol > will be used in the **Vocabulario** to indicate any new verbs with stem changes. The vowel on the left is the vowel in the infinitive form, while the vowel(s) on the right represent(s) the change that takes place in the various present-tense forms (e.g., **e > ie**).

Adjetivos

bajo(a) short (*height*)
castaño brown (*hair or eyes*)
enfermo(a) sick
hermoso(a) beautiful
joven young
mejor better
menor younger
moreno(a) dark, brunette
ocupado(a) busy
próximo(a)[1] next
rico(a) rich
rubio(a) blond
seguro(a) sure

Otras palabras y expresiones

ahora now
cómo no of course, sure
contigo with you
¿cuándo? when?
de about
de estatura mediana of medium height
en casa at home
entonces then, in that case
están sirviendo they're serving

Habla ___ (*nombre*). This is ___ (*name*) speaking.
hasta until
lo importante the important thing
llamar por teléfono to phone
¡Magnífico! Great!
mí me
primero first
¡Qué lástima! Too bad!
Vamos a bailar. Let's dance.

 Amplíe su vocabulario

Para invitar a alguien a salir (*Asking someone out*)

¿Quieres ir

a bailar? — *dancing*
a cenar? — *to dinner (to eat dinner)*
a esquiar? — *skiing (to ski)*
a montar a caballo? — *horseback riding (to ride horses)*
a un club nocturno? — *to a nightclub*
a un partido de básquetbol? — *to a basketball game*
a la playa? — *to the beach*
al museo? — *to the museum*
al parque de diversiones? — *to the amusement park*
de pícnic? — *on a picnic*

¿A dónde vamos...?

Your friend has accepted your invitation. Where are you going to go? Begin your answers with **Vamos a ir...**

1. You want to sunbathe and swim.
2. You want to see the Celtics.
3. You want to go to Disneyland.
4. You want to dance salsa.
5. You want to go to dinner.
6. You want to see Picasso's paintings.
7. You want to have lunch and commune with nature.
8. You want to hear some live music.
9. You want to go to Aspen, Colorado.
10. You want to go horseback riding.

---

[1]The definite article is used before **próximo: el próximo sábado.**

NOTAS CULTURALES

DE AQUÍ Y DE ALLÁ

Puerto Rico, una de las islas que forman el archipiélago de las Antillas Mayores, fue descubierta (*was discovered*) por Cristóbal Colón durante su segundo viaje (*second journey*) al Nuevo Mundo.

Desde 1952, Puerto Rico es un estado libre (*free*) asociado de los Estados Unidos. Los puertorriqueños son ciudadanos americanos. Votan en todas las elecciones nacionales y no necesitan visa para entrar en los Estados Unidos.

San Juan, la capital de la isla, es la ciudad más grande del país. Una de las atracciones turísticas más importantes de esta ciudad es el Morro, una fortaleza (*fortress*) construida por los españoles en la época colonial para defender el puerto de los ataques de los corsarios (*privateers*) y piratas.

DE ESTO Y AQUELLO

La palabra **salsa,** que significa *sauce* o *spice*, se usa desde los años 60 para referirse a la música caribeña con cierta influencia del jazz. Se basa principalmente en la música afrocubana, pero fue desarrollada por músicos puertorriqueños en Nueva York. La salsa es popular en todo el mundo. Hasta (*Even*) en Japón hay una orquesta salsera, pero Nueva York, Puerto Rico y Miami son los principales centros del famoso ritmo.

Casas coloniales en el Viejo San Juan, Puerto Rico.

¿Verdadero o falso?

1. Puerto Rico es una isla.
2. Para entrar en los Estados Unidos los puertorriqueños necesitan tener visa.
3. La capital de Puerto Rico es San José.
4. El Morro es una importante atracción turística.
5. La salsa es un tipo de música caribeña con influencia del jazz.
6. Tokio, Nueva York y Puerto Rico son los principales centros de la salsa.

Pronunciación

 ## Las consonantes *g, j, h*

A. Practice the sound of Spanish **g** in the following words.

gato	**g**racias
Guevara	**g**uapo
gordo	**g**uitarra

B. Practice the sound of Spanish **j** (or **g** before **e** and **i**) in the following words.

mu**j**er	pare**j**a	**J**ulio
jueves	anaran**j**ado	ba**j**o
Gerardo	**g**eneroso	**g**iro

C. Repeat the following words. Remember that the Spanish **h** is silent.

hora	**h**asta	**h**oy
horros	**h**ola	**h**orario
hora	**h**istoria	**h**ablar

Puntos para recordar

1. Present progressive (Estar + *gerundio*)

The present progressive describes an action that is in progress. It is formed with the present tense of **estar** and the **gerundio** (equivalent to the English *-ing* form) of the verb. Study the formation of the **gerundio** in the following chart.

Infinitive	habl**ar**	com**er**	escrib**ir**
Gerundio	habl- **ando**	com- **iendo**	escrib- **iendo**

> Yo **estoy comiendo.**
> *I am eating.*

— **¿Estás estudiando?**   *"Are you studying?"*
— No, **estoy escribiendo.**   *"No, I am writing."*

■ The following forms are irregular. Note the change in their stems.

pedir	→ **p*i*diendo**	*asking for*
decir	→ **d*i*ciendo**	*saying*
servir	→ **s*i*rviendo**	*serving*
dormir	→ **d*u*rmiendo**	*sleeping*
traer	→ **tra*y*endo**	*bringing*
leer	→ **le*y*endo**	*reading*

■ Note also that the **i** of **-iendo** becomes **y** between vowels.

— ¿Qué están haciendo las chicas?   *"What are the girls doing?"*
— Ana **está leyendo** y Eva **está**   *"Ana is reading and Eva is*
  durmiendo.   *sleeping."*

¡Mamá! ¡Mamá! ¿Estás durmiendo?

¡Atención!   In Spanish, the present progressive is *never* used to indicate a future action. The present tense is used in future expressions that would require the present participle in English.

■ Some verbs, such as **ser, estar, ir,** and **venir,** are rarely used in the progressive construction.

¡Vamos a practicar!

A. With a partner, say what is happening, using the cues provided.

1. Tú / bailar / Sergio
2. Adela y Jorge / conversar / en la cafetería

3. Pablo / comer / ensalada
4. Mi primo y yo / beber / cerveza
5. Yo / pensar / dar una fiesta
6. Mis amigos / servir / ponche
7. Ellos / dormir / aquí
8. Ud. / leer / un libro

B. Describe what the following people are doing.

1. Tú...   2. Yo...   3. Ellos...

4. Eva...   5. La profesora...   6. Nosotros... y el chico...

C. With a partner, take turns asking and answering what everybody is doing at Eva's party. Use the cues provided and the present progressive to formulate the questions. Use your imagination when responding.

Persona	**Pregunta**
1. Luis	qué / hacer
2. Estela	qué / servir
3. Pablo	con quién / bailar
4. Eva y Pablo	qué / beber
5. Juan	qué / comer
6. Olga y Estela	qué / pedir
7. la orquesta (*band*)	qué / tocar

2. Uses of *ser* and *estar* (*Usos de* ser y estar)

The English verb *to be* has two Spanish equivalents, **ser** and **estar,** which have distinct uses and are *not* interchangeable.

A. Uses of **ser**

Ser expresses a fundamental quality and identifies the essence of a person or thing: *who* or *what* the subject is.

- It describes the basic nature or inherent characteristics of a person or thing. It is also used with expressions of age that do not refer to a specific number of years.

Ernesto **es** moreno y guapo.	*Ernesto **is** dark and handsome.*
Estela **es** joven.	*Estela **is** young.*

- It is used with **de** to indicate origin and with adjectives denoting nationality.

Carmen **es** cubana; **es** de La Habana.	*Carmen **is** Cuban; she **is** from Havana.*

- It is used to identify professions and jobs.

Yo **soy** profesor(a).	*I **am** a professor.*

- With **de,** it is used to indicate possession or relationship.

El libro **es** de él.	*The book **is** his.*
Ellas **son** las hermanas del profesor.	*They **are** the professor's sisters.*

- With **de,** it describes the material that things are made of.

El teléfono **es** de plástico.	*The telephone **is** (made of) plastic.*
La mesa **es** de metal.	*The table **is** (made of) metal.*

- It is used with expressions of time and with dates.

Son las cuatro y media.	*It **is** four-thirty.*
Hoy **es** jueves, primero de julio.	*Today **is** Thursday, July first.*

- It is used with events as the equivalent of "taking place."

La fiesta **es** en mi casa.	*The party **is** (**taking place**) at my house.*

7. _____   8. Nosotras _____

D. In groups of three or four, prepare ten statements about objects in the class-room. Include as many uses of **ser** and **estar** as possible.

E. With a partner, prepare two or three descriptions of classmates, using **ser** and **estar.** Then read them to another pair to guess who each person is.

3. Stem-changing verbs: *e > ie* (*Verbos que cambian en la raíz:* e > ie)

As you have already seen, Spanish verbs have two parts: a stem and an ending (**-ar, -er,** or **-ir**). Some Spanish verbs undergo a change in stem in the present indicative tense. When **e** is the last stem vowel and it is stressed, it changes to **ie** as shown below.

preferir (*to prefer*)			
yo	prefiero	nosotros(as)	preferimos
tú	prefieres	vosotros(as)	preferís
Ud.		Uds.	
él	prefiere	ellos	prefieren
ella		ellas	

- ■ Note that the stem vowel is not stressed in the verb forms used with **nosotros(as)** and **vosotros(as);** therefore, the **e** does not change to **ie.**

- ■ Stem-changing verbs have the same endings as regular **-ar, -er,** and **-ir** verbs.

- ■ Other verbs that also change from **e** to **ie** are **pensar, querer, cerrar** (*to close*), **comenzar, empezar,** and **entender**[1] (*to understand*).

— **¿Quieres** cerveza?   "*Do **you want** beer?*"
— No, **prefiero** vino.   "*No, **I prefer** wine.*"

— **¿A qué hora comienzan**   "*At what time **do you begin** to*
  Uds. a trabajar?   *work?*"
— **Comenzamos** a las diez.   "***We begin** at ten.*"

---

[1]For a complete list of stem-changing verbs, see Appendix B.

¡Vamos a practicar!

A. Alicia and Sergio cannot agree on anything. Supply the correct form for each verb and act out the conversation with a partner.

ALICIA — ¿Tú _____ (pensar) ir a la fiesta de Olga?

SERGIO — Yo no _____ (querer) ir a fiestas; _____ (preferir) ir a un restaurante con los muchachos.

ALICIA — ¡Ellos también _____ (querer) ir a la fiesta!

SERGIO — ¿A qué hora _____ (empezar) la fiesta?

ALICIA — _____ (Comenzar) a las nueve, pero Beatriz y yo _____ (querer) estar allí (*there*) a las ocho porque tenemos que llevar las cintas.

SERGIO — Carlos y yo _____ (pensar) ir a la biblioteca.

ALICIA — ¡¿Uds. _____ (pensar) ir a la biblioteca hoy?! Entonces yo voy a la fiesta con Roberto.

SERGIO — ¡Magnífico! Yo voy al restaurante con Marisa.

B. Answer the following questions with complete sentences, using the illustrations as cues.

1. ¿Qué quieres tomar?

2. ¿A qué hora empieza la clase?

3. ¿Adónde quieren ir Uds.?

4. ¿Qué prefiere comer Adela?

5. ¿Cuándo comienzan las clases?

6. ¿A qué hora cierran la biblioteca?

7. ¿Qué prefieren beber Uds.?

8. ¿En qué mes empieza el invierno?

9. ¿Con quién piensas ir?

C. Write five original questions to ask a partner, using **e > ie** stem-changing verbs. Your partner will, in turn, ask you five questions.

4. Comparative and superlative adjectives, adverbs, and nouns (*Comparativo y superlativo de adjetivos, adverbios y nombres*)

A. Comparisons of inequality

■ In Spanish, the comparative of inequality of most adjectives, adverbs, and nouns is formed by placing **más** (*more*) or **menos** (*less*) before the adjective, the adverb, or the noun and **que** (*than*) after it.

Silvia es **más alta que** yo.	*Silvia is **taller than** I.*
Ella es **menos inteligente que** tú.	*She is **less intelligent than** you (are).*

¡Atención!   **De** is used instead of **que** before a numerical expression of quantity or amount.

— ¿Cuántos estudiantes hay en la clase?	*"How many students are there in the class?"*
— Hay **más de** treinta.	*"There are **more than** thirty."*

B. Comparisons of equality

■ To form comparisons of equality with adjectives, adverbs, and nouns in Spanish, use **tan... como** when comparing adjectives or adverbs. Use **tanto, -a, -os, -as... como** when comparing nouns.

— ¿Tu hermana habla bien el español?	*"Does your sister speak Spanish well?"*
— Sí, habla español **tan bien como** nosotros.	*"Yes, she speaks Spanish **as well as** we do."*
— Tú das muchas fiestas.	*"You give many parties."*
— Sí, pero no doy **tantas fiestas como** Uds.	*"Yes, but I don't give **as many parties as** you do."*

C. The superlative

■ The superlative construction is similar to the comparative. It is formed by placing the definite article before the person or thing being compared.

— ¿Quién es **el estudiante más inteligente** de la clase?	*"Who is **the most intelligent student** in the class?"*
— Mario es **el**[1] **más inteligente** de todos.	*"Mario is **the most intelligent** of all."*

¡Atención!   Note that the Spanish **de** translates to the English *in* or *of* after a superlative.

Ellos son los más inteligentes **de** la clase.	*They are the most intelligent ones **in** the class.*

D. Irregular comparative forms

■ The following adjectives and adverbs have irregular comparative and superlative forms in Spanish.

Adjective	*Adverb*	*Comparative*	*Superlative*
bueno (*good*)	bien (*well*)	**mejor**	**el (la) mejor**
malo (*bad*)	mal (*badly*)	**peor**	**el (la) peor**
grande (*big*)		**mayor**	**el (la) mayor**
pequeño (*small*)		**menor**	**el (la) menor**

---

[1]The noun may be omitted in the superlative construction to avoid repetition when meaning is clear from context.

■ When the adjectives **grande** and **pequeño** refer to size, the regular comparative forms are generally used.

Tu clase es **más grande que** la de Antonio.

*Your class is **bigger than** Antonio's.*

When these adjectives refer to age, the irregular comparative forms **mayor** and **menor** are used.

— ¿Felipe es **mayor que** tú?

— No, es **menor que** yo.

*"Is Felipe **older** than you?"*

*"No, he's **younger** than I (am)."*

¡Vamos a practicar!

A. Complete the following sentences, giving the Spanish equivalent of the words in parentheses.

1. Mi hermana es _____ tu hermano. (*taller than*)
2. ¿Tu esposo tiene _____ cuarenta años? (*less than*)
3. Mi compañero(a) de cuarto habla español _____ yo. (*as badly as*)
4. Mi amigo(a) es _____ tú. (*less intelligent than*)
5. Mi profesor(a) es _____ mis padres. (*much younger than*)
6. El libro que yo tengo es _____ de todos. (*the best*)
7. Tú eres _____ ella. (*much thinner than*)
8. Luis es _____ Ariel. (*as nice as*)
9. Yo no tengo _____ tú. (*as many invitations as*)
10. Nosotros tenemos _____ Uds. (*as many CDs as*)

B. Establish comparisons between the following people and things, using the adjectives provided and adding any necessary words.

1. Hotel Hilton / Motel 5 / mejor
2. Einstein / yo / inteligente
3. Tu novio(a) / mi novio(a) / delgado(a)
4. Maine / Texas / pequeño
5. Charles Barkley / Danny De Vito / alto
6. Mi tío / yo / mayor
7. Brasil / Cuba / grande
8. Mi hermana / mi tía / menor

C. Read each statement, then answer the questions that follow.

1. Mario tiene A en español, José tiene B y Lolo tiene F.
   ¿Quién es el mejor estudiante?
   ¿Quién es el peor estudiante?
2. Juan tiene veinte años, Raúl tiene quince y David dieciocho.
   ¿Quién es el mayor de los tres?
   ¿Quién es el menor de los tres?
3. Lolo no es inteligente, Beto es inteligente y Rosa es muy inteligente.
   ¿Quién es más inteligente que Beto?
   ¿Quién es menos inteligente que Beto?
   ¿Quién es el (la) más inteligente de los tres?
   ¿Quién es el (la) menos inteligente de los tres?

D. With a partner, ask each other questions to find out how you compare to members of your family with respect to height, age, intelligence, etc.

5. Pronouns as objects of prepositions (*Pronombres usados como complemento de preposición*)

The object of a preposition[1] is the noun or pronoun that immediately follows it.

La fiesta es *para María (ella)*. Ellos van *con nosotros*.

Singular		Plural	
mí	me	**nosotros(as)**	us
ti	you (*fam.*)	**vosotros(as)**	you (*fam. pl.*)
Ud.	you (*form.*)	**Uds.**	you (*form./fam. pl.*)
él	him	**ellos**	them (*masc.*)
ella	her	**ellas**	them (*fem.*)

---

[1]See Appendix C.

■ Only the first- and second-persons singular, **mí** and **ti,** are different from regular subject pronouns.

■ When used with the preposition **con, mí** and **ti** become **conmigo** and **contigo,** respectively. The other forms do not combine: **con él, con ella, con ustedes,** and so on.

— ¿La invitación es para **mí?**
— No, no es para **ti;** es para **él.**

*"Is the invitation for **me?**"*
*"No, it's not for **you;** it's for **him.**"*

— ¿Vas a la fiesta **conmigo?**

*"Are you going **with me** to the party?"*

— No, no voy **contigo;** voy con **ellos.**

*"No, I'm not going **with you;** I'm going with **them.**"*

¡Vamos a practicar!

Complete the following sentences with the correct forms of the pronouns and prepositions in parentheses.

1. Elena no va _____, Anita.   (*with you*)
2. Esas cintas son para _____ y el disco compacto es para _____. (*me / her*)
3. Teresa está hablando de _____.   (*us*)
4. Elsa va a venir con _____.   (*them*)
5. Olga no va a ir al club _____; va a ir _____.   (*with you, pl. / with me*)
6. El vino no es para _____, Paco; es para _____.   (*him / you*)

Y ahora, ¿qué?

Palabras y más palabras

Internet

For more practice with lesson topics, see the related activities on the **¡Hola, amigos!** web site.

Complete each sentence, using vocabulary from **Lección 5.**

1. Tengo una _____ para ir a la fiesta de bienvenida.
2. Es alto y moreno y tiene _____ castaños.
3. Necesito llamar por _____ al profesor Vera.
4. — ¿Quieres bailar?
   — Sí, ¡_____ no!
5. La fiesta es el _____ sábado.
6. _____ el sábado y gracias por la invitación.
7. No estoy _____, pero creo que piensan ir.
8. Estela es muy bonita. ¡Es _____!
9. Carlos tiene mucho dinero. Es el más _____ del grupo.
10. Ella es _____; tiene diecisiete años.
11. Antonio no _____ ir porque está enfermo.
12. ¿Es _____ o moreno?
13. Tener dinero no es lo _____.
14. Ahora, están _____ una salsa.
15. Las chicas están hablando _____ ti.

¡Vamos a conversar!

A. Para conocerse mejor. Get to know your partner better by asking each other the following questions.

1. ¿Cómo es tu mejor amigo(a)?
2. ¿Eres menor o mayor que tu mejor amigo(a)?
3. ¿Eres más alto(a) o más bajo(a) que tu mamá?
4. ¿De qué color son los ojos de tu papá?
5. ¿Tienes tanto dinero como tus padres?
6. ¿Prefieres tener discos compactos o cintas?
7. ¿Quieres ir a una fiesta conmigo?
8. ¿A qué hora empieza tu primera clase?
9. ¿ A qué hora cierran la librería de la universidad?
10. ¿Tú entiendes una conversación en español?

B. Una encuesta. Interview your classmates to identify who fits the following descriptions. Include your instructor, but remember to use the **Ud.** form when addressing him/her.

	Nombre
1. Piensa dar una fiesta en su casa.	
2. Tiene un estéreo.	
3. Sabe bailar la salsa.	
4. Toca el piano.	
5. Llama a su mejor amigo(a) por teléfono todos los días.	
6. Recibe muchas invitaciones.	
7. Tiene mucho dinero.	
8. Piensa que lo más importante es el dinero.	
9. Siempre está muy ocupado(a).	
10. Es el (la) menor de su familia.	

Situaciones

What would you say in the following situations? What might the other person say? Act out the scenes with a partner.

1. You want to invite a friend to go to a party with you next Friday.
2. Someone asks you to go to a party. Find out when it is and at what time it starts. Then accept and thank the person for inviting you.
3. You are hosting a party. Ask your guests what they want to eat and drink.
4. You are trying to convince a friend to go out (**salir**) with someone you have just recently met. Describe your new acquaintance to your friend.

 Para escribir

You are planning a welcome party. Describe your plans.

1. Who is the party for?
2. When is it? What time does it start?
3. Where is it?
4. Who is going to be there?
5. Are you going to have tapes or CDs?
6. What are you going to serve?
7. What type of music are they going to play?

¿Qué pasa aquí?

Get together in groups of three or four and create a conversation among the people in the picture. You might have them introduce one another and discuss their friends, their activities, the occasion, or the party itself.

 Lectura

A. **Estrategia de lectura.** Look at the reading on page 119. Based on the headline and the photos, what do you think the reading is about? (**¿De qué trata la lectura?**) In which section of the newspaper can you find such articles?

B. **Vamos a leer.** As you read the **Sociales** section of the newspaper, find the answers to the following questions.

1. ¿En qué iglesia tuvo lugar (*took place*) la boda de Alina? ¿Cuándo?
2. ¿Cómo se llama el esposo de Alina?
3. ¿Qué ofrecieron los padres de la novia?
4. ¿Adónde va a ir la feliz pareja de luna de miel (*honeymoon*)?
5. ¿Qué tuvo lugar en el Club Centenario?
6. ¿Cuál es la nacionalidad de los jóvenes?
7. ¿Qué estudian Marisol y Esteban?
8. ¿Para cuándo planean la boda?
9. ¿Quién va de vacaciones a Europa?
10. ¿Qué ciudades va a visitar? ¿Con quiénes?
11. ¿Con qué celebraron el cumpleaños (*birthday*) de Isabelita? ¿Dónde?
12. ¿Qué hogar visitó la cigüeña (*stork*) y cómo se llama el bebé?

SOCIALES

En el Club Centenario tuvo lugar la fiesta de compromiso de dos simpáticos jóvenes paraguayos: la señorita Marisol Vera Vierci y el señor Esteban Troche Infante. Marisol es estudiante de sicología en la Universidad Católica de Asunción y su prometido está terminando la carrera de médico. La enamorada pareja planea su boda para el mes de diciembre. ¡Enhorabuena!

La semana próxima va de vacaciones a Europa la señora Ana María Vásquez de Rojas. En el Viejo Continente va a visitar a sus padres, que residen en la capital española. Acompañada de sus padres, visitará París y Londres. ¡Le deseamos buen viaje!

En la iglesia de San Miguel tuvo lugar la boda de la gentil señorita Alina de la Cruz Montejo[1] con el distinguido caballero Marcos Rafael Vargas Peña[1] el pasado sábado, 13 de agosto. Terminada la ceremonia religiosa, los padres de la novia ofrecieron un banquete en el Club Unión de Asunción. La feliz pareja va a ir de luna de miel a la hermosa ciudad de Río de Janeiro. ¡Muchas felicidades al nuevo matrimonio!

El sábado pasado se celebró, con una gran fiesta infantil, el cumpleaños de la simpática Isabel Vigo Acosta en la residencia de sus padres. ¡Feliz cumpleaños, Isabelita!

La cigüeña visitó el hogar del matrimonio Reyes-Cortesi. El hermoso bebé llevará el nombre de José Luis. ¡Enhorabuena a los nuevos padres!

---

[1]Native Spanish speakers often use two last names, or **apellidos:** their father's last name followed by their mother's maiden name.

C. Díganos. Answer the following questions based on your own thoughts and experiences.

1. ¿En qué mes celebra Ud. su cumpleaños?
2. ¿Van a ofrecer sus amigos un banquete para celebrar su cumpleaños?
3. ¿Es Ud. miembro de un club? ¿De cuál?
4. Para Ud., ¿cuál es el lugar (*place*) ideal para pasar la luna de miel?
5. ¿Adónde planea Ud. ir de vacaciones?
6. ¿Qué ciudades de Europa quiere visitar Ud.?
7. ¿Le gusta a Ud. viajar con sus padres, con sus amigos o solo(a) (*alone*)?
8. ¿Qué nombre le gusta para un bebé?

~~~~ Un dicho ~~~~

Contigo, pan y cebolla.

I'll live on bread and onions as long as you are at my side.
(Lit.: With you, bread and onions.)

Lección 4

A. Demonstrative adjectives and pronouns

Use the appropriate demonstrative adjective.

(handwritten notes at left margin: THIS — este estos, esta estas; THAT — ese esos, esa esas; THAT OVER THERE — aquel aquellos, aquella aquellas; Neutral — eso, esto, aquello)

1. (*those*)   a. _ESAS_ sillas   b. _ESOS_ hombres
2. (*this*)   a. _ESTA_ piscina   b. _ESTE_ cine
3. (*that over there*)   a. _AQUEL_ café   b. _AQUELLA_ camarera
4. (*that*)   a. _ESA_ pareja   b. _ESE_ club
5. (*these*)   a. _ESTOS_ bolígrafos   b. _ESTAS_ frutas

B. Personal *a*

Write a sentence with each group of words, adding any necessary words.

1. Yo / conocer / la tía / Julio
2. Luis / tener / tres tíos / dos tías
3. Ana / llevar / su prima / fiesta
4. Uds. / conocer / Nueva York

C. Contractions *al* and *del*

Rewrite the following sentences, replacing the words in italics with the words in parentheses. Make all necessary changes.

1. No conocemos a la *señora* Vega. (señor)   al señor Vega
2. Es la hermana de la *profesora*. (profesor)   del profesor
3. Venimos de la *clase*. (laboratorio)   del laboratorio
4. Voy a la *cafetería*. (teatro)   al teatro
5. Vengo del *concierto*. (piscina)   de la piscina

D. Present indicative of *estar, ir,* and *dar*

Complete the following sentences, using the present indicative of **dar, ir,** and **estar.**

(handwritten conjugation notes at left: voy, vas, va, vamos — let's go / we go, váis, van)

1. Yo no _doy_ mi número de teléfono.
2. Ella no _va_ en el cine.
3. Nosotros _vamos_ a la fiesta.
4. ¿Tú _está_ bien?
5. Ellos _están_ en la cafetería.
6. ¿Ud. _va_ a la universidad por la mañana?
7. ¿Uds. _dan_ fiestas los sábados?
8. Yo _vengo_ al club.

E. *Ir a* + infinitive

Write the question that originated each response, using the cues in italics.

1. Yo voy a estudiar *en el laboratorio*. (Use **tú.**)   ¿Dónde vas a estudiar?
2. Nosotros vamos a comer *sándwiches*.

    ¿Qué vamos a comer sándwiches?

3. Roberto va a ir *con Teresa.*
4. Yo voy a terminar *a las cuatro.*   (Use **Ud.**)
5. Ellos van a trabajar *el sábado.*

F. *Saber* vs. *conocer*

Write the following sentences in Spanish.

1. Do you know Mr. Soto, Anita?
2. Do you know (how) to dance, Miss Peña?
3. I know (have been to) several cities.
4. Do you know Pablo's phone number, Paco?

G. Vocabulary

Complete the following sentences, using vocabulary from **Lección 4.**

1. Están en un café al aire _____.
2. ¿Tienes dinero para comer? Tengo hambre...
3. ¿Qué actividades planean para el _____ de semana?
4. Nosotros estamos _____ a la fiesta de Gloria.
5. No tengo _____ de ir a la fiesta; estoy cansada.
6. Vamos al club a _____ al tenis.
7. Al día _____, todos van al club.
8. Nadamos en la _____ de Jorge.
9. ¿Por qué no _____ (tú) a tu hermana al cine?
10. ¿No sabes patinar? ¡Tienes que _____!
11. ¿Deseas un sándwich de _____ y queso?
12. Carlos _____ a su mamá los sábados.

H. Culture

Answer each question, based on the **Notas culturales** you have read.

1. ¿De dónde son la mayoría de los hispanos que viven en Miami?
2. En Miami, ¿en qué se nota la influencia hispana?
3. ¿Cuál es el deporte más popular en España y en la mayoría de los países latinoamericanos?

Lección 5

A. Present progressive

Use the present progressive of the verbs **comer, dormir, leer, patinar,** and **servir** to complete the following sentences. Use each verb once.

1. Nosotros _____ café.
2. Yo _____ un libro.
3. Uds. _____ muy bien.
4. ¿Qué _____ (tú)? ¿Un sándwich?
5. Carlos _____ en su cuarto (*room*).

B. Uses of *ser* **and** *estar*

Complete each sentence using the present indicative of **ser** or **estar.**

1. Paco _____ de Madrid, pero ahora _____ en California.
2. Gabriela _____ estudiando italiano. _____ una chica muy inteligente.
3. Las mesas _____ de metal.
4. ¡Tú _____ muy bonita hoy!
5. La fiesta _____ en el club "Los Violines".
6. Alina _____ la novia de Marcos.
7. Nosotros _____ muy cansados.
8. _____ las cinco de la tarde.

C. Stem-changing verbs (*e > ie***)**

Complete each sentence with the Spanish equivalent of the verb in parentheses.

1. ¿Tú _____ ir al cine o al teatro?   (*prefer*)
   Roberto _____ ir al concierto.   (*wants*)
2. Las clases _____ a las seis y terminan a las nueve.   (*start*)
3. Nosotros _____ estudiar esta noche. No tenemos ganas de ir a la fiesta de Teresa.   (*plan*)
4. Ellos _____ ir a la piscina.   (*prefer*)
5. Ana y yo _____ venir mañana.   (*want*)

D. Comparison of adjectives, adverbs, and nouns

Write the following dialogues in Spanish.

1. "Is he older than you, Anita?"
   "Yes, but I'm much taller."
2. "He is very handsome."
   "You are as handsome as he (is), Paquito . . . and he is less intelligent."
3. "Are they the best students in the class?"
   "No, they're the worst!"
4. "Does she work?
   "Yes but she doesn't work as many hours as I."

E. Pronouns as object of prepositions

Complete each sentence with the Spanish equivalent of the words in parentheses.

1. ¿Tú vas _____, Paquito?   (*with me*)
   No, no voy _____, Anita. Voy _____.   (*with you / with them*)
2. ¿Los discos compactos son _____, Tito?   (*for you*)
   No, no son _____; son _____.   (*for me / for her*)

F. Vocabulary

Complete the following sentences, using vocabulary from **Lección 5.**

1. Tengo muchos _____ compactos.
2. Tiene pelo y _____ castaños.
3. Yo tengo veinte años y ella tiene dieciocho; ella es _____ que yo.
4. ¿Es rubia o _____ ?
5. Es de _____ mediana.
6. Ella es _____ . Tiene mucho dinero.
7. Dan una fiesta de _____ para Carlos.
8. Voy a _____ por teléfono a Teresa.
9. — ¿Quieres ir a mi fiesta?
   — ¡_____ no! ¿Cuándo es?
10. ¿Quieres _____ , vino o cerveza?
11. La cerveza es una _____ alcohólica.
12. Están _____ una salsa. ¿Quieres _____?
13. ¿ _____ vienen ellos? ¿En agosto?
14. Estoy muy _____ . Trabajo mucho.
15. Es muy _____ . Tiene dieciséis años.

G. Culture

Answer each question, based on the **Notas culturales** you have read.

1. ¿Por quién fue descubierto Puerto Rico?
2. ¿Por qué no necesitan los puertorriqueños visa para entrar en los Estados Unidos?
3. ¿Qué es el Morro?
4. ¿Qué es la salsa?

Diligencias y compras

Vendedores en un centro comercial en Lima, Perú.

Lección 6:   En el banco y en la oficina de correos
Lección 7:   De compras

By the end of this unit, you will be able to:

• open an account and cash checks at the bank
• mail letters and buy stamps at the post office
• shop for clothing and shoes, conveying your needs with regard to sizes and fit
• discuss past actions and events
• discuss your likes and dislikes
• talk about your daily routine

En el banco y en la oficina de correos

 En el Banco de América, en la Ciudad de Panamá.

Son las diez de la mañana y Alicia entra en el banco. No tiene que hacer cola porque no hay mucha gente.[1]

CAJERO — ¿En qué puedo servirle, señorita?

ALICIA — Quiero abrir una cuenta de ahorros. ¿Qué interés pagan?

CAJERO — Pagamos el tres por ciento.

ALICIA — ¿Puedo usar el cajero automático para sacar mi dinero en cualquier momento?

CAJERO — Sí, pero si saca el dinero, puede perder parte del interés.

ALICIA — Bueno... Ahora deseo cobrar este cheque.

CAJERO — ¿Cómo quiere el dinero?

ALICIA — Cien balboas[2] en efectivo. Voy a depositar mil en mi cuenta corriente.

---

[1]**Gente** is considered singular in Spanish.
[2]Panamanian currency

CAJERO — Necesito el número de su cuenta.

ALICIA — Un momento... No encuentro mi talonario de cheques y no recuerdo el número...

CAJERO — No importa. Yo lo busco.

ALICIA — Ah, ¿dónde consigo cheques de viajero?

CAJERO — Los venden en la ventanilla número dos.

En otro departamento, Alicia pide información sobre un préstamo.

Hace quince minutos que Alicia está en la oficina de correos haciendo cola cuando por fin llega a la ventanilla. Allí compra estampillas y pide información.

ALICIA — Deseo mandar estas cartas por vía aérea.

EMPLEADO — ¿Quiere mandarlas certificadas?

ALICIA — Sí, por favor. ¿Cuánto es?

EMPLEADO — Diez balboas, señorita.

ALICIA — También necesito estampillas para tres tarjetas postales.

EMPLEADO — Aquí las tiene.

ALICIA — Gracias. ¿Cuánto cuesta enviar un giro postal a México?

EMPLEADO — Veinte balboas. ¿Algo más, señorita?

ALICIA — Nada más, gracias.

Alicia sale de la oficina de correos, toma un taxi y vuelve a su casa.

¿Recuerda usted?

With a partner, decide whether the following statements about the dialogues are true (**verdadero**) or false (**falso**).

1. Alicia tiene que hacer cola en el banco.
2. El banco paga el ocho por ciento de interés.
3. Alicia va a depositar dinero en su cuenta.
4. Alicia no encuentra el talonario de cheques.
5. En el banco no venden cheques de viajero.
6. Alicia compra estampillas.
7. Alicia manda tarjetas postales.
8. Alicia vuelve a su casa en ómnibus.

 # Vocabulario

Cognados

el banco bank	**la información** information	**el momento** moment
el cheque check	**el interés** interest	**la parte** part
el departamento department	**el minuto** minute	**el taxi** taxi

Nombres

el (la) cajero(a) teller
el cajero automático automatic teller machine
la carta letter
el cheque de viajero traveler's check
la ciudad city
la cuenta account
la cuenta corriente checking account
la cuenta de ahorros savings account
la diligencia errand
el (la) empleado(a) clerk
la estampilla, el sello, el timbre (*Méx.*) stamp
la gente people

el giro postal money order
el número number
la oficina de correos, el correo post office
el préstamo loan
el talonario de cheques checkbook
la tarjeta postal postcard
la ventanilla window (*in a bank, ticket office, etc.*)

Verbos

abrir to open
buscar to look up, to look for
comprar to buy
conseguir (e > i) to obtain, to get
costar (o > ue) to cost
depositar to deposit

encontrar (o > ue) to find
entrar (en) to enter, to go in
mandar, enviar to send
pedir (e > i) to ask for, to request
perder (e > ie) to lose
poder (o > ue) to be able to, can
recordar (o > ue) to remember
sacar to take out
salir (yo salgo) to leave, to go out
servir (e > i) to serve
usar to use
vender to sell
volver (o > ue) to return, to go (come) back

Adjetivos

certificado(a)   registered
otro(a)   other, another

Otras palabras y expresiones

¿algo más?   anything else?
allí   there

aquí   here
cobrar un cheque   to cash a check
en cualquier momento   at any time
en efectivo   in cash
¿En qué puedo servirle?   How may I help you?

hacer cola   to stand in line
nada más   nothing else
No importa.   It doesn't matter.
por ciento   percent
por fin   finally
por vía aérea   air mail
sobre, de   about

96 Amplíe su vocabulario

Más sobre el banco

ahorrar	*to save*
la caja de seguridad	*safe-deposit box*
la casa central	*home office*
la cuenta conjunta	*joint account*
fechar	*to date*
firmar	*to sign*
la libreta de ahorros	*passbook*
el plan de ahorros	*savings plan*
el saldo	*balance*
solicitar (pedir) un préstamo	*to apply (ask) for a loan*
la sucursal	*branch office*

¿Qué necesito o qué tengo que hacer?

Say what you need or what you have to do, according to each circumstance.

1. Quieres comprar un automóvil y no tienes dinero.
2. Quieres saber cuánto dinero tienes en el banco.
3. Quieres ahorrar dinero.
4. Quieres sacar dinero de tu cuenta de ahorros.
5. Quieres abrir una cuenta con otra persona.
6. Quieres guardar (*keep*) documentos muy importantes en el banco.
7. En la sucursal del banco no tienen lo que necesitas.
8. Necesitas escribir tu nombre en el cheque.
9. Necesitas escribir la fecha en el cheque.

DE AQUÍ Y DE ALLÁ

 Panamá está situado en el istmo (*isthmus*) que une (*joins*) Suramérica con la América del Norte. El país, que está dividido por el Canal de Panamá, tiene una superficie de unos 78.000 km² y una población de más de dos millones y medio de habitantes. Su cultura es una mezcla (*mixture*) de las tradiciones españolas, africanas, indias y norteamericanas. El idioma oficial del país es el español, pero también se usa mucho el inglés.

La principal fuente de ingresos (*source of income*) del país está asociada a las operaciones del Canal, que es administrado por Panamá desde el año 2000. La construcción del Canal por parte del gobierno de los Estados Unidos duró (*lasted*) diez años y fue terminada en 1914. El Canal mide 82,4 km y tiene tres esclusas (*locks*) a cada lado del istmo que cruza.

DE ESTO Y AQUELLO

El balboa es la unidad monetaria de Panamá. Su valor (*value*) es equivalente al del dólar, moneda que también se usa mucho en el país. Argentina, Chile, Colombia, Cuba, México, Uruguay y la República Dominicana usan el peso. Otras unidades monetarias en los países hispanos son el boliviano en Bolivia, el colón en Costa Rica y El Salvador, el dólar[1] en Ecuador, el quetzal en Guatemala, el lempira en Honduras, el nuevo córdoba en Nicaragua, el sol en Perú, el guaraní en Paraguay, el bolívar en Venezuela y el euro en España.

Vista de una de las esclusas
del Canal de Panamá.

[1]In Ecuador, the former currency, the **sucre** was phased out in 2000.

¿Verdadero o falso?

1. Panamá está en la América del Norte.
2. El idioma oficial de Panamá es el inglés.
3. El Canal de Panamá es administrado por Panamá y Estados Unidos.
4. El balboa es la unidad monetaria de Panamá.
5. La moneda de Argentina es la peseta.

Pronunciación

 ## Las consonantes *ll, ñ*

A. Practice the sound of Spanish **ll** in the following words.

llegar	**ll**ama	si**ll**a
llamar	A**ll**ende	a**ll**í
estampi**ll**a	se**ll**o	ventani**ll**a

B. Practice the sound of Spanish **ñ** in the following words.

se**ñ**or	se**ñ**ora	se**ñ**orita
a**ñ**o	oto**ñ**o	Pe**ñ**a
espa**ñ**ol	ma**ñ**ana	Espa**ñ**a

Puntos para recordar

1. Stem-changing verbs: *o > ue* (*Verbos que cambian en la raíz:* o > ue)

■ As you learned in **Lección 5,** some Spanish verbs undergo a stem change in the present indicative tense. When **o** is the last stem vowel and it is stressed, it changes to **ue,** as shown below.

poder (*to be able to*)			
yo	**pue**do	nosotros(as)	podemos
tú	**pue**des	vosotros(as)	podéis
Ud. él ella	**pue**de	Uds. ellos ellas	**pue**den

— ¿A qué hora **pueden** Uds. ir al   *"What time **can you** go to*
banco?   *the bank?"*
— **Podemos** ir a las dos.   *"We **can** go at two o'clock."*

■ Note that the stem vowel is not stressed in the verb forms used with
nosotros(as) and **vosotros(as);** therefore, the **o** does not change to **ue.**

Some other verbs that undergo the **o > ue** change:[1]

    costar   **dormir** (*to sleep*)   **encontrar**   **recordar**   **volver**

¡Vamos a practicar!

A. Complete the following dialogue, using the correct forms of the verbs **costar,
encontrar, poder, recordar,** and **volver.** Then act it out with a partner.

— ¿A qué hora _____ Uds. a casa?
— Yo _____ a las doce y Andrés _____ a las dos.
— ¿_____ Andrés ir al banco con nosotros?
— No, él no _____ ir, pero nosotros _____ ir con Uds.
— ¿Tú _____ el número de tu cuenta?
— No, no _____ el número, pero aquí tengo el talonario de cheques.
— Yo no _____ mi talonario de cheques. ¿Sabes tú dónde está?
— Sí, está en tu escritorio.
— Estoy cansada. ¿_____ (nosotros) tomar un taxi?
— No,... _____ mucho dinero.

---

[1]For a complete list of stem-changing verbs, see Appendix B.

B. Ask your partner the following questions.

1. ¿Puedes ir a la oficina de correos conmigo?
2. ¿Cuánto cuestan las estampillas ahora?
3. ¿Sabes cuánto cuesta enviar una carta a México?
4. ¿Dónde puedo comprar cheques de viajero?
5. ¿Recuerdas el número de tu cuenta corriente?
6. ¿A qué hora vuelves a tu casa hoy?
7. ¿Recuerdas el número de teléfono de todos tus amigos?
8. Generalmente, ¿cuántas horas duermes?

2. Stem-changing verbs: *e > i* (*Verbos que cambian en la raíz:* e > i)

■ Some **-ir** verbs undergo a stem change in the present indicative. For these verbs, when **e** is the last stem vowel and it is stressed, it changes to **i** as shown below.

servir (*to serve*)			
yo	sirvo	nosotros(as)	servimos
tú	sirves	vosotros(as)	servís
Ud. él ella	sirve	Uds. ellos ellas	sirven

— ¿A qué hora **sirven** Uds. el café?   "*What time **do you serve** coffee?*"
— **Servimos** el café a las ocho.   "*We serve coffee at eight o'clock.*"

■ Note that the stem vowel is not stressed in the verb forms used with **nosotros(as)** and **vosotros(as);** therefore the **e** does not change to **i.**

Some other verbs that undergo the **e > i** change:

decir[1] (*to say, to tell*)
conseguir[2]
pedir[3]
seguir (*to follow, to continue*)

---

[1]First person: **yo digo**
[2]Verbs like **conseguir** drop the **u** before **a** or **o: yo consigo.**
[3]**Pedir** also means *to order* (at a restaurant).

¡Vamos a practicar!

A. Complete the following dialogues, using the correct forms of the verbs **servir, decir, pedir,** and **conseguir.** Then act them out with a partner.

1. — Ana, ¿cuánto dinero _____ Uds. en el banco?
   — Yo _____ cien dólares y Juan _____ quinientos.
   — ¿_____ tus cheques de viajero allí también?
   — Sí.
2. — ¿Tú _____ que la fiesta es el sábado?
   — No, yo _____ que es el viernes; Pablo _____ que es el sábado.
   — ¿Qué _____ Uds. en sus fiestas?
   — Yo _____ refrescos y Alicia _____ cerveza y ponche.

B. Ask a classmate the following questions.

1. Cuando vas a un restaurante mexicano, ¿qué pides para comer? ¿Y para beber?
2. ¿Qué sirves tú en tus fiestas para comer? ¿Y para beber?
3. Cuando tú y tus amigos dan una fiesta, ¿sirven cerveza o refrescos?
4. ¿Tú consigues discos compactos en español? ¿Dónde?
5. Cuando tú necesitas dinero, ¿pides un préstamo?
6. ¿Dónde consigues cheques de viajero?
7. ¿Tus amigos siempre dicen la verdad (*truth*)? ¿Y tú?
8. ¿Tú dices que el español es fácil o difícil?

3. Direct object pronouns (*Pronombres usados como complemento directo*)

■ In addition to a subject, most sentences have an object[1] that directly receives the action of the verbs.

Él compra **el café.**			He buys **the coffee.**
s.	v.	D.O.	

In the preceding sentence, the subject **él** performs the action, while **el café,** the direct object, directly receives the action of the verb. (The direct object of a sentence can be either a person or a thing.)

The direct object can be easily identified as the answer to the questions *whom?* and *what?*

Él compra **el café.**			(*What is he buying?*)
s.	v.	D.O.	

Alicia llama **a Luis.**			(*Whom is she calling?*)
s.	v.	D.O.	

[1]See Appendix C.

■ Direct object pronouns are used in place of direct objects. The forms of the direct object pronouns are as follows.

Singular		Plural	
me	me	**nos**	us
te	you (*fam.*)	**os**	you (*fam. pl.*)
lo	him, you (*masc. form.*), it (*masc.*)	**los**	them (*masc.*), you (*masc. form./fam.*)
la	her, you (*fem. form.*), it (*fem.*)	**las**	them (*fem.*), you (*fem. form./fam.*)

Yo tengo **las sillas.**   ¿Ustedes **las** necesitan?

*I have the **chairs.***   *Do you need **them?***

■ Position of direct object pronouns

- In Spanish, object pronouns are normally placed before a conjugated verb.

  Yo compro **el café.**   *I buy **the coffee.***
  Yo   **lo**   compro.   *I buy **it.***

- In a negative sentence, **no** must precede the object pronoun.

  Yo compro **el café.**   *I buy **the coffee.***
  Yo   **lo**   compro.   *I buy **it.***
  Yo **no** **lo**   compro.   *I **don't buy it.***

- When a conjugated verb and an infinitive appear together, the direct object pronoun is either placed before the conjugated verb or attached to the infinitive. This is also the case in a negative sentence.

  La   voy a llamar.
  Voy a llamar**la.**   } *I'm going to call **her.***

  No **la** voy a llamar.
  No   voy a llamar**la.**   } *I'm not going to call **her.***

- In the present progressive, the direct object pronoun can be placed either before the verb **estar** or after the present participle.[1]

  Lo   está leyendo.
  Está leyéndo**lo.**   } *He's reading **it.***

¡Atención! Note the use of the written accent on present participles that have pronouns attached: **está leyéndolo, estamos mirándola.**

---

[1]Present participle is **gerundio** (**-ando** and **-iendo** forms) in Spanish.

¡Vamos a practicar!

A. Complete the following dialogues by supplying the missing direct object pronouns. Then act them out with a partner.

1. — ¿Tienes tu talonario de cheques?
   — No, no _____ tengo aquí. Tengo que buscar _____.

2. — ¿A qué hora abren la oficina de correos?
   — _____ abren a las nueve. ¿Vas a mandar estas cartas?
   — Sí, _____ voy a mandar hoy.

3. — Rosita, ¿Carlos _____ va a llamar a ti o a mí?
   — _____ va a llamar a mí.

4. — ¿Tú conoces a Julio?
   — No, no _____ conozco.

5. — ¿Ellos _____ invitan a Uds. a sus fiestas?
   — Sí, _____ invitan.

B. Susan has a car and her teacher and her friends often need rides. Susan always says yes. What does she say to the following people?

1. *Ana* — ¿Puedes llevarme a casa?
2. *Raúl y Jorge* — ¿Puedes llevarnos a la biblioteca?
3. *Profesora* — ¿Puedes llevarme a mi apartamento?
4. *Teresa* — ¿Puedes llevar a Rosa y a Carmen a casa?
5. *Sergio* — ¿Puedes llevar a Pedro y a Luis a la residencia?
6. *Marta y Raquel* — ¿Puedes llevarnos a casa?

C. You and your friends Gustavo and Jaime are making plans to go out for the evening. Answer Gustavo's questions, using direct object pronouns and the cues provided.

1. ¿A qué hora me llamas? (a las cinco)
2. ¿Adónde nos llevas? (a un restaurante)
3. ¿Recuerdas el número de teléfono de Jaime? (no)
4. ¿Tienes tu licencia para conducir? (sí)
5. ¿Cuándo vas a llamar a Teresa y a Susana? (más tarde)
6. ¿El novio de Teresa los conoce a Uds.? (no)

D. Use the appropriate direct object pronouns to say what you do with respect to the following people or things.

MODELO: el café
        Lo bebemos.

1. las cartas
2. los cheques de viajero

3. el giro postal
4. el préstamo
5. la cuenta corriente
6. el número de la cuenta
7. la información
8. los cheques
9. el taxi
10. dos chicas (dos muchachos)

E. With a partner, take turns answering the following questions, basing your answers on the illustrations. Use direct object pronouns in your responses.

1. ¿A qué hora llama Sara a Luis?
2. ¿Cuándo tiene que llamar Luis a Sara?
3. ¿Pepe puede llevar a los chicos a casa?
4. ¿Dónde tiene Pepe los libros?
5. ¿Quién bebe el refresco?
6. ¿Quién sirve el café?
7. ¿Quién abre la puerta?
8. ¿Quién tiene las cartas?

4. Affirmative and negative expressions (*Expresiones afirmativas y negativas*)

Affirmative		Negative	
algo	something, anything	**nada**	nothing
alguien	someone, anyone	**nadie**	nobody, no one
algún **alguno(a)** **algunos(as)**	any, some	**ningún** **ninguno(a)**	none, not any; no one, nobody
siempre **alguna vez** **algunas veces, a veces**	always ever sometimes	**nunca** **jamás**	never
también **o... o**	also, too either ... or	**tampoco** **ni... ni**	neither neither ... nor

— ¿Uds. **siempre** van a Nueva York?		*"Do you **always** go to New York?"*
— No, **nunca** vamos a Nueva York.		*"No, we **never** go to New York."*
— Nosotros **tampoco.**		*"**Neither** do we."*

■ **Alguno** and **ninguno** drop the final **-o** before a masculine singular noun, but **alguna** and **ninguna** keep the final **a.**

— ¿Hay **algún** libro o **alguna** pluma en la mesa?	*"Is there **any** book or pen on the table?"*
— No, no hay **ningún** libro ni **ninguna** pluma.	*"No, there is **no** book or pen."*

■ **Alguno(a)** can be used in the plural form, but **ninguno(a)** is used only in the singular.

— ¿Necesita mandar **algunas** cartas?	*"Do you need to send **some** letters?"*
— No, no necesito mandar **ninguna** carta.	*"No, I don't need to send **any** letters."*

■ Spanish sentences frequently use a double negative. In this construction, the adverb **no** is placed before the verb. The second negative word either follows the verb or appears at the end of the sentence. **No** is never used, however, if the negative word precedes the verb.

— ¿Habla Ud. francés siempre?   *"Do you always speak French?"*
— No, yo **no** hablo francés   *"No, I **never** speak French."*
   nunca.

or:

— No, yo **nunca** hablo francés.

— ¿Compra Ud. **algo** aquí?   *"Do you buy **anything** here?"*
— No, **no** compro **nada nunca.**   *"No, I **never** buy anything."*

or:

— No, yo **nunca** compro **nada.**

■ In fact, Spanish often uses several negatives in one sentence.

Yo **nunca** pido **nada tampoco.**   *I **never** ask for **anything** either.*

¡Vamos a practicar!

A. Make the following sentences negative.

MODELO: Yo quiero comer algo.
         Yo no quiero comer nada.

1. Yo siempre voy a ese banco.
2. Yo tengo algunos discos compactos en español.
3. Yo tomo té o café.
4. Nosotros siempre vamos al cine también.
5. Yo quiero hablar con alguien.
6. Yo siempre compro algo.
7. Yo tengo algunas amigas españolas.
8. Ella necesita algunas cintas.

B. Interview a partner, using the following questions.

1. ¿Vas al banco por la mañana a veces?
2. ¿En el banco siempre pagan el 5% de interés?
3. ¿Siempre llevas tu talonario de cheques contigo?
4. ¿Necesitas comprar algo en el correo ahora?
5. Yo nunca voy a la oficina de correos los domingos. ¿Y tú?
6. ¿Tienes algunas estampillas de Venezuela?
7. ¿Alguien va contigo al correo a veces?
8. ¿Tú tomas té o café por la mañana?

C. With a partner, prepare five affirmative and five negative questions to ask your instructor.

D. In groups of three, tell your classmates two things you always do, two things you sometimes do, and two things you never do.

5. Hace... que

■ To express how long something has been going on, Spanish uses the following formula.

> **Hace** + length of time + **que** + verb (*in the present tense*)
> **Hace** dos años   **que**   vivo aquí.
> *I have been living here for two years.*

— Oye, ¿dónde está Eva?   "*Listen, where is Eva?*"
— No sé. **Hace dos días que no**   "*I don't know. **She hasn't come***
   viene a clase.   *to class **for two days**.*"

■ The following construction is used to ask how long something has been going on.

> **¿Cuánto tiempo hace que** + verb (*present tense*)?[1]

— ¿Cuánto tiempo **hace que ella**   "*How long has she been in the*
   está en el correo?   *post office?*[1]"
— **Hace una hora que está** allí.   "*She has been there for an hour.*"

---

[1]Note that English uses the present perfect progressive or the present perfect tense to express the same concept.

¡Vamos a practicar!

A. In complete sentences, tell how long each action depicted below has been going on. Use **hace... que** and the length of time specified.

1. veinte minutos

2. tres años

3. una hora

4. dos horas

5. seis meses

6. cinco días

B. Interview one of your classmates and then report to the class.

1. ¿Cuánto tiempo hace que vives en esta ciudad?
2. ¿Cuánto tiempo hace que estudias en esta universidad?
3. ¿Cuánto tiempo hace que trabajas en esta ciudad?
4. ¿Cuánto tiempo hace que no comes?
5. ¿Cuánto tiempo hace que no vas al banco?
6. ¿Cuánto tiempo hace que hablas español?

C. In groups of three or four, mention three or four friends and relatives that you haven't seen for a while.

MODELO: *Hace dos años que no veo a mi prima Eva.*

Y ahora, ¿qué?

Palabras y más palabras

Internet

For more practice with lesson topics, see the related activities on the **¡Hola, amigos!** web site.

Complete each sentence, using vocabulary from **Lección 6.**

1. Voy a depositar el dinero en mi _____ de ahorros.
2. El banco paga el seis por ciento de _____.
3. Podemos sacar el dinero en _____ momento, pero perdemos _____ del interés.
4. Ahora deseo _____ un cheque. Quiero quinientos dólares en _____.
5. ¿Puede Ud. _____ el número, por favor? Yo no lo encuentro.
6. Ella va a _____ un préstamo.
7. Voy a tener que hacer _____ porque hay mucha _____ en el banco.
8. ¿No tienes el talonario de cheques? No _____; yo tengo dinero.
9. Está hablando con el empleado, _____ información.
10. Buenos días. ¿En qué puedo _____, señora?
11. Voy a mandar las cartas por _____ aérea y _____.
12. Voy al correo para enviar un giro _____.
13. ¿Cuánto _____ las tarjetas postales?
14. Necesito _____ para estas cartas.
15. Venden estampillas en la _____ número siete.
16. Podemos usar el _____ automático para sacar dinero.

¡Vamos a conversar!

A. Para conocerse mejor. Get to know your partner better by asking each other the following questions.

1. ¿En qué banco tienes tu cuenta de ahorros? ¿Y tu cuenta corriente?
2. ¿Qué interés pagan en tu banco?
3. ¿Usas el cajero automático a veces?
4. Cuando compras algo, ¿pagas en efectivo o con cheque?
5. ¿Vas a depositar dinero en tu cuenta de ahorros mañana?

6. ¿Tienes tu talonario de cheques contigo?
7. ¿Tú sabes cuál es el saldo de tu cuenta corriente?
8. ¿Tienes tus documentos importantes en una caja de seguridad?
9. Cuando vas al correo, ¿tienes que hacer cola a veces?
10. ¿Envías muchas tarjetas de Navidad (*Christmas*)?

B. Una encuesta. Interview your classmates to identify who fits the following descriptions. Include your instructor, but remember to use the **Ud.** form when addressing him/her.

                                                        Nombre

1. Hace sus diligencias los sábados. _____ _____
2. A veces manda giros postales. _____ _____
3. A veces envía cartas certificadas. _____ _____
4. Recuerda su número de Seguro Social (*Social Security*). _____ _____
5. Piensa abrir una cuenta en el banco. _____ _____
6. Tiene un buen plan de ahorros. _____ _____
7. Necesita ahorrar más. _____ _____
8. Tiene una cuenta conjunta. _____ _____
9. Siempre manda tarjetas postales cuando viaja (*he/she travels*). _____ _____
10. Deposita dinero en el banco todos los meses. _____ _____

Situaciones

What would you say in the following situations? What might the other person say? Act out the scenes with a partner.

1. You are at a bank and want to open a savings account. Ask for the necessary information.
2. You need to cash a check. Tell the teller how much you want to deposit in your checking account, and how much cash you want.
3. You are at the post office in a Spanish-speaking country, and you need to send some letters and postcards to the United States. Tell the employee how you want to send the letters, and ask about prices.

Para escribir

Write about your banking practices. Tell

1. the name of your bank
2. types of accounts you have
3. the interest your bank pays
4. whether you can withdraw your money at any time without losing interest
5. whether you pay for purchases by check or by a credit card (**tarjeta de crédito**)
6. whether you save money, and why

¿Qué dice aquí?

Read the following ad and answer the questions that follow.

¡Gratis!
Cuenta corriente junto con el depósito directo de sus cheques del Seguro Social.

METROPOLITAN TRUST BANK
Miembro F.D.I.C.

Ahora el METROPOLITAN TRUST BANK tiene un nuevo servicio para usted. Sus cheques del Seguro Social, de Pensión Federal o de Veteranos pueden ser depositados automáticamente en su cuenta corriente o de ahorros. Nuestro Servicio de Depósito Directo le ofrece estos beneficios:

- Cuenta corriente personal gratis.
- Usted no tiene que ir al banco.
- Su cheque puede ser depositado en su cuenta corriente gratis o en su cuenta de ahorros.

Lo invitamos a visitar nuestra sucursal de 1768 SW 32 St., Atlanta

---

1. ¿Cómo se llama el banco?
2. ¿Cuál es la dirección de la sucursal del banco?
3. ¿En qué cuentas puede Ud. depositar automáticamente su cheque del Seguro Social?
4. Además (*besides*) de su cheque del Seguro Social ¿qué otros cheques puede depositar automáticamente?
5. ¿Necesita Ud. ir al banco para hacer el depósito?
6. ¿Debe pagar extra por este servicio o es gratis (*free*)?

~~~ **Un dicho** ~~~

Más vale pájaro en mano
que ciento volando.

A bird in the hand is worth two in the bush.
(Lit., one hundred flying)

De compras

Aurora Ibarra es estudiante de ingeniería. Es de Puerto Limón, Costa Rica, pero el año pasado[1] se mudó a San José. Hoy se levantó muy temprano, se bañó, se lavó la cabeza y se preparó para ir de compras.

En la tienda París, que hoy tiene una gran liquidación, Aurora está hablando con la dependienta en el departamento de señoras.

AURORA	— Me gusta esa blusa rosada. ¿Cuánto cuesta?
DEPENDIENTA	— Siete mil colones[2]. ¿Qué talla usa Ud.?
AURORA	— Talla treinta y ocho. ¿Dónde puedo probarme la blusa?
DEPENDIENTA	— Hay un probador a la derecha y otro a la izquierda.
AURORA	— También voy a probarme este vestido y esa falda.
DEPENDIENTA	— ¿Necesita un abrigo? Hoy tenemos una gran liquidación de abrigos.
AURORA	— ¡Qué lástima! Ayer compré uno... ¿La ropa interior y las pantimedias también están en liquidación?
DEPENDIENTA	— Sí, le damos un veinte por ciento de descuento.

Aurora compró la blusa y la falda, pero decidió no comprar el vestido. Después fue a la zapatería para comprar un par de sandalias y una cartera. Cuando salió de la zapatería fue a hacer varias diligencias y no volvió a su casa hasta muy tarde.

---

[1]With the words **pasado(a)** and **próximo(a)** the definite article is used: **el año pasado** (*last year*); **el mes próximo** (*next month*).

[2]Costa Rican currency.

Enrique está en una zapatería porque necesita un par de zapatos y unas botas.

EMPLEADO — ¿Qué número calza Ud.?

ENRIQUE — Calzo el cuarenta y dos.

EMPLEADO — (*Le prueba unos zapatos.*) ¿Le gustan?

ENRIQUE — Sí, me gustan, pero me aprietan un poco; son muy estrechos.

EMPLEADO — ¿Quiere unos más anchos?

ENRIQUE — Sí, y unas botas del mismo tamaño, por favor.

EMPLEADO — (*Le trae las botas y los zapatos.*) Estas botas son de muy buena calidad.

ENRIQUE — (*Se prueba las botas y los zapatos.*) Los zapatos me quedan bien, pero las botas me quedan grandes.

Después de pagar los zapatos, Enrique fue al departamento de caballeros de una tienda muy elegante. Allí compró un traje, un pantalón, una camisa, dos corbatas y un par de calcetines. Después volvió a su casa cargado de paquetes.

ENRIQUE — (*Piensa mientras se viste.*) Me voy a poner el traje nuevo para ir a la fiesta del club. Fue una suerte encontrar este traje tan elegante y tan barato.

¿Recuerda usted?

With a partner, decide whether the following statements about the dialogues are true (**verdadero**) or false (**falso**).

1. Aurora Ibarra se mudó a Puerto Limón el año pasado.
2. La blusa rosada cuesta nueve mil colones.
3. Aurora usa talla treinta y ocho.
4. Aurora compró la blusa y el vestido.
5. Después de ir a la zapatería Aurora volvió a su casa.
6. Enrique calza el cuarenta y dos.
7. Las botas le quedan bien a Enrique.
8. Enrique compró un par de calcetines en el departamento de caballeros.
9. Enrique no se puso el traje nuevo para ir a la fiesta.
10. Enrique piensa que fue una suerte encontrar un traje tan barato.

 # Vocabulario

Cognados	
elegante elegant	**la sandalia** sandal

Nombres

el abrigo coat
el año year
la blusa blouse
la bota boot
el calcetín sock
la calidad quality
la camisa shirt
la cartera, el bolso, la bolsa purse, handbag
la corbata tie
el departamento de caballeros men's department
el (la) dependiente(a) clerk
el descuento discount
la falda skirt
la ingeniería engineering

la liquidación, la venta sale
el pantalón (los pantalones) pants, trousers
las pantimedias pantyhose
el paquete package
el par pair
el probador fitting room
la ropa clothes
la ropa interior underwear
la suerte luck
la talla,[1] el tamaño size
la tienda store
el traje suit
el vestido dress
la zapatería shoe store
el zapato shoe

[1]**Talla** is used only for clothing.

Verbos

apretar (e > ie)   to be tight
bañarse   to bathe
calzar   to wear a certain shoe size
gustar   to like, to be pleasing to
lavar(se)   to wash (oneself)
levantarse   to get up
mudarse   to move (*relocate*)
poner (yo pongo)[1]   to put
ponerse   to put on
prepararse   to get ready
probar(se) (o > ue)   to try (on)
quedar   to fit, to suit
traer (yo traigo)[1]   to bring
usar, llevar   to wear
vestirse (e > i)   to dress oneself, to get dressed

Adjetivos

ancho(a); más ancho(a)
  wide; wider
barato(a)   inexpensive
cargado(a)   loaded
estrecho(a)   narrow

grande, gran[2]   big
mismo(a)   same
pasado(a)   last

Otras palabras y expresiones

a la derecha   to the right
a la izquierda   to the left
ayer   yesterday
Fue una suerte.   It was a stroke of
  luck.
hacer diligencias   to run errands
ir de compras   to go shopping
lavarse la cabeza   to wash one's
  hair
mientras   while
¡Qué lástima!   What a pity/shame!
quedarle bien (a uno o una)   to fit
quedarle grande (a uno o una)[3]   to
  be too big (*on someone*)
tan   so
tarde   late
temprano   early
un poco   a little

96 Amplíe su vocabulario

More clothes

la bata	*robe*
la bufanda	*scarf*
el calzoncillo	*undershorts*
el camisón	*nightgown*
la combinación	*slip*
el pijama, los pijamas	*pajamas*
las zapatillas	*slippers*

---

[1]In the present indicative the verbs **poner** and **traer** are irregular only in the first-person singular form.
[2]**Gran** is used instead of **grande** before a singular noun.
[3]**quedarle chico(a) (a uno o una)** to be too small (*on someone*)

¿Qué se ponen?

Tell what Carlos and Elena usually wear, based on the cues provided.

Carlos

1. con el traje
2. debajo del pantalón
3. debajo de la camisa
4. para sujetarse (*hold*) los pantalones

5. para dormir
6. en las manos, cuando tiene frío
7. en la cabeza (*head*)
8. en los pies (*feet*)

Elena

1. cuando tiene frío
2. para dormir
3. debajo del vestido
4. para ir a la playa

5. con el camisón
6. en los pies
7. en el cuello (*neck*), cuando tiene frío

¿Y dónde ponen los dos el dinero?

DE AQUÍ Y DE ALLÁ

Costa Rica es uno de los países más pequeños del continente americano (51.000 km²). Está situado en la América Central y su capital es San José. Los productos principales del país son el café, las bananas, el cacao y la caña de azúcar (*sugar cane*).

La mayoría de los "ticos" (como se les llama a los costarricenses) son católicos y de origen español. De todos los países centroamericanos, Costa Rica es el que tiene el menor número de analfabetos (*illiterates*). Tiene el mayor ingreso (*income*) per cápita y un gobierno democrático con muy pocos problemas políticos.

En Costa Rica se le da una gran importancia a la educación, la cultura y las artes. Se dice (*It is said*) que en Costa Rica "hay más maestros (*teachers*) que soldados". Este país tiene excelentes programas para proteger la ecología, sobre todo (*especially*) la selva (*rain forest*).

DE ESTO Y AQUELLO

En la mayoría de los países hispanos la talla de la ropa se basa en el sistema métrico. Por ejemplo, la medida (*measure*) del cuello (*collar*) y el largo de las mangas (*sleeves*) de una camisa se dan en centímetros. Una talla 10 para mujer en los Estados Unidos es equivalente a la 40 en muchos países hispanos. Estas equivalencias varían de país en país.

El sistema métrico decimal se usa en todos los países de habla hispana. La unidad básica del sistema es el metro, que equivale a 3, 28 pies.

Turistas en la jungla de Costa Rica.

¿Verdadero o falso?

1. Costa Rica es un país muy grande.
2. Costa Rica exporta café y bananas.
3. Costa Rica tiene muchos analfabetos.
4. Costa Rica tiene muchos problemas políticos.
5. La educación es muy importante en Costa Rica.
6. La unidad básica del sistema métrico es el centímetro.

Pronunciación

Las consonantes *l, r, rr*

A. Practice the Spanish **l** in the following words.

falda	abril	el
mil	Ángel	¿qué tal?
Isabel	mal	volver

B. Practice the Spanish **r** in the following words.

corbata	probarse	número
primero	París	cuarenta
cartera	porque	derecha

C. Practice the Spanish **rr** (spelled **r** both at the beginning of a word and after an **n**) in the following words.

rosado	borrador	correr
Enrique	ahorros	correo
residente	pizarra	ropa

Puntos para recordar

1. Preterit of regular verbs (*El pretérito de los verbos regulares*)

■ Spanish has two simple past tenses: the preterit and the imperfect. (The imperfect will be presented in **Lección 8.**) The preterit of regular verbs is formed as follows. Note that the endings for **-er** and **-ir** verbs are identical.

-**ar** *verbs*	-**er** *verbs*	-**ir** *verbs*
tomar (*to take*)	**comer** (*to eat*)	**escribir** (*to write*)
tom**é**	com**í**	escrib**í**
tom**aste**	com**iste**	escrib**iste**
tom**ó**	com**ió**	escrib**ió**
tom**amos**	com**imos**	escrib**imos**
tom**asteis**	com**isteis**	escrib**isteis**
tom**aron**	com**ieron**	escrib**ieron**

yo **tomé**	*I took; I did take*
Ud. **comió**	*you ate; you did eat*
ellos **decidieron**	*they decided; they did decide*

■ Verbs ending in -**ar** and -**er** that are stem-changing in the present indicative are regular in the preterit.

encontrar	tú enc**ue**ntras	tú encontraste
volver	yo v**ue**lvo	yo volví
cerrar (*to close*)	yo c**ie**rro	yo cerré

■ Verbs ending in -**gar, -car,** and -**zar** change **g** to **gu, c** to **qu,** and **z** to **c** before **é** in the first person of the preterit:

pagar → **pagué**   **buscar** → **busqué**   **empezar** → **empecé**

■ Verbs whose stem ends in a strong vowel change the unaccented **i** of the preterit ending to **y** in the third-person singular and plural of the preterit:

leer → **leyó**   **leyeron**

■ The preterit tense refers to actions or events that the speaker views as completed in the past.

— ¿Qué **compraste** ayer?	*"What **did you buy** yesterday?"*
— **Compré** una bata.	*"**I bought** a robe."*
— ¿Qué **comieron** Uds.?	*"What **did you eat**?"*
— **Comimos** ensalada.	*"**We ate** salad."*

¡Atención!   Note that Spanish has no equivalent for the English *did* used as an auxiliary verb in questions and negative sentences.

— ¿**Encontraste** el dinero?	*"**Did you find** the money?"*
— No lo **busqué.**	*"I **didn't look** for it."*

¡Vamos a practicar!

A. Complete the following dialogues, using the correct forms of the verbs in parentheses. Then act them out with a partner.

1. — ¿A qué hora _____ (volver) Uds. ayer?
   — Yo _____ (volver) a las siete y Mario _____ (volver) a las nueve. ¿A qué hora _____ (volver) tú?

2. — ¿_____ (leer) Ud. este libro, señor Vega?
   — Sí, lo _____ (leer) ayer.
   — ¿Lo _____ (sacar) de la biblioteca o lo _____ (comprar)?
   — Lo _____ (sacar) de la biblioteca.

3. — ¿Cuándo _____ (empezar) a trabajar tú?
   — _____ (empezar) en enero.
   — ¿En qué mes _____ (llegar) aquí?
   — _____ (llegar) en noviembre del año pasado.

4. — ¿Con quién _____ (hablar) Uds.?
   — Yo _____ (hablar) con el dependiente y Ramiro _____ (hablar) con el cajero.

B. Read what the following people typically do. Then complete each sentence telling how they varied from their normal routines yesterday.

1. Yo siempre hablo con mis padres, pero ayer...
2. Yo siempre escribo en inglés, pero ayer...
3. Tú siempre estudias por la mañana, pero ayer...
4. Alberto siempre compra café, pero ayer...
5. Los chicos siempre toman café, pero ayer...
6. Nosotros siempre comemos en la cafetería, pero ayer...
7. Adela siempre sale con su novio, pero ayer...
8. Ustedes siempre vuelven a las seis, pero ayer...
9. Yo siempre llego a la universidad a las ocho, pero ayer...
10. Yo siempre empiezo a trabajar a las tres, pero ayer...

C. Interview a classmate about his/her activities yesterday, using the following questions.

1. ¿A qué hora saliste de tu casa ayer?
2. ¿A qué hora llegaste a la universidad?
3. ¿Trabajaste mucho?
4. ¿Cuántas horas estudiaste?
5. ¿Dónde comiste?
6. ¿Qué comiste?
7. ¿Qué tomaste?
8. ¿Compraste algo? ¿Qué?
9. ¿A qué hora volviste a tu casa?
10. ¿Qué programa de televisión viste?

2. Preterit of *ser, ir,* and *dar* (*El pretérito de* ser, ir y dar)

■ The preterits of **ser, ir,** and **dar** are irregular.

ser (*to be*)	**ir** (*to go*)	**dar** (*to give*)
fui	**fui**	**di**
fuiste	**fuiste**	**diste**
fue	**fue**	**dio**
fuimos	**fuimos**	**dimos**
fuisteis	**fuisteis**	**disteis**
fueron	**fueron**	**dieron**

— **¿Fuiste** a la tienda ayer?   *"**Did you go** to the store yesterday?"*

— **Sí, fui** para comprar ropa. Papá me **dio** el dinero.   *"Yes, **I went** to buy clothes. Dad **gave** me the money."*

— ¿Quién **fue** tu profesor de español?   *"Who **was** your Spanish professor?"*
— El Dr. Vega.   *"Dr. Vega."*

¡Atención! Note that **ser** and **ir** have identical preterit forms; however, there is no confusion as to meaning, because the context clarifies it.

¡Vamos a practicar!

A. Complete the following dialogues, using the preterit of **ser, ir,** and **dar.** Then act them out with a partner, adding your own original lines of dialogue.

1. — ¿Con quién _____ tú a la zapatería?
   — _____ con mi hijo.
   — ¿_____ (Uds.) por la mañana o por la tarde?
   — _____ por la tarde.

2. — ¿Cuánto dinero _____ Uds. para la fiesta?
   — Yo _____ diez dólares y Carlos _____ cinco dólares.
   — ¿Luisa _____ a la fiesta con Roberto?
   — No, ella y Marisol _____ con Juan Carlos.

3. — ¿Quién _____ el profesor de literatura de Uds. en la universidad?
   — El Dr. Rivas.
   — ¿Uds. no _____ estudiantes de la Dra. Torres?
   — No, no _____ estudiantes de ella.

B. Interview a partner, using the following questions.

1. ¿Quién fue tu profesor(a) favorito(a) el año pasado?
2. ¿Fuiste a la biblioteca ayer? ¿A qué hora?
3. ¿Adónde fuiste el fin de semana pasado? ¿Con quién?
4. ¿Tus amigos fueron también?
5. ¿Cuándo diste una fiesta?
6. ¿Dónde la diste?
7. ¿Fuiste de compras la semana pasada? ¿A qué tienda fuiste?
8. ¿Fueron tú y tus amigos al cine el sábado pasado?

C. With a partner, prepare five questions to ask your instructor about his or her activities. Use the preterit of **ser, ir,** and **dar.**

3. Indirect object pronouns (*Los pronombres usados como complemento indirecto*)

■ In addition to a subject and direct object, a sentence can have an indirect object.[1]

> Ella les da **el dinero a los muchachos.**
>   s.   v.   d.o.   i.o.
>
> *What does she give?* **(el dinero)**
>
> *To whom does she give it?* **(a los muchachos)**

In this sentence, **ella** is the subject who performs the action, **el dinero** is the direct object, and **a los muchachos** is the indirect object, the final recipient of the action expressed by the verb.

■ Indirect object nouns are for the most part preceded by the preposition **a.**

■ An indirect object usually tells to whom or for whom something is done. Compare these sentences:

> Yo voy a mandar**lo** a México.   (**lo:** *direct object*)
> *I'm going to send **him** to Mexico.*
>
> Yo voy a mandar**le** dinero.   (**le:** *indirect object*)
> *I'm going to send **him** money.*   (*I'm going to send money **to him.***)

■ An indirect object pronoun can be used with or in place of the indirect object. In Spanish, the indirect object pronoun includes the meaning *to* or *for.* The forms of the indirect object pronouns are shown in the following table.

---

[1]See Appendix C.

	Singular		*Plural*
me	(to/for) me	**nos**	(to/for) us
te	(to/for) you (*fam.*)	**os**	(to/for) you (*fam.*)
le	⎧ (to/for) you (*form.*) ⎨ (to/for) him ⎩ (to/for) her	**les**	⎰ (to/for) you (*form., fam.*) ⎱ (to/for) them (*masc. + fem.*)

■ Indirect object pronouns have the same form as direct object pronouns, except in the third person.

■ Indirect object pronouns are usually placed in front of the conjugated verb.

> **Le** damos un descuento, señora.   *We are giving **you** a discount, madam.*

■ When used with an infinitive or in the present progressive, however, the indirect object pronoun may either be placed in front of the conjugated verb or attached to the infinitive or the present participle.[1]

> **Le** voy a probar   los zapatos.
>
> *or:*   ⎫
>   ⎬ *I'm going to try the shoes*
>   Voy a probar**le**   los zapatos.   ⎭   ***on you.***

> **Les** estoy diciendo   la verdad.
>
> *or:*   ⎫
>   ⎬ *I'm telling **them** the truth.*
>   Estoy diciéndo**les**[1] la verdad.   ⎭

¡Atención!   The indirect object pronouns **le** and **les** require clarification when the context does not specify the gender or the person to which they refer. Spanish provides clarification by using the preposition **a** + *pronoun or noun.*

> **Le** doy la información.   *I give the information . . .*
> *but:*   *(to whom? to him? to her? to you?)*
>
> **Le** doy la información **a ella.**   *I give the information **to her.***

The prepositional phrase provides clarification or emphasis; it is not, however, a substitute for the indirect object pronoun. While the prepositional form can be omitted, the indirect object pronoun must always be used.

> — ¿Qué vas a comprar**le** a tu hija?   *"What are you going to buy (for) your daughter?"*
>
> — **Le** voy a comprar un vestido   *"I'm going to buy **her** a blue azul.*   *dress."*

---

[1]When an indirect object pronoun is attached to a present participle, an accent mark is added to maintain the correct stress.

¡Vamos a practicar!

A. Mom was very generous and bought clothes and shoes for everyone. Say for whom she bought each item, using indirect object pronouns. Clarify when necessary.

> MODELO: Mamá compró una camisa *para él.*
> *Mamá le compró una camisa a él.*

1. Mamá compró un vestido *para mí.*
2. Mamá compró corbatas *para nosotros.*
3. Mamá compró una falda *para ella.*
4. Mamá compró un traje *para ti.*
5. Mamá compró calcetines *para Ud.*
6. Mamá compró zapatos *para ellos.*
7. Mamá compró pantalones *para Uds.*
8. Mamá compró un par de botas *para él.*
9. Mamá compró ropa *para Rodolfo.*
10. Mamá compró pantimedias *para Sofía.*

B. Tell about yourself, your parents, and your friends by answering the following questions.

1. ¿Cuándo vas a escribirles a tus amigos?
2. ¿Le escribiste a alguien ayer?
3. ¿Tú siempre le escribes a tu mejor amigo(a)?
4. ¿Tus padres te escribieron esta semana?
5. ¿Tus padres te dan dinero para comprar ropa?
6. ¿Tú vas a mandarle dinero a alguien? ¿A quién?
7. ¿Tus padres les hablan a Uds. en inglés o en español?
8. ¿Tú siempre les dices la verdad a tus padres?

C. What languages do the people named speak and what languages are spoken to them? With a partner, match each name to the most likely language.

español	italiano
inglés	japonés
francés	portugués
alemán (*German*)	ruso (*Russian*)

> MODELO: María del Pilar (a mí)
> *María del Pilar me habla español.*
> *Yo le hablo español a ella.*

1. Boris (a ti)
2. Giovanni (a ellos)
3. John (a mí)
4. El Sr. Toyota (a Uds.)
5. Monique y Pierre (a nosotros)
6. Hans (a Ud.)
7. Nelson (de Brasil) (a él)
8. Rosa y José (a ella)

D. In groups of three or four, tell your classmates about four or five gifts that you bought your friends and relatives for Christmas (*la Navidad*) or a birthday and describe what they bought for you.

> MODELO: *A mi mamá le compré un vestido para su cumpleaños.*
> *El día de mi cumpleaños mamá me compró un suéter azul.*

4. The verb *gustar* (*El verbo* gustar)

■ The verb **gustar** means to like something or somebody (literally, *to be pleasing to*). A special construction is required in Spanish to translate the English *to like*. Note that the equivalent of the English direct object becomes the subject of the Spanish sentence. The English subject then becomes the indirect object of the Spanish sentence.

I like your suit.

Me gusta **tu traje.**   S.   D.O.

I.O.   S.   *Your suit is pleasing to me.*

S.   I.O.

■ **Gustar** is *always* used with an indirect object pronoun—in this example, **me.**

■ The two most commonly used forms of **gustar** are the third-person singular **gusta** if the subject is singular or if the verb is followed by one or more infinitives; and the third-person plural **gustan** if the subject is plural.

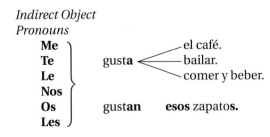

Indirect Object Pronouns

Me		el café.
Te	gust**a**	bailar.
Le		comer y beber.
Nos		
Os	gust**an**	**esos** zapato**s.**
Les		

■ Note that **gustar** agrees in number with the *subject* of the sentence, that is, the person or thing being liked.

Me gust**an los zapatos italianos.**   *Italian shoes are pleasing to me.*

■ The person who does the liking is the indirect object.

Me gustan los zapatos italianos.   *Italian shoes are pleasing **to me.***

— ¿**Te gusta** esta corbata amarilla?   *"Do **you like** this yellow tie?"*
— ¡No! No **me gustan** las corbatas   *"No! I don't **like** yellow ties."*
amarillas.

— ¿**Les gusta** el francés?   *"Do **you like** French?"*
— Sí, **nos gusta** mucho el francés,   *"Yes, **we like** French very much,*
pero **nos gusta** más el español.   *but **we like** Spanish better."*

¡Atención!   Note that the words **más** and **mucho** immediately follow **gustar.**

■ The preposition **a** + *a noun or pronoun* is used to clarify meaning or to emphasize the indirect object.

A Aurora (A ella) le gusta esa   *"**Aurora** likes that shoe store,*
zapatería, pero **a mí** no me   *but **I** don't like it."*
gusta.
A Roberto y **a Rosa** les gusta   *"**Roberto** and **Rosa** like that*
esa tienda.   *store."*

¡Atención!   If the thing liked is an action, the second verb is an infinitive: **Me gusta estudiar.**

¡Vamos a practicar!

A. Tell who likes what.

MODELO: Yo / esta blusa
Me gusta esta blusa.

1. Nosotros / más / estos vestidos
2. Tú / ir de compras
3. Ellos / mucho / Buenos Aires
4. Yo / usar sombrero
5. Él / no / mucho / estos pantalones

6. Uds. / las sandalias rojas
7. Ella / ese suéter
8. Yo / los restaurantes italianos
9. Uds. / no / la música de jazz
10. Mi mamá / esa falda

B. Interview a classmate by asking the following questions.

1. ¿A ti te gusta más el invierno o el verano?
2. ¿Te gusta más venir a clase por la mañana o por la tarde?
3. ¿A ti te gusta más el rojo o el azul?
4. ¿Te gusta más vivir en una casa o en un apartamento?
5. ¿Te gustan más las ciudades grandes o las ciudades pequeñas?
6. ¿Te gustan más las botas o las sandalias?
7. ¿A tu mamá le gusta más usar falda o pantalones?
8. ¿A tus amigos les gusta más ir al cine o al teatro?

C. With a partner, talk about what you, your parents, and your friends like and don't like to do on Saturdays.

> MODELO: A mi papá...
>   *A mi papá le gusta leer. No le gusta trabajar.*

1. A mí...   4. A nosotros...
2. A mi mamá...   5. A mis amigos...
3. A mi papá...   6. A mi mejor amigo(a)...

D. Look at these illustrations below and on the next page and say what these people like (or don't like) and what they like (or don't like) to do.

> MODELO:

A Juan le gusta leer.

1. _____

2. _____

3. _____

4. _____

5. _____

6. _____   7. _____

> **E.** With a partner, prepare three or four questions to ask your instructor about what he/she likes or doesn't like to do.

5. Reflexive constructions (*Construcciones reflexivas*)

■ The reflexive construction (e.g., *I introduce myself*) consists in Spanish of a reflexive pronoun and a verb.

■ Reflexive pronouns[1] refer to the same person as the subject of the sentence does.

Subjects		*Reflexive Pronouns*
yo	**me**	myself, to (for) myself
tú	**te**	yourself, to (for) yourself (*fam.*)
nosotros(as)	**nos**	ourselves, to (for) ourselves
vosotros(as)	**os**	yourselves, to (for) yourselves (*fam.*)
Ud.		yourself, to (for) yourself (*form.*)
Uds.		yourselves, to (for) yourselves (*form., fam.*)
él	**se**	himself, to (for) himself
ella		herself, to (for) herself
		itself, to (for) itself
ellos, ellas		themselves, to (for) themselves

¡Atención!   Reflexive pronouns are positioned in the sentence in the same manner as object pronouns.

■ Note that except for **se,** reflexive pronouns have the same forms as the direct and indirect object pronouns.

■ The third-person singular and plural **se** is invariable, that is, it does not show gender or number.

---

[1]See Appendix C.

■ Any verb that can act upon the subject can be made reflexive in Spanish with the aid of a reflexive pronoun.

Julia **le** prueba el vestido **a su hija.**

Julia **se prueba** el vestido.

vestirse (e > i) (*to dress oneself, to get dressed*)	
Yo **me visto.**	I dress myself.
Tú **te vistes.**	You dress yourself. (*fam.*)
Ud. **se viste.**	You dress yourself. (*form.*)
Él **se viste.**	He dresses himself.
Ella **se viste.**	She dresses herself.
Nosotros **nos vestimos.**	We dress ourselves.
Vosotros **os vestís.**	You dress yourselves. (*fam.*)
Uds. **se visten.**	You dress yourselves. (*form, fam.*)
Ellos **se visten.**	They (*masc.*) dress themselves.
Ellas **se visten.**	They (*fem.*) dress themselves.

■ The following commonly used verbs are reflexive.

aburrirse *to be bored*
acostarse (o > ue) *to go to bed*
afeitarse, rasurarse *to shave*
bañarse *to bathe*
despertarse (e > ie) *to wake up*
divertirse (e > ie) *to have fun*

lavarse *to wash oneself*
levantarse *to get up*
ponerse *to put on*
probarse (o > ue) *to try on*
quitarse *to take off*
sentarse (e > ie) *to sit down*

— ¿A qué hora **se levantan** Uds.?
— Yo **me levanto** a las seis y Jorge **se levanta** a las ocho.
— **Nos acostamos** muy tarde anoche y por eso **nos despertamos** tarde hoy.

*"What time do **you get up?**"*
*"**I get up** at six o'clock and Jorge **gets up** at eight."*
*"**We went to bed** very late last night and that's why **we got up** late today."*

¡Vamos a practicar!

A. Rewrite the following sentences, using the new subjects in parentheses.

1. Yo me pruebo el vestido verde. (Ella)
2. ¿Tú siempre te levantas temprano? (Ud.)
3. Yo puedo bañarme y vestirme en diez minutos. (Nosotros)
4. Él siempre se afeita por la tarde. (Yo)
5. ¿Dónde nos sentamos? (Uds.)
6. Ella quiere quitarse los zapatos. (Tú)
7. Yo me lavo la cabeza. (Él)

B. Interview a partner, using the following questions.

1. ¿A qué hora te levantas?
2. ¿Te acuestas temprano?
3. ¿Te bañas por la mañana o por la noche?
4. ¿Puedes bañarte y vestirte en cinco minutos?
5. ¿Cuándo te afeitas?
6. ¿Siempre te pruebas la ropa antes (*before*) de comprarla?
7. En la clase de español, ¿te sientas cerca de la ventana o de la puerta?
8. ¿Dónde se sienta el profesor (la profesora)?
9. ¿Te diviertes en la clase de español?
10. ¿En qué clase te aburres?

C. Use your imagination to complete the following sentences.

1. Yo me levanté a las seis y Jorge...
2. Mi mamá se bañó por la noche y tú...
3. Yo me desperté temprano y Rosa...
4. Nosotros nos probamos las zapatillas y ellas...
5. Tú te sentaste cerca de la puerta y ella...
6. Ud. se quitó las sandalias y nosotros...
7. Yo me afeité por la noche y él...
8. Nosotros nos acostamos a las once y Uds. ...
9. Yo me aburrí en el trabajo y tú...

D. Look at the illustrations below. How would José describe his routine and that of his family?

1. Yo...   2. Mi papá...   3. Yo...

4. Nosotros no...

5. Mamá...

6. Elena...

7. Nosotros...

8. Yo...

9. ¿Tú...?

E. In groups of three or four, tell how often you do the following things. Use **siempre/todos los días, nunca, a veces,** and **frecuentemente.**

> levantarse antes de las siete   ponerse pijama (o camisón) para
> despertarse tarde   dormir
> bañarse por la noche   lavarse la cabeza

RODEO

Summary of the Pronouns (*Resumen de los pronombres*)

	Subject	Direct object	Indirect object	Reflexive	Object of prepositions
yo		me	me	me	mí
tú		te	te	te	ti
usted (*fem.*)		la			usted
usted (*masc.*)		lo	le	se	usted
él		lo			él
ella		la			ella
nosotros(as)		nos	nos	nos	nosotros(as)
vosotros(as)		os	os	os	vosotros(as)
ustedes (*fem.*)		las			ustedes
ustedes (*masc.*)		los	les	se	ustedes
ellos		los			ellos
ellas		las			ellas

¡Vamos a practicar!

Supply all the missing pronouns in the letter that Oscar wrote to his parents and read the letter aloud.

Queridos padres:

_____ escribo para decir _____ que estoy bien y estoy trabajando mucho. Ayer hablé con Eva. _____ está estudiando en la universidad y dice que quiere conocer _____ porque _____ siempre _____ hablo de _____.

_____ invitó a una fiesta que ella da esta noche.

Hoy _____ levanté muy temprano y fui de compras. Para _____, papá, compré tres camisas y un pantalón. A _____, mamá, _____ compré dos vestidos y una blusa. Para _____, compré solamente un traje y un par de zapatos para la fiesta de Eva.

¿Cómo está mi hermana? Hace mucho que no _____ llamo por teléfono ni _____ escribo. ¡Ah! a _____ _____ compré un abrigo muy bonito. Bueno, ya son las seis y tengo que bañar _____ y vestir _____ para ir a la fiesta. _____ quiero mucho.

Un abrazo,

Oscar

P.D.[1] Papá: todo _____ pagué con tu tarjeta de crédito. ¿Está bien?

Y ahora, ¿qué?

Palabras y más palabras

Internet

For more practice with lesson topics, see the related activities on the ¡**Hola, amigos!** web site.

Complete each sentence, using vocabulary from **Lección 7.**

1. Voy a probarme el vestido en el (probador, paquete, bolso).
2. Los zapatos no son anchos; son (cargados, estrechos, ricos).
3. Quiero otro par de zapatos del mismo (traje, tamaño, calcetín).
4. Estas botas no me quedan bien; me quedan (grandes, nuevas, simpáticas).
5. ¿Quieres comprar zapatos? ¿Qué número (traes, lavas, calzas)?
6. Hoy en la tienda Macy's tienen una gran (liquidación, ingeniería, suerte).
7. Roberto se prueba (la blusa, el traje, la falda) azul.
8. ¿Qué (talla, unidad, descuento) usa Ud., señorita?
9. El departamento de (caballeros, tamaños, años) no está a la derecha; está a la izquierda.
10. Estas sandalias son muy estrechas; me (quedan muy grandes, aprietan, quedan muy bien).
11. Ella se va a (afeitar, preparar, poner) la blusa negra.

---

[1]**postdata** *postscript (P.S.)*

12. Voy a poner el dinero en mi (bolsa, puerta, borrador).
13. Yo me levanto muy temprano; me levanto a las (cinco, diez, once) de la mañana.
14. Necesito ropa. Tengo que (ir, comenzar, conocer) de compras.
15. No me gusta usar (botas, ensalada, calidad).

¡Vamos a conversar!

A. Para conocerse mejor. Get to know your partner better by asking each other the following questions.

1. ¿Te gusta levantarte temprano?
2. ¿A qué hora te levantaste hoy?
3. ¿A qué hora te acostaste anoche (*last night*)?
4. ¿Siempre te lavas la cabeza cuando te bañas?
5. ¿Qué ropa te vas a poner mañana?
6. ¿Cuándo fue la última vez (*last time*) que tus padres te dieron dinero para comprar ropa? ¿Cuánto dinero te dieron?
7. ¿Qué te gusta hacer los fines de semana? ¿Qué no te gusta hacer?
8. ¿Adónde fuiste el sábado pasado? ¿Con quién fuiste?
9. ¿Le escribiste a alguien ayer? ¿A quién?
10. ¿Fuiste alumno(a) de esta universidad el año pasado?

B. Una encuesta. Interview your classmates to identify who fits the following descriptions. Include your instructor, but remember to use the **Ud.** form when addressing him/her.

		Nombre
1.	Le gusta ir de compras.	
2.	Compró algo en el departamento de caballeros la semana pasada.	
3.	Prefiere comprar cuando hay liquidaciones.	
4.	Siempre usa sandalias.	
5.	Tiene un abrigo negro.	
6.	Trabaja de dependiente(a).	
7.	Siempre viene a clase cargado(a) de libros.	
8.	Siempre llega tarde a clase.	
9.	Se despierta muy temprano.	
10.	Se mudó el año pasado.	

En Agosto
MAS VENTAJAS

Ahora en El Corte Inglés, Rebajas sobre
Rebajas. Todo cuesta mucho menos.

SEÑORAS
- Vestidos lisos y estampados, en poliéster-algodón
- Pareos estampados, en distintos dibujos y colores

CABALLEROS
- Pantalones de sport y de vestir, lisos
y fantasía, en poliéster-lana y poliéster-algodón
- Mocasines en piel de búfalo,
con piso de suela

JÓVENES
- Para ellas, bañadores y bikinis, lisos y fantasía
- Para ellos, bañadores, lisos y estampados

NIÑOS
- Camisetas para niños y niñas, lisas y estampadas
- Playeros en distintos colores, todas las tallas

MENAJE
- Batería de cocina ocho piezas, en acero vitrificado,
tres colores

TEXTILES
- Mantelería de seis servicios estampada,
acabada en festón

MUEBLES
- Sillón cromado, con asiento y
respaldo en piel

LAS REBAJAS
DE EL CORTE INGLÉS

El Corte Inglés

Situaciones

What would you say in the following situations? What might the other person say? Act out the scenes with a partner.

1. You have to go clothes shopping in San José. Tell the clerk what clothes you need, your size, and discuss colors and prices.
2. You go shopping for shoes, sandals, and boots. You try on several pairs, but have problems with all of them. You finally buy a pair of boots.
3. You ask a friend about his (her) daily routine.

 ## Para escribir

Describe a typical day in your life: what time you get up, what you generally eat, where you go, clothes you wear, and so on.

¿Qué dice aquí?

Look at the ad on the opposite page. Help a friend of yours who is shopping at **El Corte Inglés** in Madrid. Answer his or her questions, using the information provided in the ad.

1. ¿Cómo se llama la tienda?
2. ¿En qué mes son las rebajas (*sales*)?
3. Tengo una hija de nueve años, ¿qué puedo comprarle en la venta?
4. Mi esposo necesita zapatos, ¿qué tipo de zapatos están en liquidación?
5. Además de (*besides*) los zapatos, ¿qué puedo comprar para mi esposo?
6. Vamos a ir a la playa (*beach*). ¿Qué puedo comprar para mis hijos?
7. Soy profesora y necesito más ropa para el trabajo. ¿Qué puedo comprar?

 # Lectura

A. **Estrategia de lectura.** Look at the title of the newspaper ad on the following page and think about what it suggests to you. What do you already know about the topic? Make a list in Spanish of key words that might appear in the reading.

B. **Vamos a leer.** As you read this newspaper ad, find the answers to the following questions.

1. ¿Cuál es el propósito (*purpose*) de la cuenta "Christmas Club"?
2. ¿Cómo se efectúan los depósitos en esta cuenta?
3. ¿En qué mes se le envía por correo o se le deposita el saldo completo de esta cuenta a Ud.?
4. ¿Hasta qué cantidad (*amount*) están asegurados (*insured*) los planes de ahorros?
5. ¿Cuánto dinero necesito tener en mi cuenta de ahorros para no tener que pagar por los servicios del banco?

SECCIÓN FINANCIERA

Si Ud. desea abrir una cuenta para ahorrar para las fiestas navideñas debe tener en cuenta lo siguiente.

Cuenta "Christmas Club"

La Cuenta "Christmas Club" es un programa especial de ahorros para las fiestas navideñas. Gana interés como una cuenta de ahorros regular y los depósitos son efectuados automáticamente por medio de depósitos mensuales. El saldo completo, incluyendo los intereses, se le envía por correo o se deposita en su cuenta de cheques o de ahorros regular en noviembre de cada año.

¡Ud. debe comenzar hoy su Plan de Ahorros!

Para mayor comodidad Ud. puede inscribirse en nuestro Plan de Ahorros Automático. Sólo debe decirnos cuánto quiere transferir cada mes de su cuenta de cheques Security Pacific a la Cuenta "Christmas Club".

Todos nuestros planes de ahorros están asegurados por el FDIC hasta $100.000. Y recuerde, un saldo de $1.500 o más le da derecho a una cuenta de cheques sin cargo mensual por servicios.

C. Díganos. Answer the following questions based on your own thoughts and experiences.

1. ¿Es una buena idea tener la cuenta "Christmas Club"? ¿Por qué?
2. ¿En qué banco tiene Ud. cuenta?
3. ¿Tiene su banco un plan de ahorros automático?
4. ¿Qué tipos de cuenta tiene?
5. ¿Qué interés le pagan en su cuenta de ahorros?
6. ¿Sabe Ud. cuál es el saldo de su cuenta?
7. ¿Paga Ud. un cargo mensual (*monthly*) por su cuenta corriente?

Un dicho

Todo tiempo pasado fue mejor.

Those were the good old days.

Lección 6

A. Stem-changing verbs: *o > ue*

Complete each sentence, using one of the following verbs: **costar, encontrar, recordar, poder** (use twice), **volver, dormir.**

1. Yo no _____ el número de mi cuenta de ahorros.
2. Jorge _____ a casa a las cinco.
3. Los libros _____ cincuenta dólares.
4. ¿En qué _____ (yo) servirle?
5. Nosotros no _____ el dinero. ¿Dónde está?
6. Nosotros no _____ enviar un giro postal.
7. Él _____ en su cuarto (*room*).

B. Stem-changing verbs: *e > i*

Complete these sentences, using the present indicative of the following verbs: **conseguir, servir, pedir, decir.** (Use each verb twice.)

1. Ellos _____ un préstamo en el banco.
2. Nosotros _____ ensalada y sándwiches en la fiesta.
3. ¿Dónde _____ tú los cheques de viajero?
4. Él _____ que está enfermo.
5. Ella me _____ una taza de café.
6. Yo _____ que van al correo.
7. Mi esposo y yo siempre _____ vino cuando comemos en ese restaurante.
8. ¿Dónde _____ Ud. las tarjetas de México?

C. Direct object pronouns

Answer the following questions in the negative, replacing the italicized words with direct object pronouns.

1. ¿Vas a leer *estos libros*?
2. ¿Él *me* conoce? (*Use the **Ud.** form.*)
3. ¿*Te* llevan ellos a la biblioteca?
4. ¿Ella *me* llama mañana? (*Use the **tú** form.*)
5. ¿Necesitas *el talonario de cheques*?
6. ¿Tienes *la carta de Sergio*?
7. ¿Ellos *los* conocen a Uds.?
8. ¿Uds. consiguen *las tarjetas* allí?

D. Affirmative and negative expressions

Rewrite the following sentences, changing the negative expressions to the affirmative.

1. No tengo ninguna tarjeta postal.
2. ¿No quiere nada más?
3. Nunca vamos al banco los lunes.
4. No quiero ni la pluma roja ni la pluma verde.
5. Nunca llamo a nadie.

E. *Hace... que*

Write the following sentences in Spanish.

1. I have been living in Caracas for five years.
2. How long have you been studying Spanish, Mr. Smith?
3. They have been writing for two hours.
4. She hasn't eaten for two days.

F. Vocabulary

Complete the following sentences, using vocabulary from **Lección 6.**

1. El banco paga un _____ del tres por _____.
2. Puede _____ el dinero del banco en _____ momento.
3. Ahora necesito una _____ para poder enviar la carta.
4. No tengo mi _____ de cheques aquí.
5. Voy a _____ mi dinero en el banco.
6. ¿Vas a enviar la carta por vía _____?
7. Envían el giro _____ certificado.
8. Quiero el dinero en _____.
9. No voy a sacar el dinero ahora porque pierdo _____ del interés.
10. ¿No recuerdas el número? No _____. Yo lo busco.
11. Voy a Panamá. Necesito cheques de _____.
12. Voy a pedir un _____ para comprar una casa.
13. Elsa y yo vamos a abrir una _____ conjunta.
14. ¿Dónde está tu _____ de ahorros? ¿En la mesa?
15. Ud. tiene que _____ y firmar este cheque.

G. Culture

Circle the correct answer, based on the **Notas culturales** you have read.

1. El idioma oficial de Panamá es el (inglés / español).
2. La principal fuente de ingresos de Panamá está asociada a (la agricultura / las operaciones del Canal).
3. La construcción del Canal de Panamá duró (cinco / diez) años.
4. La unidad monetaria de Panamá es el (balboa / peso).

Lección 7

A. Preterit of regular verbs

Complete the following sentences, using the preterit of the verbs in parentheses.

1. Yo _____ (vender) la casa ayer.
2. Ella _____ (comprar) frutas y queso.
3. Ellos _____ (comer) a las dos.
4. ¿A qué hora _____ (salir) tú ayer?
5. Nosotros no _____ (beber) agua.
6. ¿Ud. le _____ (escribir) una carta ayer?
7. Anoche yo _____ (volver) a casa a las diez.
8. ¿Tú _____ (trabajar) ayer?

B. Preterit of *ser, ir,* and *dar*

Change the verbs in the following sentences to the preterit.

1. Ella va a la oficina de correos.
2. Dan mucho dinero.
3. ¿Ud. es profesor?
4. Yo voy más tarde.
5. ¿Quién es tu profesora?
6. Doy muchas fiestas.
7. Yo soy dependiente de esa tienda.
8. Nosotros vamos a la zapatería.

C. Indirect object pronouns

Answer the following questions in the negative.

1. ¿Te quedan grandes los zapatos?
2. ¿Le das el cinturón a Aurora?
3. ¿Me vas a comprar una chaqueta?
4. ¿Le vas a dar los guantes a la chica?
5. ¿Le aprietan las botas, señora Peña?
6. ¿Ellos les van a dar las camisas a Uds.?

D. The verb *gustar*

Write the following sentences in Spanish.

1. She doesn't like that blouse.
2. I like to wear this coat.
3. We like these trousers.
4. Do you like this skirt, Anita?
5. They like to dance.

E. Reflexive constructions

Complete these sentences, using the verbs from the following list appropriately. Use each verb once.

acostarse   bañarse   probarse   vestirse   afeitarse   levantarse   sentarse

1. Mis hijos _____ muy temprano y _____ tarde.
2. Yo voy a _____ la barba (*beard*).
3. ¿Tú _____ el vestido en el probador?
4. Ella siempre _____ en esa silla.
5. Nosotros nunca _____ por la noche.
6. Él va a _____ ahora. Necesita el traje azul.

F. Vocabulary

Complete the following sentences, using vocabulary from **Lección 7.**

1. Voy a la _____ para comprar un _____ de sandalias.
2. Estos pantalones no son _____; son estrechos.
3. A lo mejor voy a comprarte unos zapatos. ¿Qué número _____?
4. Vamos a ir de _____ porque hoy tienen una gran _____ en la tienda París y yo necesito _____ interior y un _____ de baño.
5. Quiero unas sandalias _____ treinta y seis.
6. Ella ya tiene el talonario de cheques en la _____.
7. No necesitas probarte los calcetines en el _____.
8. Sandra trabaja como _____ en esa tienda y por eso le dan el diez por ciento de _____.
9. Después voy a ir al _____ de caballeros. ¿Está a la derecha o a la _____?
10. Muchos hombres tienen que llevar traje y _____ a la oficina.
11. Necesito un _____ de calcetines nuevos y unas zapatillas.
12. Me mudé a esta casa el año _____.
13. Siempre te _____ los mismos zapatos.
14. Uso el número 7 y estos zapatos son 8 y medio. Me _____ grandes.
15. Tengo frío. Me voy a poner un _____ y una _____.
16. Me voy a _____ la cabeza y después me voy a poner el _____ para dormir.
17. Ernesto volvió de la tienda _____ de paquetes.
18. Compré ropa interior para mis hijos. Unos _____ para Raúl y una _____ para Rita.

G. Culture

Circle the correct answer, based on the **Notas culturales** you have read.

1. Los productos principales de Costa Rica incluyen el café, el cacao y (el vino / las bananas / la ropa).
2. De todos los países centroamericanos, Costa Rica tiene el menor número de (maestros / programas ecológicos / analfabetos).
3. La talla 10 en los Estados Unidos es equivalente a la talla (38 / 40 / 42) en muchos países hispanos.
4. Un metro equivale a (3 / 3,28 / 3,08) pies.

Las comidas

Restaurante al aire libre en Arequipa, Perú.

Lección 8: **En el supermercado**
Lección 9: **En el restaurante**

By the end of this unit you will be able to:

- shop for groceries in supermarkets and specialty stores
- order meals at cafes and restaurants
- request and pay your bill
- discuss past actions and events
- converse about the weather

En el supermercado

 Beto y Sara están comprando comestibles y otras cosas en un supermercado en Lima.

BETO — No necesitamos lechuga ni tomates porque ayer Rosa compró muchos vegetales.

SARA — ¿Ella vino al mercado ayer?

BETO — Sí, ayer hizo muchas cosas: limpió el piso, fue a la farmacia...

SARA — Hizo una torta... Oye, necesitamos mantequilla, azúcar y cereal.

BETO — También dijiste que necesitábamos dos docenas de huevos.

SARA — Sí. ¡Ah! ¿Mamá vino ayer?

BETO — Sí, te lo dije anoche... Nos trajo unas revistas y unos periódicos. Ah, ¿tenemos papel higiénico?

SARA — No. También necesitamos lejía, detergente y jabón.

BETO — Bueno, tenemos que apurarnos. Rosa me dijo que sólo podía quedarse con los niños hasta las cinco.

SARA — Pues generalmente se queda hasta más tarde... Oye, ¿dónde pusiste la tarjeta de crédito?

BETO — Creo que la dejé en casa... ¡No, aquí está!

Cuando Beto y Sara iban para su casa, vieron a Rosa y a los niños, que estaban jugando en el parque.

Irene y Paco están en un mercado al aire libre.

IRENE — Tú estuviste aquí anteayer. ¿No compraste manzanas?

PACO — Sí, pero se las di a Marta. Ella las quería usar para hacer un pastel.

IRENE — Necesitamos manzanas, naranjas, peras, uvas y duraznos para la ensalada de frutas.

PACO — También tenemos que comprar carne y pescado. Vamos ahora a la carnicería y a la pescadería.

IRENE — Y a la panadería para comprar pan. Yo no tuve tiempo de ir ayer.

PACO — Oye, necesitamos zanahorias, papas, cebollas y...

IRENE — ¡Y nada más! No tenemos mucho dinero...

PACO — Es verdad... Desgraciadamente gastamos mucho la semana pasada.

IRENE — ¿Sabes si tu hermano consiguió el préstamo que pidió?

PACO — Sí, se lo dieron.

IRENE — ¡Menos mal!

¿Recuerda usted?

With a partner, decide whether the following statements about the dialogues are true (**verdadero**) or false (**falso**).

1. Rosa nunca va al mercado.
2. La mamá de Sara estuvo en la casa de Beto y Sara ayer.
3. Rosa va a pasar la noche con los niños.
4. Irene y Paco necesitan muchas frutas.
5. Irene y Paco compran todas las cosas en el mismo lugar.
6. Irene y Paco gastaron mucho dinero y ahora no tienen mucho.
7. El cuñado de Irene pidió un préstamo.
8. El hermano de Paco no consiguió el préstamo.

 # Vocabulario

Cognados

el cereal cereal	**la farmacia** pharmacy	**la pera** pear
el detergente detergent	**generalmente** generally	**el tomate** tomato
la docena dozen	**el parque** park	**el vegetal** vegetable

Nombres

el azúcar sugar
la carne meat
la carnicería meat market
la cebolla onion
los comestibles groceries (*food items*)
la comida food, meal
la cosa thing
el durazno, el melocotón peach
el huevo, el blanquillo (*Mex.*) egg
el jabón soap
la lechuga lettuce
la lejía bleach
la mantequilla butter
la manzana apple
el mercado market
_____ **al aire libre** outdoor market

la naranja orange
el (la) niño(a) child
el pan bread
la panadería bakery
la papa, la patata (*Spain*) potato
el papel higiénico toilet paper
el pastel pie, pastry, cake
el periódico, el diario newspaper
la pescadería fish market
el pescado fish
el piso floor
la revista magazine
la semana week
el supermercado supermarket
la tarjeta de crédito credit card
el tiempo time
la torta, la tarta cake

la uva grape
la zanahoria carrot

Verbos

apurarse to hurry
dejar to leave (behind)
gastar to spend (e.g., money)
jugar[1] to play
limpiar to clean
quedarse to stay, to remain

Otras palabras y expresiones

anoche last night
anteayer the day before yesterday
desgraciadamente unfortunately
menos mal thank goodness
pues well, O.K.
sólo, solamente only

[1]Present Indicative: **yo juego, tú juegas, él juega, nosotros jugamos, vosotros jugáis, ellos juegan**

96 Amplíe su vocabulario

Más comestibles

¿Qué les servimos?

You and your partner have several guests. Discuss what you are going to serve them based on their likes and dislikes.

1. A Marisa le gusta mucho el helado, pero no le gusta el chocolate.
2. A Raúl le gustan las chuletas, pero no come carne de cerdo.
3. A Sergio y a Daniel les gusta la comida italiana.
4. A Mirta y a Silvia les gustan los mariscos.
5. Raúl prefiere las frutas tropicales.
6. Mirta quiere comer pastel.
7. Alicia es vegetariana.
8. Raquel está a dieta (*on a diet*).
9. A Marisa le gusta mucho la comida típica americana.

DE AQUÍ Y DE ALLÁ

 Lima, la capital de Perú, fue fundada en 1535 por el explorador español Francisco Pizarro. Hoy, la capital es el centro industrial y comercial del país. En la arquitectura de esta ciudad se mezclan (*are mixed*) el estilo colonial y el moderno. Todavía hay hoy en Lima muchos edificios del período colonial. En Lima está el Museo de Oro, donde hay una gran variedad de objetos precolombinos de oro (*gold*) y plata (*silver*).

Cuzco, la antigua capital de los incas, todavía conserva sus murallas incaicas y los edificios coloniales construidos por los españoles. En las montañas cerca de Cuzco están las impresionantes ruinas de Machu Picchu, una fortaleza incaica que, después de la conquista, quedó perdida hasta principios del siglo XX.

DE ESTO Y AQUELLO

Aunque en la actualidad los supermercados son muy populares en los países de habla hispana, todavía es costumbre (*custom*) comprar en pequeñas tiendas especializadas en uno o dos productos: panaderías, pescaderías, carnicerías, fruterías, verdulerías (*vegetable markets*), etc.

La mayoría de los pueblos hispanos tienen un mercado central, con pequeñas tiendas. Mucha gente todavía prefiere comprar en estos mercados donde los precios generalmente son más bajos y los clientes pueden regatear (*bargain*) con los vendedores (*merchants*).

Vista de la catedral y de la Plaza de Armas en la ciudad de Lima, Perú.

¿Verdadero o falso?

1. Francisco Pizarro fundó Lima.
2. El Museo de Oro de Perú está en la ciudad de Cuzco.
3. Machu Picchu fue la primera capital de los incas.
4. Machu Picchu es una fortaleza incaica.
5. En los países de habla hispana no hay supermercados.
6. A la gente no le gusta comprar en los mercados centrales.

Puntos para recordar

1. Preterit of some irregular verbs (*El pretérito de algunos verbos irregulares*)

■ The following Spanish verbs are irregular in the preterit.

tener	tuve, tuviste, tuvo, tuvimos, tuvisteis, tuvieron
estar	estuve, estuviste, estuvo, estuvimos, estuvisteis, estuvieron
poder	pude, pudiste, pudo, pudimos, pudisteis, pudieron
poner	puse, pusiste, puso, pusimos, pusisteis, pusieron
saber	supe, supiste, supo, supimos, supisteis, supieron
hacer	hice, hiciste, hizo, hicimos, hicisteis, hicieron
venir	vine, viniste, vino, vinimos, vinisteis, vinieron
querer	quise, quisiste, quiso, quisimos, quisisteis, quisieron
decir	dije, dijiste, dijo, dijimos, dijisteis, dijeron
traer	traje, trajiste, trajo, trajimos, trajisteis, trajeron
conducir[1]	conduje, condujiste, condujo, condujimos, condujisteis, condujeron
traducir[1]	traduje, tradujiste, tradujo, tradujimos, tradujisteis, tradujeron

¡Atención! The third-person singular of the verb **hacer** changes the **c** to **z** in order to maintain the original soft sound of the **c** in the infinitive. The **i** is omitted in the third-person plural ending of the verbs **decir, traer, conducir,** and **traducir.**

— Ayer no **viniste** a clase. ¿Qué **hiciste?**
"*You did* not *come* to class yesterday. What *did you do?*"

— **Tuve** que trabajar. **¿Hubo** un examen?
"*I had* to work. *Was there an exam?*"

— No.
"*No.*"

¡Atención! The preterit of **hay** (impersonal form of **haber**) is **hubo.**

---

[1]**conducir** *to drive;* **traducir** *to translate*

¡Vamos a practicar!

A. Rewrite the following sentences, using the verbs in parentheses.

1. Ellos compraron las revistas.   (traer)
2. Ella estudió la lección.   (traducir)
3. ¿Tú estudiaste con Luis?   (venir)
4. Yo fui a la carnicería.   (venir)
5. Nosotros compramos la comida.   (hacer)
6. ¿Ud. volvió con su hijo?   (estar)
7. ¿Dónde compró el jabón?   (poner)
8. ¿Qué le dejaron Uds.?   (decir)
9. Yo no quise hacerlo.   (poder)
10. Nosotros no encontramos trabajo.   (tener)

B. Read what the following people typically do. Then complete each sentence, using the same verb and telling how they varied their normal routines.

1. Ella siempre *conduce* los sábados, pero la semana pasada...
2. Nosotros siempre *hacemos* sándwiches, pero ayer...
3. Tú siempre *vienes* temprano, pero el sábado pasado...
4. Uds. siempre *traen* los periódicos, pero ayer...
5. Yo siempre *estoy* en casa a las ocho, pero ayer...
6. Paco siempre *quiere* comer pescado, pero ayer...
7. Yo siempre lo *pongo* allí, pero ayer...
8. Nosotros siempre *tenemos* tiempo para ir de compras, pero la semana pasada...

C. Interview a partner, using the following questions.

1. ¿A qué hora viniste a la universidad ayer?
2. ¿Condujiste tu coche (*car*) o viniste en ómnibus (*bus*)?
3. ¿Tuviste algún examen? ¿En qué clase?
4. ¿Estuviste en la biblioteca por la tarde?

    5. ¿Trajiste algún libro de la biblioteca a la clase?
    6. ¿Dónde pusiste tus libros?
    7. ¿Hiciste la tarea de la clase de español?
    8. ¿Pudiste terminarla?
    9. ¿Estuviste en tu casa por la noche?
   10. ¿Tuviste una fiesta en tu casa? (¿Quiénes vinieron?)

D. In groups of three, prepare some questions for your instructor about what he or she did yesterday, last night, or last week. Use irregular preterit forms in your questions.

2. Direct and indirect object pronouns used together
(*Los pronombres de complemento directo e indirecto usados juntos*)

■ When an indirect object pronoun and a direct object pronoun are used together, the indirect object pronoun always comes first.

Ana   **me**   da la comida.   Ana   **me**   la da.

■ With an infinitive, the pronouns can be placed either before the conjugated verb or after the infinitive.

Ana   **me**   **la**   va a dar.

Ana   va a   **dármela.**[1]

    *Ana is going to give **it to me.***

■ With a present participle, the pronouns can be placed either before the conjugated verb or after the present participle.

Ella   **te**   **lo**   está diciendo.

Ella   está   **diciéndotelo.**[1]

    *She is saying **it to you.***

■ If both pronouns begin with **l,** the indirect object pronoun (**le** or **les**) is changed to **se.**

Ana   **le**   da   **la comida.**   Ana   **se**   **la**   da.

---

[1]Note that the use of the written accent follows the standard rules for the use of accents. See Appendix A.

For clarification, it is sometimes necessary to add **a él, a ella, a Ud., a Uds., a ellos,** or **a ellas.**

— ¿A quién le dio la comida Ana?   *"To whom did Ana give the meal?"*

— **Se la** dio **a él.**   *"She gave **it to him.**"*

A proper name may also be given for clarification.

Se la dio **a Luis.**   *She gave **it to Luis.***

¡Vamos a practicar!

A. Rewrite the following sentences, changing the italicized words to direct object pronouns and making any other necessary changes. Follow the model.

MODELO: Yo te doy *el dinero.*
Yo te lo doy.

1. Yo le traigo *las peras y las manzanas.*
2. Ellos no van a comprarme *esas cosas.*   (*two ways*)
3. ¿Te doy *los vegetales?*
4. ¿Uds. nos trajeron *la lejía?*
5. ¿Puedes comprarme *el pan?*   (*two ways*)
6. Ud. no le trajo *el azúcar.*
7. Yo te di *las papas.*
8. Ellos nos están sirviendo *el pescado.*   (*two ways*)

B. What excuses would you give in response to these questions? Follow the model and use the cues provided.

> MODELO: ¿Por qué no le diste el dinero a Olga? (no estuvo aquí)
> *No se lo di porque no estuvo aquí.*

1. ¿Por qué no me trajiste los comestibles? (no pude)
2. ¿Por qué no les mandaste las cartas? (no fui al correo)
3. ¿Por qué no te compró Paco el queso? (no quiso)
4. ¿Por qué no les dio Lupe el dinero a Uds.? (no vino a casa)
5. ¿Por qué te escribió Johnny la carta en inglés? (no sabe español)
6. ¿Por qué no les llevaste el pastel a los niños? (no tuve tiempo)

C. Respond to the following requests for help.

1. Yo necesito veinte dólares. ¿Puedes dármelos?
2. No tengo mantequilla. ¿Puedes comprármela? (*Use formal.*)
3. Tengo las cebollas en el coche. ¿Puedes traérmelas?
4. Nosotros necesitamos melocotones. ¿Puedes vendérnoslos?
5. Elena no encuentra las zanahorias. ¿Puedes buscárselas?
6. Los libros de Eva están en mi casa. ¿Puedes llevárselos?

D. You went to the market to get groceries for your family. Tell about your errands.

> MODELO: ¿Quién te dio la lista? (mi mamá)
> *Mi mamá me la dio.*

1. ¿Tu papá te escribió la lista de los comestibles? (sí)
2. ¿A quién le pediste el dinero? (a mi papá)
3. ¿A quién le trajiste las naranjas? (a mi mamá)
4. ¿A quién le compraste el helado? (a mi hermana)
5. ¿Quién te dio el dinero para comprar la leche? (mi hermano)
6. ¿Le trajiste la carne a tu hermana? (sí)
7. Nosotros te pedimos uvas. ¿Nos las compraste? (no)
8. ¿Dónde le compraste el pan a tu mamá? (la panadería)

E. With a partner, take turns volunteering to do everything for everybody, following the model.

> MODELO: Raquel no sabe traducir las cartas.
> *Yo **se las** traduzco.*

1. Marta no tiene tiempo para limpiar el piso.
2. Roberto necesita frutas para la ensalada.
3. Yo no tengo suficiente dinero. (*Use familiar.*)
4. Nosotros no podemos comprar los plátanos.
5. Estrella no puede mandarme las cartas. (*Use familiar.*)
6. Luis no puede llevarle la revista a Teresa.
7. José tiene ganas de comer sandía.
8. Mi tío quiere leer el periódico.

F. With a partner, decide who is going to do what to help out a sick friend. Follow the model.

> MODELO: llevarle el periódico
> — ¿Quién le lleva el periódico?
> — (David) se lo lleva.

1. comprarle la medicina
2. buscarle el correo
3. darle las tareas
4. comprarle unas frutas
5. hacerle la comida
6. llevarle unos jugos

3. Stem-changing verbs in the preterit
(Los verbos con cambio radical en el pretérito)

■ As you will recall, **-ar** and **-er** verbs with stem changes in the present tense have no stem changes in the preterit. However, **-ir** verbs with stem changes in the present tense have stem changes in the third-person singular and plural forms of the preterit (**e > i** and **o > u**), as shown below.

servir (e > i)		dormir (o > u)	
serví	servimos	dormí	dormimos
serviste	servisteis	dormiste	dormisteis
sirvió	sirvieron	durmió	durmieron

■ Other **-ir** verbs that follow the same pattern are **pedir** (*to order, to request*), **seguir** (*to continue; to follow*), **sentir(se)** (*to feel*), **conseguir, divertirse** (*to have fun*), and **morir** (*to die*).

> — ¿Qué te **sirvieron** en la cafetería? *"What **did they serve** you at the cafeteria?"*
> — Me **sirvieron** café y sándwiches. *"**They served** me coffee and sandwiches."*
>
> — ¿Cómo **durmió** Ud. anoche? *"How **did** you **sleep** last night?"*
> — **Dormí** muy bien. *"**I slept** very well."*

¡Vamos a practicar!

A. Complete the following dialogues by supplying the preterit of the verbs given. Then act them out with a partner.

1. **dormir**
   — ¿Cómo _____ Uds. anoche?
   — Yo _____ muy bien, pero mamá no _____ bien.

2. **pedir**
   — ¿Qué _____ ellos?
   — Ana _____ pastel y los niños _____ torta.

3. **seguir**
   — ¿Hasta qué hora _____ hablando Uds.?
   — _____ hablando hasta las doce.

4. **servir**
   — ¿Qué _____ Uds. en la fiesta?
   — _____ torta y refrescos.

5. **divertirse**
   — ¿_____ Uds. mucho?
   — Yo _____ pero Julio no _____ mucho.

6. **conseguir**
   — ¿ _____ ellos el dinero?
   — No, no lo_____ .

7. **morir**
   — Hubo un accidente, ¿no?
   — Sí, y _____ mucha gente.

B. Use your imagination to complete each statement, using the verb in italics.

1. Yo no *dormí* bien pero Julio…
2. En la fiesta nosotros *servimos* café y ellos…
3. Yo *conseguí* una habitación (*room*) en el hotel Azteca y mis padres…
4. Nosotros *pedimos* ensalada y ella…
5. Yo no me *divertí* pero Uds. …
6. El papá de Toto *murió* en 1970 y sus hermanos…

C. With a partner, take turns describing what the following people did last night.

1. Arturo
2. Mirta y Rafael
3. El mozo
4. Ernesto
5. Rosa
6. Pilar
7. Paco

D. In groups of three, tell your classmates about a recent meal at a restaurant. Tell where you went and with whom, what you ordered, and whether or not you had a good time.

4. The imperfect tense (*El imperfecto de indicativo*)

A. Forms of the imperfect

■ There are two simple past tenses in the Spanish indicative: the preterit, which you have been studying, and the imperfect. To form the imperfect, add the following endings to the verb stem.

-ar *verbs*	-er *and* -ir *verbs*	
hablar	**comer**	**vivir**
habl- **aba**	com- **ía**	viv- **ía**
habl- **abas**	com- **ías**	viv- **ías**
habl- **aba**	com- **ía**	viv- **ía**
habl- **ábamos**	com- **íamos**	viv- **íamos**
habl- **abais**	com- **íais**	viv- **íais**
habl- **aban**	com- **ían**	viv- **ían**

Note that the endings of the **-er** and **-ir** verbs are the same. Observe the accent on the first-person plural form of **-ar** verbs: **hablábamos.** Note also that there is a written accent on the first **í** of the endings of the **-er** and **-ir** verbs.

— Tú siempre te **levantabas** a las seis, ¿no?	*"You always **used to get up** at six, didn't you?"*
— Sí, porque mis clases **empezaban** a las siete y media y yo **vivía** lejos de la universidad.	*"Yes, because my classes **started** at seven-thirty and I **lived** far from the university."*

¡Atención! Stem-changing verbs are regular in the imperfect.

■ Only three Spanish verbs are irregular in the imperfect tense: **ser, ir,** and **ver.**

ser	ir	ver
era	iba	veía
eras	ibas	veías
era	iba	veía
éramos	íbamos	veíamos
erais	ibais	veíais
eran	iban	veían

— Cuando yo **era** chica, siempre **iba** a México en el verano.	*"When I **was** little, I always **went** to Mexico in the summer."*
— Nosotros **íbamos** también.	*"We **used to go** too."*
— ¿Cuándo **veías** a tus amigos?	*"When **did you see** your friends?"*
— Sólo los **veía** los sábados y los domingos.	*"I only **used to see** them on Saturdays and Sundays."*

B. Uses of the imperfect

■ The Spanish imperfect tense is equivalent to three English forms.

Yo **vivía** en Chicago.
$$\left\{ \begin{array}{l} \textit{I used to live in Chicago.} \\ \textit{I was living in Chicago.} \\ \textit{I lived in Chicago.} \end{array} \right.$$

■ The imperfect is used to describe actions or events that the speaker views as in the process of happening in the past, with no reference to when they began or ended.

Empezábamos a estudiar cuando él vino.	*We **were beginning** to study when he came.*

■ It is also used to refer to habitual or repeated actions in the past, again with no reference to when they began or ended.

— ¿Uds. **hablaban** inglés cuando **vivían** en México?	*"**Did you speak** English when **you lived** in Mexico?"*
— No, cuando **vivíamos** en México, siempre **hablábamos** español.	*"No, when **we lived** in Mexico **we** always **spoke** Spanish."*

■ It describes physical, mental, or emotional conditions in the past.

Mi casa **era** muy grande.	*My house **was** very big.*
No me **gustaba** estudiar.	*I **didn't like** to study.*
Yo no me **sentía** bien.	*I **wasn't feeling** well.*

■ It expresses time and age in the past.

— ¿Qué hora **era?**	*"What time **was it**?"*
— **Eran** las seis.	*"**It was** six o'clock."*
Julia **tenía** veinte años.	*Julia **was** twenty years old.*

■ The imperfect is used to describe or set the stage in the past.

Mi novia **era** bonita.	*My girlfriend **was** pretty.*
Era muy tarde.	*It **was** very late.*

¡Vamos a practicar!

A. Things have changed; tell how they used to be.

1. Ahora vivo en ..., pero cuando era niño(a)...
2. Ahora hablamos español, pero cuando éramos niños(as)...
3. Ahora comemos pescado, pero cuando éramos niños(as)...
4. Ahora mis padres no se divierten mucho, pero cuando tenían veinte años...
5. Ahora Julia no ve a sus tíos, pero cuando era niña...
6. Ahora tú vas al teatro, pero cuando eras niño(a)...
7. Ahora mi hermana no da fiestas, pero cuando tenía dieciocho años...
8. Ahora me gustan los vegetales, pero cuando era niño(a)...
9. Ahora mi mamá nada muy bien, pero cuando era pequeña...
10. Ahora Ud. se levanta a las nueve, pero cuando era pequeño(a)...

B. Interview a partner, using the following questions.

1. ¿Dónde vivías cuando eras niño(a)?
2. ¿Con quién vivías?
3. ¿Tu casa era grande o pequeña?
4. ¿Cuántas habitaciones (*rooms*) tenía?
5. ¿En qué idioma te hablaban tus padres?
6. ¿A qué escuela (*school*) ibas?
7. ¿Te gustaba estudiar?
8. ¿Qué te gustaba comer?
9. ¿Qué te gustaba hacer los sábados? ¿Y los domingos?
10. ¿Veías a tus amigos los fines de semana?
11. ¿Qué deportes practicabas?
12. ¿Jugabas al béisbol o al fútbol?

C. Use your imagination to tell what was happening when you and your friends were seen in the park.

Anoche te vi en el parque con unos amigos.

1. ¿Qué hora era?
2. ¿Con quiénes estabas?
3. ¿De dónde venían Uds.?
4. ¿Adónde iban?
5. ¿De qué hablaban?
6. ¿Quién era la chica rubia?
7. ¿Quién era el muchacho alto y moreno?
8. ¿Qué ropa usaban?

D. With a partner prepare five questions to ask your instructor about what he or she used to do when he or she was a teenager (**adolescente**).

E. In groups of three or four, talk about what you liked and didn't like to do when you were in high school.

5. Formation of adverbs (*La formación de los adverbios*)

■ Most Spanish adverbs are formed by adding **-mente** (the equivalent of the English *-ly*) to the adjective.

general	*general*	general**mente**	*generally*
reciente	*recent*	reciente**mente**	*recently*

— ¿La fiesta de bienvenida es para Olga y sus amigas?
— No, es **especialmente** para Olga.

"The welcome party is for Olga and her friends?"
*"No, it's **especially** for Olga."*

■ Adjectives ending in **-o** change the **-o** to **-a** before adding **-mente.**

lent**o**	*slow*	lent**amente**	*slowly*
rápid**o**	*rapid*	rápid**amente**	*rapidly*

■ If two or more adverbs are used together, both change the **-o** to **- a,** but only the last one in the sentence ends in **-mente.**

Habla clar**a** y lent**amente.**   *She speaks clearly and slowly.*

■ If the adjective has an accent mark, the adverb retains it.

fácil   *easy*   **fá**cilmente   *easily*

¡Vamos a practicar!

A. You can recognize the following Spanish adjectives because they are cognates. Change them to adverbs.

1. real
2. completo
3. raro
4. frecuente
5. posible
6. general
7. franco
8. normal

B. Use some of the adverbs you have learned to complete the following sentences appropriately.

1. Ellos hablan _____ y _____.
2. Viene a casa _____.
3. Yo _____ estudio por la mañana.
4. _____, no quiero bailar con Ud.
5. Ellos vuelven mañana, _____.
6. Los chicos escriben muy _____.
7. _____ estoy muy cansado.
8. Yo no escribo cartas; _____ escribo tarjetas postales.

C. With a partner, talk about what you and your friends generally do, frequently do, and rarely do.

Y ahora, ¿qué?

Palabras y más palabras

Internet

For more practice with lesson topics, see the related activities on the **¡Hola, amigos!** web site.

Complete each sentence, using vocabulary from **Lección 8.**

1. Usan _____ para hacer vino.
2. Fui a la _____ solamente para comprar aspirinas.
3. Compré la carne en la _____ y el _____ en la pescadería.
4. Yo le pongo leche y _____ al café.
5. Anoche tuve que trabajar y no tuve _____ para ir a la panadería.
6. Fui al supermercado y traje papel _____.
7. Desgraciadamente, no podemos ir; tenemos que _____ en casa.
8. Quiero una ensalada de _____ y tomate.
9. Voy a ponerle _____ al pan.
10. Compré una _____ de huevos en el _____.
11. Para hacer la ensalada de frutas, necesitamos _____, _____, _____, _____ y _____.
12. Las zanahorias y las papas son _____.
13. Compraron las frutas en un mercado al aire _____.
14. Son las seis y tenemos que estar allí a las seis y cuarto. Tenemos que _____.
15. Menos _____ que ellos no _____ mucho dinero en el mercado.
16. Me gustan mucho los _____, especialmente los camarones.

¡Vamos a conversar!

A. Para conocerse mejor. Get to know your partner better by asking each other the following questions.

1. ¿Qué te gustaba comer cuando eras niño(a)?
2. ¿Qué te gusta más: la ternera, la carne de cerdo o el pollo?
3. ¿Prefieres la comida italiana, la comida china o la comida mexicana?
4. ¿Qué vegetales te gustan? ¿Cuáles no te gustan?
5. ¿Comes cereal por la mañana? ¿Cuál?
6. Generalmente, ¿qué días compras comestibles en el mercado?
7. ¿Qué marca (*brand*) de detergente usas para lavar la ropa? ¿Usas lejía también?
8. ¿Qué jabón usas para bañarte?
9. ¿Qué revistas y qué periódicos lees?
10. Normalmente, ¿sales los domingos o prefieres quedarte en casa?

B. Una encuesta. Interview your classmates to identify who fits the following descriptions. Include your instructor, but remember to use the **Ud.** form when addressing him/her.

	Nombre
1. No vivía en este estado cuando era niño(a).	
2. Veía a sus abuelos frecuentemente cuando era niño(a).	
3. Iba de vacaciones a la playa cuando era niño(a).	
4. No estuvo en su casa ayer por la tarde.	
5. Tuvo que trabajar anoche.	
6. Vino a la universidad el sábado pasado.	
7. Hizo ejercicio (*exercised*) esta mañana.	
8. No trajo su libro de español a la clase hoy.	
9. Limpia su casa los sábados.	
10. Le gusta la tarta de chocolate.	

Situaciones

What would you say in the following situations? What might the other person say? Act out the scenes with a partner.

1. You are telling a friend that you need many things from the supermarket. Tell him/her what they are.
2. You are at an outdoor market in Cuzco and you need vegetables, fish, meat, and bread. You inquire about prices and so on.
3. You are telling a friend what you did yesterday.
4. You are inquiring about a classmate's childhood: where he (she) used to live, what he (she) used to do, etc.
5. You are telling someone what ingredients you need to make vegetable soup (*sopa*).

 Para escribir

Imagine that last Saturday you had a very important guest. Who was the guest? What did you do to prepare for the occasion? What housework did you do? What did you buy and prepare for dinner? What else did you do in honor of your guest's arrival?

¿Qué pasa aquí?

Working with classmates in groups of three or four, describe what is happening in the picture. Create a story, naming the characters and explaining who is who. Each group will compare its story with the rest of the class.

~~~~ Un dicho ~~~~

No sólo de pan vive el hombre.

Man doesn't live by bread alone.

En el restaurante

🎧 *Pilar y su esposo, Víctor, están de vacaciones en Colombia, y hace dos días que llegaron a Bogotá, donde piensan estar por un mes. Anoche casi no durmieron porque fueron al teatro y luego a un club nocturno para celebrar su aniversario de bodas. Ahora están en el café de un hotel internacional, listos para desayunar. El mozo les trae el menú.*

VÍCTOR — (*Al mozo.*) Quiero dos huevos fritos, jugo de naranja, café y pan con mantequilla.

MOZO — Y Ud., señora, ¿quiere lo mismo?

PILAR — No, yo sólo quiero café con leche y pan tostado con mermelada.

VÍCTOR — ¿Por qué no comes huevos con tocino o chorizo y panqueques?

PILAR — No, porque a la una vamos a almorzar en casa de los Acosta.[1] Hoy es el cumpleaños de Armando.

VÍCTOR — Es verdad. Y esta noche vamos a ir a cenar a un restaurante.

Por la tarde Víctor llamó por teléfono desde el hotel al restaurante La Carreta y preguntó a qué hora se abría. Hizo reservaciones para las nueve, pero llegaron tarde porque había mucho tráfico.

---

[1]Notice that Spanish uses the singular: **Los Acosta**-the Acostas.

En el restaurante.

MOZO — Quiero recomendarles la especialidad de la casa: biftec con langosta, arroz y ensalada. De postre, flan con crema.

PILAR — No, yo quiero sopa de pescado y pollo asado con puré de papas. De postre, helado.

VÍCTOR — Para mí, chuletas de cordero, papa al horno, no, perdón, papas fritas y ensalada. De postre, un pedazo de pastel.

El mozo anotó el pedido y se fue para la cocina.

PILAR — Mi abuela hacía unos pasteles riquísimos. Cuando yo era chica, siempre iba a su casa para comer pasteles.

VÍCTOR — Yo no veía mucho a la mía porque vivía en el campo, pero ella cocinaba muy bien también.

Después de cenar, siguieron hablando un rato. Luego Víctor pidió la cuenta, la pagó y le dejó una buena propina al mozo. Cuando salieron hacía frío y tuvieron que tomar un taxi para ir al hotel. Eran las once cuando llegaron.

¿Recuerda usted?

With a partner, decide whether the following statements about the dialogues are true (**verdadero**) or false (**falso**).

1. Pilar y Víctor están en Sudamérica.
2. Víctor y Pilar se divirtieron mucho anoche.
3. Pilar come más que Víctor.
4. Víctor y Pilar van a cenar en casa de los Acosta.
5. Para cenar, Pilar no pide la especialidad de la casa.
6. Pilar y Víctor piden papas.
7. De postre, Pilar y Víctor piden fruta.
8. Las abuelas de Víctor y de Pilar no eran buenas cocineras.
9. Cuando terminaron de cenar, Pilar y Víctor salieron del restaurante inmediatamente.
10. Era tarde cuando Pilar y Víctor llegaron al hotel.

 Vocabulario

Cognados	
el aniversario anniversary	**el panqueque** pancake
la crema cream	**la reservación** reservation
la especialidad specialty	**el restaurante** restaurant
el hotel hotel	**la sopa** soup
internacional international	**el tráfico** traffic
el menú menu	**las vacaciones**[1] vacation

Nombres	
el aniversario de bodas wedding anniversary	**el cumpleaños** birthday
el bistec, el biftec steak	**el flan** caramel custard
el campo country (*as opposed to the city*)	**la mermelada** marmalade, jam
la cena dinner, supper	**el pan tostado, la tostada** toast
el chorizo sausage	**las papas fritas** French fries
el club nocturno night club	**el pedazo, trozo** piece
la cocina kitchen	**el pedido** order
el cordero lamb	**el postre** dessert
la cuenta bill, check (*at a restaurant*)	**la propina** tip (*for service*)
	el puré de papas mashed potatoes
	el tocino bacon

[1]In Spanish, **vacaciones** is always used in the plural form.

Verbos

almorzar (o > ue)   to have lunch
anotar   to write down
celebrar   to celebrate
cenar   to have dinner (supper)
cocinar   to cook
desayunar   to have breakfast
irse   to go away
preguntar   to ask (*a question*)
recomendar (e > ie)   to recommend

Adjetivos

asado(a)   roast
chico(a), pequeño(a)   little, small
frito(a)   fried
listo(a)   ready
riquísimo(a)   delicious

Otras palabras y expresiones

al horno   baked
casi   almost
de postre   for dessert
desde   from
después de   after
estar de vacaciones   to be on vacation
hacer frío   to be cold (*weather*)
llegar tarde (temprano)   to be late (early)
lo mismo   the same (thing)
luego   later
Perdón.   Excuse me.

Amplíe su vocabulario

Para poner la mesa (*To set the table*)

las copas
la taza
el platillo
la servilleta
el tenedor
el mantel

la pimienta
la sal
el cuchillo
la cuchara
la cucharita
el plato

El tiempo (*The weather*)

El cielo está { nublado. / despejado.   *The sky is* { *cloudy.* / *clear.*

el grado   *degree*

el clima { cálido / templado / frío / seco / húmedo   *hot* / *warm* / *cold* / *dry* / *humid* } *climate*

¿Qué temperatura hace?   *What is the temperature?*

Hay... grados.   *It's . . . degrees.*

Fenómenos naturales (*Natural phenomena*)

el ciclón	*cyclone*	la tormenta	*storm*
el huracán	*hurricane*	el tornado	*tornado*
la nevada	*snowfall*	el terremoto	*earthquake*

A. ¿Qué necesitan?

What items do you need to do the following?

1. Para comer un biftec
2. Para tomar café
3. Para tomar vino
4. Para tomar[1] sopa
5. Para poner una mesa elegante
6. Para condimentar (*season*) la comida

B. Hablando del tiempo

1. ¿Cómo es el clima de
   a. Alaska?   c. Oregón?   e. San Diego?
   b. Arizona?   d. Miami?
2. Va a llover (*rain*). ¿Cómo está el cielo?
3. El cielo no está nublado. ¿Cómo está?
4. ¿Cuál es la temperatura de hoy?
5. ¿Qué fenómenos naturales ocurren en
   a. Miami?   c. Kansas?   e. Minnesota?
   b. California?   d. el trópico?

---

[1]In Spanish, **tomar sopa** and **tomar helado** are the equivalents of *to eat soup* and *to eat ice cream.*

DE AQUÍ Y DE ALLÁ

Bogotá, la capital de Colombia, fue fundada en 1538. Como la ciudad está rodeada (*is surrounded*) de montañas, el transporte entre la capital y el resto del país es principalmente por aire. Bogotá es la base de Avianca, la línea aérea comercial más antigua de la América del Sur.

Bogotá es una ciudad de contrastes, donde hay modernos rascacielos (*skyscrapers*) junto a (*next to*) iglesias (*churches*) que datan del siglo (*century*) XVI. En Bogotá, hay excelentes hoteles y restaurantes internacionales y muchas atracciones turísticas. En el Museo del Oro se encuentra una de las mejores colecciones de objetos precolombinos. Colombia es famosa por sus esmeraldas, que están consideradas entre las mejores del mundo.

Piezas de oro en el Museo del Oro en Bogotá, Colombia.

DE ESTO Y AQUELLO

En la mayoría de los países de habla hispana el desayuno generalmente es café con leche y pan con mantequilla. El almuerzo (*lunch*), que es la comida principal del día, se sirve entre la una y las dos de la tarde. A las cuatro de la tarde, mucha gente toma la merienda (*afternoon snack*). La cena generalmente no se sirve antes de las ocho o las nueve de la noche.

En muchos países del mundo hispano la propina está incluida en la cuenta del restaurante. Normalmente en el menú se especifica: servicio incluido. Si usted no está seguro(a) debe preguntar: ¿Está incluido el servicio?

¿Verdadero o falso?

1. Avianca es una línea aérea comercial colombiana.
2. En Bogotá todas las iglesias son muy modernas.
3. Las esmeraldas de Colombia son muy famosas.
4. El Museo del Oro tiene una excelente colección de objetos precolombinos.
5. En los países hispanos, la gente toma café con leche en el desayuno.
6. Generalmente, la cena se sirve muy temprano.
7. Si el menú dice "servicio incluido", no es necesario dejar propina.

 Puntos para recordar

1. Some uses of *por* and *para* (*Algunos usos de* por y para)

A. The preposition **por** is used to express the following concepts.

■ motion (*through, along, by, via*)

No puedo salir **por** la ventana.	*I can't go out **through** the window.*
Fuimos **por** la calle Quinta.	*We went **via** Fifth Street.*

■ cause or motive of an action (*because of, on account of, on behalf of*)

No compré las sandalias **por** no tener dinero.	*I didn't buy the sandals **because** I didn't have any money.*
Lo hice **por** ti.	*I did it **on** your **behalf**.*
Llegaron tarde **por** el tráfico.	*They arrived late **on account of** the traffic.*

■ means, manner, unit of measure (*by, per*)

No me gusta viajar **por** tren.	*I don't like to travel **by** train.*
Va a setenta kilómetros **por** hora.	*She is doing seventy kilometers **per** hour.*
Cobran cien dólares **por** noche.	*They charge a hundred dollars **per** night.*

■ *in exchange for*

Pagamos un dólar **por** una docena de huevos.	*We paid a dollar **for** a dozen eggs.*

■ period of time during which an action takes place (*during, in, for*)

Voy a quedarme aquí **por** un mes.	*I'm going to stay here **for** a month.*
Ella prepara la comida **por** la mañana.	*She prepares the meal **in** the morning.*

B. The preposition **para** is used to express the following concepts.

■ destination

ProductName¿Cuándo sales **para** Río?   *When are you leaving for Rio?*

■ goal for a specific point in the future (*by* or *for* a certain time in the future)

Necesito los vegetales y el pescado *I need the vegetables and the fish*
para mañana.   **for** *tomorrow.*

■ whom or what something is for

El jabón y la lejía son **para** ti. *The soap and the bleach are **for***
             you.

■ objective or goal

Mi novio estudia **para** profesor. *My boyfriend is studying **to be** a*
             professor.

■ *in order to*

— Ayer fui a su casa.   *"Yesterday I went to his house."*
— **¿Para** qué?   *"What **for?**"*
— **Para** hablar con él.   *"**(In order) to** talk with him."*

¡Vamos a practicar!

A. Supply **por** or **para** in each dialogue. Then act each one out with a partner.

1. — ¿ _____ qué calle (*street*) fuiste?
   — Fui _____ la calle Magnolia.

2. — ¿ _____ cuándo necesitas los pantalones?
   — Los necesito _____ el sábado _____ la noche.

3. — ¿Para qué fuiste al mercado?
   — _____ comprar los comestibles. Lo hice _____ ti, porque estabas muy cansada... Y no compré más carne _____ no tener más dinero.

4. — ¿Cuánto pagaron Uds. _____ ese vestido?
   — Cincuenta dólares. Es _____ nuestra hija.
   — ¿Cuándo sale ella _____ Los Ángeles?
   — El tres de enero. Va a estar allí _____ dos meses. Va _____ visitar a su abuela.
   — ¿Va _____ tren?
   — Sí.

5. — ¿Ofelia está en la universidad?
   — Sí, estudia _____ profesora.

B. Look at the illustrations and describe what is happening, using **por** or **para.**

1. Fuimos _____ a Machu Picchu.

4. Marisa va a estar en Medellín _____.

2. Roberto salió _____.

5. Jorge pagó _____ el vino.

3. La torta es _____.

6. Ana sale mañana _____.

C. In groups of three, and using your imagination, add some details to the following circumstances. Use **por** or **para** and think of various possibilities.

> MODELO: Marisa compró un vestido.
> *Pagó cien dólares **por** el vestido. El vestido es **para** su tía.*

1. Mi sobrino va a ir a México.
2. Luis no pudo salir por la puerta.
3. Ellos llegaron tarde a la fiesta.
4. Mi prima está en la universidad.
5. David compró una corbata.
6. Mi cuñado no pudo pagar la cuenta.
7. Julio conduce muy rápido (*fast*).
8. Este hotel es muy barato.
9. Amalia trabaja de siete a once de la mañana.
10. Marité tiene una fiesta el sábado. Necesita comprar un vestido.

2. Weather expressions (*Expresiones para describir el tiempo*)

■ The following expressions are used when talking about the weather.

Hace (mucho) frío.	*It is (very) cold.*
Hace (mucho) calor.	*It is (very) hot.*
Hace (mucho) viento.	*It is (very) windy.*
Hace sol.	*It is sunny.*

— ¿Qué tiempo **hace** hoy?   *"What's the weather **like** today?"*
— **Hace buen** (mal) **tiempo.**   ***"The weather is good** (bad)."*

¡Atención!   All of the expressions above use the verb **hacer** followed by a noun.

—¿Abro la ventana?   *"Shall I open the window?"*
—¡Sí! **¡Hace** mucho **calor**!   *"Yes! **It's** very **hot!"***

■ The impersonal verbs **llover (o > ue)** (*to rain*) and **nevar (e > ie)** (*to snow*) are also used to describe the weather. They are used only in the third-person singular forms of all tenses, and in the infinitive, the present participle, and the past participle.

Aquí **llueve** mucho.	***It rains** a lot here.*
Creo que va a **nevar** hoy.	*I think it's going to **snow** today.*
Está **lloviendo;** no podemos salir.	*It's **raining;** we can't go out.*

Other weather-related words are **lluvia** (*rain*) and **niebla** (*fog*).

Hay **niebla.**	*It's foggy.*
No me gusta **la lluvia.**	*I don't like **rain.***

¡Vamos a practicar!

A. ¿Qué tiempo hace?

1.

2.

3.

4.

5.

6.

7.

B. With a partner, complete the exchanges in a logical manner.

1. — ¿Necesitas un paraguas (*umbrella*)?
   — Sí, porque _____.

2. — ¿No necesitas un abrigo?
   — No, porque _____.

3. — ¿Quieres un impermeable (*raincoat*)?
   — Sí, porque _____ mucho.

4. — ¿No quieres llevar el suéter?
   — ¡No! ¡Hace _____!

5. — ¿Vas a llevar la sombrilla (*parasol*)?
   — Sí, porque _____.

6. — ¿Necesitas un suéter y un abrigo?
   — Sí, porque _____.

7. — ¿Un impermeable? ¿Por qué? ¿Está lloviendo?
   — No, pero _____.

8. — ¡Qué _____! Necesito un paraguas y un impermeable.

9. — No hay vuelos (*flights*) porque hay mucha_____.

C. A Spanish friend of yours is going to travel in the United States for a year. With a partner, discuss what kind of weather he's going to find in cities like Chicago, Boston, Los Angeles, and San Francisco.

3. The preterit contrasted with the imperfect (*El pretérito contrastado con el imperfecto*)

■ The difference between the preterit and imperfect tense can be visualized in the following way.

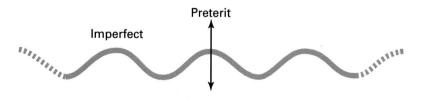

The wavy line representing the imperfect shows an action or event taking place over a period of time in the past. There is no reference as to when the action began or ended. The vertical line representing the preterit shows an action or event completed in the past.

In many instances, the choice between the preterit and the imperfect depends on how the speaker views the action or event. The following table summarizes the most important uses of both tenses.

Preterit

- Reports past actions or events that the speaker views as completed

  Ella **vino** ayer.

- Sums up a condition or state viewed as a whole (and no longer in effect).

  Estuve cansada todo el día.

Imperfect

- Describes past actions or events in the process of happening, with no reference to their beginning or end.

  Íbamos al cine cuando...

- Indicates a repeated or habitual action (*used to . . . , would*)

  Todos los días **íbamos** con él.[1]

- Describes a physical, mental, or emotional state or condition in the past.

  Estaba muy cansada.

- Expresses time and age in the past.

  Eran las dos.
  Tenía veinte años.

- Is used in indirect discourse.

  Dijo que **venía.**

- Describes in the past or sets the stage.

  Mi novia **era** muy bonita.

  Hacía frío y **llovía.**

¡Atención!   *Direct discourse:*   Juan dijo: «Vengo mañana.»
    Indirect discourse: Juan dijo que **venía** mañana.

— ¿**Viste** a Eva ayer?
— Sí, **estaba** en el restaurante cuando la **vi.**

*"**Did you see** Eva yesterday?"*
*"Yes, **she was** at the restaurant when **I saw** her."*

— ¿Qué te **dijo** Raúl?
— Dijo que **necesitaba** dinero.

*"What **did** Raul **say** to you?"*
*"He said **he needed** money."*

¡Vamos a practicar!

A. Complete the following stories, using the appropriate form of the preterit or the imperfect of the verbs provided. Then read the stories aloud.

1. Anoche Ana y Carlos _____ (ir) a cenar al restaurante El Azteca. Ana _____ (pedir) bistec con papas fritas y Carlos _____ (comer)

---

[1]Note that this use of the imperfect corresponds to the English *would* used to describe a repeated action in the past. *Every day we **used to** go with him.* = *Every day **we would** go with him.* Do not confuse this with the English conditional *would*, as in: *If I had the time I **would go** with him.*

chuletas de cordero y arroz. El mozo les _____ (decir) que el flan con crema _____ (ser) la especialidad de la casa. Los dos lo _____ (pedir) y les _____ (gustar) mucho.

2. _____ (ser) las once y _____ (hacer) frío cuando Antonio _____ (llegar) a su casa anoche. El muchacho _____ (estar) muy cansado y no _____ (sentirse) bien. Su mamá _____ (levantarse) y le _____ (hacer) una taza de té.

3. Cuando yo _____ (ser) niña (yo) _____ (vivir) en Chile. Todos los veranos _____ (ir) a visitar a mis abuelos, que _____ (vivir) en el campo. El año pasado mi familia y yo _____ (mudarse) a Cuzco y mis abuelos _____ (venir) a vivir con nosotros.

B. Interview a partner, using the following questions.

1. ¿Dónde vivías tú cuando eras niño(a)?
2. ¿Qué idioma hablabas tú cuando eras niño(a)?
3. ¿Tú siempre estudiabas mucho cuando eras niño(a)?
4. ¿Cómo era tu primer(a) novio(a)?
5. ¿En qué año comenzaste a estudiar en la universidad?
6. ¿De qué hablaste con tus amigos ayer?
7. ¿Tú estudiaste mucho anoche?
8. ¿Qué hora era cuando llegaste a la universidad hoy?
9. ¿Qué hacías cuando llegó el (la) profesor(a)?
10. ¿Qué te dijo el (la) profesor(a) que tenías que estudiar esta noche?

C. With a partner, talk about what you used to do when you were in high school and then discuss what you did last week. Use the following phrases to start.

1. Cuando yo estaba en la escuela secundaria,
   a. todos los días yo...
   b. los fines de semana mi familia y yo...
   c. en mi clase de inglés mi profesor(a)...
   d. en la cafetería mis amigos y yo...
   e. mi mejor amigo(a) siempre...
   f. los viernes por la noche yo...

2. La semana pasada,
   a. el lunes por la mañana yo...
   b. en mi clase de español mi profesor(a)...
   c. el martes por la noche...
   d. el jueves por la tarde...
   e. el sábado mis amigos y yo...
   f. el domingo yo...

D. Working with your classmates in groups of three or four, write the Spanish version of the story "Goldilocks and the Three Bears." Some useful vocabulary is provided.

Había una vez	Once upon a time there was/were	**mediana**	medium
Ricitos de oro	Goldilocks	**el bosque**	forest
el oso	bear	**caliente**	hot
la avena	porridge	**la cama**	bed
		el tazón	bowl

E. Use your imagination to finish the following story.

Eran las dos de la mañana y yo estaba durmiendo en mi apartamento. Sonó el timbre (*the doorbell rang*) y yo fui a abrir la puerta. Cuando la abrí, vi...

4. *Hace...* meaning *ago* (*Hace... como equivalente de ago*)

In sentences in the preterit and in some cases the imperfect, **hace** + *period of time* is equivalent to the English *ago*. When **hace** is placed at the beginning of the sentence, the construction is as follows.

> **Hace** + period of time + **que** + verb (*preterit*)
>
> **Hace** + **dos años**   + **que** + la conocí.
>
> *I met her two years **ago.***

An alternative construction is:
La conocí hace dos años.

¡Atención!   To find out how long ago something took place, ask:
¿Cuánto tiempo hace que... + *verb in the preterit.*
¿ Cuánto tiempo hace que viniste a California?

— ¿Cuánto tiempo hace que tú llegaste?   *"How long ago did you arrive?"*

— **Hace tres años** que llegué.   *"I arrived **three years ago.**"*

¡Vamos a practicar!

A. Say how long ago the following events took place.

> MODELO: Son las cuatro. Yo llegué a las tres.
> *Hace una hora que yo llegué.*

1. Estamos en noviembre. Los García celebraron su aniversario de bodas en septiembre.
2. Son las seis. Yo almorcé a la una.
3. Hoy es viernes. Esteban salió para México el martes.
4. Son las diez. Pedimos el postre a las diez menos cuarto.
5. Estamos en el año 2000. Vinimos a California en el año 1990.
6. Son las diez. Ellos empezaron a estudiar a las siete.

B. Discuss with a partner how long ago the following events happened in your life.

1. ¿Cuánto tiempo hace que empezaste a estudiar español?
2. ¿Cuánto tiempo hace que Uds. tomaron el último examen?
3. ¿Cuánto tiempo hace que hablaste con tus padres?
4. ¿Cuánto tiempo hace que le escribiste a un(a) amigo(a)?
5. ¿Cuánto tiempo hace que tu mejor amigo(a) te llamó por teléfono?
6. ¿Cuánto tiempo hace que estuviste en un buen restaurante?

5. Possessive pronouns (*Pronombres posesivos*)

■ Possessive pronouns in Spanish agree in gender and number with the person or thing possessed. They are generally used with the definite article.

Singular		Plural		
Masc.	*Fem.*	*Masc.*	*Fem.*	
(el) mío	**(la) mía**	**(los) míos**	**(las) mías**	mine
(el) tuyo	**(la) tuya**	**(los) tuyos**	**(las) tuyas**	yours (*fam.*)
(el) suyo	**(la) suya**	**(los)suyos**	**(las) suyas**	{ yours (*form.*) his hers
(el) nuestro	**(la) nuestra**	**(los) nuestros**	**(las) nuestras**	ours
(el) vuestro	**(la) vuestra**	**(los) vuestros**	**(las) vuestras**	yours (*fam.*)
(el) suyo	**(la) suya**	**(los) suyos**	**(las) suyas**	{ yours (*form.*) theirs

> — Mis libros están aquí.   *"My books are here.*
>   ¿Dónde están los **tuyos**?   *Where are **yours**?"*
> — Los **míos** están en la mesa.   *"**Mine** are on the table."*

¡Atención!   Note that **los tuyos** substitutes for **los *libros* tuyos;** the noun has been deleted. Also note that after the verb **ser,** the article is usually omitted.

> — ¿Estas invitaciones son **tuyas?**   *"Are these invitations **yours?**"*
> — Sí, son **mías.**   *"Yes, they're **mine.**"*

■ Because the third-person forms of the possessive pronouns **(el suyo, la suya, los suyos, las suyas)** can be ambiguous, they can be replaced with the following for clarification.

el	de ⎫	**Ud.**
la	de ⎪	**él**
		ella
los	de ⎬	**Uds.**
las	de ⎭	**ellos**
		ellas

¿El diccionario? Es **suyo.** (*unclarified*)   *The dictionary?*
                                                        It's theirs.
           Es **el de ellas.** (*clarified*)   (*pl. fem. possessor*)

¡Vamos a practicar!

A. Supply the correct possessive pronoun to agree with each subject. Clarify when necessary.

> MODELO: Yo tengo una pluma. Es _____.
>   *Yo tengo una pluma. Es mía.*

1. Nosotros tenemos un bolso. Es _____.
2. Ellos tienen una mesa. Es _____. (Es _____ _____ _____.)

3. Él tiene dos libros. Son _____. (Son _____ _____ _____.)
4. Yo tengo una camisa. Es _____.
5. Tú tienes dos cheques. Son _____.
6. Nosotros tenemos una casa. Es _____.
7. Ustedes tienen muchos zapatos. Son _____. (Son _____ _____ _____.)
8. Ella tiene dos abrigos. Son _____. (Son _____ _____ _____.)

B. Who owns the following items? Answer the questions affirmatively.

1. Aquí hay una blusa verde. ¿Es tuya?
2. Yo encontré cien dólares. ¿Son tuyos?
3. ¿La cartera roja es de tu mamá?
4. El libro que tú tienes, ¿es mío?
5. Las plumas que están en mi escritorio, ¿son de ustedes?
6. Aquí hay un diccionario. ¿Es de ustedes?

C. With a partner, make comparisons between the objects and people described. Use appropriate possessive pronouns when asking each other questions.

MODELO: — Mi hermano tiene... años. ¿Cuántos años tiene el tuyo?
— *El mío tiene dieciocho.*

1. Mi casa está en la calle...
2. Mis abuelos son de...
3. Mi mejor amigo(a) se llama...
4. Mis profesores son...
5. Mis padres están en...
6. Mis tías viven en...

Y ahora, ¿qué?

Palabras y más palabras

Complete each sentence, using vocabulary from **Lección 9.**

Internet

For more practice with lesson topics, see the related activities on the **¡Hola, amigos!** web site.

1. Mi esposo y yo celebramos nuestro aniversario de _____ ayer.
2. Para desayunar, no quiero biftec con huevos; quiero huevos con _____.
3. Son _____ las siete y no estoy _____ para salir. Tengo que bañarme y vestirme.
4. Quiero tostadas con mantequilla y _____.
5. El mozo anota el _____ y luego se va.

6. Si la cena cuesta cincuenta dólares, debes dejar $7,50 de _____.
7. ¿Quieres un _____ de pastel? ¡Está _____!
8. ¿A qué hora se cierra el club nocturno? Se lo voy a _____ al camarero.
9. Quiero cordero asado con puré de _____. De _____, flan.
10. Perdón, no quiero pescado frito; lo quiero al _____.
11. Voy a desayunar, pero no voy a _____ porque hoy ceno en un restaurante.
12. El mozo nos trajo el _____ y nos _____ la especialidad de la casa.
13. Después de pagar la _____, llamó un taxi.
14. Yo quiero panqueques y café, y ella quiere lo _____.
15. Siempre como en restaurantes porque no me gusta _____.
16. Luis la llamó por teléfono _____ el hotel Internacional.
17. La temperatura es de 20 grados y nieva. Hace mucho _____.
18. Tengo un tenedor y un cuchillo, pero necesito una _____ para tomar la sopa.

¡Vamos a conversar!

A. Para conocerse mejor. Get to know your partner better by asking each other the following questions.

1. ¿A qué hora desayunas? ¿A qué hora almuerzas? ¿A qué hora cenas?
2. ¿Prefieres comer tocino con huevos o panqueques?
3. ¿Le pones crema al café?
4. ¿Te gusta tomar sopa cuando hace frío?
5. Cuando vas a un restaurante, ¿haces reservaciones?
6. La cocina de tu casa, ¿es grande o pequeña?
7. ¿Tú tienes que trabajar o estás de vacaciones?
8. ¿Por cuánto tiempo vas a estar hoy en la universidad?
9. ¿Te pusiste un abrigo hoy? ¿Por qué?
10. ¿Prefieres vivir en el campo o en la ciudad?

B. Una encuesta. Interview your classmates to identify who fits the following descriptions. Include your instructor, but remember to use the **Ud.** form when addressing him/her.

Nombre

1. Prefiere los climas cálidos.

2. Usa impermeable cuando llueve.

3. Le gusta viajar por tren.

4. Llegó tarde a clase por el tráfico.

5. Tiene que preguntarle algo al profesor (a la profesora).

6. Estudia para profesor(a).

7. Celebró su cumpleaños el mes pasado.

8. Nació (*was born*) en el mes de julio.

9. Compró algo para un amigo (una amiga) recientemente.

10. Gastó mucho dinero este mes.

Situaciones

What would you say in the following situations? What might the other person say? Act out the scenes with a partner.

1. You are at a cafe having breakfast. You are very hungry. Order a big breakfast.
2. You are having lunch with a friend. Suggest a few things he can have to eat and drink.
3. Call a restaurant and make reservations for dinner.
4. You are having dinner with a friend. Order for you and for your friend. Then ask for the bill.
5. You and a friend are talking about what you both liked and didn't like to do when you were children.
6. A friend is coming to visit. Explain what the weather is like in your area so he/she will know what clothes to pack.

Para escribir

Following the style of the dialogues in this lesson, write a dialogue describing a dinner in a restaurant you may have had recently.

¿Qué dice aquí?

With a classmate, study these ads and answer the questions that follow.

COSTA VASCA
R E S T A U R A N T

Abierto de Martes a Domingo
Business Lunch de 12 a 3 P.M.

En la Cocina siempre el famoso
Chef Ignacio

EN LA TABERNA
EUGENIO BARADA y MIRIAM

SHOW FLAMENCO desde las 10 P.M.

* *ESTRELLA MORENA* **Bailes y Cante Flamenco**
* *PEPE DE MALAGA* **Cantador Flamenco**
* *EMILIO PRADOS* **Guitarrista**
* *MANOLO DE CORDOBA* **Bailador Flamenco**
* *J UAN DE ALBA* **Polifacético estilo Flamenco**

> **Fiesta de Fin de Año**
> **Show-Cena-Champaña Por Sólo $50**
> **Reserve con tiempo.**

969-2394 • 1009 S.W. 8 Street MIAMI
Salón Disponible para Fiestas

CENA Y RUMBA DE AÑO NUEVO

MASSAI

Delicioso Buffet
Ceviche de Camarón
Pavo Bellavista
Lomo al Oporto
Arroz con Coco y Pasas
Alcachofas y
Espárragos Vinagreta
Ensalada de Frutas y
Postre de Navidad

Diciembre 31 • Orquesta Maya

$7.000 por persona
Reservaciones: 610 46 64 - 236 53 36

MASSAI CLUB
Restaurante • Discoteca • Bar • Casino
Km. 4 Vía Calera

---

1. ¿Qué hay el 31 de diciembre en el Massai Club?
2. ¿Qué podemos comer en el buffet?
3. ¿A qué números debemos llamar para hacer reservaciones?
4. Además de cenar en el Massai Club, ¿qué otras cosas podemos hacer allí?
5. ¿En cuál de los dos restaurantes hay «show»? ¿Qué tipo de show?
6. ¿A qué hora comienza el show?
7. ¿Cuánto debemos pagar por la cena de fin de año en el restaurante Costa Vasca?
8. ¿Por qué no podemos ir a este restaurante los lunes?
9. ¿A qué hora sirven el almuerzo (*lunch*) en Costa Vasca?

Lectura

A. **Estrategia de lectura.** Before you read the fable of the fox (*la zorra*) and the grapes (*las uvas*), think about what you know of fables and then predict what might happen. Fables generally have a moral (*una moraleja*). What types of lessons do fables teach? What characteristics are typically associated with foxes? Would you expect a fox to succeed or fail in obtaining an objective? How might grapes figure in the story?

B. **Vamos a leer.** As you read the fable, find the answers to the following questions.

1. ¿Qué tiempo hace? ¿Cuál es la estación del año?
2. ¿Qué descubrió la zorra mientras paseaba por un huerto?
3. ¿Dónde estaban las uvas?
4. ¿La zorra tenía sed o tenía hambre?
5. ¿Qué método usó la zorra para alcanzar las uvas?
6. ¿Alcanzó la zorra las uvas?
7. ¿Qué hizo finalmente?
8. ¿Cuál es la moraleja de la fábula?

La zorra y las uvas
Fábula de Esopo

En un caluroso día de verano, caminaba la zorra° por un huerto°. De pronto descubrió un racimo de uvas que estaban casi maduras en una vid que crecía enrollada a una rama muy alta. La zorra pensó que era precisamente lo que ella necesitaba para apagar° la sed.

fox / orchard

quench

Retrocedió unos pasos, corrió y saltó, pero perdió el racimo por un pelo. Retrocedió de nuevo, reunió todas sus fuerzas y diciendo: —¡Uno, dos y tres!— dio un tremendo salto pero no fue mejor el resultado.

Una y otra vez trató de alcanzar° las uvas que estaban en la vid, pero finalmente tuvo que darse por vencida° y, marchándose del huerto, comentó: —¡Están verdes!

reach
***darse...** give up*

Moraleja: Cuando no se puede conseguir algo, es fácil desdeñarlo°.

scorn it

C. Díganos. Answer the following questions based on your own thoughts and experiences.

1. ¿Qué le gusta tomar para apagar la sed?
2. ¿Qué le gustaba hacer en el verano cuando usted era pequeño(a)?
3. ¿Había un huerto en su casa o iba a un huerto para recoger frutas? ¿Qué tipos de frutas crecían en el huerto?
4. ¿Persevera usted cuando quiere algo o se da por vencido(a) fácilmente?
5. Cuando usted era niño(a), ¿le gustaba leer fábulas? ¿Cuáles?

~~~ Un dicho ~~~

A mal tiempo, buena cara.

Keep a stiff upper lip.
(Lit., To bad weather, a good face.)

Lección 8

A. Preterit of some irregular verbs

Change the verbs in the following sentences to the preterit tense.

1. Ellos traen la lechuga y los huevos.
2. Tengo que apurarme.
3. ¿Qué hace él con los tomates?
4. ¿Qué te dice tu hijo?
5. Laura viene al parque conmigo.
6. Tú y yo estamos aquí.
7. Ella hace todos los pasteles.
8. Yo sé toda la verdad.
9. Ellas conducen muy bien.
10. Enrique no quiere ir al mercado.

B. Direct and indirect object pronouns used together

Answer the following questions in the affirmative, replacing the direct objects with direct object pronouns.

1. ¿Me compraste *las manzanas y las naranjas?*
2. ¿Nos trajeron Uds. *los huevos?*
3. ¿Ellos te van a dar *el azúcar?* (*two ways*)
4. ¿Él les va a traer *los vegetales* a Uds.? (*two ways*)
5. ¿Ella me va a comprar *la cebolla?* (*Use the* **Ud.** *form.*) (*two ways*)
6. ¿Ellos te traen *las cosas del mercado?*

C. Stem-changing verbs in the preterit

Complete the following sentences in the preterit tense, using the verbs listed.

seguir	divertirse	pedir
conseguir	morir	dormir

1. Ana y Eva _____ mucho en la fiesta. Cuando volvieron a casa _____ hablando y no _____ mucho por la noche.
2. Elsa _____ la comida y Juan se la trajo.
3. Hubo un accidente, pero no _____ nadie.
4. Roberto _____ el jabón en la farmacia.

D. The imperfect tense

Change the verbs in the following sentences to the imperfect.

1. ¿Tú vas al supermercado con tu papá?
2. Ella es muy bonita.
3. Ellos hablan español.
4. Nosotros no vemos a nuestros abuelos frecuentemente.
5. Uds. nunca comen mantequilla.
6. Yo siempre como frutas por la mañana.

E. Formation of adverbs

Write the following adverbs in Spanish.

1. easily
2. especially
3. slowly
4. rapidly
5. slowly and clearly
6. frankly

F. Vocabulary

Complete the following sentences, using vocabulary from **Lección 8.**

1. Tenemos que _____ porque es muy tarde.
2. Voy a la _____ para comprar aspirinas.
3. No quiero ensalada de _____ y tomates; quiero ensalada de papas.
4. _____, no tengo dinero para comprar la comida.
5. Otro nombre para el melocotón es el _____.
6. Voy a la _____ porque necesito pan.
7. Siempre como _____ con leche y plátano por la mañana.
8. Voy al _____ porque necesito pollo y una _____ de huevos.
9. Para limpiar el piso, yo no uso jabón; uso _____.
10. Cuando compro comestibles, siempre _____ mucho dinero.
11. Voy a comprar manzanas para hacer un _____ para la comida.
12. Los niños estaban _____ en el parque.
13. Anteayer compré chuletas de _____ y de _____.
14. No quiero _____ ni _____ ni _____. No me gustan los mariscos.
15. La _____ es una fruta cítrica, pero la sandía, no.
16. Quiero un perro _____ y un _____ de chocolate.
17. Necesito lechuga, tomate, _____ y _____ para la ensalada.
18. Quiero pan con _____.

G. Culture

Circle the correct answer, based on the **Notas culturales** you have read.

1. Lima fue fundada por los (españoles / mexicanos).
2. Lima es la capital de (Colombia / Perú).
3. El Museo de (Plata / Esmeraldas / Oro) esta en Lima.
4. Machu Picchu fue construido por los (incas / aztecas).
5. En muchos países latinos todavía es costumbre comprar en los (super-
mercados / mercados pequeños con tiendas especiales).

Lección 9

A. Some uses of *por* and *para*

Complete each sentence, using **por** or **para**.

1. El jugo de naranja es _____ ti, abuela.
2. ¿Cuánto pagaron _____ la cena?
3. Yo no cocino _____ la mañana.
4. Los chicos salieron _____ la puerta principal.
5. Ellos fueron al club nocturno _____ bailar.
6. Necesito las reservaciones _____ mañana _____ la tarde.
7. El sábado salimos _____ Lima. Vamos _____ avión (*airplane*). Vamos a estar allí _____ una semana.
8. En ese hotel cobran cien dólares _____ noche.

B. Weather expressions

Complete each sentence with the appropriate word(s).

1. En verano _____ mucho _____ en Texas.
2. En invierno en Denver _____ mucho _____ y _____ mucho.
3. En Oregón _____ todo el año.
4. Hoy no hay vuelos (*flights*) porque _____ mucha _____.
5. Necesito la sombrilla porque _____ mucho _____.

C. The preterit contrasted with the imperfect

Complete each sentence, using the preterit or the imperfect tense of the verbs in parentheses.

1. Ayer nosotros _____ (celebrar) nuestro aniversario.
2. _____ (ser) las cuatro de la tarde cuando yo _____ (salir) del restaurante.
3. El mozo me _____ (decir) que la especialidad de la casa _____ (ser) langosta.
4. Cuando Raúl _____ (ser) pequeño _____ (vivir) aquí.
5. Jorge _____ (estar) en el café cuando yo lo _____ (ver).
6. Ella no _____ (ir) a la fiesta anoche porque _____ (estar) muy cansada.
7. Ayer yo _____ (hacer) las reservaciones.
8. Nosotros _____ (estar) almorzando cuando tú _____ (llamar).

D. *Hace...* meaning *ago*

Write the following sentences in Spanish.

1. The waiter arrived three hours ago.
2. I began to study Spanish two years ago.
3. We arrived three months ago.
4. They brought me the dessert ten minutes ago.
5. We made the reservations two weeks ago.

E. Possessive pronouns

Complete each sentence, giving the Spanish equivalent of the word in parentheses.

1. Mi postre es mejor que _____, María.   (*yours*)
2. Las tostadas que están en la mesa son _____.   (*mine*)
3. Yo voy a invitar a mis amigos. ¿Tú vas a invitar a _____?   (*yours*)
4. Estos zapatos son _____.   (*ours*)
5. Mi abuelo es de México. _____ es de Cuba.   (*Theirs*)
6. Ese libro no es _____; es _____.   (*mine / hers*)

F. Vocabulary

Complete the following sentences, using vocabulary from **Lección 9**.

1. Las chuletas están muy buenas. Están _____.
2. Voy a _____ a las siete de la mañana. Quiero café con leche y pan tostado con _____.
3. La _____ de la casa es cordero _____.
4. No quiero _____ de papas. Quiero papa al _____.
5. Mis abuelos no vivían en el _____; vivían en la ciudad.
6. Anoche _____ en un restaurante y el mozo nos recomendó las chuletas.
7. Esta noche vamos a ir a un club _____ para celebrar nuestro aniversario.
8. No puedo pagar la _____ del restaurante porque no tengo dinero.
9. Siempre tomo el café con _____ y azúcar.
10. ¿Cuánto le vas a _____ de propina al mozo?
11. Este año vamos de _____ a Acapulco.
12. Vamos al restaurante y _____ vamos a casa.
13. Para comer el biftec, necesito un _____ y un _____.
14. El cielo no está despejado; está _____ porque va a llover.
15. No me gusta el clima templado ni el clima frío; me gusta el clima _____.
16. En La Florida hay _____, en California hay _____ y en Ohio hay nevadas.
17. Para _____ la mesa, necesito el mantel y las _____.
18. Luis llegó _____ a mi fiesta de cumpleaños porque había mucho _____.

G. Culture

Circle the correct answer, based on the **Notas culturales** you have read.

1. Colombia es famosa por sus (perlas / esmeraldas / turquesas), que están entre las mejores del mundo.
2. Algunas iglesias de Bogotá datan del siglo (XIV / XII / XVI).
3. El transporte entre Bogotá y el resto del país es principalmente por (aire / autobús / tren).
4. En los países hispanos (el almuerzo / la cena) es la comida principal.
5. En España la cena se sirve muy (temprano / tarde).

La salud

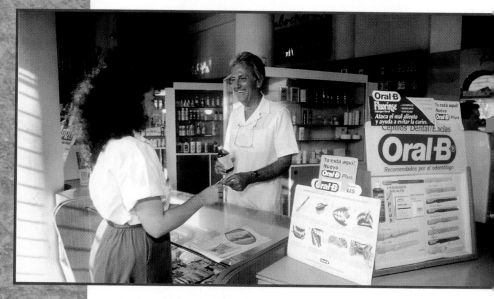

Una farmacia en Caracas, Venezuela

Lección 10: **En un hospital**
Lección 11: **En la farmacia y en el consultorio del médico**

By the end of this unit, you will be able to:

- discuss health problems, medical emergencies, common medical procedures and treatments
- give and request information about physical symptoms and medications
- ask and respond to questions concerning personal medical history
- talk about recent and distant past actions and events
- make suggestions and give advice about health and other problems
- express feelings and reactions

En un hospital

 En Santiago de Chile.

Susana ha tenido un accidente y la han traído al hospital en una ambulancia. Ahora está en la sala de emergencia hablando con el médico.

DOCTOR — Dígame qué le pasó, señorita.

SUSANA — Yo había parado en una esquina y un autobús chocó con mi coche.

DOCTOR — ¿Perdió Ud. el conocimiento después del accidente?

SUSANA — Sí, por unos segundos.

DOCTOR — ¿Tiene Ud. dolor en alguna parte?

SUSANA — Sí, doctor, me duele mucho la herida del brazo.

DOCTOR — ¿Cuándo fue la última vez que le pusieron una inyección antitetánica?

SUSANA — Hace seis meses.

DOCTOR — Bueno, voy a vendarle la herida ahora mismo. Y después la enfermera va a ponerle una inyección para el dolor. ¿Le duele algo más?

SUSANA — Me duele mucho la[1] espalda y también me duele la cabeza.

DOCTOR — Bueno, vamos a hacerle unas radiografías para ver si se ha fracturado algo. (*A la enfermera.*) Lleve a la señorita a la sala de rayos X.

Una hora después, Susana salió del hospital. No tuvo que pagar nada porque tenía seguro médico. Fue a la farmacia y compró la medicina que le había recetado el médico para el dolor.

---

[1]Note that definite articles, rather than possessive adjectives, are used in Spanish with parts of the body.

Pepito se cayó[1] en la escalera de su casa y su mamá lo llevó al hospital. Hace una hora que esperan cuando por fin viene la doctora Alba.

DOCTORA — ¿Qué le pasó a su hijo, señora?
SEÑORA — Parece que se ha torcido el tobillo.
DOCTORA — A ver... creo que es una fractura.

Han llevado a Pepito a la sala de rayos X y le han hecho varias radiografías.

DOCTORA — Tiene la pierna rota. Vamos a tener que enyesársela.
SEÑORA — ¿Va a tener que usar muletas para caminar?
DOCTORA — Sí, por seis semanas. Déle estas pastillas para el dolor y pida turno para la semana que viene.

Más tarde:

SEÑORA — ¿Cómo te sientes, mi vida?
PEPITO — Un poco mejor. ¿Llamaste a papá?
SEÑORA — Sí, en seguida viene a buscarnos.

---

[1]In the third-person singular and plural of the preterit, verbs whose stems end in a strong vowel—that is, **a, e,** or **o**—change the unaccented **i** between vowels to **y: se cayó, se cayeron.**

¿Recuerda usted?

With a partner, decide whether the following statements about the dialogues are true (**verdadero**) or false (**falso**).

1. Un autobús chocó con el coche de Susana.
2. Susana no perdió el conocimiento después del accidente.
3. Susana se ha fracturado el brazo.
4. Al salir del hospital Susana no pagó nada porque tenía seguro médico.
5. Pepito se cayó en la escalera de su casa.
6. Le hacen varias radiografías a Pepito.
7. Pepito se ha torcido el tobillo.
8. Van a ponerle una inyección para el dolor.

Vocabulario

Cognados		
el accidente accident **la ambulancia** ambulance	**la emergencia** emergency **la fractura** fracture	**el hospital** hospital **la medicina** medicine

Nombres

el autobús, el ómnibus bus
el brazo arm
la cabeza head
el coche, el automóvil, el auto, el carro automobile
el dolor pain
el (la) enfermero(a) nurse
la escalera stairs
la espalda back
la esquina corner
la herida wound
la inyección shot, injection
_____ antitetánica tetanus shot
el (la) médico(a), doctor(a) doctor, M.D.

las muletas crutches
la pastilla pill
la pierna leg
la radiografía X-ray (picture)
la sala de emergencia emergency room
la sala de rayos X (equis) X-ray room
la salud health
el segundo second
el seguro médico medical insurance
el tobillo ankle

Verbos

buscar to pick up
caerse (yo me caigo) to fall down

caminar to walk
chocar (con) to run into, to collide (with)
doler[1] (o > ue) to hurt, ache
enyesar to put a cast on
esperar to wait (for)
fracturar(se), romper(se) to fracture
parar to stop
parecer (yo parezco) to seem
pasar to happen
recetar to prescribe
sentirse (e > ie) to feel
torcerse (o > ue) to twist
vendar to bandage

Adjetivo

roto(a), quebrado(a) broken

---

[1]The construction for **doler** is the same as that for **gustar**: Me **duele** la cabeza. Me **duelen** las piernas.

Otras palabras y expresiones

ahora mismo   right now
bueno   well
dígame   tell me
en alguna parte   anywhere, somewhere

en seguida   right away
la última vez   the last time
más tarde   later
mi vida   darling
pedir turno   to make an appointment

perder el conocimiento, desmayarse   to lose consciousness, to faint
poner una inyección   to give a shot
que viene   next

Amplíe su vocabulario

Otras partes del cuerpo (*Other parts of the body*)

la boca	*mouth*	el estómago	*stomach*
la cara	*face*	la lengua	*tongue*
el codo	*elbow*	la muñeca	*wrist*
el corazón	*heart*	la nariz	*nose*
el cuello	*neck*	la oreja	*ear* (external)
el cuerpo	*body*	el pecho	*chest*
el dedo	*finger*	el pie	*foot*
el dedo del pie	*toe*	la rodilla	*knee*
el diente	*tooth*		

¿Qué sabes de anatomía?

Today you're the professor! Teach your students these parts of the body in Spanish.

NOTAS CULTURALES

DE AQUÍ Y DE ALLÁ

Santiago, que tiene una población de más de cuatro millones y medio de habitantes, es la capital de Chile. Fue fundada por los españoles en el año 1541 y es actualmente el centro industrial y cultural del país. El clima de la ciudad es muy similar al de la región del Mediterráneo.

Santiago es una ciudad cosmopolita que refleja la influencia de Europa y de Norteamérica. La ciudad tiene muchos lugares de recreo: hermosos parques, un estadio que tiene capacidad para ochenta mil personas y numerosos teatros y cines. Muy cerca de la ciudad hay excelentes lugares para esquiar.

DE ESTO Y AQUELLO

Los servicios médicos son gratis en la mayoría de los países hispanos porque el gobierno mantiene los centros médicos y los hospitales. Para la gente que puede y quiere pagar para recibir atención especial, existen además clínicas privadas.

Plaza de Armas en Santiago, Chile

¿Verdadero o falso?

1. La capital de Chile es Bogotá.
2. Los portugueses fundaron Chile.
3. En Santiago se ve la influencia europea y norteamericana.
4. No se puede esquiar en Chile.
5. En muchos países hispanos los hospitales son gratis.

 Puntos para recordar

1. Past participles (*Los participios pasivos*)

■ In Spanish, regular past participles are formed by adding the following endings to the stem of the verb.

-ar *verbs*	-er *verbs*	-ir *verbs*
habl- **ado** (*spoken*)	com- **ido** (*eaten*)	recib- **ido** (*received*)

The following verbs have irregular past participles in Spanish.[1]

abrir	**abierto**	poner	**puesto**
decir	**dicho**	romper	**roto**
escribir	**escrito**	ver	**visto**
hacer	**hecho**	volver	**vuelto**
morir	**muerto**		

¡Atención! The past participle of **ir** is **ido**.

■ Past participles used as adjectives

In Spanish, most past participles can be used as adjectives. As such, they agree in number and gender with the nouns they modify.

— ¿Tuviste un accidente?   *"Did you have an accident?"*
— Sí, y tengo **la pierna rota.**   *"Yes, and I have a **broken leg."***
— ¿Y el brazo?   *"And your arm?"*
— No, **el brazo** no está **roto.**   *"No, **my arm** isn't **broken."***

— **¿Las ventanas** están **abiertas?**   *"Are **the windows open?"***
— No, están **cerradas.**   *"No, they're **shut."***

---

[1]Verbs ending in **-er** and **-ir** whose stem ends in a strong vowel require an accent mark on the **i** of the **-ido** ending: **leer, leído; oír, oído; traer, traído; creer, creído.**

¡Vamos a practicar!

A. Give the past participles of the following verbs.

1. decir	6. poner	11. ir	16. ser
2. cerrar	7. vivir	12. tener	17. escribir
3. hacer	8. ver	13. romper	18. estar
4. beber	9. recetar	14. abrir	19. leer
5. morir	10. volver	15. comprar	20. salir

B. Complete the description of each illustration, using the verb **estar** and the appropriate past participle.

1. El coche _____ en la esquina.

2. Los niños _____ .

3. La puerta _____ .

4. La ventana _____ .

5. El restaurante _____ .

6. La carta _____ en español.

7. Los vestidos _____
    en México.

8. El cuaderno _____ .

9. La señora _____
    cerca de la ventana.

2. Present perfect tense (*Pretérito perfecto*)

■ The present perfect tense is formed by using the present tense of the auxiliary verb **haber** with the past participle of the verb that expresses the action or state.

Present indicative of **haber** (*to have*)[1]	
he	hemos
has	habéis
ha	han

FORMATION OF THE PRESENT PERFECT TENSE			
	Present of + **haber**	*Past Participle*	
yo	**he**	**hablado**	I have spoken
tú	**has**	**comido**	you (*fam.*) have eaten
Ud., él, ella	**ha**	**vuelto**	you (*form.*) have returned; he, she has returned
nosotros(as)	**hemos**	**dicho**	we have said
vosotros(as)	**habéis**	**roto**	you (*fam.*) have broken
Uds., ellos, ellas	**han**	**hecho**	you (*form., fam.*) have done, made; they have done, made

---

[1]Note that the English verb *to have* has two equivalents in Spanish: **haber** (used as an auxiliary verb) and **tener.**

■ The present perfect tense is equivalent to the use in English of the auxiliary verb *have + past participle*, as in *I have spoken.*

> — ¿Qué le **ha pasado** a Mercedes?   *"What **has happened** to Mercedes?"*
>
> — **Ha tenido** un accidente.   *"She **has had** an accident."*
>
> — ¿Ya **han ido** Uds. al hospital a verla?   *"**Have** you already **gone** to the hospital to see her?"*
>
> — Sí, ya la **hemos visto.**   *"Yes, we **have** (already) **seen** her."*

■ Note that in Spanish, when the past participle is part of a perfect tense, its form does not vary for gender or number agreement.

> Él **ha venido.**   *He **has come.***
>
> Ella **ha venido.**   *She **has come.***

■ Unlike English, the past participle in Spanish is never separated from the auxiliary verb **haber.**

> Ella **nunca ha hecho** nada.   *She **has never done** anything.*
>
> **Él siempre ha escrito** las cartas en inglés.   *He **has always written** the letters in English.*

¡Vamos a practicar!

A. Teresa has broken her leg. Using the cues given, tell what everybody has done for her.

> MODELO: Mamá / llevarla / hospital
> *Mamá la ha llevado al hospital.*

1. el médico / enyesarle / pierna
2. la enfermera / ponerle / una inyección
3. yo / limpiar / su apartamento

    4. nosotros / escribirle / una carta / su supervisora
    5. ellos / poner / sus libros / el escritorio
    6. tú / hablar / con el médico
    7. Uds. / abrir / la ventana / de su cuarto
    8. su mamá / hacerle / la cena

B. Interview a partner, using the following questions.

    1. ¿Has tenido un accidente alguna vez?
    2. ¿Te has torcido el tobillo alguna vez?
    3. ¿Has usado muletas alguna vez? (¿Por qué?)
    4. ¿Has perdido el conocimiento? (¿Por cuánto tiempo?)
    5. ¿Te han hecho una radiografía últimamente (*lately*)?
    6. ¿Te han puesto una inyección últimamente?
    7. ¿Has estado en el hospital últimamente? (¿Por cuánto tiempo?)
    8. ¿Has ido al médico recientemente?

C. In groups of three, discuss what you have done since yesterday. Include what you have eaten, whom you have seen and spoken to, and so on. Be prepared to report to the class something that all of you have done.

3. Past perfect (pluperfect) tense (*Pretérito pluscuamperfecto*)

■ The past perfect tense is formed by using the imperfect tense of the auxiliary verb **haber** with the past participle of the verb that expresses the action or state.

Imperfect of **haber**	
había	**habíamos**
habías	**habíais**
había	**habían**

FORMATION OF THE PAST PERFECT TENSE			
	Imperfect of + **haber**	*Past Participle*	
yo	**había**	**hablado**	I had spoken
tú	**habías**	**comido**	you (*fam.*) had eaten
Ud., él, ella	**había**	**vuelto**	you (*form.*), he, she had returned
nosotros(as)	**habíamos**	**dicho**	we had said
vosotros(as)	**habíais**	**roto**	you (*fam.*) had broken
Uds., ellos, ellas	**habían**	**hecho**	you (*form., fam.*) had done, made; they had done, made

■ The past perfect tense is equivalent to the use in English of the auxiliary verb *had* + *past participle*, as in *I had spoken.*

In Spanish, as in English, this tense refers to actions, states, or events that were already completed before the start of another past action, state, or event.

— ¿Uds. **habían estado** en Chile antes del año pasado?	*"**Had** you **been** in Chile before last year?"*
— No, nunca **habíamos estado** allí.	*"No, we **had** never **been** there."*
— ¿Ricardo está aquí?	*"Is Ricardo here?"*
— Sí, cuando yo vine, él ya **había llegado.**	*"Yes, when I came, he **had** already arrived."*

¡Vamos a practicar!

A. Tell what these people had or had not done.

1. Nosotros les _____ (traer) unas pastillas para el dolor de cabeza.
2. Él me _____ (decir) que necesitaba usar muletas.
3. La enfermera ya le _____ (poner) la inyección.
4. El médico me _____ (dar) la medicina.
5. Los chicos _____ (dormirse) en seguida.
6. Tú _____ (romper) la ventana.
7. Ellos ya _____ (volver) cuando yo llegué.
8. Yo nunca _____ (conducir) ese coche.
9. Esa mujer no _____ (hacer) nada.
10. Mi papá nunca lo _____ (ver).
11. Ud. _____ (pedir) turno para la semana que viene.
12. Mi mamá _____ (venir) a buscarme.

B. Your parents just got back from a vacation. Say what everybody had done by the time they came back.

1. yo
2. mi amiga
3. mis hermanos
4. mi tío y yo
5. tú
6. Uds.

C. Find out which of the following things your partner had done before turning 16.

> MODELO: conducir
> — ¿Habías conducido antes de cumplir 16 años?
> — Sí (No),...

1. abrir una cuenta corriente
2. trabajar
3. tener novio(a)
4. vivir en otro país
5. estudiar un idioma

4. Formal commands: *Ud.* and *Uds.* (*Mandatos formales: Ud. y Uds.*)

■ The command forms for **Ud.** and **Uds.**[1] are formed by dropping the **-o** of the first-person singular of the present indicative and adding **-e** and **-en** for **-ar** verbs and **-a** and **-an** for **-er** and **-ir** verbs.

			Commands	
Infinitive	*First-Person Sing. Present Indicative*	*Stem*	*Ud.*	*Uds.*
hablar	yo hablo	habl-	hable	hablen
comer	yo como	com-	coma	coman
abrir	yo abro	abr-	abra	abran
cerrar	yo cierro	cierr-	cierre	cierren
volver	yo vuelvo	vuelv-	vuelva	vuelvan
pedir	yo pido	pid-	pida	pidan
decir	yo digo	dig-	diga	digan

— ¿Con quién debo hablar? "With whom must I speak?"
— **Hable** con el enfermero. "**Speak** with the nurse."

— ¿Cuándo debemos volver? "When must we come back?"
— **Vuelvan** mañana. "**Come back** tomorrow."

■ The command forms of the following verbs are irregular.

	dar	estar	ser	ir
Ud.	dé	esté	sea	vaya
Uds.	den	estén	sean	vayan

---

[1]The command form for **tú** will be studied in **Lección 12.**

— ¿Vamos a la farmacia ahora?   *"Shall we go to the pharmacy now?"*

— No, no **vayan** ahora; **vayan** a las dos.   *"No, don't **go** now; **go** at two o'clock."*

■ With all direct *affirmative* commands, object pronouns are placed after the verb and are attached to it, thus forming only one word. With all *negative* commands, the object pronouns are placed in front of the verb.

— ¿Dónde pongo las muletas?   *"Where shall I put the crutches?"*
— Pónga**las** aquí; **no las ponga** allí.   *"**Put them** here; **don't put them** there."*

¡Atención!   Note the use of the written accent in **póngalas.**

¡Vamos a practicar!

A. The receptionist at a doctor's office must give the patients certain instructions. Following the model, change each sentence to the appropriate command.

MODELO: Tiene que hablar con el médico.
Hable con el médico.

1. Tienen que volver mañana.
2. Tiene que pedir turno.
3. Tienen que estar aquí a las tres.
4. Tiene que hablar con el enfermero.
5. Tiene que esperar un momento.
6. Tienen que venir más tarde.
7. Tiene que dar su nombre.
8. Tiene que dejar su número de teléfono.

9. Tiene que llamar a su esposo.
10. Tiene que tomar estas pastillas.

B. You are the teacher and your students are asking you what to do. Answer, using the command forms and the cues provided.

1. ¿Qué lección estudiamos?   (la Lección 3)
2. ¿Dónde escribimos?   (en la pizarra)
3. ¿Cuándo venimos?   (por la tarde)
4. ¿A qué hora debemos estar aquí?   (a las siete)
5. ¿Qué debemos comprar?   (un diccionario)
6. ¿Qué libro usamos?   (el libro de física)
7. ¿Adónde vamos?   (al laboratorio de lenguas)
8. ¿A qué hora volvemos?   (a las cuatro)
9. ¿Qué requisitos debemos tomar?   (inglés y matemáticas)
10. ¿A qué hora empezamos a estudiar?   (a las cinco)
11. ¿A quién llamamos?   (al profesor de historia)
12. ¿Dónde esperamos?   (en la biblioteca)

C. Andrés says *yes* to everything, while Ana always says *no*. With your partner, play the roles of Ana and Andrés. Answer these questions as he or she would, using a formal command and a direct object pronoun to replace each direct object.

1. ¿Mando las radiografías hoy?   (Andrés)
2. ¿Compramos las pastillas?   (Ana)
3. ¿Traigo las muletas?   (Ana)
4. ¿Compramos el seguro médico?   (Andrés)
5. ¿Llamo la ambulancia?   (Andrés)
6. ¿Limpiamos la escalera?   (Ana)
7. ¿Hago la comida?   (Ana)
8. ¿Pido turno?   (Andrés)
9. ¿Los llamo (a Uds.) más tarde?   (Andrés)
10. ¿Tomamos el autobús?   (Ana)

D. Using commands, tell your secretary to do the following tasks.

1. Escribirles al señor López y al señor Smith. Escribirle al señor López en español y escribirle al señor Smith en inglés. Decirles que los libros están aquí. Mandarles las cartas hoy.
2. Comprarle (a Ud.) papel y lápices.
3. Darle al señor Gómez su número de teléfono, pero no darle su dirección (*address*).
4. No hablarles a los empleados de la fiesta de la compañía.
5. Llevarle los documentos al señor Soto, pero no llevarle los cheques.

E. You and your partner are going to be gone for a few days, and you have two very irresponsible roommates. Write them a note telling them four things to do and four things not to do in your absence.

Y ahora, ¿qué?

Palabras y más palabras

Internet

For more practice with lesson topics, see the related activities on the **¡Hola, amigos!** web site.

A. Complete each sentence, using vocabulary from **Lección 10.**

1. Alfredo tuvo un _____ y lo llevaron al hospital en una _____.
   Ahora está en la _____ de emergencia.
2. Le pusieron una _____ para el dolor.
3. Pepito se _____ en la escalera de su casa.
4. Le hicieron una radiografía para ver si tenía una _____ en la muñeca.
5. ¿Tengo que usar las _____ para caminar?
6. Perdió el _____ por unos segundos.
7. El doctor le va a _____ la herida ahora _____.
8. No fuimos en coche; fuimos en _____.
9. Paula no se _____ el tobillo; se lo fracturó.
10. ¿Qué le _____ a su hijo? ¿Tiene dolor en _____ parte?
11. Roberto _____ el coche en la esquina.
12. Fui al médico porque me _____ mucho la espalda. Me _____ una medicina.
13. Se rompió la pierna. Se la van a _____.
14. No tiene que pagar nada por la consulta porque tiene _____ médico.
15. Mi coche _____ con un ómnibus anoche.
16. Me tienes que _____ un momento. Vuelvo en seguida, mi _____.
17. Comí mucho y ahora me duele el _____.
18. Por favor, abra la _____ y saque la _____.

B. Name the parts of the body that correspond to the numbers below.

¡Vamos a conversar!

A. Para conocerse mejor. Get to know your partner better by asking each other the following questions.

1. ¿Has tenido un accidente alguna vez?
2. ¿Te han llevado al hospital en una ambulancia alguna vez?
3. ¿Cuándo fue la última vez que estuviste en una sala de emergencia?
4. ¿Cuándo fue la última vez que te pusieron una inyección antitetánica?
5. ¿Qué tomas cuando te duele la cabeza?
6. ¿Te han hecho una radiografía últimamente?
7. ¿Tienes seguro médico? ¿Con qué compañía?
8. ¿Tu médico(a) te ha recetado alguna medicina últimamente? ¿Cuál?
9. ¿Te has torcido el tobillo alguna vez?
10. ¿Te han enyesado la pierna o el brazo alguna vez?

B. Una encuesta. Interview your classmates to identify who fits the following descriptions. Include your instructor, but remember to use the **Ud.** form when addressing him/her.

		Nombre
1.	Tiene muy buena salud.	
2.	Toma pastillas para el dolor frecuentemente.	
3.	Tiene turno con el médico para la semana que viene.	
4.	No se siente bien hoy.	
5.	Tiene que ir a buscar a alguien hoy.	
6.	Estuvo en la sala de rayos X el mes pasado.	
7.	Va a tomar una medicina más tarde.	
8.	Nunca se ha desmayado.	
9.	Tiene problemas con el estómago a veces.	
10.	Ha tenido que ir al dentista últimamente.	

TELEFONOS DE EMERGENCIA

BOMBEROS
INCENDIOS
EMERGENCIA **19** POLICIA **12** SECRETARIA
DE SALUD **15** HOSPITALES

SERVICIO LAS 24 HORAS.

AMBULANCIAS

La Hortúa	246 4020
La Victoria	272 2028
Lorencita Villegas	231 8849
Militar	232 5333
Misericordia	246 7520
Samaritana	233 8880

Situaciones

What would you say in the following situations? What might the other person say? Act out the scenes with a partner.

1. You were in an accident and were brought to the hospital. Tell the doctor what happened and where it hurts. Ask him or her any relevant questions you may have regarding your injuries, any procedures the doctor may wish to perform, and your treatment.
2. You and your English-speaking friend are traveling in Chile. Your friend has fallen down the stairs in the hotel, so you take him or her to the doctor. Tell the doctor what happened, and ask any pertinent questions ("Is a cast necessary?," "How long must the crutches be used?," and so on).

Para escribir

Use your imagination to finish the following story, telling what happened to Julio. Tell how the accident happened, how he got to the hospital, what the doctor said and did, etc.

Eran las ocho de la noche y Julio iba en su coche cuando tuvo un accidente...

¿Qué pasa aquí?

In groups of three or four, create a story about the people in the illustrations. Say who they are, what happened to them, and what they need.

~~~ Un dicho ~~~

Es mejor prevenir que curar.

An ounce of prevention is worth a pound of cure.

En la farmacia y en el consultorio del médico

Alicia llegó a Quito ayer. Durante el día se divirtió mucho, pero por la noche se sintió mal y no durmió bien. Eran las cuatro de la madrugada cuando por fin pudo dormirse. Se levantó a las ocho y fue a la farmacia. Allí habló con el Sr. Paz, el farmacéutico.

SR. PAZ — ¿En qué puedo servirle, señorita?

ALICIA — Quiero que me dé algo para el catarro.

SR. PAZ — ¿Tiene fiebre?

ALICIA — Sí, tengo una temperatura de treinta y nueve grados.[1] Además tengo tos y mucho dolor de cabeza.

SR. PAZ — Tome dos aspirinas cada cuatro horas y este jarabe para la tos.

ALICIA — ¿Y si la fiebre no baja?

SR. PAZ — En ese caso, va a necesitar penicilina. Yo le sugiero que vaya al médico.

ALICIA — Temo que sea gripe..., ¡o pulmonía!

SR. PAZ — No lo creo... ¿Necesita algo más?

ALICIA — Sí, unas gotas para la nariz, curitas y algodón.

---

[1]Centigrade temperature, equivalent to 102° Fahrenheit.

Al día siguiente, Alicia sigue enferma y decide ir al médico. El doctor la examina y luego habla con ella.

Dr. Soto — Ud. tiene una infección en la garganta y en los oídos. ¿Es Ud. alérgica a alguna medicina?

Alicia — No, doctor.

Dr. Soto — Muy bien. Le voy a recetar unas pastillas. Ud. no está embarazada, ¿verdad?

Alicia — No, doctor. ¿Hay alguna farmacia cerca de aquí?

Dr. Soto — Sí, hay una en la esquina. Aquí tiene la receta.

Alicia — ¿Tengo que tomar las pastillas antes o después de las comidas?

Dr. Soto — Después. Espero que se mejore pronto.

Alicia — Gracias. Me alegro de que no sea nada grave.

Alicia sale del consultorio del médico y va a la farmacia.

Alicia — (*Piensa*) Ojalá que las pastillas sean baratas. Si son muy caras no voy a tener suficiente dinero.

¿Recuerda usted?

With a partner, decide whether the following statements about the dialogues are true (**verdadero**) or false (**falso**).

1. Alicia se sintió mal durante el día.
2. Alicia no durmió bien.
3. El señor Paz tiene catarro.
4. Alicia tiene una temperatura de 39 grados.
5. Alicia compra solamente aspirinas y jarabe en la farmacia.
6. Alicia decide ir al médico.
7. Alicia es alérgica a la penicilina.
8. El doctor no le receta ninguna medicina a Alicia.
9. Alicia tiene que tomar las pastillas después de comer.
10. El doctor espera que Alicia vuelva a verlo.

 # Vocabulario

Cognados	
alérgico(a) allergic	**la penicilina** penicillin
la aspirina aspirin	**la temperatura** temperature
la infección infection	

Nombres

el algodón   cotton
el catarro, el resfrío, el resfriado
  cold
el consultorio   doctor's office
la curita   adhesive bandage
el (la) farmacéutico(a)   pharmacist
la fiebre   fever
la garganta   throat
la gota   drop
el grado   degree (*temperature*)
la gripe   flu
el jarabe   syrup
la madrugada   early morning
  (pre-dawn)
el oído   ear (*internal*)
la pulmonía   pneumonia

la receta   prescription
la tos   cough

Verbos

alegrarse (de)   to be glad
bajar   to go down
dormirse (o > ue)   to fall asleep
esperar   to hope
examinar   to examine, to check
mejorarse   to get better
sugerir (e > ie)   to suggest
temer   to be afraid, to fear

Adjetivos

caro(a)   expensive
embarazada   pregnant
grave, serio(a)   serious

Otras palabras y expresiones

al día siguiente next day	**en ese caso** in that case
antes (de) before	**las gotas para la nariz** nose drops
cerca de aquí near here	**mal** badly, poorly
(el) dolor de cabeza headache	**no lo creo** I don't think so
durante during	**ojalá** I hope
	pronto soon

96 Amplíe su vocabulario

Más sobre la salud: Medicinas

Debe tomar
- un antiácido — *antacid*
- un antibiótico — *antibiotic*
- un calmante — *painkiller, tranquilizer*
- un sedativo, un sedante — *sedative*
- vitaminas — *vitamins*

Algunos especialistas

el (la) cardiólogo(a)	*cardiologist*
el (la) cirujano(a)	*surgeon*
el (la) dermatólogo(a)	*dermatologist*
el (la) ginecólogo(a)	*gynecologist*
el (la) oculista	*oculist*
el (la) pediatra	*pediatrician*

¿Qué debo tomar?

1. Tengo acidez.
2. Estoy muy nervioso(a).
3. Estoy muy débil (*weak*).
4. Me duele la rodilla.
5. Tengo una infección.

¿Qué especialista debo ver?

1. si mi hijo pequeño está enfermo
2. si estoy embarazada
3. si no veo bien
4. si necesito una operación
5. si tengo problemas de corazón
6. si tengo acné

DE AQUÍ Y DE ALLÁ

 Quito, la capital de Ecuador, está situada en la ladera (*hillside*) del volcán Pichincha, a más de 9.000 pies de altura sobre el nivel del mar. Por eso, aunque (*although*) la ciudad está muy cerca de la línea del ecuador, su clima es templado y agradable. Quito es la capital más antigua de América del Sur y todavía hoy mantiene un aspecto colonial. Su arquitectura corresponde al estilo barroco español.

En Quito se estableció la primera escuela de arte de Hispanoamérica en 1553 y fue Ecuador el primer país latinoamericano que le concedió el voto a la mujer en 1929.

DE ESTO Y AQUELLO

En España y en Latinoamérica, las farmacias venden medicinas principalmente y en algunos países es posible comprar medicinas sin receta. Con frecuencia los farmacéuticos recomiendan medicinas y ponen inyecciones.

En algunos países latinoamericanos, especialmente en la zona del Caribe, existen tiendas llamadas **botánicas,** donde se pueden comprar diferentes clases de hierbas, raíces (*roots*) y polvos (*powders*) vegetales. Estos productos se utilizan para curar dolores de espalda, de cabeza y otros problemas similares.

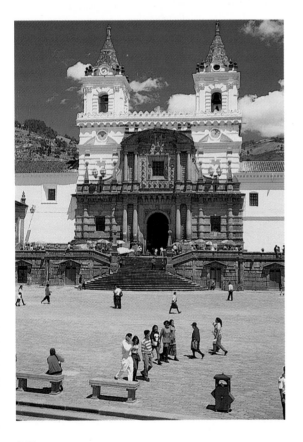

Iglesia de San Francisco en la Plaza de San Francisco, Quito, Ecuador.

¿Verdadero o falso?

1. Quito está al nivel del mar.
2. El clima de Quito es muy frío.
3. La capital más antigua de América del Sur es Quito.
4. En 1929, Ecuador le dio el voto a la mujer.
5. En las botánicas se venden hierbas, raíces y polvos vegetales.

 # Puntos para recordar

1. Introduction to the subjunctive mood (*Introducción al modo subjuntivo*)

Until now, you have been using verbs in the indicative mood. The indicative is used to express factual, definite events. By contrast, the subjunctive is used to reflect the speaker's feelings or attitudes toward events, or when the speaker views events as uncertain, unreal, or hypothetical. Because expressions of volition, doubt, surprise, fear, and the like all represent reactions to the speaker's perception of reality, they are followed in Spanish by the subjunctive.

■ Present subjunctive forms of regular verbs

To form the present subjunctive, add the following endings to the stem of the first-person singular of the present indicative, after dropping the **o.** Note that the endings for the **-er** and **-ir** verbs are identical.

-ar *verbs*	-er *verbs*	-ir *verbs*
habl- **e**	com- **a**	viv- **a**
habl- **es**	com- **as**	viv- **as**
habl- **e**	com- **a**	viv- **a**
habl- **emos**	com- **amos**	viv- **amos**
habl- **éis**	com- **áis**	viv- **áis**
habl- **en**	com- **an**	viv- **an**

The following table shows how to form the first-person singular of the present subjunctive.

Verb	First-Person Sing. (Indicative)	Stem	First-Person Sing. (Subjunctive)
hablar	hablo	habl-	hable
aprender	aprendo	aprend-	aprenda
escribir	escribo	escrib-	escriba
conocer	conozco	conozc-	conozca
decir	digo	dig-	diga
hacer	hago	hag-	haga
traer	traigo	traig-	traiga
venir	vengo	veng-	venga

¡Vamos a practicar!

Give the present subjunctive forms of the following verbs.

1. *yo:*   comer, venir, hablar, hacer, salir
2. *tú:*   decir, ver, traer, trabajar, escribir
3. *él:*   vivir, aprender, salir, estudiar, ver
4. *nosotros:*   escribir, caminar, poner, desear, tener,
5. *ellos:*   salir, hacer, llevar, conocer, ver

■ Present subjunctive forms of stem-changing and irregular verbs

• Verbs ending in **-ar** and **-er** undergo the same stem changes in the present subjunctive as in the present indicative.

recomendar (e > ie)		recordar (o > ue)	
recomiende	recomendemos	recuerde	recordemos
recomiendes	recomendéis	recuerdes	recordéis
recomiende	recomienden	recuerde	recuerden

entender (e > ie) (to understand)		volver (o > ue)	
entienda	entendamos	vuelva	volvamos
entiendas	entendáis	vuelvas	volváis
entienda	entiendan	vuelva	vuelvan

- For verbs ending in **-ir,** the three singular forms and the third-person plural form undergo the same stem changes in the present subjunctive as in the present indicative. However, in addition, observe that unstressed **e** changes to **i** and unstressed **o** changes to **u** in the first- and second-person plural forms.

mentir (*to lie*)		**dormir**	
mienta	mintamos	duerma	durmamos
mientas	mintáis	duermas	durmáis
mienta	mientan	duerma	duerman

■ The following verbs are irregular in the present subjunctive.

dar	**estar**	**saber**	**ser**	**ir**
dé	esté	sepa	sea	vaya
des	estés	sepas	seas	vayas
dé	esté	sepa	sea	vaya
demos	estemos	sepamos	seamos	vayamos
deis	estéis	sepáis	seáis	vayáis
den	estén	sepan	sean	vayan

¡Atención!   The present subjunctive of **hay** (impersonal form of **haber**) is **haya.**

¡Vamos a practicar!

Give the present subjunctive forms of the following verbs.

1. *yo:*   dormir, ir, cerrar, sentir, ser
2. *tú:*   mentir, volver, ir, dar, recordar
3. *ella:*   estar, saber, perder, dormir, ser
4. *nosotros:*   pensar, recordar, dar, morir, cerrar
5. *ellos:*   preferir, dar, ir, saber, dormir

2. Uses of the subjunctive (*Usos del subjuntivo*)

■ The Spanish subjunctive is used in subordinate, or dependent, clauses. The subjunctive is also used in English, although not as often as in Spanish. For example:

Sugiero	que **llegue** mañana.	*I suggest*	*that **he arrive** tomorrow.*
Main clause	**Dependent clause**	**Main clause**	**Dependent clause**

The expression that requires the use of the subjunctive is in the main clause, *I suggest.* The subjunctive appears in the dependent clause, *that he arrive tomorrow.*

■ There are four main conditions that call for the use of the subjunctive in Spanish.

- *Volition:* demands, wishes, advice, persuasion, and other impositions of will

Ella **quiere** que yo le **escriba.**	She **wants** me to **write** to her.
Te **aconsejo** que no **vayas** a ese hotel.	I **advise** you not to **go** to that hotel.

- *Emotion:* pity, joy, fear, surprise, hope, and so on

Me **sorprende** que **llegues** tan temprano.	I am **surprised** that you **are arriving** so early.

- *Unreality:* expectations, indefiniteness, uncertainty, nonexistence

— ¿**Hay alguien** aquí que **hable** español?	"**Is there anyone** here who **speaks** Spanish?"
— No, **no hay nadie** que lo **sepa.**	"No, **there is no one** who **knows** it."

- *Doubt and denial:* negated facts, disbelief

No es verdad que Rosa **sea** paraguaya.	It **isn't true** that Rosa **is** Paraguayan.
Dudo que **puedas** estudiar para ingeniero.	I **doubt** that **you can** study to be an engineer.
Roberto **niega** que ella **sea** su esposa.	Roberto **denies** that she **is** his wife.

3. Subjunctive with verbs of volition
(*El subjuntivo con verbos que indican voluntad o deseo*)

All expressions of will require the use of the subjunctive in subordinate clauses. Note that the subject in the main clause must be different from the subject in the subordinate clause. Some verbs of volition that require the use of the subjunctive are:

aconsejar (*to advise*)	mandar (*to order*)	pedir
decir (*to tell*)	necesitar	recomendar
desear	querer	sugerir

Mi	madre	quiere	**que**	yo	**trabaje.**
My	*mother*	*wants*		*me*	*to work.*

— ¿Qué **quieres** que **haga?**   *"What do you **want me** to **do?**"*
— **Quiero** que **vayas** a la farmacia.   *"I **want** you **to go** to the drugstore."*

— Quiero **comer** comida mexicana.   *"I **want to eat** Mexican food."*
— Te **sugiero** que **vayas** al restaurante *El Azteca.*   *"I **suggest** that **you go** to The Azteca restaurant."*

¡Atención!

- Note that the infinitive is used following verbs of volition if there is no change of subject: **Quiero comer.**

- Certain verbs of volition (**mandar, sugerir, aconsejar,** and **pedir**) are often preceded by an indirect object pronoun, which indicates the subject of the verb in the subjunctive.

Te sugiero que **vayas** al médico.   *I **suggest** that **you go** to the doctor.*
Le aconsejo que **venga** temprano.   *I **advise you** to **come** early.*

¡Vamos a practicar!

A. Complete the following dialogues, using either the subjunctive or the infinitive, as appropriate. Then act them out with a partner.

1. — Marcos quiere que (nosotros) _____ (ir) a su casa esta noche. ¿Tú quieres _____ (ir)?
   — No, hoy me quiero _____ (acostar) temprano porque no me siento bien.

— Te sugiero que _____ (tomar) dos aspirinas antes de acostarte.

— No quiero _____ (tomar) aspirina porque soy alérgica a la aspirina.

2. — Tengo una infección en los oídos.

— Pídale al médico que le _____ (recetar) penicilina.

— No quiero que (ellos) me _____ (poner) una inyección.

— Dígale al doctor que le _____ (recetar) pastillas.

3. — Nuestro profesor siempre nos manda que _____ (escribir) composiciones en español, pero yo no quiero _____ (escribir) composiciones.

— Te aconsejo que _____ (hacer) la tarea si quieres _____ (recibir) una A.

4. — Elena quiere que yo le _____ (comprar) un vestido porque quiere _____ (ir) a una fiesta.

— Te sugiero que _____ (ir) a la tienda La Francia porque hoy tiene una liquidación.

5. — Si vas a ese restaurante te recomiendo que _____ (pedir) langosta.

— No quiero _____ (comer) langosta porque no me gusta.

6. — Adela, quiero que hoy _____ (volver) antes de las nueve y que te _____ (acostar) porque mañana tienes que levantarte a las cinco.

— ¿Por qué quieres que nos _____ (levantar) a las cinco?

— Porque el médico quiere que nosotros _____ (estar) en el hospital a las seis.

B. Complete each sentence creatively, using a verb in either the infinitive or the subjunctive, as appropriate.

MODELO: Yo quiero volver en agosto, pero mi padre quiere que...
         Yo quiero volver en agosto, pero mi padre quiere que vuelva en julio.

1. Luis quiere que yo hable sobre Ecuador, pero yo quiero...
2. El médico les aconseja que tomen las pastillas ahora, pero yo les aconsejo que...
3. Yo quiero ir a casa, pero mis amigos...
4. Ellos le sugieren que pase todo el día aquí, pero ella quiere...
5. Ellos quieren ir al hospital, pero nosotros queremos que...
6. Ella quiere darnos el diez por ciento y nosotros queremos que...
7. Mi esposo(a) quiere que yo tome aspirina, pero yo...
8. Beto quiere tomar un jarabe, pero yo le sugiero que...
9. Los chicos se quieren acostar a las once, pero la mamá quiere que...
10. Nosotros queremos hacer las diligencias por la mañana, pero tú quieres que...

C. Complete the following according to the illustrations below.

1. Ana quiere

_____.

2. Te sugiero

_____.

3. Te aconsejo

_____.

4. Olga quiere que
   Paco le _____.

5. La doctora le
   recomienda

   _____.

6. Pablo no quiere
   que el enfermero

   _____.

D. Say what you and these people want (or don't want) everybody to do.

1. Yo quiero que mi mamá...
2. Mis padres no quieren que yo...
3. La novia de Julio quiere que él...
4. El profesor quiere que nosotros...
5. El médico quiere que mi padre...
6. Tu papá no quiere que tú...
7. Yo quiero que mis abuelos...
8. Nosotros no queremos que ellos...

E. In groups of three, advise each of the following people what to do according to the circumstances. Use **sugerir, recomendar,** or **aconsejar.**

1. Julio tiene una infección en los oídos.
2. A la Sra. Ruiz le duele mucho la espalda.
3. Mireya tiene mucha tos.
4. Ramiro se rompió una pierna cuando estaba esquiando.
5. Roberto tiene una temperatura de 103 grados.
6. Enrique no se siente muy bien.
7. Pepito se ha cortado el dedo.
8. El Sr. Ramírez tiene una infección y es alérgico a la penicilina.

4. Subjunctive with verbs of emotion
(*El subjuntivo con verbos que expresan emoción*)

■ In Spanish, the subjunctive mood is always used in the subordinate clause when the verb in the main clause expresses the emotions of the subject, such as fear, joy, pity, hope, regret, sorrow, surprise, and anger. Again, the subject in the subordinate clause must be different from the subject in the main clause for the subjunctive to be used.

■ Some verbs of emotion that call for the subjunctive are **temer, esperar, alegrarse (de),** and **sentir.**

— Mañana salgo para Asunción.	*"Tomorrow I leave for Asunción."*
— **Espero** que te **diviertas** mucho.	*"I hope you have a very good time."*
— **Temo** no **poder** ir de vacaciones con ustedes este verano.	*"I'm afraid that I cannot go on vacation with you this summer."*
— **Espero** que **puedas** ir con nosotros el verano que viene.	*"I hope that you can go with us next summer."*

¡Atención!

• If there is no change of subject, the infinitive is used.

Temo no **poder** ir.	*I'm afraid that I cannot go.*

• The expression **ojalá** always takes the subjunctive.

Ojalá que **puedas** venir.	*I hope you can come.*

¡Vamos a practicar!

A. Complete the following dialogues, using the subjunctive or the infinitive, as appropriate. Then act them out with a partner.

1. — Temo que Estela no _____ (ir) a la fiesta porque tiene pulmonía.
   — Siento mucho que _____ (estar) enferma. Pero espero que se _____ (mejorar) pronto.

2. — Me alegro de _____ (estar) aquí con Uds. por una semana.
   — Y nosotros nos alegramos de que tú _____ (estar) aquí y esperamos que te _____ (divertir) mucho durante ese tiempo.

3. — Necesito comprar algodón y un jarabe para la tos. Espero que _____ (haber) una farmacia cerca de aquí.
   — Hay una farmacia cerca, pero temo que no _____ (estar) abierta a esta hora.

4. — Temo no _____ (poder) ir hoy al hospital a ver a Rita. Espero que Uds. la _____ (visitar).
   — Rita va a sentir mucho que tú no _____ (ir) a verla.

5. — Espero que Jorge _____ (poder) ir a la farmacia.
   — Ojalá que las medicinas no _____ (ser) muy caras.
   — No lo creo...

B. Complete each sentence in an original manner. Use the subjunctive or the infinitive, as appropriate.

1. Ojalá que el (la) doctor(a)...
2. Siento mucho no poder...
3. Me alegro de que mi papá...
4. Temo no...
5. Mi amigo(a) espera...
6. El (La) profesor(a) siente que nosotros...
7. Mi madre se alegra de...
8. Tememos que las clases...

C. React appropriately to a friend's statements.

1. Mi mamá está enferma.
2. Mi papá está mejor.
3. No puedo ir contigo.
4. Son las cinco. Tengo que estar en el hospital a las cinco y diez.
5. Quiero comprar un coche, pero es muy caro.
6. El mes próximo voy a México de vacaciones.

D. In groups of three, tell two or three things you hope your friends and relatives will do and one or two things you fear they can't or won't do.

Y ahora, ¿qué?

Palabras y más palabras

Internet

For more practice with lesson
topics, see the related activi-
ties on the **¡Hola, amigos!**
web site.

Complete each sentence, using vocabulary from **Lección 11.**

1. Necesito ver al doctor; voy a su _____ .
2. Mi hijo es _____ a la aspirina.
3. Tiene una temperatura de 102 _____ . Tiene mucha fiebre. Ojalá que le _____ pronto.
4. Compró unas _____ para la nariz porque tiene catarro.
5. El doctor quiere que tome dos pastillas _____ de cada comida, y no después de comer.
6. Para comprar penicilina necesito una _____ .
7. Está _____ . Va a tener un bebé. El médico la va a _____ mañana.
8. Voy al médico porque me siento muy _____ . Me duele la cabeza y no puedo hablar porque me duele mucho la _____ .
9. Dormí muy mal. Me desperté a las cuatro de la _____ .
10. ¿Hay una farmacia _____ de aquí? Necesito hablar con un _____ .
11. El jarabe no es barato; es _____ .
12. ¿No vas? En ese _____ voy con Raquel.
13. La gripe no es tan _____ como la pulmonía.
14. El _____ lo va a operar de apendicitis.
15. La doctora le recetó un _____ para la infección.

¡Vamos a conversar!

A. Para conocerse mejor. Get to know your partner better by asking each other the following questions.

1. ¿Te levantas a veces de madrugada?
2. ¿Necesitas que el (la) médico(a) te examine?
3. ¿El consultorio de tu médico(a) está cerca de tu casa?
4. ¿Eres alérgico(a) a alguna medicina o comida? ¿A cuál?
5. ¿Usas a veces gotas para la nariz?
6. ¿Qué tomas cuando tienes dolor de cabeza?
7. ¿Has tenido que tomar un sedativo alguna vez?
8. ¿Qué haces cuando tienes catarro?
9. ¿Has tenido que ir al oculista últimamente?
10. La última vez que fuiste a tu médico(a), ¿qué te recetó?

B. Una encuesta. Interview your classmates to identify who fits the following descriptions. Include your instructor, but remember to use the **Ud.** form when addressing him/her.

	Nombre
1. Espera divertirse este fin de semana.	
2. Quiere que sus amigos vayan con él/ella a nadar.	
3. Quiere que sus padres le den dinero.	
4. A veces se duerme en el cine.	
5. Trabaja durante las vacaciones de verano.	
6. Teme no poder venir a clase la semana que viene.	
7. Toma vitamina C todos los días.	
8. Tiene catarro.	
9. Ha tenido gripe recientemente.	
10. Toma antiácido frecuentemente.	

Situaciones

What would you say in the following situations? What might the other person say? Act out the scenes with a partner.

1. You have a cold. Tell the doctor what your symptoms are.
2. You are giving advice to someone who has a cold and a bad cough.
3. You are telling someone what your mother wants you to do when you are sick.

 Para escribir

Write a dialogue between you and your doctor. Among the things you might discuss are: symptoms, general questions the doctor might ask, any questions you have, the advice and/or treatment the doctor offers.

¿Qué dice aquí?

Read the following ad, and answer the questions that follow.

CENTRO MEDICO FAMILIAR

Calle Estrella 492, Asunción
25–39–48

Dra. Luisa Paván
Dermatóloga

- Enfermedades de la piel
- Cirugía cosmética
- Cáncer de la piel
- Acné
- Venas varicosas

Dra. Isabel Rivera
Medicina General

- Exámenes físicos completos
- Programas para controlar el peso
- Alergias
- Accidentes de trabajo
- Rayos X–Laboratorio

Dr. Ernesto Cortés
Oculista

- Examen completo de la vista
- Anteojos y lentes de contacto
- Cirugía de cataratas
- Glaucoma

Dr. Carlos Araújo
Ginecólogo Obstetra

- Pruebas de embarazo
- Partos naturales
- Papanicolaus
- Mamografías

Horas de consulta:
Lunes, martes y jueves de 9 a 5
Miércoles y viernes de 8 a 12
Llamadas de Emergencia las 24 horas

Aceptamos todo tipo de seguro
Planes de pago para pacientes sin seguro

1. Si una persona necesita perder peso (*weight*), ¿a cuál de los médicos del Centro debe ver?
2. ¿Cuál es la especialidad de la Dra. Paván?
3. Una amiga mía cree que está embarazada. ¿Por qué debe ir al consultorio del Dr. Araújo?
4. Además del papanicolaus (*pap smear*), ¿qué otra prueba rutinaria debe hacerse una mujer?
5. ¿Qué servicios ofrece el Dr. Cortés?
6. ¿Cuál de los médicos del Centro cree Ud. que tiene más pacientes adolescentes? ¿Por qué?
7. Hace muchos años que no voy al médico. ¿A cuál de estos médicos me aconseja Ud. que vea? ¿Por qué?
8. ¿Puedo ir al Centro Médico Familiar el sábado? ¿Por qué?
9. ¿Cuál es la dirección y el número de teléfono del Centro Médico Familiar?

Lectura

A. **Estrategia de lectura.** Make a list of some aspects of English that make it difficult to learn as a second language. Think about some of the problems that Spanish-speaking students might face.

B. **Vamos a leer.** As you read the story, find the answers to the following questions.

1. ¿Qué deletrea (*spell*) un inglés cuando se presenta?
2. Según el autor, ¿de cuántas maneras puede escribirse una palabra?
3. ¿Es más difícil el deletreo cuando se hace por teléfono?
4. ¿Qué se puede decir como tesis fundamental?
5. ¿Cuál es el título de su libro en español? ¿Y en inglés?
6. Cuando Arciniegas habla de su libro en inglés, nadie sabe si él escribió un nocturno o un libro de caballería. ¿Por qué?
7. ¿Cómo anunciaron un día una conferencia de Arciniegas en el periódico?
8. Para el autor, ¿dónde está la dificultad del inglés?
9. ¿Qué dice Arciniegas de las vocales?
10. ¿Qué causa el esfuerzo que un hispanohablante realiza para producir "eres" o "eses"?
11. ¿Qué deja en el rostro?
12. ¿Qué explicación les da siempre el autor a sus colegas?

Germán Arciniegas (1900–1999) es uno de los escritores colombianos más distinguidos. Sus brillantes ensayos° se centran en la cultura, la sociología, la historia, el arte y la literatura de su país y de toda Latinoamérica. Su estilo es ligero° y ágil. Su famosa biografía, El caballero de El Dorado *(1942), sobre la vida° de Gonzalo Jiménez de Quesada, conquistador de Colombia y fundador de Bogotá, es una de las mejores escritas° en este continente. Muchos de sus libros han sido traducidos al inglés.*

essays

light

life
written

Lecciones de inglés (*Adaptado*)
Germán Arciniegas

Un inglés que en algo se estima° se presenta de esta manera: "Soy Mr. John Nielsen, Ene-i-e-ele-ese-e-ene". Esto es porque en inglés se supone que una palabra se pronuncia de un modo —cosa que no es exacta— pero que en todo caso puede escribirse de mil maneras. Aun el deletreo° puede no ser suficientemente claro, principalmente si se hace por teléfono. En este caso lo más discreto y usual es decir: "Mr. Arciniegas, *A* como en Argentina, *R* como en Rusia, *C* como en Colombia, *I* como en Irlanda..." De esta manera, siendo el idioma de Shakespeare tan conciso, un apellido puede extenderse indefinidamente.

que... *who has some self esteem*

spelling

Las confusiones no quedan limitadas a los apellidos. Como tesis fundamental usted puede decir que toda palabra inglesa es un jeroglífico. Yo tengo un libro que, en la edición española, se llama *El caballero° de El Dorado*. Aquí, *The Knight of El Dorado*. Pero como en inglés "noche" y "caballero" se pronuncian de un mismo modo°, cuando estoy hablando de mi libro nadie sabe si escribí un nocturno° o una obra de caballería°. En la cubierta de este libro aparece la siguiente advertencia°: "Germán Arciniegas (se pronuncia *Hair-máhn Ar-seen-yay-gus*)". La advertencia es indispensable.

knight

way
nocture / chivalry
warning

Pero si el lector° quiere saber más sobre los problemas de mi apellido en este país, puedo informarle que un día en el periódico anunciaron una conferencia mía así: "Hoy da una conferencia sobre la América Latina el doctor *Arthur Nagus*".

reader

La dificultad del inglés está en la emisión de los sonidos. Cuando uno se da cuenta° de que cada letra de las vocales se pronuncia de cuatro o cinco modos distintos, desfallece°. El esfuerzo que uno realiza para producir "eres" o "eses" no sólo causa una gran fatiga a quienes estamos acostumbrados al español, sino que deja en el rostro° una impresión de dolor o de gran torpeza°. Yo siempre les doy esta explicación a mis colegas: "Yo no soy bobo; es que no sé inglés".

se... realizes
faints

face
stupidity

C. Díganos. Answer the following questions, based on your own thoughts and experience.

1. ¿Sabe usted deletrear en español?
2. ¿Qué cree usted que es lo más difícil en español? ¿pronunciar las palabras? ¿conjugar verbos? ¿escribir?
3. ¿Qué problemas tiene usted para aprender el español?
4. ¿Usted tiene que realizar un gran esfuerzo para hablar español?
5. ¿Cuánto tiempo hace que usted empezó a estudiar español? ¿Lo practica frecuentemente?
6. ¿Usted piensa continuar estudiando español?

~~~ Un dicho ~~~

Mente sana en cuerpo sano.

A healthy mind in a healthy body.

Lección 10

A. Past participles

Complete each sentence, using the past participle of the verb in parentheses.

1. Las puertas están _____. (cerrar)
2. La sala de emergencia está _____. (abrir)
3. La pierna no está _____. (romper)
4. Los niños están _____. (dormir)
5. Las cartas están _____ en italiano. (escribir)
6. La radiografía ya está _____. (hacer)

B. Present perfect tense

Complete each sentence, using the present perfect of the verb in parentheses.

1. La ambulancia no _____. (llegar)
2. Yo me _____ el brazo. (romper)
3. Ellos no _____ las muletas. (traer)
4. Como los niños no _____, nosotros no _____ salir. (volver / poder)
5. Ellos _____ en el accidente. (morir)
6. Tú se lo _____ antes. (decir)

C. Past perfect (Pluperfect) tense

Change the verbs in the following sentences from the preterit to the past perfect.

1. Él me dio las muletas.
2. Yo le dije que sí.
3. No vieron al médico.
4. ¿Tú no le pusiste la inyección?
5. Él no murió en el accidente.
6. Nosotros abrimos las ventanas.

D. Formal commands

Complete each sentence, using the command form of the verb in parentheses. Use the **Ud.** or **Uds.** form, as needed.

1. _____ a su esposa, Sr. García. (llamar)
2. _____, Sr. Vega. (caminar)
3. _____ en seguida, señoritas. (salir)

4. _____ en la sala de rayos X a las dos, señora.   (estar)
5. No _____ aquí, Sra. Soto.   (venir)
6. _____ a la izquierda, señores.   (ir)
7. Señor, no _____ su número de teléfono.   (dar)
8. No _____ Ud. ahora.   (hacerlo)
9. Chicos, _____ buenos, por favor.   (ser)
10. _____ aquí, Srta. Pérez.   (ponerla)

E. Vocabulary

Complete the following sentences, using vocabulary from **Lección 10.**

1. El doctor me va a _____ la herida.
2. El médico le va a _____ una inyección antitetánica.
3. Está en la _____ porque le van a hacer una radiografía.
4. Se cayó en la _____ de su casa, y lo llevaron a la _____ de emergencia.
5. No me rompí el tobillo; me lo _____.
6. ¿Qué le _____? ¿Se desmayó?
7. El doctor me va a _____ una medicina para la infección.
8. Tengo que usar muletas porque me he roto una _____.
9. Él perdió el _____ por sólo unos minutos.
10. Lo llevaron al hospital en una _____.
11. Tengo que pagar la consulta del médico porque no tengo _____.
12. Le _____ el brazo porque se lo fracturó.
13. Tomo aspirinas cuando me _____ la cabeza y Peptobismol para el _____.
14. Los _____ y la _____ están en la boca.
15. Tenemos cinco _____ en la mano.

F. Culture

Circle the correct answer, based on the **Notas culturales** you have read.

1. La capital de Chile es (Bogotá / Santiago).
2. Santiago fue fundada por los (portugueses / españoles).
3. En Santiago (se ve / no se ve) la influencia de Europa.
4. (Cerca / Lejos) de la ciudad hay lugares para esquiar.
5. En la mayoría de los países hispanos los servicios médicos (son / no son) gratis.
6. En los países hispanos la mayoría de los hospitales son (privados / mantenidos por el gobierno).

Lección 11

A. Subjunctive with verbs of volition

Write sentences in the present tense, using the elements given below. Use the present subjunctive or the infinitive, as appropriate, and add any necessary words.

1. Yo / querer / ella / ir / hospital
2. Nosotros / desear / doctor / examinarnos
3. Ella / sugerirme / tomar / aspirinas
4. El farmacéutico / no querer / venderme / penicilina
5. Ellos / aconsejarnos / comprar / pastillas
6. Yo / no querer / usar / esas gotas
7. Ellos / no querer / ella / llevarlos / médico
8. Nosotros / no querer / ir / su consultorio
9. ¿Tú / sugerirme / venir / luego?
10. Ella / necesitar / Uds. / darle / las curitas

B. Subjunctive with verbs of emotion

Rewrite the following sentences, beginning each with the phrase in parentheses and using the subjunctive or the infinitive, as appropriate.

1. Ella se mejora pronto.   (Espero...)
2. Las radiografías son muy caras.   (Elsa teme...)
3. Yo estoy aquí.   (Me alegro de...)
4. Ella se va de vacaciones.   (Ella espera...)
5. Mamá se siente bien hoy.   (Esperamos...)
6. Ellos no pueden ir a la fiesta.   (Siento...)

C. Vocabulary

Complete the following sentences, using vocabulary from **Lección 11.**

1. Tengo una _____ en la garganta. Necesito penicilina.
2. Un sinónimo de catarro es _____.
3. Voy a comprar unas _____ para la nariz.
4. Tiene una temperatura de treinta y nueve _____. Tiene mucha _____.
5. Ayer el médico me recetó un jarabe para la _____.
6. Espero que Ud. se _____ con estas medicinas.
7. Ella es _____ a la penicilina.
8. Quiero _____ para el dolor de cabeza.
9. Fui a la farmacia, pero el _____ no estaba.
10. ¿Debo tomar el jarabe _____ de las comidas o después?
11. Necesita un _____ porque tiene mucho dolor.
12. Si tienes acné debes ver a un _____ y si tienes problemas con el corazón a un _____.

13. La gripe no es tan _____ como la pulmonía.
14. Tums y Rolaids son _____ .
15. La naranja tiene _____ C.

D. Culture

Circle the correct answer, based on the **Notas culturales** you have read.

1. En Quito el clima es (frío / templado).
2. Quito está (cerca / lejos) de la línea del ecuador.
3. Quito es la capital más (moderna / antigua) de Sudamérica.
4. Ecuador fue el primer país latinoamericano que les concedió el voto a (los hombres / las mujeres).
5. En muchos países latinos los farmacéuticos (no recomiendan medicinas / ponen inyecciones).
6. En las botánicas se pueden comprar (medicinas / hierbas y raíces).

UNIDAD **VI**

Las vacaciones

Viajeros en el aeropuerto de Bogotá, Colombia.

Lección 12: De viaje a Buenos Aires
Lección 13: ¿Dónde nos hospedamos?

By the end of this unit, you will be able to:

- handle routine travel arrangements
- discuss tour features and prices
- request information regarding stopovers, plane changes, gate numbers, and seating
- register at a hotel
- discuss room prices, accommodations, and hotel services
- express doubt, disbelief, and certainty
- tell others what to do
- describe needs and wants

De viaje a Buenos Aires

🎧 *Isabel y Delia quieren ir de vacaciones a Buenos Aires y van a una agencia de viajes para reservar los pasajes. Ahora están hablando con el agente.*

ISABEL — ¿Cuánto cuesta un pasaje de ida y vuelta a Buenos Aires en clase turista?

AGENTE — Mil quinientos dólares si viajan entre semana.

ISABEL — ¿Hay alguna excursión que incluya el hotel?

AGENTE — Sí, hay varias que incluyen el hotel, especialmente para personas que viajan acompañadas.

El agente les muestra folletos sobre varios tipos de excursiones.

DELIA — Nos gusta ésta. ¿Hay algún vuelo que salga el próximo jueves?

AGENTE — A ver... Sí, hay uno que sale por la tarde y hace escala en Miami.

ISABEL — ¿Tenemos que trasbordar?

AGENTE — Sí, tienen que cambiar de avión. ¿Cuándo desean regresar?

DELIA — Dentro de quince días.

AGENTE — Muy bien. Necesitan pasaporte pero no necesitan visa para viajar a Argentina.

ISABEL — (*A Delia.*) Llama por teléfono a tu mamá y dile que necesitas tu pasaporte.

DELIA — Bueno... y tú ve al banco y compra cheques de viajero.

El día del viaje, Isabel y Delia hablan con la agente de la aerolínea en el aeropuerto.

AGENTE — Sus pasaportes, por favor. A ver... Isabel Vargas Peña, Delia Sánchez
Rivas. Sí, aquí están. ¿Qué asientos desean?

ISABEL — Queremos un asiento de pasillo y uno de ventanilla en la sección de
no fumar.

AGENTE — No hay sección de fumar en estos vuelos. ¿Cuántas maletas tienen?

ISABEL — Cinco, y dos bolsos de mano.

AGENTE — Tienen que pagar exceso de equipaje. Son cincuenta dólares.

DELIA — Está bien. ¿Cuál es la puerta de salida?

AGENTE — La número cuatro. Aquí tienen los comprobantes. ¡Buen viaje!

En la puerta número cuatro.

"Última llamada. Pasajeros del vuelo 712 a Buenos Aires, suban al avión, por favor."

ISABEL — ¡Cobraron demasiado por el exceso de equipaje!

DELIA — ¡No hay nadie que viaje con tanto equipaje como nosotras!

*Isabel y Delia le dan la tarjeta de embarque al auxiliar de vuelo, suben al avión y
ponen los bolsos de mano debajo de sus asientos.*

¿Recuerda usted?

With a partner, decide whether the following statements about the dialogue are true (**verdadero**) or false (**falso**).

1. Isabel y Delia son hermanas.
2. Las chicas van a pasar las vacaciones en Argentina.
3. Las chicas viajan en primera clase.
4. No hay ninguna excursión que incluya el hotel.
5. Las chicas tienen que cambiar de avión en Miami.
6. El pasaporte de Delia está en la casa de su mamá.
7. Isabel tiene que ir al banco.
8. Los asientos de las chicas están en la sección de fumar.
9. Las chicas tienen cinco maletas y dos bolsos de mano.
10. Delia dice que muchas personas viajan con tantas maletas como ellas.

 # Vocabulario

Cognados

la aerolínea airline	**el pasaporte** passport
el aeropuerto airport	**la persona** person
la agencia agency	**la sección** section
el (la) agente agent	**el tipo** type
la clase class	**el (la) turista** tourist
la excursión excursion, tour	**la visa** visa

Nombres

la agencia de viajes travel agency
el asiento seat
— **de pasillo** aisle seat
— **de ventanilla** window seat
el (la) auxiliar de vuelo flight attendant
el avión plane
el bolso de mano carry-on bag
el comprobante claim check
el equipaje luggage
el folleto brochure
la llamada call
la maleta, la valija suitcase

el pasaje, el billete ticket
el (la) pasajero(a) passenger
la puerta de salida boarding gate
la salida exit
la tarjeta de embarque boarding pass
el viaje trip
el vuelo flight

Verbos

cambiar to change
cobrar to charge
fumar to smoke
incluir[1] to include

[1]In the present indicative, **incluir** changes from **ui** to **uy** in all forms except the first- and second-person plural: **incluyo, incluyes, incluye, incluimos, incluís, incluyen.**

mostrar (o > ue), enseñar to show	**de ida** one-way
regresar to return	**de ida y vuelta** round-trip
reservar to reserve	**de viaje** on a trip
subir (a) to board (*a vehicle*)	**debajo de** under
trasbordar to change planes,	**demasiado** too much
ships, etc.	**dentro de quince días** in two
viajar to travel	weeks
Adjetivos	**entre semana** during the week
	el exceso de equipaje excess
acompañado(a) with someone	baggage (*charge*)
else, accompanied	**hacer escala** to stop over
Otras palabras y expresiones	**ir(se) de vacaciones** to go on
	vacation
¡Buen viaje! Have a nice trip!	**sección de (no) fumar**
cambiar de avión to change planes	(non)smoking section

🔲 Amplíe su vocabulario

Más sobre los viajes

¿A cómo está el cambio de moneda?
  What's the rate of exchange?
el balneario   *beach resort*
cancelar   *to cancel*
confirmar   *to confirm*
el crucero   *cruise*
el documento   *document*

la lista de espera   *waiting list*
los lugares de interés   *places of interest*
el maletín   *small suitcase, hand luggage*
(de) primera clase   *first class*
Todo está en regla.   *Everything is in order.*
veranear   *to spend the summer (vacationing)*

¿Qué hago? ¿Adónde voy?

Complete the following sentences.

1. Van a _____ el vuelo porque hay mucha niebla.
2. No quiero viajar en clase turista; quiero un billete de _____.
3. ¿Cuáles son los _____ de interés en la ciudad donde usted vive?
4. El pasaporte es un _____ que necesitamos para viajar.
5. Vamos a viajar. Tenemos que _____ la reservación en el hotel.
6. ¿A cómo está el _____ de _____?
7. No hay pasaje para mañana, pero podemos ponerlo en la lista de _____.
8. Generalmente veraneamos en un _____ de Mar del Plata, pero este año vamos a hacer un _____ por el Caribe o por el Mediterráneo.
9. Solamente puede llevar un _____ con usted en el avión.
10. No necesita nada más. Todo está en _____.

DE AQUÍ Y DE ALLÁ

Buenos Aires, con unos 12 millones de habitantes en la zona metropolitana, es la capital de la Argentina y la ciudad hispana más grande del hemisferio sur. Es el centro nacional de la cultura, el comercio, la industria y la política.

La población de Buenos Aires es casi enteramente de origen europeo. Predominan los españoles y los italianos, pero hay también gran número de ingleses, franceses y alemanes. A las personas de Buenos Aires se las llama **porteños,** que significa "gente del puerto".

En Buenos Aires hay más de cuarenta universidades y la ciudad tiene una vida cultural muy activa. Hay numerosos museos y teatros muy importantes; el Teatro Colón es uno de los más famosos del mundo. La ciudad tiene muchos parques muy hermosos y la Avenida 9 de Julio es una de las más anchas del mundo.

DE ESTO Y AQUELLO

• En Argentina, como también en Costa Rica, Paraguay, Uruguay y Guatemala, la forma **tú** no se usa en la conversación. En lugar de (*In place of*) esta forma, se usa la forma **vos.** Por ejemplo, en estos países no dicen "tú vienes" sino (*but*) "vos venís". Este fenómeno se llama **voseo.**

• En la mayoría de los países de habla hispana, cuando una mujer se casa (*gets married*) retiene su apellido de soltera (*maiden name*). Puede también añadir (*add*) el apellido (*last name*) de su esposo. Por ejemplo, si Eva Rivas se casa con Jorge Vega, su nombre completo va a ser Eva Rivas de Vega.

La mayoría de los hispanos usan dos apellidos: el del padre y el de la madre, en ese orden. Si Eva Rivas y Jorge Vega tienen un hijo que se llama Esteban, su nombre completo va a ser Esteban Vega Rivas.

Plaza de Mayo, Buenos Aires, Argentina.

¿Verdadero o falso?

1. Buenos Aires es una ciudad muy grande.
2. La población de Buenos Aires es mayormente de origen europeo.
3. La palabra **porteño** significa "gente de la ciudad".
4. El Teatro Colón es uno de los más famosos del mundo.
5. No hay parques en Buenos Aires.
6. Solamente en Argentina se usa el voseo.
7. Generalmente los hispanos usan dos apellidos, el del padre y el de la madre.

Puntos para recordar

1. Subjunctive to express indefiniteness and nonexistence
(El subjuntivo para expresar lo indefinido y lo no existente)

■ The subjunctive is always used in the subordinate clause when the main clause refers to something or someone that is indefinite, unspecified, hypothetical, or nonexistent.

— **¿Hay alguna excursión** que **incluya** el hotel?
*"**Is there any tour** that **includes** the hotel?"*

— No, **no hay ninguna** que lo **incluya.**
*"No, **there is not any** that **includes** it."*

— **Necesito un secretario** que **hable** francés.
*"**I need a secretary** who **speaks** French."*

— **No conozco a nadie** que **hable** francés.
*"**I don't know anyone** who **speaks** French."*

— **Estamos buscando un restaurante** donde **sirvan** comida italiana.
*"**We're looking for a restaurant** where they **serve** Italian food."*

— **Hay varios restaurantes** donde **sirven** comida italiana.
*"**There are several restaurants** where they **serve** Italian food."*

¡Atención! If the subordinate clause refers to existent, definite, or specified persons or things, the indicative is used instead of the subjunctive.

Hay varios restaurantes donde **sirven** comida italiana.

¡Vamos a practicar!

A. Complete the following dialogues, using the indicative or the subjunctive, as appropriate. Then act out the dialogues with a partner.

1. — ¿Hay algún restaurante cerca que _____ (servir) comida española?
   — Sí, el restaurante Madrid _____ (servir) una comida española excelente.

2. — ¿Sabes si hay alguna aerolínea que _____ (dar) descuentos?
   — No, no hay ninguna que _____ (dar) descuentos en verano.

3. — ¿Hay alguien aquí que no _____ (tener) pasaporte?
   — No, todos tenemos pasaporte y visa.

4. — Necesito una secretaria que _____ (saber) inglés.
   — Conozco a una mujer que lo _____ (hablar) muy bien.

B. A Cuban family has recently moved into your neighborhood. Answer their questions about your hometown.

1. ¿Hay alguien que venda su casa?
2. ¿Hay algún restaurante que sirva comida cubana?
3. ¿Hay alguien que sepa español y quiera trabajar de secretario(a)?
4. ¿Hay algún mercado que venda productos cubanos?
5. Nuestro hijo es agente de viajes. ¿Sabe Ud. de alguna agencia que necesite empleados?
6. Tenemos un Ford que queremos vender. ¿Conoce Ud. a alguien que necesite un auto?

C. Use your imagination to complete each statement.

1. Vivimos en una casa que tiene cuatro habitaciones, pero necesitamos una...
2. Tengo una camisa que es azul y blanca, pero prefiero una...
3. Hay un vuelo que sale por la mañana, pero yo necesito uno...
4. Tenemos una agente que habla inglés y español, pero ahora necesitamos una...
5. Hay una excursión que regresa por Nueva York, pero yo necesito una...

D. You and a classmate want to find out about each other's relatives and friends. Ask each other questions about the following, always beginning with **¿Hay alguien en tu familia o entre tus amigos que...?**

1. jugar al béisbol
2. viajar a México todos los veranos
3. bailar muy bien
4. tener una piscina en su casa
5. ser rico(a)
6. celebrar su aniversario de bodas este mes
7. conocer Buenos Aires
8. hablar japonés
9. saber varios idiomas
10. vivir en el campo
11. ser médico(a)
12. trabajar para una aerolínea
13. ser empleado(a) de banco
14. levantarse de madrugada
15. fumar mucho

E. In groups of three or four, play the roles of very wealthy and lazy travelers who want to make arrangements for a trip to Argentina. Say what you need people to do for you.

MODELO: *Necesitamos a alguien que vaya a la agencia de viajes.*

2. Familiar commands (*Las formas imperativas de* tú *y de* vosotros)

■ Regular affirmative commands in the **tú** form have exactly the same forms as the third-person singular (**él** form) of the present indicative.

Verb	Present Indicative Third-Person Sing.	Familiar Command (tú)
hablar	él habla	**habla**
comer	él come	**come**
abrir	él abre	**abre**
cerrar	él cierra	**cierra**
volver	él vuelve	**vuelve**
pedir	él pide	**pide**
traer	él trae	**trae**

— ¿Qué quieres que haga ahora?	*"What do you want me to do now?"*
— **Compra** los billetes para el viaje.	*"Buy the tickets for the trip."*
— ¿Vas a poner el equipaje aquí?	*"Are you going to put the luggage here?"*
— Sí, **tráeme** las maletas y el bolso de mano.	*"Yes, bring me the suitcases and the carry-on bag."*

¡Atención! As with the formal commands, direct, indirect, and reflexive pronouns are always placed *after* an affirmative command and are attached to it. A written accent must be placed on the stressed syllable.

■ Eight Spanish verbs are irregular in the affirmative command for the **tú** form. They are listed below.

decir	**di**
hacer	**haz**
ir	**ve**[1]
poner	**pon**
salir	**sal**
ser	**sé**
tener	**ten**
venir	**ven**

— **Dime,** ¿a qué hora quieres que venga?	*"Tell me, at what time do you want me to come?"*
— **Ven** a las ocho.	*"Come at eight."*
— **Haz**me un favor: **pon** esta silla en la cocina.	*"Do me a favor: put this chair in the kitchen."*
— Sí, en seguida.	*"Yes, right away."*

■ The affirmative command form for **vosotros** is formed by changing the final **r** of the infinitive to **d.**

Infinitive	*Familiar Command* (vosotros)
habla**r**	habla**d**
come**r**	come**d**
escribi**r**	escribi**d**
i**r**	i**d**
sali**r**	sali**d**

---

[1]Note that **ir** and **ver** have the same affirmative **tú** command, **ve.**

When the affirmative command of **vosotros** is used with the reflexive pronoun **os,** the final **d** is dropped.

bañar	bañad	**bañaos**
poner	poned	**poneos**
vestir	vestid	**vestíos**[1]

Bañaos antes de cenar.   *Bathe before dinner.*
Poneos los zapatos.   *Put your shoes on.*
Vestíos aquí.   *Get dressed here.*

Only one verb doesn't drop the final **d** when the **os** is added.

irse   **¡Idos!**   *Go away!*

■ The negative commands of **tú** and **vosotros** use the corresponding forms of the present subjunctive.

hablar	no **hables** tú	no **habléis** vosotros
vender	no **vendas** tú	no **vendáis** vosotros
decir	no **digas** tú	no **digáis** vosotros
salir	no **salgas** tú	no **salgáis** vosotros

— **No vayas** a la agencia de viajes hoy.   *"**Don't go** to the travel agency today."*
— Entonces voy mañana.   *"Then I'm going tomorrow."*

— **No** me **esperes** para comer.   *"**Don't wait** for me to eat."*
— **¡No** me **digas** que hoy también tienes que trabajar!   *"**Don't tell** me you have to work today also!"*

¡Atención!   In a negative command, all object pronouns are placed before the verb.

No **me** esperes para comer.

¡Vamos a practicar!

A. Using command forms, tell your friend what to do.

MODELO: Tienes que subir al avión ahora.
           Sube al avión ahora.

1. Tienes que llamarme este fin de semana.
2. Tienes que traernos el desayuno.
3. Tienes que tener paciencia con él.

---

[1]Note that the -**ir** verbs take a written accent over the **i** when the reflexive pronoun **os** is added.

4. Tienes que decirle que no venga entre semana.
5. Tienes que ir a la agencia de viajes y comprar los pasajes.
6. Tienes que salir en seguida.
7. Tienes que hacer cola ahora.
8. Tienes que venir dentro de quince días.

B. You are going away for the day. Tell your younger brother what to do and what not to do.

1. levantarse temprano y bañarse
2. preparar el desayuno
3. no tomar refrescos
4. hacer la tarea
5. no abrirle la puerta a nadie
6. limpiar su cuarto
7. no mirar la televisión y no traer a sus amigos a la casa
8. traer pan y ponerlo en la mesa
9. ir al mercado y comprar frutas
10. llamar a papá y decirle que venga temprano

C. Give two commands, one affirmative and one negative, that the following people would be likely to give.

1. una madre a su hijo de quince años
2. un estudiante a su compañero de cuarto
3. una muchacha a su novio
4. una doctora a una niña
5. un profesor a un estudiante
6. un esposo a su esposa

3. Some uses of the prepositions *a, de,* and *en*
(*Algunos usos de las preposiciones* a, de y en)

■ The preposition **a** (*to, at, in*) expresses direction toward a point in space or a moment in time. It is used for the following purposes:

• to indicate the time (hour) of day

A las cinco salimos para Lima.   *At five we leave for Lima.*

• after verbs of motion, when followed by an infinitive, a noun, or a pronoun

Siempre venimos **a** bailar aquí.   *We always come to dance here.*

• after the verbs **empezar, comenzar, enseñar,** and **aprender,** when followed by an infinitive

Los pasajeros empezaron **a** salir.   *The passengers began to leave.*
Te enseñé **a** conducir.   *I taught you to drive.*

- after the verb **llegar**

  Cuando él llegó **al** aeropuerto, le dieron los comprobantes.

  *When he arrived **at** the airport, they gave him the claim checks.*

- before a direct object noun that refers to a specific person. It may also be used to personify an animal or a thing.

  Yo no conozco **a** ese agente.
  Bañé **a** mi perro.

  I don't know that agent.
  I bathed my dog.

¡Atención!   If the direct object is not a definite person, the personal **a** is not used.

  Busco un buen médico.

  I'm looking for a good doctor.

- The preposition **de** (*of, from, about, with, in*) indicates possession, material, and origin. It is also used in the following ways:

  - to refer to a specific period of the day or night when telling time

    El sábado pasado trabajamos hasta las ocho **de** la noche.

    Last Saturday we worked until 8 P.M.

  - after the superlative to express *in* or *of*

    Orlando es el más simpático **de** la familia.

    *Orlando is the nicest **in** the family.*

  - to describe personal physical characteristics

    Es morena, **de** ojos negros.

    *She is brunette, **with** dark eyes.*

  - as a synonym for **sobre** or **acerca de** (*about*)

    Hablaban **de** todo menos **del** viaje.

    *They were talking **about** everything except **about** the trip.*

- The preposition **en** (*at, in, on, inside, over*) in general situates someone or something within an area of time or space. It is used for the following purposes:

  - to refer to a definite place

    Él siempre se queda **en** casa.

    *He always stays **at** home.*

  - as a synonym for **sobre** (*on*)

    Está sentada **en** la silla.

    *She is sitting **on** the chair.*

  - to indicate means of transportation

    Nunca he viajado **en** avión.

    *I have never traveled **by** plane.*

¡Vamos a practicar!

A. Complete the following letter, adding the missing prepositions.

Querida Alicia:

Como te prometí, te escribo en seguida. Ayer llegamos _____ Buenos Aires. Es
una _____ las ciudades más hermosas _____ Argentina. Llegamos _____
las tres _____ la tarde y fuimos _____ buscar hotel.

_____ el hotel conocimos _____ unos chicos muy simpáticos que nos invi-
taron a salir con ellos. Yo salí con Carlos, que es alto, moreno, _____ ojos verdes.
Me ha dicho que me va _____ enseñar _____ bailar el tango. Espero aprender
_____ bailar otros bailes también. Mañana vamos _____ ir _____ visitar
el barrio de La Boca. Vamos _____ ir _____ el coche _____ Carlos.

Bueno, _____ la próxima carta espero poder contarte más _____ mi vida
_____ esta hermosa ciudad.

Isabel

B. Use the illustrations to complete the following sentences. Use appropriate
prepositions.

1. Delia va a...

2. Sergio y Toña están...

3. Beatriz es rubia...

4. Teresa se quedó...

5. Rogelio quiere ir al club...

6. Tito salió de su casa...

7. Julio es... grupo.

8. Eva llega...

C. With a partner, talk about someone you met recently or someone you went out with. Include information about where you went, what time you left and returned home, what the person is like, and what you talked about.

Y ahora, ¿qué?

Palabras y más palabras

Internet

For more practice with lesson topics, see the related activities on the **¡Hola, amigos!** web site.

Complete each sentence with the correct word in parentheses, based on the vocabulary from **Lección 12.**

1. Voy a comprar el pasaje en la (sala de rayos X, agencia de viajes, oficina de correos).
2. Si vas a viajar a Argentina, te sugiero que lleves (el pasaporte, el recibo, la radiografía).
3. Necesito el comprobante para su (auxiliar de vuelo, tobillo, equipaje).
4. La puerta de (salida, venta, turno) es la número cinco.
5. No tengo mucho equipaje. Sólo tengo dos maletas y (un comprobante, una tarjeta de embarque, un bolso de mano).
6. "Última llamada para el (diario, vuelo, mercado) número 228 a Miami."
7. Creo que el pasaje es muy (caro, estrecho, ancho).
8. Los vuelos son más baratos entre (semana, personas, materias).
9. Los (grados, pasajeros, pisos) salen por la puerta número cuatro.
10. ¿Vas a la agencia de viajes? Te aconsejo que (pidas, regreses, cobres) folletos.
11. El avión (hace escala, trasborda, cambia) en Miami.
12. Esa excursión (muestra, incluye, enseña) el hotel.
13. Rebeca viaja por avión. Quiere que la llevemos (al aeropuerto, al cine, al mercado).
14. Yo no fumo. Quiero un asiento (de ventanilla, de pasillo, en la sección de no fumar).
15. Elsa sale de viaje (demasiado, tanto, dentro) de quince días.
16. ¿Vas a Buenos Aires? ¡Buen (viaje, bolígrafo, reloj)!
17. Quiero comprar pesos argentinos. ¿A cómo está el cambio de (banco, moneda, agencia)?
18. Tiene que (confirmar; cobrar; trasbordar) su vuelo 24 horas antes de salir.

¡Vamos a conversar!

A. Para conocerse mejor. Get to know your partner better by asking each other the following questions.

1. ¿Adónde piensas ir de vacaciones el verano que viene? ¿Con quién vas?
2. ¿Prefieres viajar solo(a) o acompañado(a)?
3. ¿Compras los pasajes en una agencia de viajes o en el aeropuerto?
4. Generalmente, ¿viajas en clase turista o en primera clase?
5. ¿Prefieres un asiento de ventanilla o de pasillo?
6. ¿Hiciste un crucero el verano pasado?
7. ¿Cuántas maletas llevaste la última vez que viajaste?

8. ¿Has tenido que pagar exceso de equipaje alguna vez?
9. ¿Dónde pones tu bolso de mano cuando viajas?
10. ¿Conoces a alguien que trabaje de auxiliar de vuelo?

B. Una encuesta. Interview your classmates to identify someone who fits the following descriptions. Include your instructor, but remember to use the **Ud.** form when addressing him/her.

		Nombre
1.	Hace muchos viajes.	
2.	Le gusta viajar entre semana.	
3.	Tiene folletos de varios tipos de excursiones.	
4.	Prefiere volar por la noche.	
5.	Tuvo que hacer escala la última vez que viajó.	
6.	Tuvo que trasbordar la última vez que viajó.	
7.	Tiene su pasaporte en regla.	
8.	Lleva mucho equipaje cuando viaja.	
9.	No fue de vacaciones el año pasado.	
10.	Le gusta veranear en un balneario.	

Situaciones

What would you say in the following situations? What might the other person say? Act out the scenes with a partner.

1. You want to find out how much a round-trip ticket to Lima costs and what documents you need for travel.
2. You ask the travel agent to give you brochures on several types of tours. Ask whether there are any excursions that include the hotel.
3. You need to know if there are flights to Guatemala on Sundays, and if it is cheaper to travel during the week.
4. A friend of yours is traveling abroad for the first time. Tell him (her) the do's and don'ts of traveling abroad.

Para escribir

Using elements from the dialogues at the beginning of the lesson, write a dialogue between you and a travel agent. Choose your destination, ask about prices, flights, and any necessary documentation. Then make your reservations and choose your seat.

¿Qué dice aquí?

Read the ad below and answer the questions on page 283.

INAUGURAMOS DESDE MIAMI

NUEVOS VUELOS SIN ESCALA A:

Managua
NICARAGUA

Comenzando Diciembre 15

Para información y reservaciones
consulte a su Agente de Viajes
o llame a nuestro teléfono hispano
libre de cargos
1-800-633-3711
24 horas al día, 7 días a la semana.

American Airlines
Todo es especial

1. ¿De qué ciudad salen los vuelos a Managua?
2. ¿Tenían antes vuelos a Managua desde esta ciudad?
3. Si viajamos de esta ciudad a Managua, ¿tenemos que hacer escala?
4. ¿Cuándo comienzan estos vuelos?
5. ¿Cómo podemos obtener más información sobre estos vuelos y hacer reservaciones?
6. ¿Tenemos que pagar para llamar a la aerolínea?
7. ¿Cuál es el número de teléfono?
8. ¿Podemos llamar cualquier (*any*) día de la semana y a cualquier hora? ¿Cómo lo sabe?

～～ Un dicho ～～

Martes 13, no te cases ni te embarques.

On Tuesday the 13th, don't get married or set off on a trip.

¿Dónde nos hospedamos?

 Hace unos minutos que los señores Paz llegaron al hotel Regis, en Asunción. Como no tienen reservación, hablan con el gerente para pedir una habitación.

SR. PAZ	— Queremos una habitación con baño privado, aire acondicionado y una cama doble.
GERENTE	— Hay una con vista a la calle, pero tienen que esperar hasta que terminen de limpiarla.
SR. PAZ	— Bien. Somos dos personas. ¿Cuánto cobran por el cuarto?
GERENTE	— Tres cientos mil guaraníes[1] por noche.
SRA. PAZ	— ¿Tienen servicio de habitación? Queremos comer en cuanto lleguemos al cuarto.
GERENTE	— Sí, señora, pero dudo que a esta hora sirvan comida.

El señor Paz firma el registro; el gerente le da la llave y llama al botones para que lleve las maletas al cuarto.

---

[1]Paraguayan currency. About $90.00.

SR. PAZ	— ¿A qué hora tenemos que desocupar el cuarto?
GERENTE	— Al mediodía, aunque pueden quedarse media hora extra.
SRA. PAZ	— (*A su esposo.*) Vamos a un restaurante y comamos algo antes de subir a la habitación.
SR. PAZ	— Sí, pero primero dejemos tus joyas en la caja de seguridad del hotel.
SRA. PAZ	— Oye, no es verdad que el Regis sea tan caro como nos dijeron.

Mario y Jorge están hablando con el dueño de la pensión Carreras, donde piensan hospedarse. Le preguntan el precio de las habitaciones.

DUEÑO	— Con comida, cobramos novecientos noventa mil guaraníes por semana.
MARIO	— ¿Eso incluye desayuno, almuerzo y cena?
DUEÑO	— Sí. Es pensión completa. ¿Por cuánto tiempo piensan quedarse?
MARIO	— No creo que podamos quedarnos más de una semana.
JORGE	— Tienes razón... (*Al dueño.*) ¿El baño tiene bañadera o ducha?
DUEÑO	— Ducha, con agua caliente y fría. Y todos los cuartos tienen calefacción.
MARIO	— ¿Hay televisor en el cuarto?
DUEÑO	— No, pero hay uno en el comedor.
MARIO	— Gracias. (*A Jorge.*) Cuando vayamos a Montevideo, tratemos de encontrar otra pensión como ésta.
JORGE	— Sí. Oye, apurémonos o vamos a llegar tarde al cine.
MARIO	— Sí, quiero llegar antes de que empiece la película.

¿Recuerda usted?

With a partner, decide whether the following statements about the dialogues are true (**verdadero**) or false (**falso**).

1. El Sr. Paz y su esposa quieren una habitación con dos camas.
2. Probablemente tienen hambre.
3. El gerente no cree que los señores Paz puedan comer en su cuarto a esta hora.
4. El Sr. Paz lleva las maletas al cuarto.
5. Los señores Paz pueden estar en el cuarto hasta las doce y media.
6. El hotel no tiene caja de seguridad para los clientes.
7. Mario y Jorge también se hospedan en el hotel Regis.
8. Los muchachos piensan quedarse en la pensión por tres semanas.
9. Los muchachos pueden mirar televisión en el cuarto.
10. Los muchachos van a continuar viajando.

 # Vocabulario

Cognados		
el aire acondicionado air-conditioning	**extra** extra **privado(a)** private	**el registro** register

Nombres

el agua (*f.*)   water
el almuerzo   lunch
la bañadera   bathtub
el baño, el cuarto de baño   bathroom
el botones   bellhop
la caja de seguridad   safe
la calefacción   heating
la calle   street
la cama doble (matrimonial)   double bed
el comedor   dining room
el desayuno   breakfast
la ducha, la regadera (*Mex.*)   shower

el (la) dueño(a)   owner, proprietor
el (la) gerente   manager
la habitación, el cuarto   room
la hora   hour, time
la joya, las joyas   jewel, jewelry
la llave   key
el mediodía   noon
la película   movie
la pensión   boarding house
la pensión completa   room and board
el precio   price
el servicio de habitación   room service
el televisor   TV set

Verbos

desocupar   to vacate
dudar   to doubt
hospedarse   to stay, to lodge
subir   to go up
tratar (de)   to try

Adjetivos

caliente   hot
frío(a)   cold

Otras palabras y expresiones

al mediodía   at noon
antes de que   before
aunque   although

como as, like	**en cuanto, tan pronto como** as soon as	**para que** so that
con vista a overlooking (with a view of)	**hasta que** until	**¿por cuánto tiempo?** how long?
desocupar el cuarto to check out of a hotel room	**los señores** Mr. and Mrs.	**por noche** per night
	media hora half an hour	**Somos dos.** There are two of us.

96 Amplíe su vocabulario

Más sobre los hoteles

Quiero una habitación con vista
$\begin{cases} \text{al jardín.} & garden \\ \text{a la piscina.} & swimming\ pool \\ \text{al patio.} & \\ \text{al mar.} & ocean \\ \text{a la playa.} & beach \end{cases}$

Quiero una habitación
$\begin{cases} \text{interior.} \\ \text{exterior.} \end{cases}$

cama chica (pequeña)	*twin bed*
ocupado(a)	*occupied*
libre, disponible	*vacant, available*
el puesto de revistas	*magazine stand*
el sofá-cama	*sleeper sofa*
la tienda de regalos	*souvenir shop*
el vestíbulo	*lobby*
el ascensor, elevador	*elevator*

¿Cuál es la solución?

What is the solution to these problems?

1. Quiero leer *Newsweek* pero no hay una copia en mi habitación.
2. No me gustan las habitaciones interiores.
3. Somos tres y sólo hay una cama doble en el cuarto.
4. Quiero comprar algo para llevarles a mis padres.
5. No hay habitaciones libres en los hoteles baratos.
6. No quiero recibir a mi amigo(a) en la habitación del hotel.
7. Tengo que subir a mi cuarto, que está en el décimo (*tenth*) piso.
8. Nos dieron una habitación con vista al patio, pero a nosotros nos gusta ver el mar.

DE AQUÍ Y DE ALLÁ

Paraguay es un país que tiene más o menos el tamaño de California. Paraguay y Bolivia son los únicos países latinoamericanos que no tienen salida al mar.

Las principales exportaciones de Paraguay eran el algodón, el ganado (*cattle*), el tabaco, la madera (*wood*) y las frutas cítricas, pero ahora Paraguay es el principal exportador de energía hidroeléctrica del mundo. La represa (*dam*) construida sobre el río Paraná tiene la capacidad de producir seis veces la electricidad que produce la represa de Asuán (Sadd al-Alí), en Egipto.

La moneda de Paraguay, el guaraní, es de valor bastante estable. El idioma oficial es el español, pero los paraguayos hablan también el guaraní, una lengua indígena que aún se conserva. El ochenta y uno por ciento de la población sabe leer y escribir.

Asunción, la capital, fue fundada en 1537. Allí se ve un gran contraste entre los edificios muy modernos y las casas coloniales.

Paraguay no tiene muchos problemas sociales. No muchos turistas visitan Paraguay, pero los que lo hacen hablan muy bien de la hospitalidad de los paraguayos.

BRASIL

Río Paraguay

Concepción

ARGENTINA

Asunción
Villarrica

Río Paraná

Encarnación

200 km

DE ESTO Y AQUELLO

Las pensiones son muy populares en los países de habla hispana. Son más económicas que los hoteles y generalmente el precio incluye el cuarto y las comidas.

En muchos países latinoamericanos y en España, se usa el sistema de estrellas (*stars*) para clasificar los hoteles de lujo (*luxury*) y de primera clase.

Vista panorámica de Asunción. Al fondo, el río Paraguay.

¿Verdadero o falso?

1. Paraguay es mucho más grande que California.
2. Paraguay exporta energía hidroeléctrica.
3. Paraguay tiene salida al mar.
4. El guaraní es la moneda del Paraguay.
5. Los paraguayos hablan dos idiomas.
6. Las pensiones son mucho más caras que los hoteles.

 # Puntos para recordar

1. Subjunctive to express doubt, denial, and disbelief
(*El subjuntivo para expresar duda, negación e incredulidad*)

■ Doubt

When the verb of the main clause expresses uncertainty or doubt, the verb in the subordinate clause is in the subjunctive.

— Te esperan a las cinco y son las cuatro y media.	*"They expect you at five and it is four-thirty."*
— **Dudo** que yo **pueda** estar ahí a esa hora.	*"I **doubt** that I **can** be there at that time."*
— Podemos tomar el desayuno a las once.	*"We can have breakfast at eleven."*
— **Dudo** que lo **sirvan** después de las diez.	*"I **doubt** that **they serve** it after ten."*
— Estoy segura de que lo sirven hasta las once.	*"I am sure that they serve it until eleven."*

¡Atención! Notice that when no doubt is expressed and the speaker is certain of the reality (**estoy seguro[a], no dudo, sé**), the indicative is used.

Estoy seguro de que lo **sirven** hasta las once.	*I **am sure** that **they serve** it until eleven.*

¡Vamos a practicar!

A. Respond to each of the following statements, beginning with the suggested phrases.

1. — Dudo que el agente nos dé los comprobantes ahora.
   — ¡Sí, sí! Estoy seguro(a) de que...

2. — No dudo que hay vuelos por la mañana.
— Pues, yo dudo que...

3. — Estoy seguro de que el avión hace escala en Panamá.
— Yo sé que hace escala, pero no estoy seguro(a) de que...

4. — Dudo que tengan asiento de ventanilla.
— Estoy seguro(a) de que...

5. — Dudo que tengan habitaciones con baño privado.
— Yo tampoco estoy seguro(a) de que...

6. — Estoy segura de que ellos necesitan reservación.
— ¿Sí? Yo dudo que...

B. Use your imagination to complete each statement.

1. Dudamos que el (la) profesor(a)...
2. Mi mamá está segura de que yo...
3. Estoy seguro(a) de que en la pensión...
4. No dudo que mi mejor amigo(a)...
5. Mi médico(a) duda que yo...
6. Dudo que yo...
7. El (La) profesor(a) no está seguro(a) de que nosotros...
8. Estoy seguro(a) de que mañana...

C. With a partner, take turns telling each other three or four things about yourself. Give some false information to see if your partner doubts or believes what you say.

MODELO: — *Tengo ocho clases este semestre.*
— *Dudo que... (Estoy seguro[a] que...)*

■ Denial

When the main clause denies or negates what is expressed in the subordinate clause, the subjunctive is used.

— Ana **niega** que Carlos **sea** su novio.	*"Ana **denies** that Carlos **is** her boyfriend."*
— Sí, dice que son amigos...	*"Yes, she says that they are friends..."*
— Ellos trabajan mucho y siempre tienen dinero.	*"They work hard and always have money."*
— Es verdad que trabajan mucho, pero **no es cierto** que siempre **tengan** dinero.	*"It's true that they work hard, but **it's not true** that **they always have** money."*

¡Atención! Notice that when the main clause does not deny what is said in the subordinate clause, the indicative is used.

Es verdad que **trabajan** mucho.　　*It's true that they work hard.*

¡Vamos a practicar!

Say whether each of the following statements is true or not.

> MODELO: Nosotros celebramos la independencia de Chile.
> *No es verdad que celebremos la independencia de Chile.*

1. Argentina es más grande que Brasil.
2. Las pensiones son más caras que los hoteles.
3. Brasilia es la capital de Brasil.
4. En esta clase estudiamos francés.
5. Los Andes están en México.
6. Hoy hace mucho frío.
7. Está lloviendo.
8. Tengo un millón de dólares.

■ Disbelief

The verb **creer** is followed by the subjunctive in negative sentences, where it expresses disbelief.

— ¿Teresa va a comprar el vestido?	*"Is Teresa going to buy the dress?"*
— No, **no creo** que **tenga** suficiente dinero.	*"No, **I don't think** that **she has** enough money."*

¡Atención!   **Creer** is followed by the indicative in affirmative sentences, where it expresses belief.

— ¿Qué van a servir de postre?	*"What are they going to serve for dessert?"*
— **Creo** que **van** a servir flan.	*"**I think** they **are going** to serve flan."*

¡Vamos a practicar!

A. Carlos always contradicts everyone. How would he react to these statements?

> MODELO: Creo que Ana es bonita.
> *No creo que sea bonita.*

1. No creo que el baño tenga ducha y bañadera.
2. Creo que todos los cuartos tienen aire acondicionado.
3. Creo que tienen que desocupar el cuarto al mediodía.
4. No creo que cobren mucho.
5. No creo que él necesite la llave.
6. Creo que el cuarto tiene vista a la calle.

B. Use your imagination to complete each statement, using the subjunctive or the indicative as appropriate.

1. Yo creo que el (la) profesor(a)...
2. No es verdad que yo...
3. Es cierto que los estudiantes...
4. No creo que en la cafetería de la universidad...
5. No es verdad que la clase de español...
6. No es cierto que los norteamericanos...
7. Dudo que yo...
8. No estoy seguro(a) de que el hotel Hilton...
9. No dudo que mis padres...
10. Estoy seguro(a) de que en los Estados Unidos...

C. Use the illustrations to complete the following sentences.

1. Yo no creo que el papá de Beto...   2. Dudo que Paquito...

3. No es verdad que Carlos...   4. Rita cree que el hotel México...

5. No es cierto que el baño...   6. No es verdad que Esteban siempre...

D. The following statements are made by someone who doesn't necessarily know what he/she is talking about. With a partner, take turns saying whether or not you think the comments are true. Use **creo, no creo, dudo, estoy seguro(a), es verdad,** or **no es verdad.**

1. Hay vuelos directos de Los Ángeles a Asunción.
2. El pasaje a Asunción cuesta doscientos dólares.
3. Uds. pueden viajar en primera clase.
4. Pueden viajar por Paraguay en tren.
5. Todas las ciudades paraguayas son muy pequeñas.
6. No hay hoteles elegantes en Asunción.
7. Las pensiones siempre tienen baño privado.
8. Todos los hoteles tienen aire acondicionado y calefacción.
9. En los hoteles de Asunción todas las habitaciones tienen vista al mar.
10. Todas las pensiones tienen servicio de habitación.

2. Subjunctive with certain conjunctions (*El subjuntivo con ciertas conjunciones*)

■ Subjunctive after conjunctions of time

The subjunctive is used after conjunctions of time when the main clause refers to a future action or is a command. Some conjunctions of time are:

cuando	when	**tan pronto como,**	
hasta que	until	**en cuanto**	as soon as

Note in the following examples that the action in the subordinate clause has not yet taken place.

— ¿Vamos a la pensión ahora? | *"Are we going to the boarding house now?"*
— No, vamos a esperar **hasta que venga** Eva. | *"No, we're going to wait **until Eva comes**."*
— Bueno, llámeme **en cuanto llegue.** | *"Okay, call me **as soon as she arrives**."*

— ¿Cuándo vas a comprar las joyas? | *"When are you going to buy the jewelry?"*
— **Cuando** mi papá me **dé** el dinero. | *"**When** my dad **gives** me the money."*

¡Atención! If the action has already taken place or if the speaker views the action of the subordinate clause as a habitual occurrence, the indicative is used after the conjunction of time.

— ¿Ya llamaste a Rodolfo? | *"Did you already call Rodolfo?"*
— Sí, lo llamé **en cuanto llegué.** | *"Yes, I called him **as soon as I arrived**."*

— ¿Cuándo llamas a Rodolfo? | *"When do you call Rodolfo?"*
— Siempre lo llamo **cuando llego** del trabajo. | *"I always call him **when I arrive** from work."*

■ Conjunctions that always take the subjunctive

Certain conjunctions by their very meaning imply uncertainty or condition; they are therefore always followed by the subjunctive. Examples include:

a menos que unless | **con tal (de) que** provided that
antes de que before | **para que** in order that

— Voy a llamar a Carlos **para que** me **traiga** el talonario de cheques. | *"I'm going to call Carlos **so that he brings** me my checkbook."*
— Llámelo ahora, **antes de que salga** para el hospital. | *"Call him now, **before he leaves** for the hospital."*

■ Subjunctive with **aunque**

The conjunction **aunque** (*even if*) takes the subjunctive if the speaker wants to express uncertainty. If not, **aunque** (*although*) takes the indicative.

— ¿Vamos a ir mañana **aunque llueva?** | *"Are we going tomorrow, **even if it rains**?"*
— Sí. | *"Yes."*

— ¿Vamos a comer? | *"Shall we eat?"*
— Sí, **aunque** no **tengo** mucha hambre. | *"Yes, **although** I'm not very hungry."*

¡Vamos a practicar!

A. Complete the following dialogues, using the indicative or the subjunctive of each verb. Then act them out with a partner.

1. desocupar / llegar
   — ¿Podemos limpiar el cuarto ahora?
   — No, no podemos limpiarlo hasta que ellos lo _____.
   — ¿Cuándo lo van a desocupar?
   — En cuanto _____ el taxi.

2. dar
   — ¿Qué vas a hacer si tus padres no te dan el dinero?
   — Aunque no me lo _____, yo voy a asistir a (*to attend*) la universidad.

3. llegar / traer
   — ¿Qué vas a hacer en cuanto _____ al hotel?
   — Voy a llamar al servicio de habitación para que (ellos) me _____ el almuerzo.

4. llamar
   — ¿Cuándo van a venir tus amigos?
   — Tan pronto como yo los _____.

5. terminar
   — ¿Los señores García te esperaron?
   — Sí, me esperaron hasta que _____ la película.

6. hablar / ver
   — Cuando Ud. _____ con el dueño, dígale que no tenemos agua caliente.
   — Voy a decírselo en cuanto lo _____.

7. servir
   — Todos los días, cuando yo _____ el desayuno, tú te vas...
   — Te he dicho que no me gusta comer por la mañana.

8. irse / salir
   — ¿Tú puedes subir a hablar con el gerente antes de que él _____?
   — Sí, a menos que (él) _____ muy temprano.

B. Use your imagination to complete each statement, using the indicative or the subjunctive as appropriate.

1. Vamos a salir tan pronto como...
2. Ayer mi padre me llamó en cuanto...
3. No voy a poder hacer la reservación a menos que...
4. Voy a quedarme en el hotel hasta que...
5. No podemos ir al restaurante antes de que...
6. Siempre vamos de vacaciones cuando...
7. Yo trabajo para que mis hijos...
8. Voy a llamar a mi amigo(a) tan pronto como...

3. First-person plural commands (*El imperativo de la primera persona del plural*)

■ In Spanish, the first-person plural of an affirmative command (*let's + verb*) can be expressed in two ways:

  • by using the first-person plural of the present subjunctive.

> **Preguntemos** el precio de la habitación.   *Let's ask the price of the room.*

  • by using the expression **vamos a** + *infinitive*.

> **Vamos a preguntar** el precio de la habitación.   *Let's ask the price of the room.*

■ The verb **ir** does not use the subjunctive form in the first-person plural affirmative command.

> **Vamos** a la piscina.   *Let's go to the pool.*

In a negative command, however, the subjunctive form is used.

> **No vayamos** a la piscina.   *Let's not go to the pool.*

■ In all direct, affirmative commands, object pronouns are attached to the verb, and a written accent is then placed on the stressed syllable.

> Comprémos**lo**.   *Let's buy **it**.*
> Llamémos**los**.   *Let's call **them**.*

If the pronouns **nos** or **se** are attached to the verb, the final **-s** of the verb is dropped before adding the pronoun.

> Sentémo**nos** aquí.   *Let's sit here.*
> Vistámo**nos** ahora.   *Let's get dressed now.*
> Démo**selo** a los niños.   *Let's give it to the children.*

> — **Vamos** a Mar del Plata; **no vayamos** a Córdoba.   *"**Let's go** to Mar del Plata; **let's not go** to Córdoba."*
> — **Quedémonos** en Buenos Aires.   *"**Let's stay** in Buenos Aires."*

> — ¿Dónde queda el Teatro Colón?   *"Where is the Colón Theater located?"*
> — No sé. **Preguntémoselo** a aquel señor.   *"I don't know. **Let's ask** that gentleman."*

¡Vamos a practicar!

A. With a partner take turns saying what these people should do in the following situations? Use first-person plural commands.

1. Tenemos hambre
2. Estamos en un restaurante y necesitamos el menú.
3. No queremos hospedarnos en una pensión.

4. No sabemos el precio de la habitación.
5. No tenemos la llave del cuarto.
6. Estamos cansados.
7. Tenemos sueño.
8. No sabemos qué hacer este fin de semana.

B. You and a classmate are making plans to go on a trip. Take turns answering the following questions using the first-person plural command.

1. ¿Adónde vamos?
2. ¿Cómo viajamos?
3. ¿Qué día y a qué hora salimos?
4. ¿Cuántas maletas llevamos?
5. ¿Nos hospedamos en un hotel o en una pensión?
6. ¿Pedimos una habitación con vista a la calle?
7. ¿Cuántos días nos quedamos en la ciudad?
8. ¿Comemos en un restaurante o en nuestra habitación?
9. ¿Dónde dejamos las joyas?
10. ¿Cuándo regresamos?

RODEO

Summary of the Command Forms
(*Resumen de las formas del imperativo*)

Usted	Ustedes	Tú		Nosotros
		Affirmative	*Negative*	
hable	hablen	habla	no hables	hablemos
coma	coman	come	no comas	comamos
abra	abran	abre	no abras	abramos
cierre	cierren	cierra	no cierres	cerremos
vaya	vayan	**ve**	no vayas	**vamos**[1]

Notice that the command forms of these verbs are identical to the subjunctive forms, except for the affirmative forms for **tú,** which use the third-person singular of the present indicative. Also, the following verbs have irregular **tú** command forms.

decir	**di**	ir	**ve**	salir	**sal**	tener	**ten**
hacer	**haz**	poner	**pon**	ser	**sé**	venir	**ven**

Remember the position of direct, indirect, and reflexive pronouns with commands.

Affirmative	*Negative*
Cómpre**lo.**	No **lo** compre.
Dí**selo.**	No **se lo** digas.
Levanté**monos.**	No **nos** levantemos.

[1]Remember that the affirmative command uses the indicative form **vamos,** but the negative command uses the subjunctive form **no vayamos.**

¡Vamos a practicar!

You and a partner are busy making plans for a visit by some foreign students who will spend the weekend with you and your friends. One of your neighbors, Sra. Vega, and her young daughter, María, offer their help. Use the appropriate command form to say who is going to do each of the following chores and categorize them under the appropriate heading.

nosotros	la señora Vega	María

1. limpiar el apartamento
2. ir al mercado
3. poner la mesa
4. preparar la comida
5. hacer las camas
6. invitar a otros estudiantes
7. ir al aeropuerto a esperar a los viajeros (*travelers*)
8. sacar entradas para el teatro
9. no levantarse tarde

10. llevarlos a visitar los lugares de interés
11. servir la comida
12. lavar los platos
13. darles una fiesta de bienvenida
14. pedirle los discos compactos a Roberto
15. llevarlos a las tiendas
16. no olvidarse de (*forget*) sacar dinero del banco

Y ahora, ¿qué?

Palabras y más palabras

Internet

For more practice with lesson topics, see the related activities on the **¡Hola, amigos!** web site.

Read the following statements and say whether each one is logical (**lógico**) or illogical (**ilógico**). If the statement is illogical, explain why.

1. Cuando tengo frío pongo (*I turn on*) el aire acondicionado.
2. Necesito la llave para abrir la puerta.
3. Mi esposo y yo vamos a necesitar una cama doble porque somos dos.
4. Sirven el almuerzo a las cinco de la tarde.
5. No hay ningún baño que tenga ducha y bañadera.
6. Voy a poner las joyas en la caja de seguridad.
7. Generalmente sirven el desayuno por la noche.
8. Tenemos que desocupar el cuarto dentro de media hora.
9. Todos los cuartos del hotel Hilton tienen baño privado.
10. Quieren una habitación interior con vista a la calle.
11. El botones lleva las maletas al cuarto.
12. Es pensión completa, pero no incluye el desayuno ni el almuerzo.
13. Nos vamos a hospedar en un hotel muy elegante.
14. Ahora tiene que firmar el registro.
15. Vamos al correo para ver una película.

¡Vamos a conversar!

A. Para conocerse mejor. Get to know your partner better by asking each other the following questions.

1. Cuando viajas, ¿tratas de llevar poco equipaje?
2. Cuando viajas, ¿te hospedas en un hotel o en una pensión?
3. Cuando vas a un hotel, ¿tú llevas tus maletas al cuarto o las lleva el botones?
4. Cuando vas a un hotel, ¿qué tipo de cuarto prefieres?
5. Si tu cuarto en el hotel está en el segundo piso, ¿usas el ascensor o la escalera?
6. ¿Tu casa tiene aire acondicionado y calefacción?
7. ¿Generalmente comes en la cocina o en el comedor?
8. ¿Tenías televisor en tu cuarto cuando eras niño(a)?
9. Si tienes que salir, ¿puedes estar listo(a) en media hora?
10. ¿Qué vas a hacer hoy en cuanto llegues a tu casa?

B. Una encuesta. Interview your classmates to identify who fits the following descriptions. Include your instructor, but remember to use the **Ud.** form when addressing him/her.

	Nombre
1. Tiene una piscina en su casa.	
2. Tiene un sofá-cama en su casa.	
3. Siempre come algo tan pronto como llega a su casa.	
4. Generalmente usa la ducha y no la bañadera.	
5. Tiene muchas joyas.	
6. Compró algo en una tienda de regalos la semana pasada.	
7. Nunca paga más de cien dólares por noche cuando se hospeda en un hotel.	
8. Siempre llama a sus amigos cuando vuelve de un viaje.	
9. Puede quedarse media hora extra en la clase hoy.	
10. Hoy tiene que apurarse para llegar a su casa.	

Situaciones

What would you say in the following situations? What might the other person say? Act out the scenes with a partner.

1. You don't have reservations, but you need a room for two people with a private bathroom and air-conditioning. You want to know the price and when you have to check out. You also want to know whether the room overlooks the street and whether the hotel has room service.
2. You are at a boarding house, and you need to find out what meals the price includes and what else the establishment has to offer.
3. A Spanish-speaking friend will be staying at your house (apartment) while you are away on vacation. Tell him (her) what to do while you are away.

 ## Para escribir

Following the style of the dialogue in this lesson, write a conversation between you and a hotel clerk in Paraguay. Make reservations and ask about prices and accommodations.

¿Qué dice aquí?

Read this ad and answer the questions that follow.

HOTEL
Sol Bariloche

Mitre 212 Tel. 2-2715   Telex 80761 SOLBA 8400 San Carlos de Bariloche Argentina

140 habitaciones y 13 suites, todas con baño privado.

Salas de convenciones con capacidad para 1.200 personas. 2 canales video. TV color.

Música funcional. Cajas de seguridad.

Sala de juegos. Sauna.

Peluquería y salón de belleza.

Restaurante internacional con capacidad para 1.000 personas.

Panadería y repostería propias.

Garaje.

Todo en pleno centro de Bariloche.

1. ¿Cómo se llama el hotel?
2. ¿En qué ciudad argentina está?
3. ¿Es muy pequeño el hotel? ¿Cómo lo sabe Ud.?
4. ¿Qué tienen todas las habitaciones?
5. ¿Dónde puede Ud. dejar sus joyas si se hospeda en ese hotel?
6. Si necesita cortarse el pelo (*get a haircut*), ¿puede hacerlo en el hotel? ¿Dónde?
7. ¿Qué tipo de comida sirven en el restaurante del hotel?
8. ¿Cuántas personas pueden comer en el restaurante?

9. ¿Hay un lugar para dejar el coche?
10. Si Ud. quiere organizar una convención, ¿puede hacerlo en el hotel Sol Bariloche? ¿Cuántas personas pueden asistir (*attend*)?

 # Lectura

A. Estrategia de lectura. What images or ideas do you associate with the colors green, red, and white? Scan the two poems and make a list of the words associated with nature.

B. Vamos a leer. As you read the introduction to Martí and the poems, answer the following questions.

1. ¿En qué año nació (*was born*) el poeta?
2. ¿Dónde y en qué año murió?
3. ¿Cuáles son los temas principales de la poesía de Martí?
4. ¿Cómo se describe el poeta en el primer poema?
5. ¿Qué quiere hacer Martí antes de morirse?
6. ¿Qué imágenes usa Martí para describir sus versos?
7. ¿Con quiénes quiere echar su suerte el poeta?
8. ¿Qué flor (*flower*) cultiva el poeta?
9. ¿Cultiva el poeta la rosa solamente para sus amigos o también para sus enemigos?
10. ¿Qué simboliza la rosa blanca?
11. Según este poema, ¿el poeta odia a sus enemigos?

campo... battlefield

José Martí (Cuba: 1853–1895) dedicó su vida y su obra a la independencia de Cuba, donde murió en el campo de batalla° en 1895. Es famoso no sólo como poeta y ensayista, sino también como orador.

oppressed

Los poemas de Martí se caracterizan por la melodía, el ritmo y el uso de frases cortas, con las que expresa ideas muy profundas. Sus temas principales son la libertad, la justicia, la independencia de su patria y la defensa de los pobres y los oprimidos.°

De *Versos sencillos*[1]
José Martí

I

grows

Yo soy un hombre sincero
de donde crece° la palma
y antes de morirme quiero

to pour out / soul

echar° mis versos del alma.°

---

[1]Este poema es la letra de la canción "La Guantanamera".

V

light Mi verso es de un verde claro,°
carmín... *bright red* y de un carmín encendido°
ciervo... *wounded deer* mi verso es un ciervo herido°
shelter que busca en el monte amparo.°

III

earth, land Con los pobres de la tierra,°
mi... *to share my destiny* quiero yo mi suerte echar;°
brook el arroyo° de la sierra
pleases me complace° más que el mar.

XXXIX

Cultivo una rosa blanca,
en julio como en enero,
para el amigo sincero
open que me da su mano franca.°

tears out Y para el cruel que me arranca°
heart el corazón° con que vivo,
thistle / nettle cardo° ni ortiga° cultivo:
cultivo la rosa blanca.

C. Díganos. Answer the following questions based on your own thoughts and experiences.

1. ¿Ha oído Ud. la canción "La Guantanamera"?
2. Al final del segundo poema, el poeta perdona (*forgives*) las ofensas de sus enemigos. ¿Haría Ud. (*would you do*) lo mismo?

~~~~ **Un dicho** ~~~~

No hay mal que por bien no venga.

Everything happens for the best.

Tome este examen

Lecciones 12–13

Lección 12

A. Subjunctive to express indefiniteness and nonexistence

Rewrite each sentence, using the subjunctive or the indicative, as appropriate.

1. El agente habla español.
   Necesitamos un agente que...
2. Ese viaje incluye el hotel.
   Aquí no hay ningún viaje que...
3. No hay ningún pasaje que no sea caro.
   Tenemos unos pasajes que...
4. No hay ningún vuelo que salga a las seis.
   Hay varios vuelos que...
5. Hay una señora que puede reservar los pasajes.
   ¿Hay alguien que...?

B. Familiar commands

Change the following negative commands to the affirmative.

1. No compres el pasaje.
2. No se lo digas.
3. No viajes mañana.
4. No salgas con esa persona.
5. No pongas la maleta debajo del asiento.
6. No lo invites.
7. No te vayas.
8. No vengas entre semana.
9. No regreses tarde.
10. No hagas escala.
11. No me traigas el folleto.
12. No le pidas los comprobantes ahora.

C. Some uses of the prepositions *a, de,* and *en*

Complete with **a, de,** or **en,** as necessary.

1. Anoche llamé _____ mi hermano por teléfono y hablamos _____ nuestros planes para el fin de semana. Pensamos ir _____ San Diego. Él quiere viajar _____ autobús, pero yo prefiero ir _____ coche. Mi hermana no quiere ir con nosotros; prefiere quedarse _____ casa porque no tiene con quién dejar _____ su perro.
2. Ayer Marta llegó _____ la biblioteca _____ las ocho y media _____ la mañana, pero no empezó _____ trabajar hasta las diez.
3. Mi hija es muy bonita; es morena, _____ ojos verdes y yo pienso que es la más inteligente _____ todos mis hijos.

D. Vocabulary

Complete the following sentences, using vocabulary from **Lección 12.**

1. Todos los _____ de esa aerolínea son 747.
2. ¿Necesito _____ para viajar a Caracas o es suficiente el pasaporte?
3. La puerta de _____ es la número siete.

Trescientos tres **303**

4. Este verano vamos a ir de _____ a Lima.
5. "Última _____. Pasajeros del _____ 472, favor de _____ al avión."
6. Voy a la agencia de _____ para comprar el pasaje.
7. ¿Te vas a Montevideo? ¡Buen _____!
8. Voy a viajar en clase _____.
9. El agente le mostró _____ sobre varios _____ de excursiones.
10. No pienso volver. ¡Sólo quiero un billete de _____!
11. ¿Quiere asiento de _____ o de ventanilla?
12. No fumo. Quiero un asiento en la _____ de no _____.
13. Tenemos que hacer _____ en Panamá, pero no tenemos que _____.
14. Debe pagar _____ de equipaje porque tiene muchas _____.
15. Debe darle la tarjeta de _____ a la auxiliar de _____.
16. Si vas a viajar tienes que _____ la reservación y si no vas a viajar la tienes que _____.
17. ¿A cómo está el _____ de moneda?
18. No puedo viajar porque mis documentos no están en _____.

E. Culture

Circle the correct answer, based on the **Notas culturales** you have read.

1. La población de Buenos Aires es casi toda de origen (indígena / europeo).
2. En Buenos Aires hay (muchas / pocas) universidades.
3. La Avenida 9 de Julio es una de las avenidas (menos / más) anchas del mundo.
4. En Argentina se usa **vos** en lugar de (**usted / tú**).
5. Si Ana Ortiz se casa con Juan Rivas y ellos tienen un hijo, su nombre completo va a ser Julio (Rivas de Ortiz / Rivas Ortiz / Ortiz Rivas).

Lección 13

A. Subjunctive to express doubt

Complete the following sentences, using the subjunctive or the indicative of the verbs in parentheses.

1. Estoy seguro de que ellos _____ (desocupar) el cuarto hoy.
2. Dudo que el hotel _____ (tener) aire acondicionado.
3. No estoy seguro de que él _____ (poder) traernos el desayuno.
4. Estamos seguros de que él te _____ (dar) el televisor.
5. No dudo que ellos _____ (servir) el almuerzo a esa hora.

B. Subjunctive to express disbelief and denial

Rewrite each of the following sentences, using the phrases in parentheses and the subjunctive or the indicative, as appropriate.

1. Están firmando el registro.   (No es cierto que...)
2. Ellos van a hospedarse en una pensión.   (No creo que...)
3. Ella prefiere una cama doble.   (Es verdad que ella...)

4. Cobran cincuenta dólares por noche.   (Creo que...)
5. El cuarto no tiene calefacción.   (No es verdad que...)
6. Ella es su novia.   (Luis niega que...)

C. Subjunctive with certain conjunctions

Complete each sentence with the Spanish equivalent of the word(s) in parentheses.

1. Voy a llamar al gerente en cuanto ellos _____.   (*finish*)
2. No vamos a menos que _____ quedarnos en una pensión.   (*we can*)
3. Voy a llamar al botones para que nos _____ la llave.   (*bring*)
4. Vamos a ir a la cafetería tan pronto como ellos _____ a servir la comida.   (*begin*)
5. Siempre reservo una habitación con baño privado cuando _____.   (*I travel*)
6. En cuanto yo _____ a casa voy a poner la calefacción.   (*arrive*)
7. Aunque _____, vamos al comedor.   (*I'm not hungry*)
8. Mañana vamos a ir al cine aunque _____.   (*it may rain*)

D. First-person plural command

Answer the following questions, using the information provided in parentheses and first-person plural **(nosotros)** commands.

1. ¿Dónde nos hospedamos?   (aquí)
2. ¿A quién se lo decimos?   (a nadie)
3. ¿A qué hora nos levantamos?   (a las siete)
4. ¿Qué preguntamos?   (el precio)
5. ¿A quién se lo damos?   (al dueño)
6. ¿Adónde vamos?   (al hotel)

E. Vocabulary

Complete the following sentences, using vocabulary from **Lección 13.**

1. Necesito un cuarto que tenga _____ privado.
2. El baño no tiene bañadera; tiene _____.
3. El elevador no funciona. Tiene que _____ por la escalera.
4. Tengo mucho frío y este cuarto no tiene _____.
5. Mi esposo(a) y yo queremos una _____ doble.
6. El _____ de la pensión incluye todas las comidas.
7. El _____ va a llevar las maletas al cuarto.
8. ¿A qué hora debemos _____ el cuarto?
9. Dudo que haya una pensión _____ ésta en Mar del Plata.
10. El baño tiene agua _____ y agua _____.
11. Sirven el _____ de siete a nueve de la mañana y el _____ de doce a dos.
12. Mi cuarto no es con _____ a la calle; es interior.
13. Ellos no van a _____ en una pensión; van a quedarse en un hotel.

14. La pensión no tiene _____ de habitación. Tenemos que comer en el comedor.
15. Debemos salir temprano para el aeropuerto, _____ de que haya mucho tráfico.
16. Quiero una habitación exterior con _____ acondicionado.
17. Primero fui al _____ de revistas y después a la tienda de _____.
18. No quiero usar la escalera. Voy a tomar el _____ .

F. Culture

Circle the correct answer, based on the **Notas culturales** you have read.

1. Paraguay (tiene / no tiene) salida al mar.
2. La moneda de Paraguay es el (balboa / guaraní).
3. Paraguay es el principal exportador de (tabaco / energía hidroeléctrica).
4. Los paraguayos hablan (una lengua / dos lenguas).
5. Las pensiones son (más / menos) económicas que los hoteles.

En el hogar

La Rambla de las Flores en Barcelona, España.

Lección 14: Un día muy ocupado
Lección 15: Buscando apartamento

By the end of this unit, you will be able to:

- discuss various features of living accommodations (house, apartment) and furnishings
- talk about household chores
- discuss future events
- talk about hypothetical actions
- express emotions and desires about past events

Un día muy ocupado

 Hace dos meses que Rosa y Luis viven en el barrio Mirasierra, en Madrid. Hoy están limpiando la casa y cocinando porque los padres de Luis vendrán a pasar el fin de semana con ellos y la criada tiene el día libre.

ROSA — Luis, pásale la aspiradora a la alfombra mientras yo barro la cocina.

LUIS — ¡Tendrás que tener paciencia, mi amor! Estoy fregando los platos.

ROSA — ¿¡Todavía!? Dame tu pantalón gris para lavarlo después.

LUIS — Yo no lo lavaría aquí; yo lo mandaría a la tintorería para limpiarlo en seco.

ROSA — Entonces tráeme las sábanas, las fundas y las toallas.

LUIS — No las laves ahora; yo lo haré luego.

ROSA — Gracias. Eres un ángel. No te olvides de sacar la basura. Está debajo del fregadero.

LUIS — Bueno, y si quieres que limpie el garaje, dame la escoba y el recogedor.

ROSA — Tendremos que darnos prisa. Oye, acuérdate de llevar mi coche para que lo arreglen.

LUIS — Sí, ayer me di cuenta de que los frenos no funcionaban bien.

Luis cortó el césped, limpió el refrigerador y el garaje, bañó al perro y llevó el coche al taller de mecánica. Rosa lavó, planchó y cocinó.

Por la noche.

ROSA — Tus padres estarán aquí dentro de media hora.

LUIS — ¿Quieres que te ayude a hacer la sangría[1]?

ROSA — No, eso lo haremos después. Pon estas flores en el florero.

LUIS — ¿Ya pusiste el pan en el horno?

ROSA — No, todavía no. Ahora voy a preparar la ensalada.

LUIS — Ponle un poco de aceite, pero no le pongas mucho vinagre.

ROSA — Fíjate si tenemos alcachofas y espárragos. Me gustaría usarlos en la ensalada.

LUIS — Sí, hay. Bueno, tendré que empezar a preparer los filetes. Yo sé que a ti te gustan bien hechos.

ROSA — Sí, o término medio. Voy a poner los cubiertos en la mesa, y la vajilla que nos regalaron tus padres.

LUIS — Ellos se alegrarán mucho de ver que la usamos. ¡Ah! Tocan a la puerta. Voy a abrir.

---

[1]A typical Spanish drink made with red wine and fruit.

¿Recuerda usted?

With a partner, decide whether the following statements about the dialogues are true (**verdadero**) or false (**falso**).

1. Hace más de un año que Rosa y Luis viven en Madrid.
2. Los padres de Luis van a estar con ellos el lunes y el martes.
3. Rosa barre la cocina y Luis friega los platos.
4. Luis preferiría mandar sus pantalones a la tintorería.
5. Luis necesita la basura para limpiar el garaje.
6. Luis quiere que Rosa arregle el coche.
7. Rosa bañó al perro.
8. Luis va a poner flores en el florero.
9. A Luis no le gusta ponerle mucho vinagre a la ensalada.
10. Luis le dice a Rosa que abra la puerta.

Vocabulario

Cognados		
el ángel angel	**el garaje** garage	**el refrigerador** refrigerator
el espárrago asparagus	**la paciencia** patience	**el vinagre** vinegar

Nombres

el aceite oil
la alcachofa artichoke
la alfombra rug
la aspiradora vacuum cleaner
el barrio neighborhood
la basura trash, garbage
el césped, el zacate (*Mex.*) lawn
la criada, la muchacha maid
los cubiertos silverware
la escoba broom
el filete tenderloin
la flor flower
el florero vase
el fregadero sink
los frenos brakes
la funda pillowcase

el horno oven
el perro dog
el plato plate, dish
el recogedor dustpan
la sábana sheet
el taller de mecánica repair shop
la tintorería dry cleaner's
la toalla towel
la vajilla china

Verbos

acordarse (o > ue) (de) to remember
arreglar to fix, to repair
ayudar to help
barrer to sweep
cortar to cut

fijarse to check, to notice
fregar (e > ie), lavar to wash (*dishes*)
funcionar to work, to function
lavar to wash
olvidar(se) (de) to forget
pasar to spend (*time*)
planchar to iron
regalar to give (*as a gift*)

Otras palabras y expresiones

bien hecho (cocido) well done
cortar el césped to mow the lawn
darse cuenta de to notice, to realize

darse prisa to hurry up	**pasar la aspiradora** to vacuum	**tocar (llamar) a la puerta** to
limpiar (lavar) en seco to dry	**tener el día libre** to have the	knock at the door
clean	day off	**todavía** still
mi amor my love, darling	**término medio**[1] medium,	**todavía no** not yet
	medium rare	

Amplíe su vocabulario

Aparatos electrodomésticos y batería de cocina
(*Home appliances and kitchen utensils*)

¿Qué necesitamos?

What do you need to do the following tasks? Begin each answer with
Necesitamos...

1. para lavar la ropa
2. para secar la ropa
3. para planchar
4. para lavar los platos
5. para hacer papas fritas
6. para tostar el pan
7. para preparar un batido
8. para cocinar algo muy rápido
9. para hacer sopa
10. para preparar una ensalada
11. para colar (*strain*) espaguetis
12. para hacer café

---

[1]**casi crudo, poco hecho** (*Spain*) = rare

DE AQUÍ Y DE ALLÁ

Madrid, la capital de España, es una de las ciudades más visitadas del mundo. Es famosa por sus museos, sus plazas y sus jardines. De los museos, el más conocido es el Museo del Prado. Entre las plazas, las más visitadas son la Plaza Mayor, la Plaza de la Cibeles y la Puerta del Sol, que es el centro tradicional de la ciudad. Otros lugares de gran interés son el Parque del Retiro, la calle la Gran Vía, el Paseo de la Castellana, el Palacio de Cristal y el Palacio Real, residencia anterior de los Reyes de España.

Madrid es una ciudad muy animada y su vida nocturna es muy activa. Sus teatros, cines, discotecas y cafés al aire libre están llenos de gente aún después de la medianoche. Pero lo que más impresiona a los millones de turistas que visitan Madrid cada año es la hospitalidad de los madrileños. Madrid es la ciudad de la amistad (*friendship*).

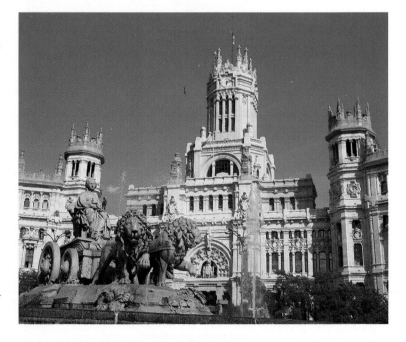

La Fuente de la Cibeles y la Oficina de Correos, Madrid, España.

DE ESTO Y AQUELLO

• El famoso Museo del Prado se encuentra en un espléndido edificio del siglo dieciocho. Su colección de pinturas contiene obras (*works*) que datan desde el siglo doce. Contiene la mayor colección de pinturas (*paintings*) de artistas españoles como El Greco, Velázquez, Ribera, Murillo y Goya.

    También hay obras de otros pintores europeos como Bosch, Van Eyck y Rembrandt. Además, el Prado tiene una colección de esculturas, otra de monedas antiguas (old coins) y una colección de objetos de oro muy valiosa.

• Actualmente muchos hombres hispanos, especialmente los más jóvenes, ayudan a sus esposas con los trabajos de la casa. Esto es debido a que los dos trabajan fuera de la casa.

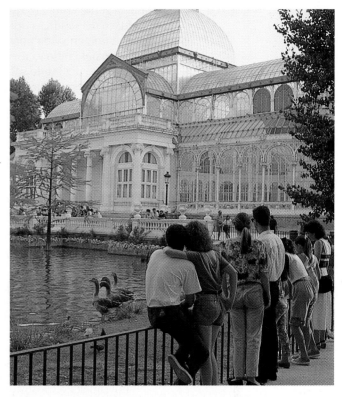

El Palacio de Cristal en el Parque del Retiro, Madrid.

Museo del Prado, Madrid, España.

¿Verdadero o falso?

1. Mucha gente visita la capital de España.
2. El Museo del Prado es uno de los más famosos del mundo.
3. Madrid no tiene vida nocturna.
4. El Museo del Prado es un edificio muy moderno.
5. En el Museo del Prado sólo hay obras de pintores españoles.
6. Las mujeres españolas no trabajan fuera de casa.

 # Puntos para recordar

1. Future tense (*Futuro*)

■ Most Spanish verbs are regular in the future, and the infinitive serves as the stem of almost all verbs. The endings are the same for all three conjugations.

FORMATION OF THE FUTURE TENSE			
Infinitive		*Stem*	*Endings*
trabajar	yo	trabajar-	**é**
aprender	tú	aprender-	**ás**
escribir	Ud., él, ella	escribir-	**á**
entender	nosotros(as)	entender-	**emos**
ir	vosotros(as)	ir-	**éis**
dar	Uds., ellos, ellas	dar-	**án**

¡Atención! Note that all the endings, except that of the **nosotros(as)** form, take accent marks.

— ¿Adónde **irán** Uds. este fin de semana?
— **Iremos** de excursión si hace buen tiempo.

*"Where **will** you **go** this weekend?"*
*"We **will go** on a trip if the weather is good."*

■ A small number of Spanish verbs are irregular in the future tense. These verbs have an irregular stem; however, the endings are the same as those for regular verbs.

IRREGULAR FUTURE STEMS		
Infinitive	*Stem*	*First-Person Sing.*
decir	dir-	**diré**
hacer	har-	**haré**
haber	habr-	**habré**
querer	querr-	**querré**
saber	sabr-	**sabré**
poder	podr-	**podré**
salir	saldr-	**saldré**
poner	pondr-	**pondré**
venir	vendr-	**vendré**
tener	tendr-	**tendré**

— ¿A qué hora **saldrán** para el aeropuerto?

*"At what time **will you leave** for the airport?"*

— **Saldremos** tan pronto como lleguen mis padres.

"We will leave as soon as my parents arrive."

— ¿**Podrás** venir mañana?

"Will you be able to come tomorrow?"

— Sí, **vendré** a menos que llueva.

"Yes, I will come unless it rains."

¡Atención!   The future of **hay** (impersonal form of **haber**) is **habrá**.

¿**Habrá** una fiesta?

Will there be a party?

■ Uses of the future tense

• The English equivalent of the Spanish future tense is *will* or *shall* plus a
  verb. As you have already learned, Spanish also uses the construction **ir a**
  plus an infinitive, or the present tense with a time expression, to refer to fu-
  ture actions, events, or states.

Esta noche **iremos** al cine.	*Tonight **we will go** to the movies.*
Esta noche **vamos a ir** al cine.	*Tonight **we're going to go** to the movies.*
Esta noche **vamos** al cine.	*Tonight **we're going** to the movies.*

• Unlike English, the Spanish future is *not* used to express willingness. In
  Spanish, willingness is expressed by the verb **querer.**

— ¿**Quieres** barrer la cocina?	*"**Will you** sweep the kitchen?"*
— Ahora no puedo.	*"I can't now."*

¡Vamos a practicar!

A. Rewrite the following sentences, using the future tense. Follow the model
below.

> MODELO: Los hombres van a preparar el almuerzo.
> *Los hombres prepararán el almuerzo.*

1. Le voy a decir que debe limpiar el garaje.
2. Ella va a tener que pagar para arreglar el coche.
3. Ellos van a servir pollo con papas fritas.
4. Vamos a poner el pan en el horno.
5. ¿Luis va a bañar al perro?
6. ¿Qué va a hacer la criada?
7. ¿Tú vas a salir para el restaurante dentro de media hora?
8. ¿Qué le vas a decir a tu tío?
9. ¿Uds. van a venir a hacer las reservaciones?
10. Mañana va a hacer calor.

B. Tell what everybody will do, using the future tense.

1. Yo llevaré mi vestido a la tintorería y mi hijo...
2. Yo tendré que fregar los platos y ellos...
3. Elena pondrá los platos en la mesa y yo...
4. De postre, yo haré helado y tú...
5. Nosotros iremos al cine y Uds. ...
6. Olga podrá ir en el coche de Juan y yo...
7. Nosotros cobraremos veinte dólares y Ud. ...
8. Ellos comprarán los boletos y nosotros...

C. Interview a partner, using the following questions.

1. ¿Cuándo cortarás el césped en tu casa?
2. ¿Lavarás tu suéter o lo mandarás a la tintorería?
3. ¿Vendrás a la universidad mañana?
4. ¿Qué tendrás que hacer mañana por la mañana?
5. ¿Cuándo tendrás el día libre?
6. ¿Qué harás el sábado por la noche?
7. ¿Con quién saldrás este fin de semana?
8. ¿Adónde irán tú y tu familia de vacaciones?

D. In groups of three, tell each other three or four things you plan to do during the summer, using the future tense. Your classmates may ask for more details.

Nunca olvidaré esta Navidad.
¡Nos regalaste un computador!

2. Conditional tense (*Condicional*)

■ Like the future, the Spanish conditional uses the infinitive as the stem for most verbs and has only one set of endings for all three conjugations.

FORMATION OF THE CONDITIONAL TENSE			
Infinitive		*Stem*	*Endings*
trabajar	yo	trabajar-	**ía**
aprender	tú	aprender-	**ías**
escribir	Ud., él, ella	escribir-	**ía**
dar	nosotros(as)	dar-	**íamos**
hablar	vosotros(as)	hablar-	**íais**
preferir	Uds., ellos, ellas	preferir-	**ían**

— Me **gustaría** ir al parque.   "*I would like to go to the park.*"
— Nosotros **preferiríamos** ir a   "*We would prefer to go to the*
la piscina.   *pool.*"

— Voy a barrer la cocina.   "*I'm going to sweep the kitchen.*"
— Yo no la **barrería** ahora.   "*I would not sweep it now.*"

■ The verbs that are irregular in the future tense have the same irregular stems in the conditional. The endings are the same as those for regular verbs.

IRREGULAR CONDITIONAL STEMS		
Infinitive	*Stem*	*First-Person Sing.*
decir	dir-	**diría**
hacer	har-	**haría**
haber	habr-	**habría**
querer	querr-	**querría**
saber	sabr-	**sabría**
poder	podr-	**podría**
salir	saldr-	**saldría**
poner	pondr-	**pondría**
venir	vendr-	**vendría**
tener	tendr-	**tendría**

— ¿Qué **podría** hacer yo para   *"What **could** I do to help you?"*
ayudarte?
— **Podrías** cocinar.   *"You **could** cook."*

¡Atención!   The conditional of **hay** (impersonal form of **haber**) is **habría.**

Dijo que **habría** una fiesta.   *He said **there would be** a party.*

■ Uses of the conditional

• The Spanish conditional is equivalent to the English *would* plus a verb.

— ¿Qué **harías** tú?   *"What **would** you **do**?"*
— Yo lo **mandaría** a la tintorería.   *"I **would send** it to the dry*
                                        cleaner."

• In Spanish, the conditional is also used to soften a request or to express politeness.

— ¿**Podrías** venir un momento?   *"**Could you** come for a minute?"*
— Sí, en seguida.   *"Yes, right away."*

¡Vamos a practicar!

A. Rewrite the following sentences using the conditional.

MODELO: Yo prefiero no ponerle pimienta a la comida.
        Yo no le pondría pimienta a la comida.

1. Yo prefiero decírselo a la criada.
2. Nosotros preferimos pasar la aspiradora.
3. Ángel prefiere lavar el pantalón en seco.
4. ¿Ud. prefiere fregar los platos?
5. Ellos prefieren venir por la noche.
6. ¿Tú prefieres invitarlos a la fiesta?
7. Yo prefiero limpiar el refrigerador.
8. Ella prefiere no planchar el mantel y las servilletas.
9. Yo prefiero salir mañana.
10. Uds. prefieren poner la mesa ahora.

B. Tell what you would do in the following situations, using the conditional.

MODELO: El (La) profesor(a) le dice que mañana hay un examen.
        Yo estudiaría mucho.

1. Su hermana le pide que limpie la cocina, pero Ud. está estudiando.
2. Hoy es el último día para pagar la matrícula y Ud. no tiene dinero.
3. El mozo le trae la sopa y está fría.
4. Sus padres vienen a pasar el fin de semana con Ud.
5. Le duele mucho la cabeza.
6. Los frenos del coche no funcionan.

C. Interview a partner, using the following questions.

1. Para preparar una ensalada, ¿qué vegetales comprarías?
2. ¿Qué le pondrías a la ensalada?
3. ¿Tú servirías espárragos o alcachofas?
4. ¿Qué te gustaría cenar esta noche?
5. ¿Lavarías un suéter de angora o lo mandarías a la tintorería?
6. ¿Qué cosas usarías para barrer la cocina?
7. ¿Tú preferirías pasarle la aspiradora a la alfombra o cortar el césped?
8. ¿Tú llevarías tu coche al taller de mecánica o lo arreglarías tú?

D. With a partner, decide what you would do to be the perfect host to some foreign students who are visiting your home town. Include meals you would serve, places you would take them, and things you would do to entertain them.

3. Verbs and prepositions (*Verbos y preposiciones*)

The prepositions **con, de,** and **en** can be used with verbs to form certain expressions. Some of the idioms are as follows:

casarse con	*to marry, to get married (to)*
comprometerse con	*to get engaged to*
acordarse de	*to remember*
alegrarse de	*to be glad*
darse cuenta de	*to realize*
enamorarse de	*to fall in love with*
olvidarse de	*to forget*
confiar en	*to trust*
convenir en	*to agree on*
entrar en	*to go (come) into*
fijarse en	*to notice*
insistir en	*to insist on*

— Celia **se comprometió con** David.
*"Celia **got engaged to** David."*

— Yo creía que **se casaría con** Alberto.
*"I thought **she would marry** Alberto."*

— No, ella **se enamoró de** David.
*"No, she **fell in love with** David."*

— **Insistieron en** venir esta noche.
***"They insisted on** coming tonight."*

— Sí, no **se dieron cuenta de** que teníamos que trabajar.
*"Yes, **they didn't realize** that we had to work."*

¡Atención! Notice that the English translation of these expressions may not use an equivalent preposition.

¡Vamos a practicar!

A. Answer the following questions.

1. ¿En quién confías?
2. ¿Preferirías casarte con un(a) médico(a) o con un(a) profesor(a)?
3. ¿De quién te enamoraste por primera vez (*first time*)?
4. ¿Algún amigo tuyo se ha comprometido últimamente? ¿Con quién?
5. ¿Te fijaste si la biblioteca estaba abierta?
6. ¿Te acordaste de traer tus libros a clase?
7. ¿Te alegras de estar en esta universidad?
8. ¿A qué hora entró el (la) profesor(a) en la clase?

B. Look at the pictures below and complete each statement.

1. Marisa decidió ____
   _____ Daniel.

2. Mirta _____
   _____. Piensan casarse en junio.

3. Graciela no _____
   _____.

4. Marisol _____
   _____ a Tito.

5. Rodolfo _____
   _____.

6. Pedro _____
   _____.

RODEO

Summary of the Tenses of the Indicative
(*Resumen de los tiempos del indicativo*)

Tiempos simples

	-ar	**-er**	**-ir**
Presente	habl**o**	com**o**	viv**o**
Pretérito	habl**é**	com**í**	viv**í**
Imperfecto	habl**aba**	com**ía**	viv**ía**
Futuro	hablar**é**	comer**é**	vivir**é**
Condicional	hablar**ía**	comer**ía**	vivir**ía**

Tiempos compuestos

Pretérito perfecto	**he** habl**ado**	**he** com**ido**	**he** viv**ido**
Pretérito plus-cuamperfecto	**había** habl**ado**	**había** comido	**había** vivido
Futuro perfecto[1]	**habré** habl**ado**	**habré** comido	**habré** vivido
Condicional perfecto[1]	**habría** habl**ado**	**habría** comido	**habría** vivido

[1]Optional material. See pages 348–350.

¡Vamos a practicar!

Interview a partner using the following questions.

1. ¿Cuánto tiempo hace que estudias español?
2. ¿En qué año empezaste a estudiar español?
3. ¿Quién fue tu profesor(a) de español el semestre pasado?
4. ¿Habías hablado con el (la) profesor(a) antes de comenzar esta clase?
5. ¿Sabías un poco de español antes de venir a la universidad?
6. ¿Continuarás estudiando español?
7. ¿Qué tendrás que hacer para hablar español perfectamente?
8. ¿Has visitado algún país de habla hispana?
9. ¿En qué país de habla hispana te gustaría vivir?
10. ¿Qué ciudades importantes de los Estados Unidos has visitado?
11. ¿Qué te gustaba hacer cuando estabas en la escuela secundaria?
12. ¿Qué películas has visto últimamente?
13. ¿Qué tuviste que hacer hoy antes de venir a la clase?
14. ¿Vives cerca o lejos de la universidad?

Y ahora, ¿qué?

Palabras y más palabras

Internet

For more practice with lesson topics, see the related activities on the **¡Hola, amigos!** web site.

Complete each sentence, using vocabulary from **Lección 14.**

1. Voy a poner las frutas en el (refrigerador, cuchillo, lavaplatos).
2. Vamos a pasarle (el fregadero, la toalla, la aspiradora) al cuarto.
3. Necesito cortar el (tenedor, dependiente, césped) del jardín.
4. Todavía no he barrido. Necesito (la escoba, la sábana, la funda).
5. Mandaré el (resfrío, probador, pantalón) a la tintorería mañana.
6. Yo usaría detergente para (fregar, planchar, pasar) los platos.
7. ¿Podrías (ayudar, cortar, sacar) la basura?
8. Llaman a la puerta. ¡Date (cuenta, prisa, herida)! ¡Ve a abrir!
9. Voy a (lavarme, fijarme, olvidarme) si hay alcachofas en el refrigerador.
10. Le puse vinagre y (biftec, paciencia, aceite) a la ensalada.
11. Voy a poner el pan en el (horno, recogedor, césped).
12. Snoopy es un (barrio, perro, ángel).
13. Me gustaría hacer un batido. ¿Tienes (tostadora, licuadora, microondas)?
14. Mis padres (tienen, funcionan, tocan) a la puerta.
15. ¿Quieres que ponga las flores en (el florero, la sartén, el colador)?
16. ¿Quieres ir a la playa, mi amor? Mañana tengo el día (ocupado, libre, caro).

¡Vamos a conversar!

A. Para conocerse mejor. Get to know your partner better by asking each other the following questions.

1. Para tu cumpleaños, ¿prefieres que te regalen flores o bombones (*chocolates*)?
2. ¿Qué le vas a regalar a tu mejor amigo(a) para su cumpleaños?
3. ¿Siempre te acuerdas del cumpleaños de tu padre?
4. ¿Tienes el día libre mañana?
5. ¿Pasas mucho tiempo limpiando la casa?
6. ¿Tú planchas las sábanas y las fundas?
7. ¿Tienes cubiertos de plata (*silver*)?
8. Cuando tocan a la puerta, ¿miras por la mirilla (*peephole*) antes de abrir?
9. Cuando comes un filete, ¿lo prefieres bien cocido, término medio o casi crudo?
10. ¿Te gustan los espárragos? ¿las alcachofas?

B. Una encuesta. Interview your classmates to identify who fits the following descriptions. Include your instructor, but remember to use the **Ud.** form when addressing him/her.

	Nombre
1. Todavía no ha comido hoy.	
2. Le pone aceite y vinagre a la ensalada.	
3. Plancha sus pantalones.	
4. Le gustaría tomar sangría.	
5. Todavía vive con sus padres.	
6. Tenía un perro cuando era niño(a).	
7. Le gusta cortar el césped.	
8. No tiene lavaplatos en su casa.	
9. Siempre se olvida del cumpleaños de sus amigos.	
10. Tiene mucha paciencia.	

Situaciones

What would you say in the following situations? What might the other person say? Act out the scenes with a partner.

1. You and a friend have invited guests over for dinner and must decide what each of you will do to prepare for them. The house will have to be spotless and you will have to prepare a lavish dinner.
2. You and a friend are discussing what each of you would like to do next weekend. Money is no object.
3. You and a friend are discussing three things that each of you forgot to do and three things that you remembered to do last week.

Para escribir

You have been asked to play fortune teller at a charity bazaar. Using the future tense, prepare a few predictions for the following clients. Include some advice about what they will have to do.

1. a teenage girl
2. a young woman
3. a sixteen-year-old boy
4. a man in his twenties

5. an unmarried woman in her thirties
6. a married man in his forties
7. an older man
8 an older woman

¿Qué pasa aquí?

Get together in groups of three or four and create a story about the people in the illustration. Say who they are, what their relationship is to one another, what they are doing, and what they might be getting ready for.

~~~ **Un dicho** ~~~

Dime con quién andas
y te diré quién eres.

You are known by the company you keep.

Buscando apartamento

 Magali, una chica cubana, y Rafael, un muchacho sevillano, están comprometidos para casarse. Ahora están preparando las invitaciones para la boda.

MAGALI — (*Bromeando.*) Si no tuvieras tantos parientes, no tendríamos que mandar tantas invitaciones.

RAFAEL — (*Se ríe.*) ¡Pero, cariño, si no los invitáramos, no nos traerían regalos! ¡Ah! Y no te olvides de invitar a mis padrinos.

MAGALI — ¡Claro que no! Pero, en serio... La recepción va a costar un ojo de la cara...

RAFAEL — No te preocupes... Oye, mis padres me dijeron ayer que eligiéramos los muebles para el dormitorio.

MAGALI — Yo tengo una cama, así que sólo vamos a necesitar la cómoda y dos mesitas de noche. Y dos lámparas...

RAFAEL — Mira, Magali. Aquí en el periódico anuncian un piso que parece estupendo. Escucha.

AVISOS CLASIFICADOS
Se alquila piso con dos dormitorios.
Sala, comedor, cocina y cuarto de baño.
Calefacción central. Espacio para estacionar.
Teléfono: 256-34-28

Magali — ¡Vamos a verlo hoy mismo!

Esa tarde.

Rafael — Yo preferiría un piso que tuviera sala de estar y una terraza...

Magali — ¡Me encantan las cortinas y el piso de madera!

Rafael — Sí, pero si alquiláramos este piso, tendríamos que pintarlo. Además, es un poco caro...

Magali — Si lo pintáramos, a lo mejor no nos cobrarían el depósito de limpieza.

Rafael — Bueno, y debo admitir que tiene una ventaja: no tenemos que conducir mucho porque con el autobús llegamos fácilmente al centro.

Magali — Vamos a hablar con el encargado. Si consigo el puesto en la compañía de seguros, no tendremos problemas para pagar el alquiler.

Rafael — Bueno, cariño, me has convencido.

Un mes más tarde, Rafael y Magali se casan y van a Mallorca[1] de luna de miel.

---

[1]One of the Balearic Islands. See map on p. 330.

¿Recuerda usted?

With a partner, decide whether the following statements about the dialogues are true (**verdadero**) or false (**falso**).

1. Magali es de España.
2. Rafael tiene muchos parientes.
3. Rafael no quiere que Magali se olvide de invitar a sus padrinos.
4. Magali cree que la recepción va a ser muy cara.
5. Los padres de Rafael les van a hacer un buen regalo.
6. El piso que anuncian tiene sólo un dormitorio.
7. A Magali le gustaría que alquilaran el apartamento.
8. Magali cree que podrían pintar el apartamento.
9. Magali no quiere trabajar después de casarse.
10. Magali y Rafael pasan la luna de miel en Menorca.

Vocabulario

Cognados		
central central	**el depósito** deposit	**la recepción** reception
clasificados classified	**la lámpara** lamp	**la terraza** terrace
la compañía company		

Nombres

el alquiler   rent
el anuncio, aviso   ad
la boda   wedding
el centro   downtown (*area*)
la cómoda   chest of drawers
la cortina   curtain, drape
el dormitorio, la recámara (*Mex.*)   bedroom
el (la) encargado(a)   manager (*of an apartment building*), superintendent
el espacio para estacionar parking space
la limpieza   cleaning

la luna de miel   honeymoon
la madera   wood
la madrina   godmother
la mesita de noche   night table
los muebles   furniture
el padrino   godfather
los padrinos   godparents
el (la) pariente(a)   relative
el piso (*Spain*)   apartment
el puesto   position, job
el regalo   gift, present
la sala   living room
la sala de estar   den, family room
la ventaja   advantage

Verbos

admitir   to admit
alquilar   to rent
anunciar   to announce
bromear   to joke
convencer (yo convenzo)   to convince
elegir (e > i), escoger (yo escojo)   to choose
escuchar   to listen (to)
estacionar, aparcar, parquear to park
invitar   to invite
pintar   to paint
preocuparse   to worry
reírse[1]   to laugh

[1] Present indicative: **me río, te ríes, se ríe, nos reímos, os reís, se ríen.**

Adjetivos

comprometido(a)   engaged
   (to be married)
estupendo(a)   great, wonderful
sevillano(a)   person from
   Seville

Otras palabras y expresiones

a lo mejor   maybe, perhaps
así que   so
cariño   love (*term of
   endearment*)
¡Claro (que sí)!   Of course!
¡Claro que no!   Of course not!

costar un ojo de la cara   to
   cost an arm and a leg
en serio   seriously
encantarle a uno   to love, to
   like very much
hoy mismo   this very day
se alquila   for rent
tantos(as)   so many

 Amplíe su vocabulario

Otros parientes

la bisabuela	*great-grandmother*
el bisabuelo	*great-grandfather*
la bisnieta	*great-granddaughter*
el bisnieto	*great-grandson*
la hermanastra	*stepsister*
el hermanastro	*stepbrother*
la media hermana	*half sister*
el medio hermano	*half brother*
la hijastra	*stepdaughter*
el hijastro	*stepson*
la madrastra	*stepmother*
el padrastro	*stepfather*

¿Cómo se relacionan?

Who is related to whom? With your partner, read the following paragraph and then explain the relationships between the people indicated.

El Sr. Carlos Vega, que tiene dos hijos: Esteban y Sergio, se divorció de su esposa y se casó con Rosa Carreras, que tiene dos hijas: Teresa y Marina. Ellos tuvieron un hijo, Ramiro, que ahora tiene seis años. El Sr. Luis Vega, el abuelo de Carlos Vega, quiere mucho a todos sus bisnietos.

1. Rosa Carreras y Esteban
2. Teresa y Marina y el Sr. Carlos Vega
3. Ramiro y Sergio
4. Sergio y Marina
5. El Sr. Luis Vega y Sergio

DE AQUÍ Y DE ALLÁ

Sevilla, junto al río (*river*) Guadalquivir, en Andalucía, es una ciudad industrial y turística con bellos jardines, barrios pintorescos e importantes monumentos históricos. Su arquitectura muestra la grandeza de la civilización árabe que, en la Edad Media, le dio carácter a la ciudad. Los moros ocuparon Sevilla por más de 500 años y dejaron en ella construcciones de las cuales la ciudad se siente orgullosa (*proud*) todavía.

La gran catedral gótica de Sevilla, la más grande de Europa y una de las más espectaculares del mundo cristiano, fue construida en el mismo sitio donde se levantaba la gran mezquita árabe, pero los cristianos tuvieron el acierto (*good sense*) de respetar gran parte de su arquitectura original. El minarete desde donde los musulmanes llamaban a la oración (*prayer*), es hoy la Giralda, el famoso campanario (*bell tower*) de la catedral, símbolo de la ciudad.

En el Alcázar, la gran fortaleza-palacio de los moros, se encuentra el famoso Cuarto del Almirante, donde la reina Isabel la Católica le dio la bienvenida a Colón después de su segundo viaje. Otras estructuras árabes de gran interés son el Puente de San Telmo y la Torre del Oro.

Cerca de la Catedral y del Alcázar se encuentra el Archivo de Indias con una gran colección de libros, manuscritos y unos 40.000 documentos relativos al descubrimiento, la conquista y la colonización de América, entre ellos, el *Diario de Colón*.

La Universidad de Sevilla ocupa el antiguo edificio de la fábrica (*factory*) de cigarrillos que sirvió de escenario a la Carmen de Mallarmé y de Bizet. De construcción mucho más reciente, pero igualmente impresionante, es la Plaza de España, construida para la exposición hispanoamericana de 1929.

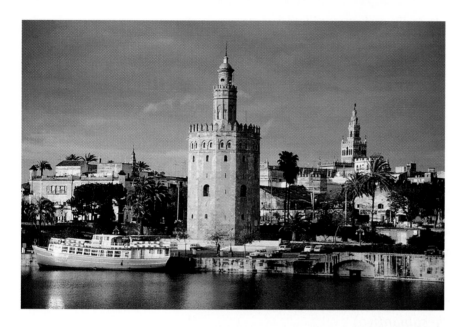

Torre del Oro, Sevilla, junto al río Guadalquivir en España.

DE ESTO Y AQUELLO

Cuando se bautiza un hijo o una hija, los padres invitan a dos amigos o parientes a participar en la ceremonia del bautismo. El compadre es el que sirve de padrino del hijo o de la hija. La comadre es la madrina, y los hijos son respectivamente ahijado y ahijada de los padrinos.

Baile flamenco en la Feria de Sevilla.

¿Verdadero o falso?

1. Sevilla está situada junto a un río.
2. En Sevilla se nota la influencia árabe.
3. Los moros estuvieron en Sevilla durante cinco siglos.
4. La arquitectura de la catedral es muy similar a la de la mezquita árabe.
5. La reina Isabel no conoció a Colón.
6. En Sevilla no se conserva nada sobre el descubrimiento y la colonización de América.
7. Los moros construyeron la plaza de España.
8. El símbolo de la ciudad de Sevilla es La Giralda.
9. Su compadre es el ahijado de Ud.

 Puntos para recordar

1. Forms of the imperfect subjunctive
(Formas del imperfecto de subjuntivo)

■ To form the imperfect subjunctive of all Spanish verbs—regular and irregular—drop the **-ron** ending of the third-person plural of the preterit and add the following endings to the stem.

IMPERFECT SUBJUNCTIVE ENDINGS	
-ra	-´ramos
-ras	-rais
-ra	-ran

¡Atención! Notice that an accent mark is required in the **nosotros(as)** form:
   ...que nosotros habláramos
   ...que nosotros fuéramos

FORMS OF THE IMPERFECT SUBJUNCTIVE			
Verb	Third-Person Preterit	Stem	First-Person Sing. Imperf. Subjunctive
			(-*ra* form)
hablar	habla**ron**	habla-	**hablara**
aprender	aprendie**ron**	aprendie-	**aprendiera**
vivir	vivie**ron**	vivie-	**viviera**
dejar	deja**ron**	deja-	**dejara**
ir	fue**ron**	fue-	**fuera**
saber	supie**ron**	supie-	**supiera**
decir	dije**ron**	dije-	**dijera**
poner	pusie**ron**	pusie-	**pusiera**
pedir	pidie**ron**	pidie-	**pidiera**
estar	estuvie**ron**	estuvie-	**estuviera**

¡Atención!   The imperfect subjunctive of **hay** (impersonal form of **haber**) is **hubiera.**

¡Vamos a practicar!

Supply the imperfect subjunctive forms of the following verbs.

1. *que yo:*   llenar, comer, vivir, decir, ir, admitir
2. *que tú:*   dejar, atender, abrir, poner, estar, elegir
3. *que él:*   volver, dormir, pedir, tener, alquilar, traer
4. *que nosotros:*   ver, ser, entrar, saber, hacer, pedir
5. *que ellas:*   leer, salir, llegar, sentarse, aprender, poder

2. Uses of the imperfect subjunctive (*Usos del imperfecto de subjuntivo*)

■ The imperfect subjunctive is always used in a subordinate clause when the verb of the main clause calls for the subjunctive and is in the past or the conditional.

— ¿Por qué no compraste los billetes?
— **Temía** que no **pudiéramos** viajar hoy.

"Why didn't you buy the tickets?"

"I was afraid we wouldn't be able to travel today."

■ When the verb of the main clause is in the present, but the subordinate clause refers to the past, the imperfect subjunctive is often used.

— Oscar es un muchacho muy simpático.
— ¡Sí! **Me alegro** de que **viniera** a vernos ayer.

"Oscar is a very charming young man."

"Yes! I'm glad (that) he came to see us yesterday."

¡Vamos a practicar!

A. Rewrite the following sentences, using the cues in parentheses and making any other necessary changes.

>   MODELO: Me alegro de que estés aquí. (Me alegré)
>   *Me alegré de que estuvieras aquí.*

1. Dudo que consigas ese puesto.   (Dudaba)
2. No es verdad que necesite cortinas.   (No era verdad)
3. Es difícil que ellos alquilen ese piso.   (Era difícil)
4. Quiero que me escuche.   (Quería)
5. Le digo que no compre esa cómoda.   (Le dije)
6. Me sugiere que no vaya a la boda.   (Me sugirió)
7. Le pido que me alquile su casa.   (Le pedí)
8. Siento que tu padrino no pueda venir.   (Sentí)

B. Say what Mrs. Vega told her children to do or not to do while she was away.

>   MODELO: Roberto, lava el coche.
>   *La Sra. Vega le dijo a Roberto que lavara el coche.*

1. Marta, no estaciones el coche allí y no vayas al centro hoy.
2. Pablo, barre el piso de la cocina y limpia la sala de estar.
3. Luis, pon el anuncio en el periódico, llama a tu padre y dile que traiga frutas.
4. Ana, haz la comida.
5. Inés, compra el regalo para tu madrina.
6. Inés y Ana, pásenle la aspiradora a la alfombra.
7. Chicos, no le abran la puerta a nadie.

C. Interview a partner, using the following questions.

1. ¿Tú querías que el (la) profesor(a) nos diera un examen hoy?
2. ¿Te gustaría que tus hijos supieran hablar español?
3. Cuando eras niño(a), ¿qué querían tus padres que hicieras?
4. Cuando estabas en la escuela secundaria, ¿qué te decían tus padres que no hicieras?
5. ¿Tus padres te permitían que manejaras cuando tenías quince años?
6. ¿Quién te sugirió que tomaras esta clase?

D. In groups of three, talk about what your parents told you to do and what not to do when you went out on your first date.

3. If-clauses (*Cláusulas que comienzan con* si)

■ When a clause introduced by **si** refers to a situation that is hypothetical or contrary to fact, **si** is always followed by the imperfect subjunctive.

— **Si** yo **tuviera** dinero, le daría mil dólares a mi hijo.	*"**If** I **had** money, I would give my son a thousand dollars."*
— **Si** yo **fuera** tú, no le daría nada.	*"**If** I **were** you, I wouldn't give him anything."*

Hypothetical
Si yo **hablara** con el presidente...   *If I **were to speak** to the president . . .*

Contrary-to-fact
Si yo **fuera** tú...   *If I **were** you . . .*

¡Atención!   Note that the imperfect subjunctive is used in the *if*-clause, while the conditional is used in the main clause.

Si yo **tuviera** dinero, le **daría** mil   *If I **had** money, I **would give** a
dólares a mi hijo.   thousand dollars to my son.*

■ When the *if*-clause refers to something that is likely to happen or possible, the indicative is used.

— **¿Puedes** llevar mi coche al taller de mecánica mañana?	*"**Can you** take my car to the repair shop tomorrow?"*
— Lo llevaré si **tengo** tiempo.	*"I will take it if **I have** time."*

¡Atención!   The present subjunctive is never used in an *if*-clause.

■ The imperfect subjunctive is always used after the expression **como si** (*as if*) because it implies a condition that is contrary to fact.

— Marcos se compra mucha ropa.	*"Marcos buys himself a lot of clothes."*
— Sí, ese muchacho gasta dinero **como si fuera** rico.	*"Yes, that boy spends money **as if he were** rich."*

Si tu piel pudiera hablar, diría...

PAÑUELOS Kleenex

¡Vamos a practicar!

A. Complete each sentence with the correct form of the verb in parentheses. Use the imperfect subjunctive or indicative as appropriate.

1. Si yo _____ (poder) estacionar aquí, lo haría.
2. Si _____ (tener) tiempo, iré a verte.
3. Habla como si lo _____ (saber) todo.
4. Me aconseja como si ella _____ (ser) mi mamá.
5. Si Carlos _____ (estar) aquí, le daría el regalo.
6. Si Uds. lo _____ (ver), díganle que ponga el anuncio en el diario.
7. Si el encargado _____ (venir) hoy, le voy a pagar el alquiler.
8. Si nosotros _____ (tener) dinero, compraríamos una mesita de noche.
9. Si yo _____ (querer) vender mi auto, lo anunciaría en el *Times*.
10. Oye, cariño, tú te quejas (*complain*) como si yo te _____ (dar) muchos problemas.

B. Referring to the pictures below for ideas, tell what the following people would do if circumstances were different.

MODELO: Yo no tengo dinero. Si...
Si yo tuviera dinero, viajaría.

1. Ellos no tienen hambre. Si...

2. Nosotros no podemos estudiar hoy. Si...

3. Tú tienes que trabajar. Si no...

4. Uds. no van a la fiesta. Si...

5. Hoy es sábado. Si...

6. El coche funciona. Si...

7. Laura no está enferma. Si...

8. La señora Soto no tiene el periódico. Si...

C. Interview a partner, using the following questions.

1. ¿Qué harías si tuvieras un millón de dólares?
2. Si fueras muy rico(a), ¿trabajarías?
3. Si yo te pidiera cien dólares, ¿me los darías?
4. Si pudieras viajar a Latinoamérica, ¿qué país visitarías?
5. Si el coche que te gusta costara un ojo de la cara, ¿qué harías?
6. Si te casaras hoy mismo, ¿adónde irías de luna de miel?
7. Si tu mejor amigo(a) se casara en Australia, ¿irías a la boda?
8. Si te dieran un puesto en Sevilla, ¿lo aceptarías?

D. In groups of three or four, discuss what you would do if circumstances in your lives were different. Include place of residence, schooling, work, and so on.

RODEO

Summary of the Uses of the Subjective
(*Resumen de los usos del subjuntivo*)

Subjunctive vs. Infinitive

Use the subjunctive . . .

1. After verbs of volition (when there is a change of subject).

   Yo quiero que **él salga.**

2. After verbs of emotion (when there is a change of subject).

   Me alegro de que **tú estés** aquí.

3. After impersonal expressions (when there is a subject).

   Es necesario que **él estudie.**

Use the infinitive . . .

1. After verbs of volition (where there is no change of subject).

   Yo quiero **salir.**

2. After verbs of emotion (when there is no change of subject).

   Me alegro de **estar** aquí.

3. After impersonal expressions (when speaking in general).

   Es necesario **estudiar.**

Subjunctive vs. Indicative

Use the subjunctive . . .

1. To refer to something indefinite or nonexistent.

   Busco una casa que **sea** grande.
   No hay nadie que lo **sepa.**

2. If the action is to occur at some indefinite time in the future as a condition of another action.

   Cenarán cuando él **llegue.**

3. To express doubt, disbelief, and denial.

   Dudo que **pueda** venir.
   Niego que él **esté** aquí.
   No creo que él **venga.**

Use the indicative . . .

1. To refer to something that exists or is specific.

   Tengo una casa que **es** grande.
   Hay alguien que lo **sabe.**

2. If the action has been completed or is habitual.

   Cenaron cuando él **llegó.**
   Siempre cenan cuando él **llega.**

3. When there is no doubt, disbelief, or denial.

   No dudo que **puede** venir.
   No niego que él **está** aquí.
   Creo que él **viene.**

4. In an *if*-clause, to refer to something contrary to fact, impossible, or very improbable.

Si **pudiera,** iría.
Si el presidente me **invitara** a la Casa Blanca, yo aceptaría.

4. In an *if*-clause, when referring to something that is factual, probable, or very possible.

Si **puedo,** iré.
Si Juan me **invita** a su casa, aceptaré.

¡Vamos a practicar!

Marisa wrote this letter to her parents from Sevilla. Complete it, using the subjunctive, indicative, or infinitive of the verbs that appear in parentheses.

Sevilla, 10 de junio

Queridos papá y mamá:

Recibí la tarjeta que me mandaron de Acapulco. Me alegro de que se _____ (estar) divirtiendo; cuando _____ (volver) a México el año próximo, yo quiero _____ (ir) con Uds. También me gustaría que Uds. _____ (poder) visitar Sevilla, porque es una ciudad magnífica.

Ana y yo encontramos un piso que _____ (estar) en el centro, cerca de la universidad. Si Uds. _____ (decidir) venir a visitarme, tenemos un dormitorio extra. No creo que los padres de Ana _____ (poder) venir, como nos habían dicho, porque no les dan vacaciones.

Mamá, es verdad que la comida de aquí _____ (ser) muy buena, pero no hay nadie que _____ (cocinar) tan bien como tú, así que en cuanto yo _____ (llegar) a California, quiero que me _____ (hacer) tu famoso pollo con mole[1].

Ayer fuimos con unos amigos a visitar la mezquita y después fuimos a un café en el barrio Santa Cruz. ¡Me estoy enamorando de Sevilla! Si _____ (poder), me quedaría a vivir aquí. ¡No se rían! Ya sé que no puedo vivir lejos de Uds.

Díganle a Héctor que quiero que me _____ (escribir) y me _____ (contar) cómo le va en la universidad.

Besos,

Marisa

---

[1]**Mole,** a sauce made with many spices and unsweetened chocolate, is used in Mexican cuisine.

Y ahora, ¿qué?

Palabras y más palabras

Internet

For more practice with lesson topics, see the related activities on the **¡Hola, amigos!** web site.

Match the questions in column A with the answers in column B, using the vocabulary from **Lección 15.**

A	*B*
1. ¿Para dónde son los muebles?	a. No, se alquila.
2. ¿Estás bromeando?	b. Para pagar el alquiler.
3. ¿Te gusta esta lámpara?	c. No, no pude convencerlo.
4. ¿Se vende la casa?	d. No, tomé el metro.
5. ¿Están comprometidos?	e. ¡No hay espacio!
6. ¿Para qué necesitas el dinero?	f. Con Prudential.
7. ¿Qué estás leyendo?	g. Es grande y barata.
8. ¿Viniste en coche?	h. Con el encargado.
9. ¿De qué es la mesa?	i. ¡Me encanta!
10. ¿José fue a la boda?	j. Los avisos clasificados.
11. ¿Es pariente tuyo?	k. Para la sala de estar.
12. ¿Con qué compañía tienes el seguro?	l. Sí, y me reí mucho.
13. ¿Con quién vas a hablar?	m. Claro que sí. Se casan en mayo.
14. ¿Por qué no estacionas aquí?	n. Sí, es mi hermanastro.
15. ¿Qué ventajas tiene la casa?	o. No, lo digo en serio.
16. ¿Te gustaría ir a Barcelona?	p. Es de madera.
17. ¿Viste una comedia?	q. Estupenda.
18. ¿Qué te pareció la boda?	r. Claro que sí. Me encantaría.

¡Vamos a conversar!

A. Para conocerse mejor. Get to know your partner better by asking each other the following questions.

1. ¿Te gustaría vivir en una casa que tuviera terraza?
2. ¿Cuántos dormitorios tiene tu casa?
3. ¿Qué muebles tienes en tu dormitorio?
4. ¿Lees los anuncios clasificados todos los días?
5. Si pudieras ir a Sevilla, ¿qué lugares visitarías?
6. Si dieras una recepción muy elegante, ¿invitarías a todos tus compañeros de clase?
7. La última fiesta que diste, ¿te costó un ojo de la cara?
8. De todos tus parientes, ¿cuáles son tus favoritos?
9. Si tuvieras mucho dinero, ¿qué lugar escogerías para una luna de miel?
10. ¿Has viajado en metro alguna vez? ¿Dónde?

B. Una encuesta. Interview your classmates to identify who fits the following descriptions. Include your instructor, but remember to use the **Ud.** form when addressing him/her.

	Nombre
1. Está comprometido(a).	
2. Se preocupa mucho por su familia.	
3. Tiene madrina.	
4. Es muy cariñoso(a).	
5. Tiene que hacer algo importante hoy mismo.	
6. Le gustaría trabajar para una compañía grande.	
7. Pintó su casa (apartamento) recientemente.	
8. Tuvo que pagar el alquiler la semana pasada.	
9. Ve a sus parientes frecuentemente.	
10. Casi nunca habla en serio.	

Situaciones

What would you say in the following situations? What might the other person say? Act out the scenes with a partner.

1. You are helping a friend make plans for a wedding reception. Discuss all the arrangements that have to be made.
2. You are discussing your idea of the "perfect house" with a friend.
3. You and a friend are debating various possible wedding gifts for a mutual friend.

 ## Para escribir

Develop a conversation involving you, your fiancé(e), spouse, or roommate and a rental agent showing you apartments. Assume that the agent has shown you a number of apartments, none of which met your needs. Discuss why the apartments were unsuitable and reiterate your requirements. Do not let the agent dissuade you with persuasive arguments!

¿Qué dice aquí?

Read these ads and answer the questions that follow.

VIVA EN EL CENTRO
DE BLANES
A 5 minutos de la playa
APARTAMENTOS
Con Plazas de Parking, 1 y 2 hab. Salón–Comedor–
Cocina equipada–Baño completo–Acabados
ALTO STANDING. Información: FINCAS VERA.
C. Murala, n.º 3. BLANES. Tels.:(972)33-53-74 y (972)33-70-47

CONJUNTO RESIDENCIAL DE **TIANA**

Con participación en Club Social. Piscina, tenis, squash, y zona ajardinada de recreo.

Vivir todo el año a 8 Km. de Barcelona.

4 dormitorios (1 suite) • cocina office • salón con chimenea • 3 baños • 1 aseo • 1 estudio • 1 solarium y terraza • garaje 3 coches.
Acabados de calidad. 225 m² + jardín individual.

ALTING
Tel. 321 32 36

Veranee todo el año en Barcelona. Vista panorámica, por encima capa polución ciudad, 135 m. sobre el nivel del mar

APARTAMENTOS
(JUNTO AL PARQUE GUINARDO)

Calle Dr. Cadevall, 1-3 Barcelona (entrada por Avda. V.de Montserrat y calle Fco. Alegre)
Gran calidad, estar-comedor, 2 ó 3 dorm., cocina, baño, calef. ind., terraza, antena colectiva, y parabólica, 70 a 90 m².

*Información: MANSUR, S.A. De 5:30 a 8.30 h. tarde
Tel. 257-53-45. Con financiación de Caja Postal*

---

1. ¿Hay algún apartamento que esté cerca de la ciudad de Barcelona? ¿Cuál? ¿Cuántos dormitorios tiene? ¿Tiene piscina?
2. ¿Hay algún apartamento que quede cerca de la playa? ¿Cuál es la dirección? ¿Los apartamentos son grandes o pequeños? ¿Se puede estacionar allí?
3. ¿Hay algún apartamento que quede cerca de un parque? ¿De qué parque? ¿A qué hora se puede ver?
4. ¿Qué apartamentos tienen terraza?
5. ¿Qué apartamentos tienen un club social ?

Lectura

A. Estrategia de lectura. Reading a poem is different from reading a story or an essay. A poet often uses words in original ways to express his/her feelings. Think about the following words from *Rimas*, which you are going to read. Try to visualize them individually, and then together. What feelings do they convey?

tierra	*earth*	mundo	*world*
cielo	*heaven*	beso	*kiss*
alma	*soul*	suspiros	*sighs*
sol	*sun*	lágrimas	*tears*
poesía	*poetry*	amor	*love*

B. Vamos a leer. As you read this poem, try to answer the following questions.

1. ¿En quién cree hoy el poeta? ¿Por qué?
2. ¿De qué color son los ojos de la mujer que el poeta ama?
3. ¿Qué le pregunta la mujer al poeta?
4. ¿Qué le contesta el poeta?
5. ¿Qué daría el poeta por una mirada (*look*) de su amada?
6. ¿Qué daría por una sonrisa (*smile*)?
7. ¿Qué crees que sería lo más maravilloso para el poeta?
8. ¿Con qué compara el poeta los suspiros y las lágrimas?

Gustavo Adolfo Bécquer nació en Sevilla, España, en 1836 y murió en el año 1870. Se le considera un precursor de la poesía moderna, y se le conoce mayormente por sus Rimas *y sus* Leyendas. *Sus poemas son breves y suponen la máxima condensación lírica. Los temas principales de su poesía son el amor, la soledad y el misterio.*

Rimas
Gustavo Adolfo Bécquer

XVII

Hoy la tierra y los cielos me sonríen;
hoy llega al fondo de mi alma el sol;
hoy la he visto..., la he visto y me ha mirado...
¡Hoy creo en Dios!

XXI

"¿Qué es poesía?," dices mientras clavas
en mi pupila tu pupila azul;
¿Qué es poesía? ¿Y tú me lo preguntas?
Poesía... eres tú.

XXIII

Por una mirada, un mundo;
por una sonrisa, un cielo;
por un beso... ¡yo no sé
qué te diera por un beso!

XXXVIII

¡Los suspiros son aire y van al aire!
¡Las lágrimas son agua y van al mar!
Dime, mujer, cuando el amor se olvida,
¿sabes tú a dónde va?

C. Díganos. Answer the following questions based on your own thoughts or experiences.

1. ¿Está Ud. enamorado(a)? ¿De quién?
2. ¿De qué color son los ojos de su amado(a)?
3. ¿A quién le ha dado Ud. un beso últimamente?
4. ¿Ha tenido Ud. un amor que ahora sólo es parte de su pasado?

~~~ Un dicho ~~~

Hogar, dulce hogar

Home, sweet home

Lección 14

A. Future tense

Change the verbs from the past tense to the future tense.

1. Fui al taller de mecánica.
2. Tuvimos que arreglar el coche.
3. Salieron para Madrid.
4. Vino en avión.
5. Estuvo ocupado.
6. Tú no te diste cuenta de nada.
7. Alicia no pudo ayudar.
8. Cerraron todas las puertas antes de salir.

B. Conditional tense

Complete the following sentences, using the conditional form of the verbs in parentheses.

1. Nosotros no _____ (hablar) con ellos.
2. Yo _____ (poner) la escoba en la cocina.
3. ¿Tú _____ (hacer) eso?
4. Ella no _____ (saber) qué hacer.
5. ¿Adónde _____ (ir) usted de vacaciones?
6. Ellos no le _____ (pedir) dinero a su padre.

C. Verbs and prepositions

Write the following sentences in Spanish.

1. When she fell in love with Roberto, she forgot Luis.
2. Did you remember to wash the clothes, Paquito?
3. I realized that I wouldn't be able to marry her.
4. She insisted on getting engaged to Mario.
5. I don't trust him. Did you notice his eyes . . . ?
6. We agreed on having the party next Saturday.

D. Vocabulary

Complete the following sentences, using vocabulary from **Lección 14.**

1. Le voy a poner _____ y vinagre a la ensalada.
2. ¿Trabajas o tienes el día _____?
3. Voy a _____ los platos después de comer.
4. Tocan a la _____. ¿Puedes abrirla, por favor?
5. Le voy a _____ la aspiradora a la _____.

6. ¿Lo van a _____ o lo van a limpiar en _____?
7. ¡Ya son las cinco! Tengo que darme _____.
8. ¿Vas a _____ el césped hoy?
9. No puedo ir a la universidad porque mi coche no _____.
10. Voy a poner las flores en un _____.
11. Necesito la _____ para barrer la cocina.
12. No hay _____ en el baño.
13. Ellos viven en un _____ muy elegante.
14. Voy a llevar el coche al _____ de mecánica.
15. Ellos quieren el filete _____ medio.
16. Necesito la vajilla y los _____ para poner la mesa.
17. Voy a lavar la ropa en la _____ y después la voy a poner en la
    _____.
18. Necesito la _____ para hacer huevos fritos, la _____ para hacer las
    tostadas y la _____ para hacer el café.

E. Culture

Answer the following questions, based on the **Notas culturales** you have read.

1. ¿Cuál es la capital de España?
2. ¿Cuál es el parque más famoso de Madrid?
3. ¿Qué es la Gran Vía?
4. ¿Cuál es el museo más importante de Madrid?
5. Actualmente, ¿por qué ayuda más el hombre hispano a su esposa con los trabajos de la casa?

Lección 15

A. Forms of the imperfect subjunctive

Give the imperfect subjunctive of the following verbs according to the cues provided.

1. nosotros / poder
2. tú /entender
3. ellos / poner
4. yo / querer
5. Ud. / traer
6. Uds. / tener
7. nosotras / saber
8. ella / decir
9. yo / ir
10. tú / ser

B. Uses of the imperfect subjunctive

Write the following sentences in Spanish.

1. My brother wanted me to rent the apartment.
2. I'm glad she came to see me last night.
3. I told him not to worry.
4. He suggested that we go to Mallorca.
5. I would like my children to speak Spanish.

C. *If*-clauses

Complete each sentence with the Spanish equivalent of the words in parentheses.

1. Yo compraría el coche... (*if I had money*).
2. Vamos a ir a verte... (*if we have time*).
3. Nosotros iríamos a México... (*if we could*).
4. (*If you see her*)..., díganle que venga mañana.
5. Ella le habla a su esposo,... (*as if she were his mother*).

D. Vocabulary

Complete the following sentences, using vocabulary from **Lección 15.**

1. Está leyendo los _____ clasificados.
2. Mi apartamento queda en el _____, cerca de todo.
3. Compró _____ nuevas para la ventana del dormitorio.
4. ¿Tuviste que pagar depósito de _____?
5. Necesito una mesita de _____.
6. Fueron de _____ de miel a Río.
7. Vienen todos mis _____: mis tíos, mis primos, etc.
8. Mi casa tiene una sala de _____ muy grande.
9. No puede alquilar el apartamento porque no tiene dinero para pagar el _____.
10. ¿Dónde puedo estacionar mi coche? Aquí no hay _____ para estacionar.
11. Ella está _____. Se casa en febrero.
12. Mi cómoda no es de plástico, es de _____.
13. El coche le costó un ojo de la _____.
14. No estoy bromeando; te lo digo en _____.
15. No vamos a ir mañana; vamos a ir hoy _____.
16. Es mi _____. Es el abuelo de mi papá.
17. Voy a comprar _____ para mi dormitorio: una cama, una cómoda y unas lámparas.
18. Es el hijo de mi madrastra. Es mi _____.

E. Culture

Answer the following questions, based on the **Notas culturales** you have read.

1. ¿En qué región de España está Sevilla?
2. ¿Por cuántos años ocuparon los moros Sevilla?
3. ¿Qué sabes de la catedral de Sevilla?
4. ¿Cuándo y para qué se construyó la Plaza de España?
5. ¿Qué relación tienen mi compadre y mi comadre con mi hijo después que lo bautizan?

Un poco más

Material suplementario

 Compound tenses of the indicative

1. Future perfect (*El futuro perfecto*)

■ Forms

The future perfect tense in Spanish corresponds closely in formation and meaning to the same tense in English. The Spanish future perfect is formed with the future tense of the auxiliary verb **haber** + past participle of the main verb.

FORMATION OF THE FUTURE PERFECT TENSE			
	Future of haber	+	*Past Participle*	
yo	**habré**		**terminado**	I will have finished
tú	**habrás**		**vuelto**	you (*fam.*) will have returned
Ud., él, ella	**habrá**		**comido**	you (*form.*), he, she will have eaten
nosotros(as)	**habremos**		**escrito**	we will have written
vosotros(as)	**habréis**		**dicho**	you (*fam.*) will have said
Uds., ellos, ellas	**habrán**		**salido**	you (*form., fam.*), they will have left

■ Use

Like its English equivalent, the Spanish future perfect tense is used to express an action that will have taken place by a certain time in the future.

—¿Tus padres estarán aquí para el dos de junio?

—Sí, para esa fecha ya **habrán vuelto** de Madrid.

"*Will your parents be here by June second?*"

"*Yes, by that date **they will have returned** from Madrid.*"

¡Vamos a practicar!

A. Complete each sentence with the corresponding form of the future perfect tense.

1. Para junio nosotros _____ (volver) del viaje, pero Carlos no _____ (llegar) de México todavía.
2. Para las nueve yo _____ (servir) la cena y ellos _____ (comer).
3. ¿A qué hora _____ (terminar) tú el trabajo?
4. ¿Ya _____ (leer) Uds. la novela para la próxima semana?
5. Para las doce la secretaria _____ (escribir) todas las cartas.

B. Interview a partner, using the following questions.

1. ¿Habremos terminado esta lección para la semana que viene?
2. ¿Las clases habrán terminado para el 15 de junio?
3. ¿Te habrás graduado (*graduate*) para el año que viene?
4. ¿Tú habrás vuelto a tu casa para las 10 de la noche?
5. ¿Tú y tu familia habrán terminado de cenar para las siete de la noche?
6. ¿Te habrás acostado para las once de la noche?

C. Use your imagination to complete each statement, using the future perfect tense.

1. Para el próximo año yo...
2. Para diciembre mis padres...
3. Para el sábado mi mejor amigo(a)...
4. Para la próxima semana el (la) profesor(a)...
5. Para el verano nosotros(as)...
6. Para esta noche tú...

2. Conditional perfect (*El condicional perfecto*)

■ Forms

The conditional perfect tense is formed with the conditional of the verb **haber** + past participle of the main verb.

FORMATION OF THE CONDITIONAL PERFECT TENSE			
	Conditional of **haber** +	*Past Participle*	
yo	**habría**	**hablado**	I would have spoken
tú	**habrías**	**comido**	you (*fam.*) would have eaten
Ud., él, ella	**habría**	**vuelto**	you (*form.*), he, she would have returned
nosotros(as)	**habríamos**	**dicho**	we would have said
vosotros(as)	**habríais**	**roto**	you (*fam.*) would have broken
Uds., ellos, ellas	**habrían**	**hecho**	you (*form., fam.*), they would have done, made

■ Uses

The conditional perfect (expressed in English by *would have* + past participle of the main verb) is used:

- To indicate an action that *would have taken place* (*but didn't*), if a certain condition had been true.

De haber sabido[1] que venía, lo **habría llamado.**

Had I known that he was coming, I would have called him.

- To refer to a future action in relation to the past.

Él dijo que para mayo **habrían terminado** la clase.

He said that by May they would have finished the class.

¡Vamos a practicar!

A. Complete each sentence, using the conditional perfect tense of the verbs given in parentheses.

1. De haber sabido que él no estaba aquí, yo no _____ (venir).
2. De haber sabido que yo no tenía dinero, él me lo _____ (comprar).
3. Él dijo que para mayo nosotros _____ (volver).
4. Carlos nos dijo que para septiembre tú _____ (terminar).
5. De haber sabido que Uds. tenían los libros, ellos se los _____ (pedir).
6. Él me dijo que para esta noche ellos _____ (llamar).

B. Using the conditional perfect tense and the cues provided, tell what you and the other people would have done differently.

MODELO: Tú fuiste de vacaciones a México.   (yo)
Yo habría ido a España.

1. Ellos comieron hamburguesas.   (yo)
2. Teresa salió con Ernesto.   (tú)
3. Yo preparé pollo para la cena.   (ellos)
4. Uds. estuvieron en México por una semana.   (nosotras)
5. Nosotros invitamos a muchas personas.   (Marta)
6. Yo escribí las cartas en español.   (Uds.)

C. With a classmate, discuss what you did last summer. Say whether you would have done the same thing as your partner or if you would have done something different.

---

[1]**De haber sabido** is an impersonal expression.

Compound tenses of the subjunctive

1. Present perfect subjunctive (*El pretérito perfecto de subjuntivo*)

■ Forms

The present perfect subjunctive tense is formed with the present subjunctive of the auxiliary verb **haber** + past participle of the main verb.

FORMATION OF THE PRESENT PERFECT SUBJUNCTIVE		
Present Subjunctive of haber	+	*Past Participle*
yo	**haya**	**hablado**
tú	**hayas**	**comido**
Ud., él, ella	**haya**	**vivido**
nosotros(as)	**hayamos**	**hecho**
vosotros(as)	**hayáis**	**ido**
Uds., ellos, ellas	**hayan**	**puesto**

¡Vamos a practicar!

For each subject below, conjugate the following verbs in the present perfect subjunctive.

1. *que yo:* escuchar, oír, divertirse, decir
2. *que tú:* llenar, despertarse, volver, pedir
3. *que ella:* celebrar, poner, estacionar, escribir
4. *que nosotros:* hacer, decidir, vestirse, ayudar
5. *que ellos:* conversar, abrir, morir, irse

■ Uses

The Spanish present perfect subjunctive tense is used in the same way as the present perfect tense in English, but only in sentences that call for the subjunctive in the subordinate clause.

— Espero que Eva **haya traído** las cintas.
*"I hope (that) Eva **has brought** the tapes."*

— Sí, y también ha traído la grabadora.
"Yes, and she has also brought the tape recorder."

— Álvaro prometió llevar a los niños al cine.
"Álvaro promised to take the children to the movies."

— Dudo que lo **haya hecho.**
*"I doubt that he **has done** it."*

¡Vamos a practicar!

A. Rewrite the following sentences, using the cues in parentheses. Make any necessary changes.

> MODELO: Ha llevado el coche al taller de mecánica.
> *Espero que haya llevado el coche al taller de mecánica.*

1. Ha estado aquí sólo un momento.   (Dudo)
2. Han comprado una casa nueva.   (Espero)
3. Ha podido celebrar su aniversario.   (No creo)
4. Has perdido parte del interés.   (Es posible)
5. No hemos comprado la alfombra.   (Siento)
6. Me he divertido mucho en la fiesta.   (No es verdad)
7. Han pasado unos días felices.   (Me alegro de)
8. Le han dado la dirección del teatro.   (Espero)
9. Le han mandado el dinero.   (No creo)
10. Han ido al concierto.   (No es cierto)

B. Complete the following dialogues by supplying the present perfect subjunctive of the verbs given. Then act them out with a partner.

1. — Espero que los chicos _____ (volver).
   — Dudo que ya _____ (regresar) porque es muy temprano.
   — Temo que _____ (tener) un accidente.
   — Tú te preocupas demasiado.
2. — ¿Hay alguien que _____ (estar) en Madrid alguna vez?
   — No, aquí no hay nadie que _____ (ir) a España.
3. — Siento que Uds. no _____ (poder) terminar el trabajo.
   — No es verdad que no lo _____ (terminar).
4. — ¿Ellos van a vivir en San Diego?
   — Sí, pero no creo que ya _____ (alquilar) un apartamento.
5. — Me alegro de que tú _____ (conseguir) el puesto.
   — Yo también.

C. Use your imagination to complete each statement, using the present perfect subjunctive tense.

1. Me alegro mucho de que mis padres...
2. Siento mucho que los invitados...
3. Espero que la clase de español...
4. No creo que los estudiantes...
5. No es cierto que yo...
6. Me sorprende que el concierto...
7. Dudo que el (la) profesor(a)...
8. No es verdad que él...

2. Pluperfect subjunctive (*El pluscuamperfecto de subjuntivo*)

■ Forms

The Spanish pluperfect subjunctive is formed with the imperfect subjunctive of the auxiliary verb **haber** + past participle of the main verb.

FORMATION OF THE PLUPERFECT SUBJUNCTIVE TENSE		
	Imperfect Subjunctive *of* haber +	*Past* *Participle*
yo	**hubiera**	**hablado**
tú	**hubieras**	**comido**
Ud., él, ella	**hubiera**	**vivido**
nosotros(as)	**hubiéramos**	**visto**
vosotros(as)	**hubierais**	**hecho**
Uds., ellos, ellas	**hubieran**	**vuelto**

■ Use

The Spanish pluperfect subjunctive tense is used in the same way the past perfect is used in English, but in sentences in which the main clause calls for the subjunctive.

Yo dudaba que ellos **hubieran llegado.**	*I doubted that they **had arrived.***
Yo esperaba que tú **hubieras pagado** tus cuentas.	*I was hoping that you **had paid** your bills.*

¡Vamos a practicar!

A. Rewrite the following sentences, using the cues in parentheses. Make any necessary changes.

> MODELO: Él se alegra de que ellos hayan hecho el trabajo.   (Él se alegró)
> *Él se alegró de que ellos hubieran hecho el trabajo.*

1. Nosotros sentimos que hayas estado solo en Lima.   (Nosotros sentíamos)
2. Yo espero que Uds. hayan hecho el trabajo.   (Yo esperaba)
3. Siente que yo no haya podido venir el sábado.   (Sintió)
4. No creo que hayas comprado esas sábanas.   (No creí)
5. Me sorprende que no hayas cambiado el pasaje.   (Me sorprendió)
6. Me alegro de que hayamos conseguido la reservación.   (Me alegré)
7. Es probable que ellos hayan tenido que trasbordar.   (Era probable)
8. No es verdad que él haya llegado tarde.   (No era verdad)

B. Write the following sentences in Spanish.

1. We were hoping that they had done the work.
2. I was sorry you had been sick.
3. They were glad that he had bought the tickets for the trip.
4. I didn't think that they hadn't gotten a discount.
5. We were glad that you had brought your driver's license.

C. Use the pluperfect subjunctive to finish the following in an original manner.

1. Mis padres se alegraron de que yo...
2. Yo esperaba que mis amigos...
3. Ellos sintieron que nosotros...
4. Aquí no había nadie que...
5. ¿Había alguien en esa familia que...?
6. Mi compañero de cuarto dudaba que yo...

APPENDIXES

Appendix A Spanish Sounds

Vowels

There are five distinct vowels in Spanish: **a, e, i, o, u.** Each vowel has only one basic, constant sound. The pronunciation of each vowel is constant, clear, and brief. The length of the sound is practically the same whether it is produced in a stressed or unstressed syllable.[1]

While producing the sounds of the English stressed vowels that most closely resemble the Spanish ones, the speaker changes the position of the tongue, lips, and lower jaw, so that the vowel actually starts as one sound and then *glides* into another. In Spanish, however, the tongue, lips, and jaw keep a constant position during the production of the sound.

>   **English:** banana   **Spanish:** banana

The stress falls on the same vowel and syllable in both Spanish and English, but the English stressed *a* is longer than the Spanish stressed **a.**

>   **English:** banana   **Spanish:** banana

Note also that the English stressed *a* has a sound different from the other *a*'s in the word, while the Spanish **a** sound remains constant.

a   in Spanish sounds similar to the English *a* in the word *father.*

>   alta   casa   palma   Ana   cama   Panamá   alma   apagar

e   is pronounced like the English *e* in the word *eight.*

>   mes   entre   este   deje   ese   encender   teme   prender

i   has a sound similar to the English *ee* in the word *see.*

>   fin   ir   sí   sin   dividir   Trini   difícil

o   is similar to the English *o* in the word *no*, but without the glide.

>   toco   como   poco   roto   corto   corro   solo   loco

u   is pronounced like the English *oo* sound in the word *shoot* or the *ue* sound in the word *Sue.*

>   su   Lulú   Úrsula   cultura   un   luna   sucursal   Uruguay

---

[1]In a stressed syllable, the prominence of the vowel is indicated by its loudness.

Diphthongs and triphthongs

When unstressed **i** or **u** falls next to another vowel in a syllable, it unites with that vowel to form what is called a *diphthong*. Both vowels are pronounced as one syllable. Their sounds do not change; they are only pronounced more rapidly and with a glide. For example:

tr**ai**ga	L**i**d**ia**	tr**ei**nta	s**ie**te	**oi**go	ad**ió**s
Aurora	ag**ua**	b**ue**no	antig**uo**	c**iu**dad	L**ui**s

A triphthong is the union of three vowels, a stressed vowel between two unstressed ones (**i** or **u**) in the same syllable. For example: Parag**uay**, estud**iéi**s.

NOTE: Stressed **i** and **u** do not form diphthongs with other vowels, except in the combinations **iu** and **ui**. For example: **rí**-o, sa-**bí**-ais.

In syllabication, diphthongs and triphthongs are considered a single vowel; their components cannot be separated.

Consonants

p   Spanish **p** is pronounced in a manner similar to the English *p* sound, but without the puff of air that follows after the English sound is produced.

pesca   pude   puedo   parte   papá
postre   piña   puente   Paco

k   The Spanish **k** sound, represented by the letters **k** and **c** before **a, o, u,** or a consonant, and **qu,** is similar to the English *k* sound, but without the puff of air.

casa   comer   cuna   clima   acción   que
quinto   queso   aunque   quiosco   kilómetro   kilo

t   Spanish **t** is produced by touching the back of the upper front teeth with the tip of the tongue. It has no puff of air as in the English *t.*

todo   antes   corto   Guatemala   diente
resto   tonto   roto   tanque

d   The Spanish consonant **d** has two different sounds depending on its position. At the beginning of an utterance and after **n** or **l,** the tip of the tongue presses the back of the upper front teeth.

día   doma   dice   dolor   dar
anda   Aldo   caldo   el deseo   un domicilio

In all other positions the sound of **d** is similar to the *th* sound in the English word *they,* but softer.

medida   todo   nada   nadie   medio
puedo   moda   queda   nudo

g The Spanish consonant **g** is similar to the English *g* sound in the word *guy* except before **e** or **i.**

goma   glotón gallo   gloria   lago   alga
gorrión garra   guerra angustia algo   Dagoberto

j The sound of Spanish **j** (or **g** before **e** and **i**) is similar to a strongly exaggerated English *h* sound.

gemir juez jarro gitano agente
juego giro bajo   gente

b, v There is no difference in sound between Spanish **b** and **v.** Both letters are pronounced alike. At the beginning of an utterance or after **m** or **n, b** and **v** have a sound identical to the English *b* sound in the word *boy.*

vivir   beber vamos barco   enviar
hambre batea bueno vestido

When pronounced between vowels, the Spanish **b** and **v** sound is produced by bringing the lips together but not closing them, so that some air may pass through.

sábado autobús yo voy su barco

y, ll In most countries, Spanish **ll** and **y** have a sound similar to the English sound in the word *yes.*

el llavero un yelmo el yeso   su yunta llama yema
oye   trayecto trayectoria   mayo   milla bella

NOTE: When it stands alone or is at the end of a word, Spanish **y** is pronounced like the vowel **i.**

rey hoy y doy buey muy voy estoy soy

r The sound of Spanish **r** is similar to the English *dd* sound in the word *ladder.*

crema   aroma cara arena aro
harina toro   oro   eres   portero

rr Spanish **rr** and also **r** in an initial position and after **n, l,** or **s** are pronounced with a very strong trill. This trill is produced by bringing the tip of the tongue near the alveolar ridge and letting it vibrate freely while the air passes through the mouth.

rama   carro   Israel cierra roto
perro alrededor rizo   corre   Enrique

s Spanish **s** is represented in most of the Spanish world by the letters **s, z,** and **c** before **e** or **i.** The sound is very similar to the English sibilant *s* in the word *sink.*

sale   sitio   presidente signo
salsa   seda   suma   vaso
sobrino ciudad   cima   canción
zapato   zarza   cerveza   centro

h   The letter **h** is silent in Spanish.

hoy   hora   hilo   ahora
humor   huevo   horror   almohada

ch   Spanish **ch** is pronounced like the English *ch* in the word *chief.*

hecho   chico   coche   Chile
mucho   muchacho   salchicha

f   Spanish **f** is identical in sound to the English *f.*

difícil   feo   fuego   forma
fácil   fecha   foto   fueron

l   Spanish **l** is similar to the English *l* in the word *let.*

dolor   lata   ángel   lago   sueldo
los   pelo   lana   general   fácil

m   Spanish **m** is pronounced like the English *m* in the word *mother.*

mano   moda   mucho   muy
mismo   tampoco   multa   cómoda

n   In most cases, Spanish **n** has a sound similar to the English *n.*

nada   nunca   ninguno   norte
entra   tiene   sienta

The sound of Spanish **n** is often affected by the sounds that occur around it. When it appears before **b, v,** or **p,** it is pronounced like an **m.**

tan bueno   toman vino   sin poder
un pobre   comen peras   siguen bebiendo

ñ   Spanish **ñ** is similar to the English *ny* sound in the word *canyon.*

señor   otoño   ñoño   uña
leña   dueño   niños   años

x   Spanish **x** has two pronunciations depending on its position. Between vowels the sound is similar to English *ks.*

examen   exacto   boxeo   éxito
oxidar   oxígeno   existencia

When it occurs before a consonant, Spanish **x** sounds like *s.*

expresión   explicar   extraer   excusa
expreso   exquisito   extremo

NOTE: When **x** appears in **México** or in other words of Mexican origin, it is pronounced like the Spanish letter **j.**

Rhythm

Rhythm is the variation of sound intensity that we usually associate with music. Spanish and English each regulate these variations in speech differently, because they have different patterns of syllable length. In Spanish the length of the stressed and unstressed syllables remains almost the same, while in English stressed syllables are considerably longer than unstressed ones. Pronounce the following Spanish words, enunciating each syllable clearly.

es-tu-dian-te	bue-no	Úr-su-la
com-po-si-ción	di-fí-cil	ki-ló-me-tro
po-li-cí-a	Pa-ra-guay	

Because the length of the Spanish syllables remains constant, the greater the number of syllables in a given word or phrase, the longer the phrase will be.

Linking

In spoken Spanish, the different words in a phrase or a sentence are not pronounced as isolated elements but combined together. This is called *linking*.

Pepe come pan.		Pe-pe-co-me-pan
Tomás toma leche.		To-más-to-ma-le-che
Luis tiene la llave.		Luis-tie-ne-la-lla-ve
La mano de Roberto.		La-ma-no-de-Ro-ber-to

1. The final consonant of a word is pronounced together with the initial vowel of the following word.

Carlos anda		Car-lo-san-da
un ángel		u-nán-gel
el otoño		e-lo-to-ño
unos estudios interesantes		u-no-ses-tu-dio-sin-te-re-san-tes

2. A diphthong is formed between the final vowel of a word and the initial vowel of the following word. A triphthong is formed when there is a combination of three vowels (see rules for the formation of diphthongs and triphthongs on page 356).

su hermana		suher-ma-na
tu escopeta		tues-co-pe-ta
Roberto y Luis		Ro-ber-toy-Luis
negocio importante		ne-go-cioim-por-tan-te
lluvia y nieve		llu-viay-nie-ve
ardua empresa		ar-duaem-pre-sa

3. When the final vowel of a word and the initial vowel of the following word are identical, they are pronounced slightly longer than one vowel.

Ana alcanza	A-n*a*l-can-za	tiene eso	tie-n*e*-so
lo olvido	l*o*l-vi-do	Ada atiende	Ad*a*-tien-de

The same rule applies when two identical vowels appear within a word.

crees	cr*e*s
Teherán	T*e*-rán
coordinación	c*o*r-di-na-ción

4. When the final consonant of a word and the initial consonant of the following word are the same, they are pronounced like one consonant with slightly longer than normal duration.

el lado	e-*l*a-do	tienes sed	tie-ne-*s*ed
Carlos salta	Car-lo-*s*al-ta		

Intonation

Intonation is the rise and fall of pitch in the delivery of a phrase or sentence. In general, Spanish pitch tends to change less than English, giving the impression that the language is less emphatic.

As a rule, the intonation for normal statements in Spanish starts in a low tone, raises to a higher one on the first stressed syllable, maintains that tone until the last stressed syllable, and then goes back to the initial low tone, with still another drop at the very end.

Tu amigo viene mañana.	José come pan.
Ada está en casa.	Carlos toma café.

Syllable formation in Spanish

Below are general rules for dividing words into syllables:

Vowels

1. A vowel or a vowel combination can constitute a syllable.

   a-lum-no   a-bue-la   Eu-ro-pa

2. Diphthongs and triphthongs are considered single vowels and cannot be divided.

   bai-le   puen-te   Dia-na   es-tu-diáis   an-ti-guo

3. Two strong vowels (**a, e, o**) do not form a diphthong and are separated into two syllables.

   em-ple-ar   vol-te-ar   lo-a

4. A written accent on a weak vowel (**i** or **u**) breaks the diphthong, separating the vowels into two syllables.

   trí-o   dú-o   Ma-rí-a

Consonants

1. A single consonant forms a syllable with the vowel that follows it.

   po-der   ma-no   mi-nu-to

   NOTE: **ch, ll,** and **rr** are considered single consonants: **a-ma-ri-llo, co-che, pe-rro.**

2. When two consonants appear between two vowels, they are separated into two syllables.

   al-fa-be-to   cam-pe-ón   me-ter-se   mo-les-tia

   EXCEPTION: When a consonant cluster composed of **b, c, d, f, g, p,** or **t** with **l** or **r** appears between two vowels, the cluster joins the following vowel: **so-bre, o-tros, ca-ble, te-lé-gra-fo.**

3. When three consonants appear between two vowels, only the last one goes with the following vowel.

   ins-pec-tor   trans-por-te   trans-for-mar

   EXCEPTION: When there is a cluster of three consonants in the combinations described in rule 2, the first consonant joins the preceding vowel and the cluster joins the following vowel: **es-cri-bir, ex-tran-je-ro, im-plo-rar, es-tre-cho.**

Accentuation

In Spanish, all words are stressed according to specific rules. Words that do not follow the rules must have a written accent to indicate the change of stress. The basic rules for accentuation are as follows.

1. Words ending in a vowel, **n,** or **s** are stressed on the next-to-the-last syllable.

   hi-jo   **ca**-lle   **me**-sa   fa-**mo**-sos
   flo-**re**-cen   **pla**-ya   **ve**-ces

2. Words ending in a consonant, except **n** or **s,** are stressed on the last syllable.

   ma-**yor**   a-**mor**   tro-pi-**cal**   na-**riz**   re-**loj**   co-rre-**dor**

3. All words that do not follow these rules must have a written accent.

   ca-**fé**   sa-**lió**   rin-**cón**   fran-**cés**   sa-**lón**
   án-gel   **lá**-piz   **dé**-bil   a-**zú**-car   **Víc**-tor
   sim-**pá**-ti-co **lí**-qui-do   **mú**-si-ca   e-**xá**-me-nes   de-**mó**-cra-ta

4. Pronouns and adverbs of interrogation and exclamation have a written accent to distinguish them from relative pronouns.

¿Qué comes?	*What are you eating?*
La pera que él no comió.	*The pear that he did not eat.*
¿Quién está ahí?	*Who is there?*
El hombre a quien tú llamaste.	*The man whom you called.*
¿Dónde está él?	*Where is he?*
En el lugar donde trabaja.	*At the place where he works.*

5. Words that have the same spelling but different meanings take a written accent to differentiate one from the other.

el	*the*	él	*he, him*	te	*you*	té	*tea*
mi	*my*	mí	*me*	si	*if*	sí	*yes*
tu	*your*	tú	*you*	mas	*but*	más	*more*

Appendix B   Verbs

Regular verbs

Model -ar, -er, -ir verbs

INFINITIVE

amar (*to love*)	**comer** (*to eat*)	**vivir** (*to live*)

PRESENT PARTICIPLE

amando (*loving*)	**comiendo** (*eating*)	**viviendo** (*living*)

PAST PARTICIPLE

amado (*loved*)	**comido** (*eaten*)	**vivido** (*lived*)

SIMPLE TENSES

Indicative Mood

PRESENT

(*I love*)		(*I eat*)		(*I live*)	
am**o**	am**amos**	com**o**	com**emos**	viv**o**	viv**imos**
am**as**	am**áis**	com**es**	com**éis**	viv**es**	viv**ís**
am**a**	am**an**	com**e**	com**en**	viv**e**	viv**en**

IMPERFECT

(*I used to love*)		(*I used to eat*)		(*I used to live*)	
am**aba**	am**ábamos**	com**ía**	com**íamos**	viv**ía**	viv**íamos**
am**abas**	am**abais**	com**ías**	com**íais**	viv**ías**	viv**íais**
am**aba**	am**aban**	com**ía**	com**ían**	viv**ía**	viv**ían**

PRETERIT

(*I loved*)		(*I ate*)		(*I lived*)	
am**é**	am**amos**	com**í**	com**imos**	viv**í**	viv**imos**
am**aste**	am**asteis**	com**iste**	com**isteis**	viv**iste**	viv**isteis**
am**ó**	am**aron**	com**ió**	com**ieron**	viv**ió**	viv**ieron**

FUTURE

(*I will love*)		(*I will eat*)		(*I will live*)	
amar**é**	amar**emos**	comer**é**	comer**emos**	vivir**é**	vivir**emos**
amar**ás**	amar**éis**	comer**ás**	comer**éis**	vivir**ás**	vivir**éis**
amar**á**	amar**án**	comer**á**	comer**án**	vivir**á**	vivir**án**

CONDITIONAL

(*I would love*)		(*I would eat*)		(*I would live*)	
amar**ía**	amar**íamos**	comer**ía**	comer**íamos**	vivir**ía**	vivir**íamos**
amar**ías**	amar**íais**	comer**ías**	comer**íais**	vivir**ías**	vivir**íais**
amar**ía**	amar**ían**	comer**ía**	comer**ían**	vivir**ía**	vivir**ían**

Subjunctive Mood

PRESENT

([*that*] I [*may*] love)		([*that*] I [*may*] eat)		([*that*] I [*may*] live)	
am**e**	am**emos**	com**a**	com**amos**	viv**a**	viv**amos**
am**es**	am**éis**	com**as**	com**áis**	viv**as**	viv**áis**
am**e**	am**en**	com**a**	com**an**	viv**a**	viv**an**

IMPERFECT

([*that*] I [*might*] love)	([*that*] I [*might*] eat)	([*that*] I [*might*] live)
am**ara(-ase)**	com**iera(-iese)**	viv**iera(-iese)**
am**aras(-ases)**	com**ieras(-ieses)**	viv**ieras(-ieses)**
am**ara(-ase)**	com**iera(-iese)**	viv**iera(-iese)**
am**áramos(-ásemos)**	com**iéramos(-iésemos)**	viv**iéramos(-iésemos)**
am**arais(-aseis)**	com**ierais(-ieseis)**	viv**ierais(-ieseis)**
am**aran(-asen)**	com**ieran(-iesen)**	viv**ieran(-iesen)**

IMPERATIVE MOOD

(*love*)	(*eat*)	(*live*)
am**a** (tú)	com**e** (tú)	viv**e** (tú)
am**e** (Ud.)	com**a** (Ud.)	viv**a** (Ud.)
am**emos** (nosotros)	com**amos** (nosotros)	viv**amos** (nosotros)
am**ad** (vosotros)	com**ed** (vosotros)	viv**id** (vosotros)
am**en** (Uds.)	com**an** (Uds.)	viv**an** (Uds.)

COMPOUND TENSES

PERFECT INFINITIVE

haber amado   **haber comido**   **haber vivido**

PERFECT PARTICIPLE

habiendo amado   **habiendo comido**   **habiendo vivido**

Indicative Mood

PRESENT PERFECT

(*I have loved*)   (*I have eaten*)   (*I have lived*)

he amado	hemos amado	he comido	hemos comido	he vivido	hemos vivido
has amado	habéis amado	has comido	habéis comido	has vivido	habéis vivido
ha amado	han amado	ha comido	han comido	ha vivido	han vivido

PAST PERFECT (PLUPERFECT)

(*I had loved*)   (*I had eaten*)   (*I had lived*)

había amado   había comido   había vivido
habías amado   habías comido   habías vivido
había amado   había comido   había vivido

habíamos amado   habíamos comido   habíamos vivido
habíais amado   habíais comido   habíais vivido
habían amado   habían comido   habían vivido

FUTURE PERFECT

(*I will have loved*)   (*I will have eaten*)   (*I will have lived*)

habré amado   habré comido   habré vivido
habrás amado   habrás comido   habrás vivido
habrá amado   habrá comido   habrá vivido

habremos amado   habremos comido   habremos vivido
habréis amado   habréis comido   habréis vivido
habrán amado   habrán comido   habrán vivido

CONDITIONAL PERFECT

(*I would have loved*)   (*I would have eaten*)   (*I would have lived*)

habría amado   habría comido   habría vivido
habrías amado   habrías comido   habrías vivido
habría amado   habría comido   habría vivido

habríamos amado   habríamos comido   habríamos vivido
habríais amado   habríais comido   habríais vivido
habrían amado   habrían comido   habrían vivido

Subjunctive Mood

PRESENT PERFECT

([*that*] I [*may*] *have loved*)	([*that*] I [*may*] *have eaten*)	([*that*] I [*may*] *have lived*)
haya amado	haya comido	haya vivido
hayas amado	hayas comido	hayas vivido
haya amado	haya comido	haya vivido
hayamos amado	hayamos comido	hayamos vivido
hayáis amado	hayáis comido	hayáis vivido
hayan amado	hayan comido	hayan vivido

PAST PERFECT (PLUPERFECT)

([*that*] I [*might*] *have loved*)	([*that*] I [*might*] *have eaten*)	([*that*] I [*might*] *have lived*)
hubiera(-iese) amado	hubiera(-iese) comido	hubiera(-iese) vivido
hubieras(-ieses) amado	hubieras(-ieses) comido	hubieras(-ieses) vivido
hubiera(-iese) amado	hubiera(-iese) comido	hubiera(-iese) vivido
hubiéramos(-iésemos) amado	hubiéramos(-iésemos) comido	hubiéramos(-iésemos) vivido
hubierais(-ieseis) amado	hubierais(-ieseis) comido	hubierais(-ieseis) vivido
hubieran(-iesen) amado	hubieran(-iesen) comido	hubieran(-iesen) vivido

Stem-changing verbs

The -ar and -er stem-changing verbs

Stem-changing verbs are those that have a spelling change in the root of the verb. Verbs that end in **-ar** and **-er** change the stressed vowel **e** to **ie,** and the stressed **o** to **ue.** These changes occur in all persons, except the first- and second-persons plural of the present indicative, present subjunctive, and imperative.

INFINITIVE	**Indicative**	**Imperative**	**Subjunctive**
cerrar (*to close*)	cierro	_____	cierre
	cierras	cierra	cierres
	cierra	cierre	cierre
	cerramos	cerremos	cerremos
	cerráis	cerrad	cerréis
	cierran	cierren	cierren
perder (*to lose*)	pierdo	_____	pierda
	pierdes	pierde	pierdas
	pierde	pierda	pierda
	perdemos	perdamos	perdamos
	perdéis	perded	perdáis
	pierden	pierdan	pierdan

INFINITIVE	**Indicative**	**Imperative**	**Subjunctive**
contar	cuento	———	cuente
(*to count;*	cuentas	cuenta	cuentes
to tell)	cuenta	cuente	cuente
	contamos	contemos	contemos
	contáis	contad	contéis
	cuentan	cuenten	cuenten
volver	vuelvo	———	vuelva
(*to return*)	vuelves	vuelve	vuelvas
	vuelve	vuelva	vuelva
	volvemos	volvamos	volvamos
	volvéis	volved	volváis
	vuelven	vuelvan	vuelvan

Verbs that follow the same pattern are:

acordarse	*to remember*	despertar(se)	*to wake up*	probar	*to prove; to taste*
acostar(se)	*to go to bed*	empezar	*to begin*	recordar	*to remember*
almorzar	*to have lunch*	encender	*to light; to turn on*	rogar	*to beg*
atravesar	*to go through*	encontrar	*to find*	sentar(se)	*to sit down*
cocer	*to cook*	entender	*to understand*	soler	*to be in the habit of*
colgar	*to hang*	llover	*to rain*	soñar	*to dream*
comenzar	*to begin*	mover	*to move*	tender	*to stretch; to unfold*
confesar	*to confess*	mostrar	*to show*	torcer	*to twist*
costar	*to cost*	negar	*to deny*		
demostrar	*to demonstrate,*	nevar	*to snow*		
	show	pensar	*to think; to plan*		

The -ir stem-changing verbs

There are two types of stem-changing verbs that end in **-ir:** one type changes stressed **e** to **ie** in some tenses and to **i** in others, and stressed **o** to **ue** or **u;** the second type changes stressed **e** to **i** only in all the irregular tenses.

Type I: -ir: e > ie or i / o > ue or u

These changes occur as follows.

Present Indicative: all persons except the first- and second-persons plural change **e** to **ie** and **o** to **ue.** *Preterit:* third person, singular and plural, changes **e** to **i** and **o** to **u.** *Present Subjunctive:* all persons change **e** to **ie** and **o** to **ue,** except the first- and second-persons plural, which change **e** to **i** and **o** to **u.** *Imperfect Subjunctive:* all persons change **e** to **i** and **o** to **u.** *Imperative:* all persons except the first- and second-persons plural change **e** to **ie** and **o** to **ue;** first-person plural changes **e** to **i** and **o** to **u.** *Present Participle:* changes **e** to **i** and **o** to **u.**

INFINITIVE	Indicative		Imperative	Subjunctive	
sentir *(to feel)*	PRESENT	PRETERIT		PRESENT	IMPERFECT
PRESENT PARTICIPLE sintiendo	siento sientes siente	sentí sentiste sintió	siente sienta	sienta sientas sienta	sintiera(-iese) sintieras sintiera
	sentimos sentís sienten	sentimos sentisteis sintieron	sintamos sentid sientan	sintamos sintáis sientan	sintiéramos sintierais sintieran
dormir *(to sleep)* PRESENT PARTICIPLE durmiendo	duermo duermes duerme	dormí dormiste durmió	duerme duerma	duerma duermas duerma	durmiera(-iese) durmieras durmiera
	dormimos dormís duermen	dormimos dormisteis durmieron	durmamos dormid duerman	durmamos durmáis duerman	durmiéramos durmierais durmieran

Other verbs that follow the same pattern are:

advertir	*to warn*	divertir(se)	*to amuse (oneself)*	preferir	*to prefer*
arrepentirse	*to repent*	herir	*to wound, hurt*	referir	*to refer*
consentir	*to consent; to pamper*	mentir	*to lie*	sugerir	*to suggest*
convertir(se)	*to turn into*	morir	*to die*		

Type II: -ir: e > i

The verbs in the second category are irregular in the same tenses as those of the first type. The only difference is that they have just one change: **e > i** in all irregular persons.

INFINITIVE	Indicative		Imperative	Subjunctive	
pedir *(to ask for,* *request)*	PRESENT	PRETERIT		PRESENT	IMPERFECT
PRESENT PARTICIPLE pidiendo	pido pides pide	pedí pediste pidió	pide pida	pida pidas pida	pidiera(-iese) pidieras pidiera
	pedimos pedís piden	pedimos pedisteis pidieron	pidamos pedid pidan	pidamos pidáis pidan	pidiéramos pidierais pidieran

Verbs that follow this pattern:

competir	*to compete*	impedir	*to prevent*	reñir	*to fight*
concebir	*to conceive*	perseguir	*to pursue*	seguir	*to follow*
despedir(se)	*to say good-bye*	reír(se)	*to laugh*	servir	*to serve*
elegir	*to choose*	repetir	*to repeat*	vestir(se)	*to dress*

Orthographic-changing verbs

Some verbs undergo a change in the spelling of the stem in some tenses in order to maintain the sound of the final consonant. The most common ones are those with the consonants **g** and **c.** Remember that **g** and **c** in front of **e** or **i** have a soft sound, and in front of **a, o,** or **u** have a hard sound. In order to keep the soft sound in front of **a, o,** or **u, g** and **c** change to **j** and **z,** respectively. In order to keep the hard sound of **g** or **c** in front of **e** and **i, u** is added to the **g (gu)** and the **c** changes to **qu.** The following are the most important verbs of this type that are regular in all tenses but change in spelling.

1. Verbs ending in **-gar** change **g** to **gu** before **e** in the first person of the preterit and in all persons of the present subjunctive.

   pagar   *to pay*
   Preterit: pa**gu**é, pagaste, pagó, etc.
   Pres. Subj.:   pa**gu**e, pa**gu**es, pa**gu**e, pa**gu**emos, pa**gu**éis, pa**gu**en

   Verbs that follow the same pattern: **colgar, llegar, navegar, negar, regar, rogar, jugar.**

2. Verbs ending in **-ger** or **-gir** change **g** to **j** before **o** and **a** in the first person of the present indicative and in all the persons of the present subjunctive.

   proteger   *to protect*
   Pres. Ind.:   prote**j**o, proteges, protege, etc.
   Pres. Subj.:   prote**j**a, prote**j**as, prote**j**a, prote**j**amos, prote**j**áis, prote**j**an

   Verbs that follow the same pattern: **coger, dirigir, elegir, escoger, exigir, recoger, corregir.**

3. Verbs ending in **-guar** change **gu** to **gü** before **e** in the first person of the preterit and in all persons of the present subjunctive.

   averiguar   *to find out*
   Preterit: averi**gü**é, averiguaste, averiguó, etc.
   Pres. Subj.:   averi**gü**e, averi**gü**es, averi**gü**e, averi**gü**emos, averi**gü**éis, averi**gü**en

   The verb **apaciguar** follows the same pattern.

4. Verbs ending in **-guir** change **gu** to **g** before **o** and **a** in the first person of the present indicative and in all persons of the present subjunctive.

   conseguir   *to get*
   Pres. Ind.:   consi**g**o, consigues, consigue, etc.
   Pres. Subj.:   consi**g**a, consi**g**as, consi**g**a, consi**g**amos, consi**g**áis, consi**g**an

   Verbs that follow the same pattern: **distinguir, perseguir, proseguir, seguir.**

5. Verbs ending in **-car** change **c** to **qu** before **e** in the first person of the preterit and in all persons of the present subjunctive.

   tocar   *to touch; to play (a musical instrument)*
   Preterit: to**qu**é, tocaste, tocó, etc.
   Pres. Subj.:   to**qu**e, to**qu**es, to**qu**e, to**qu**emos, to**qu**éis, to**qu**en

   Verbs that follow the same pattern: **atacar, buscar, comunicar, explicar, indicar, sacar, pescar.**

6. Verbs ending in **-cer** or **-cir** preceded by a consonant change **c** to **z** before **o** and **a** in the first person of the present indicative and in all persons of the present subjunctive.

torcer   *to twist*
Pres. Ind.:   tuerzo, tuerces, tuerce, etc.
Pres. Subj.:   tuerza, tuerzas, tuerza, torzamos, torzáis, tuerzan

Verbs that follow the same pattern: **convencer, esparcir, vencer.**

7. Verbs ending in **-cer** or **-cir** preceded by a vowel change **c** to **zc** before **o** and **a** in the first person of the present indicative and in all persons of the present subjunctive.

conocer   *to know, be acquainted with*
Pres. Ind.:   conozco, conoces, conoce, etc.
Pres. Subj.:   conozca, conozcas, conozca, conozcamos, conozcáis, conozcan

Verbs that follow the same pattern: **agradecer, aparecer, carecer, establecer, entristecer** (*to sadden*), **lucir, nacer, obedecer, ofrecer, padecer, parecer, pertenecer, relucir, reconocer.**

8. Verbs ending in **-zar** change **z** to **c** before **e** in the first person of the preterit and in all persons of the present subjunctive.

rezar   *to pray*
Preterit: recé, rezaste, rezó, etc.
Pres. Subj.:   rece, reces, rece, recemos, recéis, recen

Verbs that follow the same pattern: **alcanzar, almorzar, comenzar, cruzar, empezar, forzar, gozar, abrazar.**

9. Verbs ending in **-eer** change the unstressed **i** to **y** between vowels in the third-person singular and plural of the preterit, in all persons of the imperfect subjunctive, and in the present participle.

creer   *to believe*
Preterit: creí, creíste, creyó, creímos, creísteis, creyeron
Imp. Subj.:   creyera(-ese), creyeras, creyera, creyéramos, creyerais, creyeran
Pres. Part.:   creyendo
Past Part.:   creído

Verbs that follow the same pattern: **leer, poseer.**

10. Verbs ending in **-uir** change the unstressed **i** to **y** between vowels (except **-quir,** which has the silent **u**) in the following tenses and persons.

huir   *to escape; to flee*
Pres. Part.:   huyendo
Pres. Ind.:   huyo, huyes, huye, huimos, huís, huyen
Preterit: huí, huiste, huyó, huimos, huisteis, huyeron
Imperative: huye, huya, huyamos, huid, huyan
Pres. Subj.:   huya, huyas, huya, huyamos, huyáis, huyan
Imp. Subj.:   huyera(-ese), huyeras, huyera, huyéramos, huyerais, huyeran

Verbs that follow the same pattern: **atribuir, concluir, constituir, construir, contribuir, destituir, destruir, disminuir, distribuir, excluir, incluir, influir, instruir, restituir, sustituir.**

11. Verbs ending in **-eír** lose the **e** in all but the first- and second-persons plural of the present indicative, in the third-person singular and plural of the preterit, in all persons of the imperfect subjunctive, and in the present participle.

reír   *to laugh*
Pres. Ind.:   río, ríes, ríe, reímos, reís, ríen
Preterit: reí, reíste, rió, reímos, reísteis, rieron
Pres. Subj.:   ría, rías, ría, riamos, riáis, rían
Imp. Subj.:   riera(-ese), rieras, riera, riéramos, rierais, rieran
Pres. Part.:   riendo

Verbs that follow the same pattern: **sonreír, freír.**

12. Verbs ending in **-iar** add a written accent to the **i,** except in the first- and second-persons plural of the present indicative and subjunctive.

fiar(se)   *to trust*
Pres. Ind.:   (me) fío, (te) fías, (se) fía, (nos) fiamos, (os) fiáis, (se) fían
Pres. Subj.:   (me) fíe, (te) fíes, (se) fíe, (nos) fiemos, (os) fiéis, (se) fíen

Verbs that follow the same pattern: **enviar, ampliar, criar, desviar, enfriar, guiar, telegrafiar, vaciar, variar.**

13. Verbs ending in **-uar** (except **-guar**) add a written accent to the **u,** except in the first- and second-persons plural of the present indicative and subjunctive.

actuar   *to act*
Pres. Ind.:   actúo, actúas, actúa, actuamos, actuáis, actúan
Pres. Subj.:   actúe, actúes, actúe, actuemos, actuéis, actúen

Verbs that follow the same pattern: **continuar, acentuar, efectuar, exceptuar, graduar, habituar, insinuar, situar.**

14. Verbs ending in **-ñir** lose the **i** of the diphthongs **ie** and **ió** in the third-person singular and plural of the preterit and all persons of the imperfect subjunctive. They also change the **e** of the stem to **i** in the same persons and in the present indicative and present subjunctive.

teñir   *to dye*
Pres. Ind.:   tiño, tiñes, tiñe, teñimos, teñís, tiñen
Preterit: teñí, teñiste, tiñó, teñimos, teñisteis, tiñeron
Pres. Subj.:   tiña, tiñas, tiña, tiñamos, tiñáis, tiñan
Imp. Subj.:   tiñera(-ese), tiñeras, tiñera, tiñéramos, tiñerais, tiñeran

Verbs that follow the same pattern: **ceñir, constreñir, desteñir, estreñir, reñir.**

Some common irregular verbs

Only tenses with irregular forms are given below.

adquirir   *to acquire*
Pres. Ind.:   adquiero, adquieres, adquiere, adquirimos, adquirís, adquieren
Pres. Subj.:   adquiera, adquieras, adquiera, adquiramos, adquiráis, adquieran
Imperative: adquiere, adquiera, adquiramos, adquirid, adquieran

andar   *to walk*
Preterit: anduve, anduviste, anduvo, anduvimos, anduvisteis, anduvieron
Imp. Subj.:   anduviera (anduviese), anduvieras, anduviera, anduviéramos, anduvierais, anduvieran

avergonzarse   *to be ashamed, embarrassed*
Pres. Ind.:   me avergüenzo, te avergüenzas, se avergüenza, nos avergonzamos, os avergonzáis, se avergüenzan
Pres. Subj.:   me avergüence, te avergüences, se avergüence, nos avergoncemos, os avergoncéis, se avergüencen
Imperative: avergüénzate, avergüéncese, avergoncémonos, avergonzaos, avergüéncense

caber   *to fit; to have enough room*
Pres. Ind.:   quepo, cabes, cabe, cabemos, cabéis, caben
Preterit: cupe, cupiste, cupo, cupimos, cupisteis, cupieron
Future: cabré, cabrás, cabrá, cabremos, cabréis, cabrán
Conditional: cabría, cabrías, cabría, cabríamos, cabríais, cabrían
Imperative: cabe, quepa, quepamos, cabed, quepan
Pres. Subj.:   quepa, quepas, quepa, quepamos, quepáis, quepan
Imp. Subj.:   cupiera (cupiese), cupieras, cupiera, cupiéramos, cupierais, cupieran

caer   *to fall*
Pres. Ind.:   caigo, caes, cae, caemos, caéis, caen
Preterit: caí, caíste, cayó, caímos, caísteis, cayeron
Imperative: cae, caiga, caigamos, caed, caigan
Pres. Subj.:   caiga, caigas, caiga, caigamos, caigáis, caigan
Imp. Subj.:   cayera (cayese), cayeras, cayera, cayéramos, cayerais, cayeran
Past Part.:   caído

conducir   *to guide; to drive* (All verbs ending in **-ducir** follow this pattern.)
Pres. Ind.:   conduzco, conduces, conduce, conducimos, conducís, conducen
Preterit: conduje, condujiste, condujo, condujimos, condujisteis, condujeron
Imperative: conduce, conduzca, conduzcamos, conducid, conduzcan
Pres. Subj.:   conduzca, conduzcas, conduzca, conduzcamos, conduzcáis, conduzcan
Imp. Subj.:   condujera (condujese), condujeras, condujera, condujéramos, condujerais, condujeran

convenir   *to agree* (see **venir**)

dar   *to give*
Pres. Ind.:   doy, das, da, damos, dais, dan
Preterit: di, diste, dio, dimos, disteis, dieron
Imperative: da, dé, demos, dad, den
Pres. Subj.:   dé, des, dé, demos, deis, den
Imp. Subj.:   diera (diese), dieras, diera, diéramos, dierais, dieran

decir   *to say, tell*
Pres. Ind.:   digo, dices, dice, decimos, decís, dicen
Preterit: dije, dijiste, dijo, dijimos, dijisteis, dijeron
Future: diré, dirás, dirá, diremos, diréis, dirán
Conditional: diría, dirías, diría, diríamos, diríais, dirían
Imperative: di, diga, digamos, decid, digan
Pres. Subj.:   diga, digas, diga, digamos, digáis, digan
Imp. Subj.:   dijera (dijese), dijeras, dijera, dijéramos, dijerais, dijeran
Pres. Part.:   diciendo
Past Part.:   dicho

detener   *to stop; to hold; to arrest* (see **tener**)

entretener   *to entertain, amuse* (see **tener**)

errar   *to err; to miss*
Pres. Ind.:   yerro, yerras, yerra, erramos, erráis, yerran
Imperative: yerra, yerre, erremos, errad, yerren
Pres. Subj.:   yerre, yerres, yerre, erremos, erréis, yerren

estar   *to be*
Pres. Ind.:   estoy, estás, está, estamos, estáis, están
Preterit: estuve, estuviste, estuvo, estuvimos, estuvisteis, estuvieron
Imperative: está, esté, estemos, estad, estén
Pres. Subj.:   esté, estés, esté, estemos, estéis, estén
Imp. Subj.:   estuviera (estuviese), estuvieras, estuviera, estuviéramos, estuvierais, estuvieran

haber   *to have*
Pres. Ind.:   he, has, ha, hemos, habéis, han
Preterit: hube, hubiste, hubo, hubimos, hubisteis, hubieron
Future: habré, habrás, habrá, habremos, habréis, habrán
Conditional: habría, habrías, habría, habríamos, habríais, habrían
Pres. Subj.:   haya, hayas, haya, hayamos, hayáis, hayan
Imp. Subj.:   hubiera (hubiese), hubieras, hubiera, hubiéramos, hubierais, hubieran

hacer   *to do, make*
Pres. Ind.:   hago, haces, hace, hacemos, hacéis, hacen
Preterit: hice, hiciste, hizo, hicimos, hicisteis, hicieron
Future: haré, harás, hará, haremos, haréis, harán
Conditional: haría, harías, haría, haríamos, haríais, harían
Imperative: haz, haga, hagamos, haced, hagan
Pres. Subj.:   haga, hagas, haga, hagamos, hagáis, hagan
Imp. Subj.:   hiciera (hiciese), hicieras, hiciera, hiciéramos, hicierais, hicieran
Past Part.:   hecho

imponer   *to impose; to deposit* (see **poner**)

ir   *to go*
Pres. Ind.:   voy, vas, va, vamos, vais, van
Imp. Ind.:   iba, ibas, iba, íbamos, ibais, iban
Preterit: fui, fuiste, fue, fuimos, fuisteis, fueron
Imperative: ve, vaya, vayamos, id, vayan
Pres. Subj.:   vaya, vayas, vaya, vayamos, vayáis, vayan
Imp. Subj.:   fuera (fuese), fueras, fuera, fuéramos, fuerais, fueran

jugar   *to play*
Pres. Ind.:   juego, juegas, juega, jugamos, jugáis, juegan
Imperative: juega, juegue, juguemos, jugad, jueguen
Pres. Subj.:   juegue, juegues, juegue, juguemos, juguéis, jueguen

obtener   *to obtain* (see **tener**)

oír   *to hear*
Pres. Ind.:   oigo, oyes, oye, oímos, oís, oyen
Preterit: oí, oíste, oyó, oímos, oísteis, oyeron
Imperative: oye, oiga, oigamos, oíd, oigan
Pres. Subj.:   oiga, oigas, oiga, oigamos, oigáis, oigan
Imp. Subj.:   oyera (oyese), oyeras, oyera, oyéramos, oyerais, oyeran
Pres. Part.:   oyendo
Past Part.:   oído

oler   *to smell*
Pres. Ind.:   huelo, hueles, huele, olemos, oléis, huelen
Imperative: huele, huela, olamos, oled, huelan
Pres. Subj.:   huela, huelas, huela, olamos, oláis, huelan

poder   *to be able to*
Preterit: pude, pudiste, pudo, pudimos, pudisteis, pudieron
Future: podré, podrás, podrá, podremos, podréis, podrán
Conditional: podría, podrías, podría, podríamos, podríais, podrían
Imperative: puede, pueda, podamos, poded, puedan
Imp. Subj.:   pudiera (pudiese), pudieras, pudiera, pudiéramos, pudierais, pudieran
Pres. Part.:   pudiendo

poner   *to place, put*
Pres. Ind.:   pongo, pones, pone, ponemos, ponéis, ponen
Preterit: puse, pusiste, puso, pusimos, pusisteis, pusieron
Future: pondré, pondrás, pondrá, pondremos, pondréis, pondrán
Conditional: pondría, pondrías, pondría, pondríamos, pondríais, pondrían
Imperative: pon, ponga, pongamos, poned, pongan
Pres. Subj.:   ponga, pongas, ponga, pongamos, pongáis, pongan
Imp. Subj.:   pusiera (pusiese), pusieras, pusiera, pusiéramos, pusierais, pusieran
Past Part.:   puesto

querer   *to want, wish; to like, love*
Preterit: quise, quisiste, quiso, quisimos, quisisteis, quisieron
Future: querré, querrás, querrá, querremos, querréis, querrán
Conditional: querría, querrías, querría, querríamos, querríais, querrían
Imp. Subj.:   quisiera (quisiese), quisieras, quisiera, quisiéramos, quisierais, quisieran

resolver   *to decide on, to solve*
Past Part.:   resuelto

saber   *to know*
Pres. Ind.:   sé, sabes, sabe, sabemos, sabéis, saben
Preterit: supe, supiste, supo, supimos, supisteis, supieron
Future: sabré, sabrás, sabrá, sabremos, sabréis, sabrán
Conditional: sabría, sabrías, sabría, sabríamos, sabríais, sabrían
Imperative: sabe, sepa, sepamos, sabed, sepan
Pres. Subj.:   sepa, sepas, sepa, sepamos, sepáis, sepan
Imp. Subj.:   supiera (supiese), supieras, supiera, supiéramos, supierais, supieran

salir   *to leave; to go out*
Pres. Ind.:   salgo, sales, sale, salimos, salís, salen
Future: saldré, saldrás, saldrá, saldremos, saldréis, saldrán
Conditional: saldría, saldrías, saldría, saldríamos, saldríais, saldrían
Imperative: sal, salga, salgamos, salid, salgan
Pres. Subj.:   salga, salgas, salga, salgamos, salgáis, salgan

ser   *to be*
Pres. Ind.:   soy, eres, es, somos, sois, son
Imp. Ind.:   era, eras, era, éramos, erais, eran
Preterit: fui, fuiste, fue, fuimos, fuisteis, fueron
Imperative: sé, sea, seamos, sed, sean
Pres. Subj.:   sea, seas, sea, seamos, seáis, sean
Imp. Subj.:   fuera (fuese), fueras, fuera, fuéramos, fuerais, fueran

suponer   *to assume* (see **poner**)

tener   *to have*
Pres. Ind.:	tengo, tienes, tiene, tenemos, tenéis, tienen
Preterit:	tuve, tuviste, tuvo, tuvimos, tuvisteis, tuvieron
Future:	tendré, tendrás, tendrá, tendremos, tendréis, tendrán
Conditional:	tendría, tendrías, tendría, tendríamos, tendríais, tendrían
Imperative:	ten, tenga, tengamos, tened, tengan
Pres. Subj.:	tenga, tengas, tenga, tengamos, tengáis, tengan
Imp. Subj.:	tuviera (tuviese), tuvieras, tuviera, tuviéramos, tuvierais, tuvieran

traducir   *to translate* (see **conducir**)

traer   *to bring*
Pres. Ind.:	traigo, traes, trae, traemos, traéis, traen
Preterit:	traje, trajiste, trajo, trajimos, trajisteis, trajeron
Imperative:	trae, traiga, traigamos, traed, traigan
Pres. Subj.:	traiga, traigas, traiga, traigamos, traigáis, traigan
Imp. Subj.:	trajera (trajese), trajeras, trajera, trajéramos, trajerais, trajeran
Pres. Part.:	trayendo
Past Part.:	traído

valer   *to be worth*
Pres. Ind.:	valgo, vales, vale, valemos, valéis, valen
Future:	valdré, valdrás, valdrá, valdremos, valdréis, valdrán
Conditional:	valdría, valdrías, valdría, valdríamos, valdríais, valdrían
Imperative:	vale, valga, valgamos, valed, valgan
Pres. Subj.:	valga, valgas, valga, valgamos, valgáis, valgan

venir   *to come*
Pres. Ind.:	vengo, vienes, viene, venimos, venís, vienen
Preterit:	vine, viniste, vino, vinimos, vinisteis, vinieron
Future:	vendré, vendrás, vendrá, vendremos, vendréis, vendrán
Conditional:	vendría, vendrías, vendría, vendríamos, vendríais, vendrían
Imperative:	ven, venga, vengamos, venid, vengan
Pres. Subj.:	venga, vengas, venga, vengamos, vengáis, vengan
Imp. Subj.:	viniera (viniese), vinieras, viniera, viniéramos, vinierais, vinieran
Pres. Part.:	viniendo

ver   *to see*
Pres. Ind.:	veo, ves, ve, vemos, veis, ven
Imp. Ind.:	veía, veías, veía, veíamos, veíais, veían
Preterit:	vi, viste, vio, vimos, visteis, vieron
Imperative:	ve, vea, veamos, ved, vean
Pres. Subj.:	vea, veas, vea, veamos, veáis, vean
Imp. Subj.:	viera (viese), vieras, viera, viéramos, vierais, vieran
Past Part.:	visto

volver   *to return*
Past Part.:	vuelto

Appendix C   Glossary of Grammatical Terms

adjective: A word that is used to describe a noun: *tall* girl, *difficult* lesson.

adverb: A word that modifies a verb, an adjective, or another adverb. It answers the questions "How?" "When?" "Where?": She walked *slowly*. She'll be here *tomorrow*. She is *here*.

agreement: A term applied to changes in form that nouns cause in the words that surround them. In Spanish, verb forms agree with their subjects in person and number (**yo** habl**o**, **él** habl**a**, etc.). Spanish adjectives agree in gender and number with the noun they describe. Thus, a feminine plural noun requires a feminine plural ending in the adjective that describes it (cas**as** amarill**as**), and a masculine singular noun requires a masculine singular ending in the adjective (libr**o** negr**o**).

auxiliary verb: A verb that helps in the conjugation of another verb: I *have* finished. He *was* called. She *will* go. He *would* eat.

command form: The form of the verb used to give an order or direction: *Go! Come back! Turn* to the right!

conjugation: The process by which the forms of the verb are presented in their different moods and tenses: I *am*, you *are*, he *is*, she *was*, we *were*, etc.

contraction: The combination of two or more words into one: *isn't, don't, can't.*

definite article: A word used before a noun indicating a definite person or thing: *the* woman, *the* money.

demonstrative: A word that refers to a definite person or object: *this, that, these, those.*

diphthong: A combination of two vowels forming one syllable. In Spanish, a diphthong is composed of one *strong* vowel (**a, e, o**) and one *weak* vowel (**u, i**) or two weak vowels: **ei, au, ui.**

exclamation: A word used to express emotion: *How* strong! *What* beauty!

gender: A distinction of nouns, pronouns, and adjectives, based on whether they are masculine or feminine.

indefinite article: A word used before a noun that refers to an indefinite person or object: *a* child, *an* apple.

infinitive: The form of the verb generally preceded in English by the word *to* and showing no subject or number: *to do, to bring.*

interrogative: A word used in asking a question: *Who? What? Where?*

main clause: A group of words that includes a subject and a verb and that by itself has complete meaning: *They saw me. I go now.*

noun: A word that names a person, place, or thing: *Ann, London, pencil,* etc.

number: Number refers to singular and plural: *chair, chairs.*

object: Generally a noun or a pronoun that is the receiver of the verb's action. A direct object answers the question "What?" or "Whom?": We know *her.* Take *it.* An indirect object answers the question "To whom?" or "To what?": Give *John* the money. Nouns and pronouns can also be objects of prepositions: The letter is *from Rick.* I'm thinking *about you.*

past participle: Past forms of a verb: *gone, worked, written,* etc.

person: The form of the pronoun and of the verb that shows the person referred to: *I* (first-person singular), *you* (second-person singular), *she* (third-person singular), etc.

possessive: A word that denotes ownership or possession: This is *our* house. The book isn't *mine.*

preposition: A word that introduces a noun or pronoun and indicates its function in the sentence: They were *with* us. She is *from* Nevada.

pronoun: A word that is used to replace a noun: *she, them, us,* etc. A **subject pronoun** refers to the person or thing spoken of: *They* work. An **object pronoun** receives the action of the verb: They arrested *us* (direct object pronoun). She spoke to *him* (indirect object pronoun). A pronoun can also be the object of a preposition: The children stayed with *us.*

reflexive pronoun: A pronoun that refers back to the subject: *myself, yourself, himself, herself, itself, ourselves,* etc.

subject: The person, place, or thing spoken of: *Robert* works. *Our car* is new.

subordinate clause: A clause that has no complete meaning by itself but depends on a main clause: They knew *that I was here.*

tense: The group of forms in a verb that show the time in which the action of the verb takes place: *I go* (present indicative), *I'm going* (present progressive), *I went* (past), *I was going* (past progressive), *I will go* (future), *I would go* (conditional), *I have gone* (present perfect), *I had gone* (past perfect), *that I may go* (present subjunctive), etc.

verb: A word that expresses an action or a state: We *sleep.* The baby *is* sick.

Appendix D   English Translations of Dialogues

Lección preliminar

Greetings and Farewells

At Chapultepec Park, in Mexico City.
In the morning
Good morning, José Luis.
Good morning, Inés. How are you?
Fine, and you?
Very well, thank you. What's new?
Not much . . .

In the afternoon
Good afternoon, Amelia.
Hello, Lupe. How is it going?
Fine. Listen, what's your phone number?
Five-zero-seven-four-two-nine-eight.

In the evening
See you tomorrow, Raúl.
Bye, and good-night. Say hi to Veronica.
Thanks. See you.

Lección 1

The First Day of Class

At the University of Puebla, in Mexico.
Professor Vargas speaks with María Inés Vega, a student.
M: Good afternoon, madam.
Pr. V: Good afternoon, young lady. What is your name?
M: My name is María Inés Vega.
Pr. V: It's a pleasure (to meet you), Miss Vega.
M: The pleasure is mine.

In the classroom, María Inés speaks with Pedro.
P: Hi, what's your name?
M: My name's María Inés Vega. What's yours?
P: Pedro Morales.
M: Where are you from, Pedro? From Mexico?
P: Yes, I'm Mexican. And you are (a) North American?
M: No, I'm Cuban. I'm from Havana.

Daniel speaks with Sergio.
D: What does your new classmate look like?
S: Ana? She's a tall, slender girl. She's pretty, intelligent, and very charming.
D: Is she (a) Mexican?
S: Yes, she's from Guadalajara.

Doctor Martínez speaks with the students.
R: Good morning, professor. How are you?
Pr: Fine, and you?

R: Very well. Professor, how do you say "*de nada*" in English?
Pr: You say "you're welcome."
M: What does "I'm sorry" mean?
Pr: It means "*lo siento.*"
M: Thank you very much.
Pr: You're welcome. I'll see you tomorrow.
M: Are there classes tomorrow, professor?
Pr: Yes, miss.

Lección 2

What Classes Are We Taking?

Four Latin American students are talking at the University of California in Los Angeles. Pedro talks with his friend Jorge.
P: What subjects are you taking this semester, Jorge?
J: I'm taking math, English, history, and chemistry. And you?
P: I'm studying biology, physics, literature, and Spanish.
J: Is your physics class difficult?
P: No, all my classes are easy.
J: Do you work in the cafeteria?
P: No, I work in the language lab.
J: And Adela? Where does she work?
P: She and Susana work in the library.
J: How many hours do they work?
P: Three hours a day.
J: Do they work in the summer?
P: No, in June, July, and August they don't work.

Elsa and Dora are talking in the cafeteria.
E: What do you want to drink?
D: A cup of coffee. And you?
E: A glass of milk.
D: Listen, I need my class schedule.
E: Here it is. How many classes are you taking this semester?
D: Four. Let's see . . . What time is the history class?
E: It's at nine.
D: What time is it?
E: It's eight-thirty.
D: Wow! I'm leaving.
E: Why?
D: Because it's late.
E: What time do you get through today?
D: I finish at one. Oh, with whom are you studying today?
E: With Eva, my roommate.

Lección 3

Registration Day

At a university in San Antonio, Texas. Today is the last day to pay tuition. Juan speaks with the cashier.

J: How much do I have to pay for each unit?

C: Are you a resident of the state?

J: Yes, I'm a resident.

C: You have to pay eighty-five dollars per unit.

J: Do you accept checks?

C: Yes, but you need an I.D.

J: Is my driver's license sufficient?

C: Yes. Here's your receipt.

Juan writes his class schedule in his notebook and then decides to go home to see if he has any e-mail.

Since Juan and Roberto are very hungry, they decide to eat in the cafeteria. A while later Olga, Roberto's girlfriend, comes along.

R: Where are you coming from, Olga?

O: I'm coming from the bookstore. I (already) have all the books I need.

J: Do you live in the dormitory?

O: No, I live in an apartment, near the university.

J: What classes are you taking this trimester?

O: Math, French, computer science, and accounting.

J: You're taking computer science . . . Do you like to surf the net?

O: Yes, and I receive a lot of e-mail from my friends.

R: Okay . . . What shall we eat? Sandwiches and salad?

O: Yes, and lemonade, because I'm very thirsty. Listen, Roberto, what time do we run tomorrow morning?

R: At six, as usual. Juan, you run too, right?

J: Me? No! I'm always sleepy in the morning.

Lección 4

Weekend Activities

Lupe and her husband, Raúl, plan several activities for the weekend. The couple lives in Miami, Florida.

L: Tonight, we're invited to go to the theater with your mother and your aunt and uncle.

R: Why don't we take my sister too?

L: No, today she's going to the movies with her boyfriend and then they're going to visit Ana.

R: That's right. Oh! Your parents are coming to eat tomorrow, right?

L: Yes, and afterwards we're all going to the club to play tennis.

R: I don't like to play tennis. Why don't we go swimming?

L: But I can't (don't know how to) swim well.

R: You have to learn, Lupita.

L: Okay, let's go to the swimming pool, and in the evening, let's go to the concert.

R: Perfect. Listen, I'm very hungry. Is there anything to eat?

L: Yes, we have cheese, fruit, and those ham sandwiches (that are) on the table.

The next day Carmen, Raúl's sister, is at a sidewalk cafe with her boyfriend, Héctor.

C: What are we doing this afternoon? Where are we going (to)? Shall we go skating?

H: I don't know . . . I'm tired and I feel like seeing the baseball game.

C: Okay, let's go to the stadium and in the evening we'll go to the club.

H: No, my boss is giving a party tonight, and we're invited.

C: Oh, Hector! I don't know your boss. Besides, he lives very far away.

H: Why don't we go to the party for a while and then go to the club to dance?

C: Good idea! Listen, shall we have something to eat?

H: Yes, I'm going to call the waiter. What are you going to eat?

C: A ham and cheese sandwich.

H: Me too. At this cafe, they make very good sandwiches.

C: Listen, shall we have (drink) a soda?

H: Yes, a Coke.

Lección 5

A Welcome Party

Eva, Luis's younger sister, is arriving in San Juan, the capital of Puerto Rico, today, and he and his friends are giving a party for her. Luis phones his friend Estela.

L: Hello, Estela? Luis speaking.

E: Hi, how's it going, Luis?

L: Fine. Listen, we're going to give a welcome party for Eva. Do you want to come? It's at my cousin Jorge's house.

E: Yes, sure. When is it?

L: Next Saturday. It starts at eight P.M.

E: Thanks for the invitation. Are Juan and Olga going too?

L: I'm not sure, but I think they're planning on coming, if they aren't busy.

E: Is Andrés going to take his compact discs and his tapes?

L: Yes, but Jorge's stereo is not very good.

E: If you want, I can take my stereo; it's better than yours.

L: Great! See you Saturday, then.

At the party, Pablo and Estela are talking. Pablo is young, handsome, and much taller than Estela. She is a pretty young woman, blonde with blue eyes, slim, and medium height. Now they are talking about Sara.

E: Pablo, you have to meet Sara, my roommate.

P: What is she like? Tall . . . short . . . ? Is she as beautiful as you?

E: She's very pretty! She has black hair and brown eyes. And she's very charming!

P: But, is she intelligent? And, the most important thing (*joking*) . . . does she have money?

E: Yes, she's rich; and she's the most intelligent one in the group.

P: She's perfect for me. Is she here?

E: No, she's at home because she's sick.

P: Too bad! Listen! They're serving the drinks. Do you want punch?

E: No, I prefer a soda, but first I want to dance with you.

P: O.K. Let's dance. They are playing a salsa.

Lección 6

At the Bank and at the Post Office

At Bank of America, in Panama City.
It is ten o'clock in the morning and Alicia enters the bank. She doesn't have to stand in line because there aren't many people.

T: What can I do for you, miss? (How may I serve you, miss?)

A: I want to open a savings account. What interest do you pay?

T: We pay three percent.

A: Can I use the automatic teller machine to take my money out at any time?

T: Yes, but if you take out the money, you may lose part of the interest.

A: Okay . . . Now I want to cash this check.

T: How do you want the money?

A: One hundred balboas in cash. I'm going to deposit a thousand in my checking account.

T: I need your account number.

A: One moment . . . I can't find my checkbook and I don't remember the number . . .

T: It doesn't matter. I'll look it up.

A: Oh, where do I get traveler's checks?

T: They sell them at window number two.

In another department, Alicia asks for information about a loan.

Alicia has been standing in line at the post office for fifteen minutes when she finally reaches the window. There she buys stamps and requests information.

A: I want to send these letters by air mail.

C: Do you want to send them registered?

A: Yes, please. How much is it?

C: Ten balboas, miss.

A: I also need stamps for three postcards.

C: Here you are.

A: Thanks. How much does it cost to send a money order to Mexico?

C: Twenty balboas. Anything else, miss?

A: Nothing else. Thank you.

Alicia leaves the post office, takes a taxi, and returns home.

Lección 7

Going Shopping

Aurora Ibarra is an engineering student. She is from Puerto Limón, Costa Rica, but last year she moved to San José. Today she got up very early, bathed, washed her hair, and got ready to go shopping. At the París store, which is having a big sale today, Aurora is speaking with the salesperson in the women's department.

A: I like that pink blouse. How much does it cost?

S: Seven thousand colones. What size do you wear?

A: Size thirty-eight. Where can I try on the blouse?

S: There is a fitting room to the right and another to the left.

A: I'm also going to try on this dress and that skirt.

S: Do you need a coat? We're having a big sale on coats today.

A: What a pity! I bought one yesterday . . . Are underwear and pantyhose also on sale?

S: Yes, we give you a 20 percent discount.

Aurora bought the blouse and skirt, but decided not to buy the dress. Later she went to the shoe store to buy a pair of sandals and a purse. When she left the shoe store, she went to do several errands and didn't return home until very late.

Enrique is at a shoe store because he needs a pair of shoes and some boots.

S: What size shoe do you wear?

E: I wear (size) forty-two.

S: (*Tries the shoes on him.*) Do you like them?

E: Yes, I like them, but they're a little tight (on me); they're very narrow.

S: Do you want some wider ones?

E: Yes, and some boots in the same size, please.

S: (*Brings him the boots and the shoes.*) These boots are very good quality.

E: (*Tries on the boots and the shoes.*) The shoes fit me well, but the boots are too big.

After paying for the shoes, Enrique went to the men's department of a very elegant store. There he bought a suit, (a pair of) pants, a shirt, two ties, and a pair of socks. Afterwards he went home loaded with packages.

E: (*He thinks while he gets dressed.*) I'm going to wear (to put on) the new suit to go to the party at the club. It was a stroke of luck to find this suit, so elegant and so inexpensive.

Lección 8

At the Supermarket

Beto and Sara are buying food and other things at a supermarket in Lima.

B: We don't need lettuce or tomatoes because Rosa bought many vegetables yesterday.

S: She came to the market yesterday?

B: Yes, yesterday she did many things: she cleaned the floor, went to the pharmacy . . .

S: She made a cake . . . Listen, we need butter, sugar, and cereal.

B: Also, you said that we needed two dozen eggs.

S: Yes. Oh! Mom came yesterday?

B: Yes, I told you last night . . . She brought us some magazines and some newspapers. Oh, do we have toilet paper?

S: No. We also need bleach, detergent, and soap.

B: Okay, we have to hurry. Rosa told me that she could stay with the children only until five.

S: Well, generally she stays until later . . . Where did you put the credit card?

B: I think I left it at home . . . No, here it is!

When Beto and Sara were going to their home, they saw Rosa and the children, who were playing in the park.

Irene and Paco are at an outdoor market.

I: You were here the day before yesterday. Didn't you buy apples?

P: Yes, but I gave them to Marta. She wanted to use them (in order) to make a pie.

I: We need apples, oranges, pears, grapes, and peaches for the fruit salad.

P: We also have to go buy meat and fish. Let's go now to the meat market and the fish market.

I: And to the bakery to buy bread. I didn't have time to go yesterday.

P: Listen, we need carrots, potatoes, onions, and . . .

I: And nothing else! We don't have much money . . .

P: It's true . . . Unfortunately, we spent a lot last week.

I: Do you know if your brother obtained the loan that he asked for?

P: Yes, they gave it to him.

I: Thank goodness!

Lección 9

At a Restaurant

Pilar and her husband, Victor, are on vacation in Colombia, and two days ago they arrived in Bogotá, where they plan on staying (being) for a month. Last night they hardly slept (almost didn't sleep) because they went to the theater and then to a night club to celebrate their wedding anniversary. Now they are at a cafe in an international hotel, ready to have breakfast. The waiter brings them the menu.

V: (*To the waiter.*) I want two fried eggs, orange juice, coffee, and bread and butter.

W: And you, madam, do you want the same thing?

P: No, I only want coffee with milk and toast with jam.

V: Why don't you eat eggs with bacon or sausage and pancakes?

P: No, because at one we are going to have lunch at the Acostas' house. Today is Armando's birthday.

V: That's true. And tonight we're going to a restaurant for dinner.

In the afternoon Victor called the La Carreta restaurant from the hotel and asked what time it opened. He made reservations for nine, but they were late because there was a lot of traffic.

At the restaurant.

W: I want to recommend to you the specialty of the house: steak with lobster, rice, and salad. For dessert, flan with cream.

P: No, I want fish soup and roast chicken with mashed potatoes. For dessert, ice cream.

V: For me, lamb chops, a baked potato, no, excuse me, French fries, and salad. For dessert, a piece of cake.

The waiter wrote down the order and left for the kitchen.

P: My grandmother used to make very tasty pastries. When I was little, I always used to go to her house to eat pastries.

V: I didn't see mine much because she lived in the country, but she cooked very well too.

After dining, they continued to talk for a while. Then Victor asked for the bill, paid it, and left the waiter a good tip. When they went out, it was cold and they had to take a taxi to go to the hotel. It was eleven o'clock when they arrived.

Lección 10

At a Hospital

In Santiago, Chile. Susana has had an accident and they have brought her to the hospital in an ambulance. Now she is in the emergency room talking with the doctor.

D: Tell me what happened to you, miss.

S: I had stopped at a (street) corner and a bus collided with my car.

D: Did you lose consciousness after the accident?

S: Yes, for a few seconds.

D: Do you have pain anywhere?

S: Yes, doctor, the wound in my arm hurts a lot.

D: When was the last time they gave you a tetanus shot?

S: Six months ago.

D: Okay, I'm going to bandage the wound right now. And afterwards, the nurse is going to give you an injection for the pain. Does anything else hurt (you)?

S: My back hurts a lot and my head hurts too.

D: Okay, we're going to take some X-rays to see if you've broken anything. (*To the nurse.*) Take the young lady to the X-ray room.

An hour later, Susana left the hospital. She didn't have to pay anything because she had medical insurance. She went to a pharmacy and bought the medicine that the doctor had prescribed for her for the pain.

Pepito fell down the stairs in his house, and his mother took him to the hospital. They have been waiting for an hour when Dr. Alba finally comes.

D: What happened to your son, madam?

W: It seems that he's twisted his ankle.

D: Let's see. . . . I think it's a fracture.

They have taken Pepito to the X-ray room and they have taken several X-rays.

D: He has a broken leg. We're going to have to put a cast on it.

W: Is he going to have to use crutches for walking?

D: Yes, for six weeks. Give him these pills for the pain and make an appointment for next week.

Later

S: (*To Pepito*) How do you feel, darling?

P: A little better. Did you call Dad?

S: Yes, he's coming to pick us up right away.

Lección 11

At the Drugstore and in the Doctor's Office

Alicia arrived in Quito yesterday. During the day she had a very good time, but at night she didn't feel well and didn't sleep well. It was four o'clock in the morning when she was finally able to fall asleep. She got up at eight o'clock and went to the drugstore. There she spoke with Mr. Paz, the pharmacist.

Mr. P: What can I do for you, miss?

A: I want you to give me something for a cold.

Mr. P: Do you have a fever?

A: Yes, I have a temperature of thirty-nine degrees. Besides, I have a cough and a bad headache.

Mr. P: Take two aspirins every four hours and this cough syrup.

A: And if the fever doesn't go down?

Mr. P: In that case, you're going to need penicillin. I suggest that you go to the doctor.

A: I fear that it's the flu . . . or pneumonia!

Mr. P: I don't think so. Do you need anything else?

A: Yes, nose drops, adhesive bandages, and cotton.

The next day, Alicia is still sick and decides to go to the doctor. The doctor examines her and then speaks with her.

Dr. S: You have an infection in the throat and ears. Are you allergic to any medicine?

A: No, doctor.

Dr. S: Very well, I'm going to prescribe some pills for you. You're not pregnant, are you?

A: No, doctor. Is there a drugstore near here?

Dr. S: Yes, there's one on the corner. Here's the prescription.

A: Do I have to take the pills before or after meals?

Dr. S: After (meals). I hope you get better soon.

A: Thank you. I'm glad that it isn't anything serious.

Alicia leaves the doctor's office and goes to the pharmacy.

A: (*Thinks*) I hope that the pills are inexpensive. If they are very expensive I am not going to have enough money.

Lección 12

A Trip to Buenos Aires

Isabel and Delia want to go to Buenos Aires on vacation and they go to a travel agency to reserve the tickets. Now they are talking with the agent.

I: How much does a round-trip ticket, tourist class to Buenos Aires cost?

A: Fifteen hundred dollars if you travel during the week.

I: Is there any excursion (tour) that includes the hotel?

A: Yes, there are several that include the hotel, especially for people who travel with someone else.

The agent shows them brochures on several types of excursions.

D: We like this one. Is there a flight that leaves next Thursday?

A: Let's see. . . . Yes, there is one that leaves in the afternoon and has a stopover in Miami.

I: Do we have to change planes?

A: Yes, you have to change planes. When do you want to come back?

D: In two weeks.

A: Very well. You need a passport but you don't need a visa to travel to Argentina.

I: (*To Delia.*) Call your mother on the phone and tell her that you need your passport.

D: Okay . . . and you go to the bank and buy traveler's checks.

On the day of the trip, Isabel and Delia talk with the airline (ticket) agent in the airport.

A: Your passports, please. Let's see . . . Isabel Vargas Peña, Delia Sánchez Rivas. Yes, here you are. What seats do you want?

I: We want an aisle seat and a window seat in the nonsmoking section.

A: There is no smoking section on these flights. How many suitcases do you have?

I: Five, and two carry-on bags.

A: You have to pay excess baggage. It's fifty dollars.

D: All right. What is the gate number?

A: Number four. Here are the claim checks. Have a nice trip!

At gate number four:

"Last call. Passengers on flight 712 to Buenos Aires, please board the plane."

I: They charged too much for the excess luggage!

D: There is no one who travels with as much luggage as we do!

Isabel and Delia give the boarding pass to the flight attendant, board the plane, and put the carry-on luggage under their seats.

Lección 13

Where Are We Staying?

Mr. and Mrs. Paz arrived at the Regis Hotel in Asunción a few minutes ago. Since they don't have a reservation, they speak with the manager to ask for a room.

Mr. P: We want a room with private bath, air conditioning, and a double bed.

M: There is one overlooking the street, but you have to wait until they finish cleaning it.

Mr. P: Fine. There are two of us. How much do you charge for the room?

M: Three hundred thousand guaranis a night.

Mrs. P: Do you have room service? We want to eat as soon as we get to the room.

M: Yes, madam, but I doubt that they serve food at this hour.

Mr. Paz signs the register; the manager gives him the key and calls the bellhop so he'll take the suitcases to the room.

Mr. P: At what time do we have to check out of (vacate) the room?

M: At noon, although you can stay an extra half hour.

Mrs. P: (*To her husband.*) Let's go to a restaurant and eat something before we go up to the room.

Mr. P: Yes, but first let's leave your jewels in the hotel safe-deposit box.

Mrs. P: Listen, it's not true that the Regis is as expensive as they told us.

Mario and Jorge are speaking with the owner of the Carreras boarding house, where they are planning to stay. They ask him the price of the rooms.

O: With meals, we charge nine hundred and ninety thousand guaranis a week.

M: Does that include breakfast, lunch, and dinner?

O: Yes, it's room and board. How long are you planning on staying?

M: I don't think we can stay more than a week.

J: You're right . . . . (*To the owner.*) Does the bathroom have a bathtub or shower?

O: Shower, with hot and cold water. And all the rooms have heating.

M: Is there a TV set in the room?

O: No, but there is one in the dining room.

M: Thanks. (*To Jorge.*) When we go to Montevideo, let's try to find another boarding house like this one.

J: Yes. Listen, let's hurry, or we are going to be late to the movies.

M: Yes. I want to arrive before the movie starts.

Lección 14

A Very Busy Day

Rosa and Luis have been living in the Mirasierra neighborhood in Madrid for two months. Today they're cleaning house and cooking because Luis's parents will come to spend the weekend with them and the maid has the day off.

R: Luis, vacuum the rug while I sweep the kitchen.

L: You will have to be patient, my love (darling)! I'm washing the dishes.

R: Still?! Give me your gray pants to wash afterwards.

L: I wouldn't wash them here; I would send them to the cleaner's to have them dry cleaned.

R: Then bring me the sheets, pillowcases, and towels.

L: Don't wash them now; I'll do it later.

R: Thanks. You're an angel. Don't forget to take out the garbage. It's under the sink.

L: Okay, and if you want me to clean the garage, give me the broom and the dustpan.

R: We'll have to hurry up. Listen, remember to take my car so they can fix it.

L: Yes, yesterday I noticed that the brakes didn't work well.

Luis mowed the lawn, cleaned the refrigerator and the garage, gave the dog a bath, and took the car to the repair shop. Rosa washed, ironed, and cooked.

In the evening

R: Your parents will be here within half an hour.

L: Do you want me to help you make the *sangría*?

R: No, we will do that later. Put these flowers in the vase.

L: Did you already put the bread in the oven?

R: No, not yet. I'm going to prepare the salad now.

L: Put a little oil on it, but don't put (too) much vinegar (on it).

R: Check (and see) if we have artichokes and asparagus, I would like to use them in the salad.

L: Yes, there are (some). Well I'll have to start to prepare the tenderloins. I know that you like them well done.

R: Yes, or medium. I'm going to put the silverware on the table and the china that your parents gave us.

L: They'll be very glad to see that we use it. Someone is knocking at the door. I'm going to open (it).

Lección 15

Looking for an Apartment

Magali, a Cuban girl, and Rafael, a young man from Seville, are engaged to be married. They are now preparing the invitations for the wedding.

M: (*Joking.*) If you didn't have so many relatives, we wouldn't have to send so many invitations.

R: (*He laughs.*) But, darling, if we didn't invite them, they wouldn't bring us presents! Oh! And don't forget to invite my godparents.

M: Of course not! But, seriously. . . . The reception is going to cost an arm and a leg. . . .

R: Don't worry. . . . Listen, my parents told me yesterday to choose the furniture for the bedroom.

M: I have a bed, so we're only going to need the chest of drawers and two night tables. And two lamps. . . .

R: Look, Magali. Here in the newspaper they advertise an apartment that seems great. Listen:

CLASSIFIED ADS

Two bedroom apartment for rent. Living room, dining room, kitchen, and bathroom. Central heating. Parking space. Near the subway station. Telephone: 256-34-28

M: Let's go see it today!

That afternoon.

R: I would prefer an apartment that had a family room and a terrace. . . .

M: I love the curtains and the wood floor!

R: Yes, but if we were to rent this apartment, we would have to paint it. Besides, it's a little expensive. . . .

M: If we were to paint it, maybe they wouldn't charge us the cleaning deposit.

R: Okay, and I must admit that it has one advantage: we don't have to drive much because, with the bus, we can easily get downtown.

M: Let's go talk to the superintendent. If I get the job at the insurance company, we won't have problems paying the rent.

R: Okay, love, you have convinced me.

A month later, Rafael and Magali get married and go to Majorca for their honeymoon.

Appendix E Answer Key to Tome este examen

Lección preliminar

A. 1. Ve-e-ere-a 2. pe-a-zeta 3. ese-o-te-o 4. ele-a-ere-e-de-o 5. be-a-erre-i-o-ese
6. ene-u-eñe-e-zeta

B. martes / miércoles / viernes / sábado

C. 1. ocho 2. cuatro 3. seis 4. uno 5. cinco 6. diez 7. tres 8. cero 9. dos 10. siete
11. nueve

D. 1. amarillo 2. marrón (café) 3. verde 4. azul 5. gris 6. negro 7. anaranjado 8. blanco
9. morado

E. 1. Buenos / Cómo 2. hay / nuevo 3. es / número / teléfono 4. vista / Saludos 5. despacio
6. tome asiento

F. 1. antiguas 2. hermosa

Lección 1

A. 1. los / unos 2. los / unos 3. el / un 4. las / unas 5. la / una 6. la / una 7. los / unos 8. los /
unos

B. 1. nosotras 2. ellos 3. él 4. nosotros 5. ellas 6. usted 7. tú

C. 1. soy / es 2. son 3. somos 4. son 5. eres 6. es

D. 1. El alumno es norteamericano. 2. Los lápices son verdes. 3. Las mesas son blancas. 4. Es un
hombre español. 5. Las profesoras son inglesas. 6. Los muchachos son altos. 7. Es una mujer
inteligente. 8. Los señores son muy simpáticos.

E. 1. treinta bolígrafos 2. dieciséis mochilas 3. veintidós relojes 4. trece ventanas 5. sesenta y dos
libros 6. quince cuadernos 7. dieciocho estudiantes (alumnos) 8. once mapas 9. noventa y cinco
computadoras 10. setenta y tres cestos de papeles 11. cien plumas (bolígrafos) 12. cincuenta y ocho
borradores

F. 1. llama 2. gusto 3. dice 4. quiere 5. estudiantes 6. es 7. está 8. nada 9. compañera
10. es

G. 1. sur 2. coloniales 3. es

Lección 2

A. 1. tomas 2. habla (conversa) 3. hablamos 4. deseo 5. estudia 6. trabajan 7. necesita
8. terminamos

B. 1. ¿Hablan ellos inglés con los estudiantes? Ellos no hablan inglés con los estudiantes. 2. ¿Estudia ella
química? Ella no estudia química. 3. ¿Terminan ustedes hoy? Uds. no terminan hoy.

C. 1. tu 2. su 3. nuestra 4. mis 5. sus 6. nuestros 7. su

D. 1. las 2. el 3. el 4. las 5. los 6. el 7. la 8. la

E. 1. Oye, ¿qué hora es? ¿La una? 2. Él toma química a las nueve y media de la mañana. 3. Nosotros
estudiamos español por la tarde. 4. Son las ocho menos cuarto.

F. 1. el primero de marzo   2. el diez de junio   3. el trece de agosto   4. el veintiséis de diciembre
5. el tres de septiembre   6. el veintiocho de octubre   7. el diecisiete de julio   8. el cuatro de abril
9. el dos de enero   10. el cinco de febrero

1. invierno   2. primavera   3. otoño   4. verano

G. 1. hora   2. horario / aquí   3. laboratorio   4. taza   5. toman   6. semestre / trimestre   7. tarde
8. asignatura (materia)   9. vaso   10. al   11. compañera   12. quién

H. 1. mexicano   2. antiguas   3. escuela secundaria

Lección 3

A. 1. escribe   2. vivimos   3. deben   4. corres   5. bebo   6. come   7. decide   8. reciben

B. 1. la novia de Pedro   2. la licencia para conducir de Alicia   3. el apartamento de la Sra. Peña
4. los cheques de Carlos

C. 1. vienes   2. venimos / tenemos   3. tienen / vienen   4. vengo / tengo   5. tiene

D. 1. Yo no tengo que trabajar mañana por la mañana.   2. ¿Tenemos que decidir hoy?   3. Ellos tienen que
pagar la matrícula.   4. Nosotros tenemos que escribir en español.

E. 1. ...tengo mucho calor.   2. ...tiene mucha hambre.   3. ...tiene mucha sed.   4. ...tienes mucho frío.
5. ...tenemos mucho sueño.   6. ...tienen mucho miedo.   7. ...tengo mucha prisa.

F. 1. quinientos sesenta y siete   2. setecientos noventa   3. mil   4. trescientos cuarenta y cinco
5. seiscientos quince   6. ochocientos setenta y cuatro   7. novecientos sesenta y cinco   8. doscientos
trece   9. cuatrocientos ochenta y uno   10. trece mil ochocientos dieciséis

G. 1. licencia / identificación   2. paga / cada   3. tiene   4. cerca / apartamento   5. escribe   6. mensajes
7. siempre   8. estado   9. último / pagar   10. navegar   11. universitaria / casa   12. limonada

H. 1. Guadalupe Hidalgo   2. mexicano   3. pensiones   4. poco

Lección 4

A. 1. esas / esos   2. esta / este   3. aquel / aquella   4. esa / ese   5. estos / estas

B. 1. Yo conozco a la tía de Julio.   2. Luis tiene tres tíos y dos tías.   3. Ana lleva a su prima a la fiesta.
4. Uds. conocen Nueva York.

C. 1. No conocemos al señor Vega.   2. Es la hermana del profesor.   3. Venimos del laboratorio.   4. Voy al
teatro.   5. Vengo de la piscina.

D. 1. doy   2. está   3. vamos   4. estás   5. están   6. va   7. dan   8. voy

E. 1. ¿Dónde vas a estudiar?   2. ¿Qué van a comer Uds.?   3. ¿Con quién va a ir Roberto?   4. ¿A qué hora va
a terminar Ud.?   5. ¿Cuándo van a trabajar ellos?

F. 1. ¿Conoces al Sr. Soto, Anita?   2. ¿Sabe bailar, Srta. Peña?   3. Conozco varias ciudades.   4. ¿Sabes el
(número de) teléfono de Pablo, Paco?

G. 1. libre   2. algo   3. fin   4. invitados   5. ganas   6. jugar   7. siguiente   8. piscina   9. llevas
10. aprender   11. jamón   12. visita (llama)

H. 1. La mayoría de los hispanos que viven en Miami son de Cuba.   2. Se nota la influencia hispana en lo
cultural y en lo económico.   3. El deporte más popular es el fútbol.

Lección 5

A. 1. estamos sirviendo   2. estoy leyendo   3. están patinando   4. ¿Qué estás comiendo?   5. está durmiendo

B. 1. es / está   2. está / Es   3. son   4. estás   5. es   6. es   7. estamos   8. Son

C. 1. prefieres / quiere   2. empiezan   3. pensamos   4. prefieren   5. queremos

D. 1. —¿Él es mayor que tú, Anita?   —Sí, pero yo soy mucho más alta.   2. —Él es muy guapo.   —Tú eres tan guapo como él, Paquito... y él es menos inteligente.   3. —¿Ellos son los mejores estudiantes de la clase?   —¡No, son los peores!   4. —¿Trabaja?   —Sí, pero no trabaja tantas horas como yo.

E. 1. conmigo / contigo / con ellos (ellas)   2. para ti / para mí / para ella

F. 1. discos   2. ojos   3. menor   4. morena   5. estatura   6. rica   7. bienvenida   8. llamar   9. Cómo   10. ponche   11. bebida   12. tocando / bailar   13. Cuándo   14. ocupado(a)   15. joven

G. 1. Puerto Rico fue descubierto por Cristóbal Colón.   2. No necesitan visa porque son ciudadanos americanos.   3. Es una fortaleza construida por los españoles para defender el puerto (de los ataques de los corsarios y piratas en la época colonial).   4. La salsa es música caribeña con cierta influencia del jazz. (Es un baile.)

Lección 6

A. 1. recuerdo   2. vuelve   3. cuestan   4. puedo   5. encontramos   6. podemos   7. duerme

B. 1. piden   2. servimos   3. consigues   4. dice   5. sirve   6. digo   7. pedimos   8. consigue

C. 1. No, no voy a leerlos. (No, no los voy a leer.)   2. No, no lo (la) conoce.   3. No, no me llevan.   4. No, ella no te llama mañana.   5. No, no lo necesito.   6. No, no la tengo.   7. No, ellos no nos conocen.   8. No, no las conseguimos.

D. 1. Tengo alguna(s) tarjeta(s) postal(es).   2. ¿Quiere algo más?   3. Siempre vamos al banco los lunes.   4. Quiero (o) la pluma roja o la pluma verde.   5. Siempre llamo a alguien.

E. 1. Hace cinco años que (yo) vivo en Caracas.   2. ¿Cuánto tiempo hace que (Ud.) estudia español, Sr. Smith?   3. Hace dos horas que (ellos) escriben.   4. Hace dos días que (ella) no come.

F. 1. interés / ciento   2. sacar / cualquier   3. estampilla   4. talonario   5. depositar   6. aérea   7. postal   8. efectivo   9. parte   10. importa   11. viajero   12. préstamo   13. cuenta   14. libreta   15. fechar

G. 1. español   2. las operaciones del Canal   3. diez   4. balboa

Lección 7

A. 1. vendí   2. compró   3. comieron   4. saliste   5. bebimos   6. escribió   7. volví   8. trabajaste

B. 1. fue   2. dieron   3. fue   4. fui   5. fue   6. Di   7. fui   8. fuimos

C. 1. No, no me quedan grandes (los zapatos).   2. No, no le doy el cinturón (a Aurora, a ella).   3. No, no te voy a comprar una chaqueta.   4. No, no les voy a dar los guantes (a la chica, a ella).   5. No, no me aprietan (las botas).   6. No, no nos van a dar las camisas.

D. 1. (A ella) No le gusta esa blusa.   2. Me gusta llevar (usar) este abrigo.   3. Nos gustan estos pantalones.   4. ¿Te gusta esta falda, Anita?   5. (A ellos) Les gusta bailar.

E. 1. se levantan / se acuestan   2. afeitarme   3. te pruebas   4. se sienta   5. nos bañamos   6. vestirse

F. 1. zapatería / par   2. anchos   3. calzas   4. compras / liquidación / ropa / traje   5. número
6. cartera (bolsa)   7. probador   8. dependienta / descuento   9. departamento / izquierda
10. corbata   11. par   12. pasado   13. pones   14. quedan   15. abrigo / bufanda   16. lavar /
camisón   17. cargado   18. calzoncillos / combinación

G. 1. las bananas   2. analfabetos   3. 40   4. 3,28

Lección 8

A. 1. trajeron   2. Tuve   3. hizo   4. dijo   5. vino   6. estuvimos   7. hizo   8. supe   9. condujeron
10. quiso

B. 1. Sí, te (se) las compré.   2. Sí, se los trajimos.   3. Sí, me lo van a dar. (Sí, van a dármelo.)   4. Sí, nos los
va a traer. (Sí, va a traérnoslos.)   5. Sí, se la va a comprar. (Sí, va a comprársela.)   6. Sí, me las traen.

C. 1. se divirtieron / siguieron / durmieron   2. pidió   3. murió   4. consiguió

D. 1. ibas   2. era   3. hablaban   4. veíamos   5. comían   6. comía

E. 1. fácilmente   2. especialmente   3. lentamente   4. rápidamente   5. lenta y claramente
6. francamente

F. 1. apurarnos   2. farmacia   3. lechuga   4. Desgraciadamente   5. durazno   6. panadería   7. cereal
8. mercado (supermercado) / docena   9. detergente   10. gasto   11. pastel   12. jugando   13. cerdo /
ternera   14. langosta / camarones / cangrejo   15. naranja   16. caliente / helado   17. apio / pepino
18. mantequilla

G. 1. españoles   2. Perú   3. Oro   4. incas   5. mercados pequeños con tiendas especiales

Lección 9

A. 1. para   2. por   3. por   4. por   5. para   6. para / por   7. para / por / por   8. por

B. 1. hace / calor   2. hace / frío / nieva   3. llueve   4. hay / niebla   5. hace / sol

C. 1. celebramos   2. Eran / salí   3. dijo / era   4. era / vivía   5. estaba / vi   6. fue / estaba   7. hice
8. estábamos / llamaste

D. 1. Hace tres horas que el mozo llegó.   2. Hace dos años que yo comencé a estudiar español.   3. Hace
tres meses que nosotros llegamos.   4. Hace diez minutos que me trajeron el postre.   5. Hace dos
semanas que hicimos las reservaciones.

E. 1. el tuyo   2. mías   3. los tuyos   4. nuestros   5. El suyo (El de ellos)   6. mío / suyo (de ella)

F. 1. riquísimas   2. desayunar / mantequilla   3. especialidad / asado   4. puré / horno   5. campo
6. cenamos   7. nocturno   8. cuenta   9. crema   10. dejar   11. vacaciones   12. luego   13. tenedor /
cuchillo   14. nublado   15. cálido   16. huracanes / terremotos   17. poner / servilletas   18. tarde /
tráfico

G. 1. esmeraldas   2. XVI   3. aire   4. el almuerzo   5. tarde

Lección 10

A. 1. cerradas   2. abierta   3. rota   4. dormidos   5. escritas   6. hecha

B. 1. ha llegado   2. he roto   3. han traído   4. han vuelto / hemos podido   5. han muerto   6. has dicho

C. 1. Él me había dado las muletas.   2. Yo le había dicho que sí.   3. No habían visto al médico.   4. ¿Tú no
le habías puesto la inyección?   5. Él no había muerto en el accidente.   6. Nosotros habíamos abierto
las ventanas.

D. 1. Llame 2. Camine 3. Salgan 4. Esté 5. venga 6. Vayan 7. dé 8. lo haga 9. sean
10. Póngala

E. 1. vendar 2. poner 3. sala de rayos X 4. escalera / sala 5. torcí 6. pasó 7. recetar 8. pierna
9. conocimiento 10. ambulancia 11. seguro médico 12. enyesaron 13. duele / estómago
14. dientes / lengua 15. dedos

F. 1. Santiago 2. españoles 3. se ve 4. Cerca 5. son 6. mantenidos por el gobierno

Lección 11

A. 1. Yo quiero que ella vaya al hospital. 2. Nosotros deseamos que el doctor nos examine. 3. Ella me
sugiere que yo tome aspirinas. 4. El farmacéutico no quiere venderme penicilina. 5. Ellos nos
aconsejan que compremos pastillas. 6. Yo no quiero usar esas gotas. 7. Ellos no quieren que ella los
lleve al médico. 8. Nosotros no queremos ir a su consultorio. 9. ¿Tú me sugieres que venga luego?
10. Ella necesita que Uds. le den las curitas.

B. 1. que ella se mejore pronto. 2. que las radiografías sean muy caras. 3. estar aquí. 4. irse de
vacaciones. 5. que mamá se sienta bien hoy. 6. que ellos no puedan ir a la fiesta.

C. 1. infección 2. resfrío (resfriado) 3. gotas 4. grados / fiebre 5. tos 6. mejore 7. alérgica
8. aspirina 9. farmacéutico 10. antes 11. calmante 12. dermatólogo / cardiólogo 13. grave
14. antiácidos 15. vitamina

D. 1. templado 2. cerca 3. antigua 4. las mujeres 5. ponen inyecciones 6. hierbas y raíces

Lección 12

A. 1. ...hable español. 2. ...incluya el hotel. 3. ...no son caros. 4. ...salen a las seis. 5. ...pueda reservar
los pasajes?

B. 1. Compra el pasaje. 2. Díselo. 3. Viaja mañana. 4. Sal con esa persona. 5. Pon la maleta debajo
del asiento. 6. Invítalo. 7. Vete. 8. Ven entre semana. 9. Regresa tarde. 10. Haz escala.
11. Tráeme el folleto. 12. Pídele los comprobantes ahora.

C. 1. a / de / a / en / en / en / a 2. a / a / de / a 3. de / de

D. 1. aviones 2. visa 3. salida 4. vacaciones 5. llamada / vuelo / subir 6. viajes 7. viaje
8. turista 9. folletos / tipos 10. ida 11. pasillo 12. sección / fumar 13. escala / trasbordar
14. exceso / maletas (valijas) 15. embarque / vuelo 16. confirmar / cancelar 17. cambio
18. regla

E. 1. europeo 2. muchas 3. más 4. tú 5. Rivas Ortiz

Lección 13

A. 1. desocupan 2. tenga 3. pueda 4. da 5. sirven

B. 1. ...estén firmando el registro. 2. ...ellos vayan a hospedarse en una pensión. 3. ...prefiere
una cama doble. 4. ...cobran cincuenta dólares por noche. 5. ...el cuarto no tenga calefacción.
6. ...ella sea mi novia.

C. 1. terminen 2. podamos 3. traiga 4. empiecen 5. viajo 6. llegue 7. no tengo hambre
8. llueva

D. 1. Hospedémonos aquí. 2. No se lo digamos a nadie. 3. Levantémonos a las siete. 4. Preguntemos
el precio. 5. Démoselo al dueño. 6. Vamos al hotel.

E. 1. baño 2. ducha 3. subir 4. calefacción 5. cama 6. precio 7. botones 8. desocupar 9. como 10. fría / caliente 11. desayuno / almuerzo 12. vista 13. hospedarse 14. servicio 15. antes 16. aire 17. puesto / regalos 18. ascensor (elevador)

F. 1. no tiene 2. guaraní 3. energía hidroeléctrica 4. dos lenguas 5. más

Lección 14

A. 1. Iré 2. Tendremos 3. Saldrán 4. Vendrá 5. Estará 6. darás 7. podrá 8. Cerrarán

B. 1. hablaríamos 2. pondría 3. harías 4. sabría 5. iría 6. pedirían

C. 1. Cuando (ella) se enamoró de Roberto, se olvidó de Luis. 2. ¿Te acordaste de lavar la ropa, Paquito? 3. Me di cuenta de que no podría casarme con ella. 4. Ella insistió en comprometerse con Mario. 5. Yo no confío en él. ¿Te fijaste (Se fijó Ud.) en sus ojos...? 6. Convinimos en tener la fiesta el próximo sábado.

D. 1. aceite 2. libre 3. fregar 4. puerta 5. pasar / alfombra 6. lavar / seco 7. prisa 8. cortar 9. funciona 10. florero 11. escoba 12. toallas 13. barrio (piso) 14. taller 15. término 16. cubiertos 17. lavadora / secadora 18. sartén / tostadora / cafetera

E. 1. La capital de España es Madrid. 2. El parque más famoso de Madrid es el Parque del Retiro. 3. La Gran Vía es una calle de Madrid. 4. El museo más importante es el Museo del Prado. 5. Actualmente, el hombre hispano ayuda más a su esposa con los trabajos de la casa porque los dos trabajan fuera de la casa.

Lección 15

A. 1. pudiéramos 2. entendieras 3. pusieran 4. quisiera 5. trajera 6. tuvieran 7. supiéramos 8. dijera 9. fuera 10. fueras

B. 1. Mi hermano quería que yo alquilara el apartamento. 2. Me alegro de que ella viniera a verme anoche. 3. Yo le dije que no se preocupara. 4. Él sugirió que nosotros fuéramos a Mallorca. 5. Me gustaría que mis hijos hablaran español.

C. 1. ...si tuviera dinero. 2. ...si tenemos tiempo. 3. ...si pudiéramos. 4. Si Uds. la ven... 5. ...como si ella fuera su madre (mamá).

D. 1. anuncios (avisos) 2. centro 3. cortinas 4. limpieza 5. noche 6. luna 7. parientes 8. estar 9. alquiler 10. espacio 11. comprometida 12. madera 13. cara 14. serio 15. mismo 16. bisabuelo 17. muebles 18. hermanastro

E. 1. Sevilla está en la región de Andalucía. 2. Los moros ocuparon Sevilla, por más de 500 años. 3. La catedral gótica de Sevilla es la más grande de Europa; fue construida en el mismo sitio donde se levantaba la mezquita árabe. 4. La Plaza de España se construyó en 1929 para la exposición hispanoamericana, que tuvo lugar ese año. 5. Su compadre y su comadre son los padrinos de su hijo después que lo bautizan.

VOCABULARIES

The number following each vocabulary item indicates the lesson in which it first appears.

The following abbreviations are used:

abbr.	abbreviation	*Mex.*	Mexico
adj.	adjective	*neut. pron.*	neuter pronoun
conj.	conjunction	*obj.*	object
dir. obj.	direct object	*pl.*	plural
f.	feminine	*prep.*	preposition
fam.	familiar	*pron.*	pronoun
form.	formal	*rel. pron.*	relative pronoun
indir. obj.	indirect object	*sing.*	singular
m.	masculine	*subj.*	subjunctive

Spanish-English

A

a   at (with time of day), 2; to, in, 12; —— **gusto**   to taste, 9; —— **lo mejor**   maybe, perhaps; —— **menos que**   unless, 13; ¿—— **qué hora?**   at what time?, 2; —— **veces**   sometimes, 4; —— **ver**   let's see, 2

abierto(a)   open(ed), 10

abogado(a) *(m., f.)*   lawyer, 1

abrigo *(m.)*   coat, 7

abril   April, 2

abrir   to open, 6

abuela *(f.)*   grandmother, 4

abuelo *(m.)*   grandfather, 4

abuelos *(m. pl.)*   grandparents, 4

aburrirse   to be bored, 7

accidente *(m.)*   accident, 10

aceite *(m.)*   oil, 14

aceptar   to accept, 3

acierto *(m.)*   good sense, 15

acompañado(a)   with someone else, accompanied, 12

aconsejar   to advise, 11

acordarse (de) (o > ue)   to remember, 14

acostarse (o > ue)   to go to bed, 7

actividad *(f.)*   activity, 4

además *(adv.)*   besides, 4; —— **de** *(prep.)*   in addition to, 4; besides, 7

adiós   good-bye, LP

administración de empresas *(f.)*   business administration, 2

admitir   to admit, 15

adolescente *(m., f.)*   teenager, 8

¿adónde?   where (to)?, 4

advertencia *(f.)*   warning, 11

aerolínea *(f.)*   airline, 12

aeropuerto *(m.)*   airport, 12

afeitarse   to shave, 7

agencia *(f.)*   agency, 12; —— **de viajes** *(f.)*   travel agency, 12

agente *(m., f.)*   agent, 12

agosto   August, 2

agradable   pleasant, 11

agregar   to add, 9

agua (el) *(f.)*   water, 13; —— **con hielo** *(f.)*   ice water, 2; —— **mineral** *(f.)*   mineral water, 2

aguacate *(m.)*   avocado, 8

ahijada *(f.)*   goddaughter, 15

ahijado *(m.)*   godson, 15

ahora   now, 5; —— **mismo**   right now, 10

ahorrar   to save (i.e., money), 6

aire *(m.)*   air; —— **acondicionado** *(m.)*   air-conditioning, 13; **al** —— **libre**   outdoor, 4

al *(a + el)*   to the; —— **día siguiente**   (on) the following day, 10; —— **rato**   a while later, 3

albóndiga *(f.)*   meatball, 9

alcachofa *(f.)*   artichoke, 14

alcanzar   to reach, 9

alegrarse (de)   to be glad (about), 11

alemán *(m.)*   German (language), 3

alérgico(a)   allergic, 11

alfombra *(f.)*   rug, 14

algo something, anything, 6;
¿—— **más?** anything else?, 6;
—— **para comer (tomar)**
something to eat, (drink) 4
algodón *(m.)* cotton, 11
alguien someone, anyone, 6
algún, alguno(s), alguna(s)
any, 3; some, 6; **en alguna parte**
anywhere, somewhere, 10;
alguna vez ever, 6; **algunas**
veces sometimes, 6
allí there, 5
alma (el) *(f.)* soul, 13
almorzar (o > ue) to have
lunch, 9
almuerzo *(m.)* lunch, 13
alquilar to rent, 15; **se alquila**
for rent, 15
alquiler *(m.)* rent, 15
alto(a) tall, 1
alumno(a) *(m., f.)* student,
pupil, 1
amado(a) *(m., f.)* loved one, 15
amar to love, 15
amarillo(a) yellow, LP
ambulancia *(f.)* ambulance,
10
amigo(a) *(m., f.)* friend, 2
amistad *(f.)* friendship, 14
amor: mi —— my love,
darling, 14
amparo *(m.)* shelter, 13
analfabeto(a) *(m., f.)* illiterate, 7
anaranjado(a) orange, LP
ancho(a) wide, 7; **más ——**
wider, 7
ángel *(m.)* angel, 14
aniversario *(m.)* anniversary, 9;
—— **de bodas** *(m.)* wedding
anniversary, 9
anoche last night, 8
anotar to write down, 9
anteayer the day before yester-
day, 8
antes de *(prep.)* before, 11; ——
que *(conj.)* before, 13
antiácido *(m.)* antacid, 11
antibiótico *(m.)* antibiotic, 11
antiguo(a) old, LP
antropología *(f.)* anthropology, 2
anunciar to announce, 15
anuncio *(m.)* ad, 15

añadir to add, 12
año *(m.)* year, 7; —— **escolar** *(m.)*
school year, 2; —— **pasado** last
year, 7
apagar to quench, 9
aparcar to park, 15
apartamento *(m.)* apartment, 3
apellido *(m.)* last name, 5; —— **de**
soltera maiden name, 12
apio *(m.)* celery, 8
aprender (a) to learn (to), 4
apretar (e > ie) to be tight, 7
apurarse to hurry, 8
aquel(los), aquella(s) *(adj.)* that,
those *(distant)*, 4
aquél, aquéllos, aquélla(s) *(pron.)*
that (one), those *(distant)*, 4
aquello *(neut. pron.)* that, 4
aquí here, 3; —— **está** here it is,
2; —— **tiene...** here is . . . , 3
archivar la información to store
information, 3
arrancar to tear out, 13
arreglar to fix, to repair, 14
arroyo *(m.)* brook, 13
arroz *(m.)* rice, 8
arte *(m.)* art, 2
asado(a) roast, 9
ascensor *(m.)* elevator, 12
asegurado(a) insured, 7
así que so, 15
asiento *(m.)* seat, 12; —— **de**
pasillo *(m.)* aisle seat, 12; ——
de ventanilla *(m.)* window seat,
12
asignatura *(f.)* course, subject, 2
asistir to attend, 3
aspiradora *(f.)* vacuum cleaner,
14
aspirina *(f.)* aspirin, 11
atlético(a) athletic, 1
aunque although, 11; even if, 13
ausente absent, LP
auto *(m.)* automobile, 10
autobús *(m.)* bus, 10
automóvil *(m.)* automobile, 10
auxiliar de vuelo *(m., f.)* flight at-
tendant, 12
avión *(m.)* plane, 9
aviso *(m.)* ad, 15
ayer yesterday, 7
ayudar to help, 14

azúcar *(m.)* sugar, 7
azul blue, LP

B

bailar to dance, 4
bajar to go down, 11
bajo(a) short *(height)*, 5
balneario *(m.)* beach resort, 12
banco *(m.)* bank, 6
bañadera *(f.)* bathtub, 13
bañarse to bathe, 7
baño *(m.)* bathroom, 13; ——
María *(m.)* double boiler, 9
barato(a) inexpensive, 7
barba *(f.)* beard, 7
barrer to sweep, 14
barrio *(m.)* neighborhood, 14
básquetbol *(m.)* basketball, 5
basura *(f.)* trash, garbage, 14
bata *(f.)* robe, 7
batido *(m.)* milkshake, 9
batir to beat, 9
beber to drink, 3; —— **algo** to
have something to drink, 4
bebida *(f.)* drink, 5
béisbol *(m.)* baseball, 4
bellísimo(a) extremely beautiful, 5
beso *(m.)* kiss, 15
biblioteca *(f.)* library, 2
bien fine, well, LP; —— **cocido(a)**
well-done, 14; **muy ——** very
well, just fine, LP; **no muy ——**
not very well, 3
bienvenido(a) welcome, 5
biftec *(m.)* steak, 9
billete *(m.)* ticket, 12
billetera *(f.)* wallet, 7
biología *(f.)* biology, 2
bisabuela *(f.)* great-grandmother,
15
bisabuelo *(m.)* great-grandfather,
15
bisnieta *(f.)* great-granddaughter,
15
bisnieto *(m.)* great-grandson, 15
bistec *(m.)* steak, 9
blanco(a) white, LP
blanquillo *(m.) (Mex.)* egg, 8
blusa *(f.)* blouse, 7
boca *(f.)* mouth, 10
boda *(f.)* wedding, 15

bolígrafo *(m.)*   ballpoint pen, 1
bolsa *(f.)*   handbag, purse, 7
bolso *(m.)*   handbag, purse, 7; —— **de mano** *(m.)*   carry-on bag, 12
bonito(a)   pretty, attractive, 1
borrador *(m.)*   eraser, 1
bota *(f.)*   boot, 7
botella *(f.)*   bottle, 2
botones *(m.)*   bellhop, 13
brazo *(m.)*   arm, 10
brócoli *(m.)*   broccoli, 8
bromear   to joke, to kid, 5
bueno(a)   good, 4; okay, 3; **buenas noches**   good evening, good night, LP; **buenas tardes**   good afternoon, LP; **buenos días**   good morning, LP
bufanda *(f.)*   scarf, 7
buscar   to look up, to look for, 6; to pick up, 10
búsqueda *(f.)*   search, 15

C

caballería *(f.)*   chivalry, 11
caballero *(m.)*   gentleman, 5; knight, 11
cabeza *(f.)*   head, 7
cacerola *(f.)*   saucepan, 14
cada   each, every, 3
caerse   to fall down, 10
café *(m.)*   coffee, 2; —— **con leche**   coffee with milk, 2; **café** *(m.)* (restaurant), 4; —— **al aire libre**   outdoor cafe, 4; *(adj.)* brown, LP
cafetera *(f.)*   coffeepot, 14
cafetería *(f.)*   cafeteria, 2
caja de seguridad *(f.)*   safe-deposit box, 16
cajero(a) *(m., f.)*   cashier, 3; teller, 6; —— **automático** *(m.)*   automatic teller machine, 6
calcetín *(m.)*   sock, 7
calefacción *(f.)*   heating, 13
calidad *(f.)*   quality, 7
cálido(a)   hot, 9
caliente   hot, 13
calle *(f.)*   street, 2
calmante *(m.)*   tranquilizer, painkiller, 11
calzar   to wear a certain shoe size, 7

calzoncillos *(m. pl.)*   undershorts, 7
cama *(f.)*   bed, 13; —— **chica (pequeña)** *(f.)*   twin bed, 13; —— **doble** *(f.)*   double bed, 13; —— **matrimonial** *(f.)*   double bed, 13
camarero(a) *(m., f.)*   waiter, waitress, 4
camarón *(m.)*   shrimp, 8
cambiar   to change, 3; —— **de avión**   to change planes, 12
cambio: —— **de moneda** *(m.)*   rate of exchange, 13
caminar   to walk, 10
camisa *(f.)*   shirt, 7
camiseta *(f.)*   T-shirt, 7
camisón *(m.)*   nightgown, 7
campanario *(m.)*   bell tower, 15
campo *(m.)*   country *(as opposed to city)*, 9; field, 2; —— **de batalla**   battlefield, 13
cancelar   to cancel, 12
cangrejo *(m.)*   crab, 8
cansado(a)   tired, 4
cantidad *(f.)*   amount, 7
caña de azúcar *(f.)*   sugar cane, 7
capital *(f.)*   capital, LP
cara *(f.)*   face, 10
¡caramba!   gee!, wow!, 2
cardiólogo(a) *(m., f.)*   cardiologist, 11
cardo *(m.)*   thistle, 13
cargado(a)   loaded, 7
cargo *(m.)*   fee, 7
cariño *(m.)*   love (term of endearment), 15
carmín *(m.)*   red, 13
carne *(f.)*   meat, 8; —— **asada** *(f.)*   roast beef, 9
carnicería *(f.)*   meat market, 8
caro(a)   expensive, 11
carro *(m.)*   automobile, 10
carta *(f.)*   letter, 6
cartera *(f.)*   handbag, purse, 7
casa *(f.)*   house, 3; —— **central**   main office, 6; **en** ——   at home, 5
casarse (con)   to marry, to get married (to), 12
caset *(m.)*   (cassette) tape, 5
casi   almost, 9; —— **crudo**   rare, 14

caso *(m.)*   case, 11; **en ese** ——   in that case, 11
castaño(a)   brown *(hair or eyes)*, 5
catarro *(m.)*   cold, 11
catorce   fourteen, 1
cebolla *(f.)*   onion, 8
celebrar   to celebrate, 9
cena *(f.)*   dinner, 9
cenar   to have dinner (supper), 5
central   central, 15
centro *(m.)*   downtown area, 15
cerca (de)   near, 3; —— **de aquí**   near here, 11
cerdo *(m.)*   pork, 8
cereal *(m.)*   cereal, 8
cereza *(f.)*   cherry, 8
cero   zero, LP
cerrar (e > ie)   to close, 5
certificado(a)   certified, 6
cerveza *(f.)*   beer, 2
césped *(m.)*   lawn, 14
cesto de papeles *(m.)*   wastebasket, 1
chaleco *(m.)*   vest, 7
champiñón *(m.)*   mushroom, 8
chaqueta *(f.)*   jacket, 7
chau   bye, LP
cheque *(m.)*   check, 3; —— **de viajero** *(m.)*   traveler's check, 6
chica *(f.)*   young woman, 1; girl, 5
chico *(m.)*   young man, 1; boy, 5
chico(a)   little, 9
chino *(m.)*   Chinese *(language)*, 3
chocar (con)   to run into, to collide (with), 10
chocolate *(m.)*   chocolate, 8; —— **caliente** *(m.)*   hot chocolate, 2
chorizo *(m.)*   sausage, 9
chuleta *(f.)*   chop *(of meat)*, 8; —— **de cerdo** *(f.)*   pork chop, 8; —— **de ternera** *(f.)* veal chop, 8
cibernética *(f.)*   computer science, 2
ciclón *(m.)*   cyclone, 9
cielo *(m.)*   sky, 9
cien (ciento)   one hundred, 1
ciencias políticas *(f. pl.)*   political science, 2
cierto(a)   true, 13
ciervo *(m.)*   deer, 13
cigüeña *(f.)*   stork, 5
cinco   five, LP

cincuenta fifty, 1

cine *(m.)* movies, movie theater, 4

cinta *(f.)* tape, 5

cinto *(m.)* belt, 7

cinturón *(m.)* belt, 7

cirujano(a) *(m., f.)* surgeon, 11

ciudad *(f.)* city, 6

claramente clearly, 8

claro(a) clear, 8; light, 13; **¡claro (que sí)!** of course!, 15; **¡claro que no!** of course not!, 15

clase *(f.)* class, classroom, 1

clasificado(a) classified, 15

clavar la pupila to stare, 15

clima *(m.)* climate, 2

club *(m.)* club, 4; —— **nocturno** *(m.)* nightclub, 5

cobrar to charge, 3; —— **un cheque** to cash a check, 6

cocina *(f.)* kitchen, 9; stove, 9

cocinar to cook, 9

coche *(m.)* car, 8; automobile, 10

codo *(m.)* elbow, 10

colador *(m.)* strainer, 14

combinación *(f.)* slip, 7

comedor *(m.)* dining room, 13

comenzar (e > ie) to start, to begin, 5

comer to eat, 3

comestibles *(m. pl.)* groceries (food items), 8

comida *(f.)* food, meal, 8

como as, 2; like, 13; since, being that, 3; —— **si** as if, 15; —— **siempre** as always, as usual, 3

¿cómo? pardon, LP; how, 1; **¿—— es...?** what is . . . like?, 1; **¿—— está usted?** how are you?, 1; **¿—— estás?** how are you:, LP; —— **no** of course, sure, 5; **¿—— se dice...?** how do you say . . . ?, 1; **¿—— se llama usted?** what is your name *(form.)*?, 1; **¿—— te llamas?** what is your name *(fam.)*?, 1; **¿—— se deletrea tu apellido?** how do you spell your last name?, LP; **¿a —— está el cambio de moneda?** what's the rate of (monetary) exchange?, 12

cómoda *(f.)* chest of drawers, 15

compañero(a) de clase *(m., f.)* classmate, 1; **¿—— de cuarto** *(m., f.)* roommate, 2

compañía *(f.)* company, 15

complacer to please, 13

completamente completely, 8

completo(a) complete, 8

comprar to buy, 6

comprobante *(m.)* claim check, 12

comprometerse (con) to get engaged (to), 14

comprometido(a) engaged (to be married), 15

compromiso *(m.)* engagement, 5

computadora (personal) *(f.)* (personal) computer, 1

con with, 1; **¿—— quién?** with whom?, 2; —— **tal (de) que** provided that, 13

concierto *(m.)* concert, 4

condimentar to season (food), 9

conducir to drive, 8

confiar en to trust, 14

confirmar to confirm, 12

conmigo with me, 5

conocer to know, to be acquainted with, 4

conseguir (e > i) to obtain, to get, 6

conservador(a) conservative, 1

consultorio *(m.)* doctor's office, 11

contabilidad *(f.)* accounting, 2

contigo with you, 5

convencer to convince, 15

convenir (en) to agree (on), 14

conversar to talk, to converse, 2

copa *(f.)* wineglass, 2

corazón *(m.)* heart, 10

corbata *(f.)* tie, 7

cordero *(m.)* lamb, 9

correo *(m.)* post office, 6

correr to run, 3

corsario *(m.)* privateer, 5

cortar to cut, 14; —— **el césped** to mow the lawn, 14; —— **se el pelo** to get one's hair cut, 13

cortina *(f.)* curtain, drape, 15

cosa *(f.)* thing, 8

costar (o > ue) to cost, 6; —— **un ojo de la cara** to cost an arm and a leg, 15

costumbre *(f.)* custom, 8

crecer to grow, 13

creer to think, to believe, 5

crema *(f.)* cream, 9

criada *(f.)* maid, 14

crucero *(m.)* cruise, 12

crudo(a): medio —— rare, 9

cuaderno *(m.)* notebook, 1

¿cuál? *(pl. ¿cuáles?)* which?, what?, 2; **¿—— es tu número de teléfono?** what's your phone number?, LP

cualquier(a) any, 12; **en —— momento** at any time, 6

cuando when, 3

¿cuándo? when?, 2

¿cuánto(a)? how much?, 3; **¿por cuánto tiempo?** how long?, 13

¿cuántos(as)? how many?, 2

cuarenta forty, 1

cuarto *(m.)* room, 13; —— **de baño** *(m.)* bathroom, 13; quarter, 2; **menos ——** quarter to, 2; **y ——** quarter past or after, 2

cuatro four, LP

cuatrocientos(as) four hundred, 3

cubano(a) *(m., f.)* Cuban, 1

cubiertos *(m., pl.)* silverware, 14

cubrir to cover, 9

cuchara *(f.)* spoon, 9

cucharada *(f.)* spoonful, 9

cucharita *(f.)* teaspoon, 9

cuchillo *(m.)* knife, 9

cuello *(m.)* neck, 7; collar, 7

cuenta *(f.)* account, 6; bill, check *(at a restaurant)*, 9; —— **de ahorros** savings account, 6; —— **conjunta** joint account, 6; —— **corriente** checking account, 6

cuerpo *(m.)* body, 10

cuidadosamente carefully, 3

cuidarse to take care of oneself, 11

cumpleaños *(m. s.)* birthday, 5

cuñada *(f.)* sister-in-law, 4

cuñado *(m.)* brother-in-law, 4

curita *(f.)* adhesive bandage, 11

D

danza aeróbica *(f.)* aerobics, 2

dar to give, 4; —— **derecho** to entitle, 7

darse cuenta (de) to notice, to realize, 11

darse por vencido(a) to give up, 9

darse prisa to hurry up, 14

de of, 2; in, 2; from 12; about 6; with, 12; ¿—— **dónde eres?** where are you from?, 1; —— **estatura mediana** of medium height, 5; —— **la mañana (noche, tarde)** in the morning (evening, afternoon), 2; —— **nada** you're welcome, LP

debajo de under, 12

deber to have to, must, should, 3

decidir to decide, 3

décimo tenth, 13

decir (e > i) to say, to tell, 5; ¿**cómo se dice...?** how do you say . . . ?, 1

dedo (*m.*) finger, 10; —— **del pie** toe, 10

dejar to leave (behind), 8; let, 9; —— **enfriar** to let it cool, 9; —— **para mañana lo que uno puede hacer hoy** to procrastinate, 11

deletrear to spell, 11

deletreo (*m.*) spelling, 11

delgado(a) slim, thin, 1

demasiado(a) too much, 12

departamento (*m.*) department, 6; —— **de caballeros** (*m.*) men's department, 7

dependiente(a) (*m., f.*) clerk, 7

deporte (*m.*) sport, 4

depositar to deposit, 6

depósito (*m.*) deposit, 15

derecho(a) right, 7; **a la derecha** to the right, 7

dermatólogo(a) (*m., f.*) dermatologist, 11

derretir (e > i) to melt, 9

desayunar to have breakfast, 9

desayuno (*m.*) breakfast, 13

descubrir to discover, 3

descuento (*m.*) discount, 7

desde from, 9

desdeñar to scorn, 9

desear to wish, to want, 2

desfallecer to faint, 11

desgraciadamente unfortunately, 8

desmayarse to lose consciousness, to faint, 10

desocupar to vacate, 13; —— **el cuarto** to check out of a hotel room, 13

despacio slow; **más** —— slower, 1

despejado(a) clear *(sky)*, 9

despertarse (e > ie) to wake up, 7

después (de) after, 9; afterwards, 3; then, 3

detenerse to stop, 11

detergente (*m.*) detergent, 8

día (*m.*) day, LP; **al** —— per day, 2; **al** —— **siguiente** (on) the following (next) day, 4; **el último** —— **para...** the last day to . . . , 3

diario (*m.*) newspaper, diary, 11

dicho(a) said, 10

diciembre December, 2

diecinueve nineteen, 1

dieciocho eighteen, 1

dieciséis sixteen, 1

diecisiete seventeen, 1

diente (*m.*) tooth, 10

dieta (*f.*) diet, 8; **estar a** —— to be on a diet, 8

diez ten, LP

difícil difficult, 2

diligencia (*f.*) errand, 6

dinero (*m.*) money, 5

dirección (*f.*) address, 10; —— **electrónica** e-mail address, 3

disco (*m.*) disk, 3; record, 5; —— **compacto** (*m.*) compact disc (CD), 5

disponible vacant, available, 13

divertirse (e > ie) to have fun, 7

doce twelve, 1

docena (*f.*) dozen, 8

doctor (Dr.) (*m.*) doctor, 1; M.D., 10

doctora (Dra.) (*f.*) doctor, 1; M.D., 10

doctorado (*m.*) Ph.D., 1

documento (*m.*) document, 12

dólar (*m.*) dollar, 3

doler (o > ue) to hurt, to ache, 10

dolor (*m.*) pain, 10; —— **de cabeza** (*m.*) headache, 11

domingo (*m.*) Sunday, LP

¿dónde? where?, 2; **¿de** ——**?** where from?, 2

dorado(a) golden brown, 9

dormir (o > ue) to sleep, 6; —— **se** to fall asleep, 11

dormitorio (*m.*) bedroom, 15

dos two, LP; **somos** —— there are two of us, 13

doscientos(as) two hundred, 3

ducha (*f.*) shower, 13

dudar to doubt, 13

dueño(a) (*m., f.*) owner, 13

durante during, 11

durar to last, 2

durazno (*m.*) peach, 8

E

echar to pour out, 13

educación (*f.*) education, 6

efectivo (*m.*) cash, 6

eficiente efficient, 1

ejercicio (*m.*) exercise, 8

el (*m. sing.*) the, 1

él he, 1; (*obj. of prep.*) him, 5

elegante elegant, 7

elegir (e > i) to choose, 2

elevador (*m.*) elevator, 12

ella she, 1; (*obj. of prep.*) her, 5

ellas (*f.*) they, 1; (*obj. of prep.*) them, 5

ellos (*m.*) they, 1; (*obj. of prep.*) them, 5

embarazada pregnant, 11

emergencia (*f.*) emergency, 10

empezar (e > ie) to start, to begin, 5

empleado(a) (*m., f.*) clerk, 6

en in, on, at, LP; inside, over, 12; —— **casa** at home, 5; —— **la ciudad de México** in Mexico City, LP; —— **cuanto** as soon as, 13; —— **efectivo** in cash, 6; —— **español** in Spanish, 1; —— **inglés** in English, 1; —— **lugar de** in place of, 12; —— **el parque** in the park, LP; —— **seguida** right away, 10; —— **serio** seriously, 15; —— **vez de** instead of, 2

enamorarse (de) to fall in love (with), 14

encantado(a) delighted, 1

encantarle a uno to love, to like very much, 15

encargado(a) (*m., f.*) manager, superintendent, 15

encendido(a) bright, 13
encontrar (o > ue) to find, 2
enero January, 2
enfermero(a) *(m., f.)* nurse, 10
enfermo(a) sick, 5
enhorabuena *(f.)* congratulations, 5
ensalada *(f.)* salad, 3; —— **mixta** *(f.)* mixed salad, 9
ensayo *(m.)* essay, 11
enseñar to show, 12
entender (e > ie) to understand, 5
entonces then, in that case, 5
entrar (en) to enter, to go (in), 6; —— **al sistema** to log on the system, 3
entre between, LP; —— **semana** during the week, 12
enviar to send, 6
enyesar to put a cast on, 10
época *(f.)* time *(period)*, 11
equipaje *(m.)* luggage, 12
escala *(f.)* stopover, 12
escalera *(f.)* stairs, 10
esclusa *(f.)* lock *(in a canal)*, 6
escoba *(f.)* broom, 14
escoger to choose, 15
escribir to write, 3
escrito(a) written, 10
escritorio *(m.)* desk, 1
escuchar to listen (to), 15
escuela *(f.)* school, 8
ese, esos, esa(s) *(adj.)* that, those *(nearby)*, 4
ése, ésos, ésa(s) *(pron.)* that (one), those, 4
eso *(neut. pron.)* that, 4
espacio *(m.)* space, 15; —— **para estacionar** *(m.)* parking space, 15
espaguetis *(m. pl.)* spaghetti, 8
espalda *(f.)* back, 10
España Spain, 13
español *(m.)* Spanish *(language)*, 2; **español(a)** Spanish *(person)*, 1
espárrago *(m.)* asparagus, 14
especialidad *(f.)* specialty, 9
especialmente especially, 8
esperar to wait (for), 10; to hope, 11
esposa *(f.)* wife, 4
esposo *(m.)* husband, 4

esquiar to ski, 5
esquina *(f.)* corner, 10
esta *(adj.)* this, 6; *(pron.);* this (one), 6
estacionar to park, 15
estadio *(m.)* stadium, 4
estado *(m.)* state, 3
estadounidense *(m., f.)* U.S. *(used to denote citizenship)*, 1
estampilla *(f.)* stamp, 6
estar to be, 4; **¿está bien?** is it okay?, LP; —— **de vacaciones** to be on vacation, 9
estatura *(f.)* height, 5; **de —— mediana** of medium height, 5
este, estos, esta(s) *(adj.)* this, these, 3
éste, éstos, ésta(s) *(pron.)* this (one), these, 4
estéreo *(m.)* record player, stereo, 5
estimar to hold in high regard, 11
esto *(neut. pron.)* this, 4
estómago *(m.)* stomach, 10
estrecho(a) narrow, 7
estrella *(f.)* star, 13
estudiante *(m., f.)* student, 1
estudiar to study, 2
estupendo(a) great, wonderful, 15
examen *(m.)* exam, LP
examinar to examine, to check, 11
exceso *(m.)* excess, 12; —— **de equipaje** *(m.)* excess baggage (charge), 12
excursión *(f.)* tour, excursion, 12
exterior *(m.)* exterior, 13
extra extra, 13

F

fábrica *(f.)* factory, 15
fácil easy, 2
fácilmente easily, 8
falda *(f.)* skirt, 7
falso(a) false, LP
farmacéutico(a) *(m., f.)* pharmacist, 11
farmacia *(f.)* pharmacy, 8
fe *(f.)* faith, 11
febrero February, 2
fechar to date *(a document)*, 6
feliz happy, 1

fiebre *(f.)* fever, 11
fiesta *(f.)* party, 4; —— **de bienvenida** welcome party, 5
fijarse to check, to notice, 14
filete *(m.)* tenderloin, 14
fin *(m.)* end; —— **de semana** *(m.)* weekend, 4; **por** —— finally, 6
firmar to sign, 6
física *(f.)* physics, 2
flan *(m.)* caramel custard, 9
flor *(f.)* flower, 13
florero *(m.)* vase, 14
folleto *(m.)* brochure, 12
fondo *(m.)* depth, 15
formar parte (de) to become part (of), 2
fortaleza *(f.)* fortress, 3
fractura *(f.)* fracture, 10
fracturar (se) to fracture, 10
francamente frankly, 8
francés *(m.)* French *(language)*, 3
franco(a) frank, 8; open, 13
frecuente frequent, 8
frecuentemente frequently, 8
fregadero *(m.)* sink, 14
fregar (e > ie) to wash (dishes), 14
freno *(m.)* brake, 14
fresa *(f.)* strawberry, 8
frijol *(m.)* bean, 8
frío(a) cold, 13; iced, 3
frito(a) fried, 9
fruta *(f.)* fruit, 8
fuego *(m.)* fire, 9; **a** —— **lento** at low temperature, 9
fuente de ingresos *(f.)* source of income, 6
fumar to smoke, 12
funcionar to work, to function, 14
funda *(f.)* pillowcase, 14
fundar to found, 2
fútbol *(m.)* soccer, 4

G

gamba *(f.)* shrimp, 8
ganado *(m.)* cattle, 13
garaje *(m.)* garage, 14
garganta *(f.)* throat, 11
gastar to spend *(money)*, 8
general general, 8
generalmente generally, 3
gente *(f.)* people, 6
geografía *(f.)* geography, 2

geología *(f.)* geology, 2
gerente *(m., f.)* manager, 13
ginecólogo(a) *(m., f.)* gynecologist, 11
giro postal *(m.)* money order, 6
gobierno *(m.)* government, 1
goma de borrar *(f.)* eraser, 1
gota *(f.)* drop, 11; ——**s para la nariz** *(f. pl.)* nose drops, 11
gracias thank you, LP
grado *(m.)* degree, 9
graduar(se) to graduate, PM
grande, gran big, 5
gratis free, 6
grave serious, 11
gripe *(f.)* flu, 11
gris gray, LP
grupo *(m.)* group, 5
guante *(m.)* glove, 7
guapo(a) handsome, good-looking, 1
guardar to save (computer files), 3; to keep, 6
guerra *(f.)* war, 2
guisante *(m.)* pea, 8
gustar to like, to be pleasing to, 7
gusto pleasure, 1; **el —— es mío** the pleasure is mine, 1; **mucho ——** it's a pleasure to meet you; how do you do?, 1

H

Habana *(f.)* Havana, 1
haber *(auxiliary verb)* to have, 10
habichuela *(f.)* bean, 8
habitación *(f.)* room, 13
hablar to speak, 2; **habla... (nombre)** this is . . . (name) speaking, 5
hacer to do, to make, 4; **hace... . . .** ago, 9; —— **buen (mal) tiempo** to be good (bad) weather, 9; —— **calor** to be hot, 9; —— **cola** to stand in line, 6; —— **diligencias** to run errands, 6; —— **ejercicio** to exercise, 3; —— **escala** to stop over, 12; —— **frío** to be cold, 9; —— **sol** to be sunny, 9; —— **viento** to be windy, 9
hambre *(f.)* hunger, 4; **tener ——** to be hungry, 4

hamburguesa *(f.)* hamburger, 8
hasta until, 5; —— **la vista** (I'll) see you around, LP; —— **luego** (I'll) see you later, so long, LP; —— **mañana** (I'll) see you tomorrow, LP; —— **que** *(conj.)* until, 13
hay there is, there are, 1
hecho(a) made, done, 10
helado *(m.)* ice cream, 8
helado(a) iced, 3
herida *(f.)* wound, 10
hermana *(f.)* sister, 4
hermanastra *(f.)* stepsister, 15
hermanastro *(m.)* stepbrother, 15
hermano *(m.)* brother, 4
hermoso(a) beautiful, LP
hielo *(m.)* ice, 3
hija *(f.)* daughter, 4
hijastra *(f.)* stepdaughter, 15
hijastro *(m.)* stepson, 15
hijo *(m.)* son, 4
hijos *(m. pl.)* children, 4
historia *(f.)* history, 2
hogar *(m.)* home, 5
hola hello, hi, LP
hombre *(m.)* man, 1
hora *(f.)* hour, 2; time, 13; **¿qué —— es?** what time is it?, 2; **¿a qué ——?** at what time?, 2
horario de clases *(m.)* class schedule, 2
horno *(m.)* oven, 14; **al ——** baked, 9; —— **de microondas** microwave oven, 4
hospedarse to stay, to lodge *(i.e., at a hotel)*, 13
hospital *(m.)* hospital, 10
hotel *(m.)* hotel, 9
hoy today, 2; —— **mismo** this very day, 15
hubo there was, there were, 8
huerto *(m.)* orchard, 9
huevo *(m.)* egg, 8
húmedo(a) humid, 9
huracán *(m.)* hurricane, 9

I

ida *(f.)* departure, 12; **de ——** one-way, 12; **de —— y vuelta** round-trip, 12
idea *(f.)* idea, 4

identificación *(f.)* identification, 3
idioma *(m.)* language, 2
iglesia *(f.)* church, 9
impermeable *(m.)* raincoat, 9
importante important, 5
importar to matter, 6
impresora *(f.)* printer, 3
incluir to include, 12
infección *(f.)* infection, 11
información *(f.)* information, 6
informática *(f.)* computer science, 2
ingeniería *(f.)* engineering, 7
ingeniero(a) *(m., f.)* engineer, 11
inglés *(m.)* English *(language)*, 2; **inglés(esa)** English *(person)*, 1
ingreso *(m.)* income, 6
inscribirse to sign up, 7
insistir en to insist on, 14
inteligente intelligent, 1
interés *(m.)* interest, 6
interesante interesting, 4
interior interior, 13
internacional international, 9
invierno *(m.)* winter, 2
invitación *(f.)* invitation, 5
invitado(a) invited, 4
invitar to invite, 15
inyección *(f.)* injection, 10; —— **antitetánica** tetanus shot, 10
ir to go, 3; —— **de compras** to go shopping, 7; —— **a nadar** to go swimming, 4; ——**se** to go away, 9; —— **(se) de vacaciones** to go on vacation, 12
istmo *(m.)* isthmus, 6
italiano *(m.)* Italian *(language)*, 3
izquierdo(a) left, 7; **a la izquierda** to the left, 7

J

jabón *(m.)* soap, 8
jamás never, 6
jamón *(m.)* ham, 4
japonés *(m.)* Japanese *(language)*, 3
jarabe *(m.)* syrup, 11
jardín *(m.)* garden, 11
jefe(a) *(m., f.)* boss, 4
joven young, 5
jóvenes *(m. pl.)* young people, 5

joya *(f.)* jewel, 13; *(pl.)* jewelry, 13

judía verde *(f.)* green bean, 8

juego *(m.)* game, 4

jueves *(m.)* Thursday, LP

jugador(a) *(m., f.)* player, 4

jugar to play *(i.e., a game)* 8; —— **al tenis** to play tennis, 4

jugo *(m.)* juice, 2; —— **de manzana** apple juice, 2; —— **de naranja** orange juice, 2; —— **de tomate** tomato juice, 2; —— **de toronja** grapefruit juice, 2; —— **de uva** grape juice, 2

julio July, 2

junio June, 2

junto(a) next (to), 9

L

la *(f. sing.)* the, 1; *(pron.)* her, you, it, 6

laboratorio de lenguas *(m.)* language lab, 2

ladera *(f.)* hillside, 11

lágrima *(f.)* tear, 15

lámpara *(f.)* lamp, 15

langosta *(f.)* lobster, 8

lápiz *(m.)* pencil, 1

las *(f. pl.)* the, 1; *(pron.)* them, you, 6

lastimarse to get hurt, 11

Latinoamérica *(f.)* Latin America, 2

lavadora *(f.)* washing machine, 14

lavaplatos *(m.)* dishwasher, 14

lavar (se) to wash (oneself), 7; —— **la cabeza** to wash one's hair, 7; —— **en seco** to dry clean, 14

le (to) him, (to) her, (to) you *(form.)*, 7

lección *(f.)* lesson, 1

leche *(f.)* milk, 2

lechuga *(f.)* lettuce, 8

lector *(m.)* reader, 11

leer to read, 5

lejía *(f.)* bleach, 8

lejos far (away), 4

lengua *(f.)* language, 2; tongue, 10

lentamente slowly, 8

lento(a) slow, 8

les (to) them, (to) you *(pl. form.)*, 7

letrero *(m.)* sign, 4

levantar(se) to raise, LP; to get up, 7

liberal liberal, 1

libertad *(f.)* liberty, 2

libre free, 4; vacant, available, 13

librería *(f.)* bookstore, 3

libreta de ahorros *(f.)* passbook, 6

libro *(m.)* book, 1

licencia para conducir (manejar) *(f.)* driver's license, 3

licenciado(a) *(m., f.)* Ph.D. (in Mexico), 1

licuadora *(f.)* blender, 14

ligero(a) light, 11

limonada *(f.)* lemonade, 3

limpiar to clean, 8; —— **en seco** to dry clean, 14

limpieza *(f.)* cleaning, 15

liquidación *(f.)* sale, 7

lista de espera *(f.)* waiting list, 12

listo(a) ready, 9

literatura *(f.)* literature, 2

llamada *(f.)* call, 12; —— **telefónica** *(f.)* phone call, 11

llamar to call, 4; —— **a la puerta** to knock at the door, 14; —— **por teléfono** to phone, 5

llamarse to be named, 1; **¿cómo se llama?** what is your name *(form.)*?, 1; **¿cómo te llamas?** what is your name *(fam.)*?, 1; **me llamo...** my name is . . . , 1

llave *(f.)* key, 13

llegada *(f.)* arrival, 13

llegar to arrive, 5; —— **tarde (temprano)** to be late (early), 9

llevar to take (someone or something someplace), 4; to wear, 7; —— **a cabo** to carry out, 5; —— **el nombre de** to be named, 5

llover (o > ue) to rain, 9

lluvia *(f.)* rain, 9

lo him, you, it, 6; —— **importante** the important thing, 5; —— **mismo** the same (thing), 9; —— **siento** I'm sorry, 1

los *(m. pl.)* the, 1; *(pron.)* them, you *(form.)*, 6

luego afterwards, 3; then, 3; later, 9

lugar *(m.)* place, 5; **en** —— **de** in place of, 5; —— **de interés** *(m.)* place of interest, 5

lujo *(m.)* luxury, 13

luna de miel *(f.)* honeymoon, 5

lunes *(m.)* Monday, LP

luz *(f.)* light, 1

M

madera *(f.)* wood, 13

madrastra *(f.)* stepmother, 15

madre *(f.)* mom, mother, 4

madrina *(f.)* godmother, 15

madrugada *(f.)* early morning (pre-dawn), 11

maestro(a) *(m., f.)* teacher, 7

magnífico(a) great, 5

mal badly, 5; poorly, 11

maleta *(f.)* suitcase, 12

maletín *(m.)* hand luggage, small suitcase, 12

malo(a) bad, 5

mamá *(f.)* mom, mother, 4

mandar to send, 6; to order, 11; —— **por correo electrónico** to send by e-mail, 3; **¿mande?** *(Mex.)* pardon?, LP

manga *(f.)* sleeve, 7

mano *(f.)* hand, 1

mantel *(m.)* tablecloth, 9

mantequilla *(f.)* butter, 8

manzana *(f.)* apple, 2

mañana tomorrow, morning, LP; **por la** —— in the morning, LP; —— **por la** —— tomorrow morning, 3

mapa *(m.)* map, 1

mar *(m.)* ocean, 13; sea, 15

marisco *(m.)* shellfish, 8

marrón brown, LP

martes *(m.)* Tuesday, LP

marzo March, 2

más plus, 1; more, 5; —— **de** more than, 13; —— **despacio,** slower, LP; —— **...que** more . . . than, 3

matar to kill, 11

matemáticas *(f. pl.)* mathematics, 2

materia *(f.)* course, subject, 2

matrícula *(f.)* registration, 3

mayo May, 2

mayor older, bigger, 5; **(el, la)** —— oldest, biggest, 5; —— **comodidad** extra convenience, 7

me *(obj. pron.)* me, 6; (to) me, 7; *(refl. pron.)* (to) myself, 7; —— **gusta...** I like . . . , LP; —— **llamo...** my name is . . . , 1; —— **voy** I'm leaving, 2

media hermana *(f.)* half sister, 15

mediano(a) medium, 5

medicina *(f.)* medicine, 10

médico(a) *(m., f.)* doctor, M.D., 10

medida *(f.)* measure, 7

medio(a) half; **media hora** half an hour, 13; **y media** half past, 2

medio hermano *(m.)* half brother, 15

mediodía *(m.)* noon, 13; **al** —— at noon, 13

mejor better, 5; **(el, la)** —— best, 5

mejorar to improve, 11

mejorarse to get better, 11

melocotón *(m.)* peach, 8

memoria *(f.)* memory, 3

menor younger, smaller, 5; **(el, la)** —— youngest, smallest, 5

menos minus, 1; to, till, 2; less, 5; —— **...que** less . . . than, 3; —— **mal** thank goodness, 8

mensaje *(m.)* message, 3; —— **electrónico** e-mail, 3

mensual monthly, 7

mentir (e > ie) to lie, 11

menú *(m.)* menu, 9

mercader *(m.)* merchant, 3

mercado *(m.)* market, 8; —— **al aire libre** *(m.)* outdoor market, 8

merienda *(f.)* afternoon snack, 9

mermelada *(f.)* jam, marmalade, 9

mes *(m.)* month, 21

mesa *(f.)* table, 1

mesero(a) *(m., f.)* waiter *(Mex.)*, 4

mesita de noche *(f.)* night table, 15

meta *(f.)* goal, 11

mexicano(a) *(m., f.)* Mexican, 1

mezcla *(f.)* mixture, 6

mezclar to mix, 8; to unite, 13

mi(s) my, 3

mí *(obj. of prep.)* me, 5

microcomputadora *(f.)* microcomputer, laptop, 3

mientras while, 7

miércoles *(m.)* Wednesday, LP

mil one thousand, 3

millón *(m.)* million, 13

mineral *(m.)* mineral, 3

minuto *(m.)* minute, 6

mío(a), míos(as) *(pron.)* mine, 9

mirada *(f.)* glance, 15

mismo(a) same, 7; **lo** —— the same thing, 9

mochila *(f.)* backpack, 1

modo *(m.)* way, 11

momento *(m.)* moment, 6

moneda *(f.)* coin, 14

monitor *(m.)* monitor, 3

montar a caballo to go horseback riding, 5

morado(a) purple, LP

moraleja *(f.)* moral, 9

moreno(a) dark, brunette, 5

morir (o > ue) to die, 8

mostrar (o > ue) to show, 12

mozo *(m.)* waiter, 4

muchacha *(f.)* girl, 5; maid, 14

muchacho *(m.)* boy, 5

mucho(a) much, 5; —— **gusto** it's a pleasure to meet you; how do you do?, 1

muchos(as) many, 3; **muchas gracias** thank you very much, LP

mudarse to move (relocate), 7

muebles *(m. pl.)* furniture, 15

muerto(a) dead, 10

mujer *(f.)* woman, 1

muletas *(f. pl.)* crutches, 10

mundo *(m.)* world, 15

muñeca *(f.)* wrist, 10

muro *(m.)* wall, 15

museo *(m.)* museum, 5

música *(f.)* music, 2

muy very, LP; —— **bien** very well, just fine, LP

N

nacer to be born, 13

nada nothing, 6; **de** —— you're welcome, 1; —— **más** nothing else, 6

nadar to swim, 4

nadie nobody, no one, 6

naranja *(f.)* orange, 2

nariz *(f.)* nose, 10

navegar la red to surf the net, 3

Navidad *(f.)* Christmas, 6

necesitar to need, 2

negro(a) black, LP

nevada *(f.)* snowfall, 9

nevar (e > ie) to snow, 9

ni neither, nor, 6

niebla *(f.)* fog, 9

nieta *(f.)* granddaughter, 4

nieto *(m.)* grandson, 4

ningún, ninguno(a) none, not any, no one, nobody, 6; no, 6

niño(a) *(m., f.)* child, 8

nivel *(m.)* level, 2

no no, not, 1; —— **importa** it doesn't matter, 6; —— **lo creo** I don't believe it, 11

noche *(f.)* night, LP; **esta** —— tonight, 4; **por la** —— in the evening, at night, LP

nombre *(m.)* name, 5

normal normal, 8

normalmente normally, 8

norte *(m.)* north, 13

norteamericano(a) *(m., f.)* North American, 1

nos *(obj. pron.)* us, 6; (to) us, 7; (to) ourselves, 7; —— **vemos** (I'll) see you, LP

nosotros(as) we, 1; *(obj. of prep.)* us, 5

nota *(f.)* grade, 2

novecientos(as) nine hundred, 3

novela *(f.)* novel, 4

noventa ninety, 1

novia *(f.)* girlfriend (steady), 3; bride, 5

noviembre November, 2

novio *(m.)* boyfriend (steady), 3

nublado(a) cloudy, 9

nuera *(f.)* daughter-in-law, 4

nuestro(s), nuestra(s) *(adj.)* our, 3; *(pron.)* ours, 9

nueve nine, LP

nuevo(a) new, 1

número *(m.)* number, 6

nunca never, 6

O

o or, 5; **o... o** either . . . or, 6

obra *(f.)* work *(e.g., of art)*, 14

ochenta eighty, 1

ocho eight, LP

ochocientos(as) eight hundred, 3

octubre October, 2

oculista *(m. f.)* oculist, 11

ocupado(a) busy, 5; occupied, 13

oeste *(m.)* west, 13

oficina *(f.)* office, 6; —— **de correos** post office, 6

oído *(m.)* (inner) ear, 10

ojalá I hope, 11

ojo *(m.)* eye, 5

olvidar(se) (de) to forget, 14

ómnibus *(m.)* bus, 10

once eleven, 1

oprimido(a) oppressed, 13

optimista optimistic, 1

oración *(f.)* prayer, 15

ordenador (personal) *(m.)* (personal) computer *(in Spain)*, 1

oreja *(f.)* (external) ear, 10

orgulloso(a) proud, 15

oro *(m.)* gold, 2

ortiga *(f.)* nettle, 13

os *(fam. pl. obj. pron)* you, 6; (to) you, 7; (to) yourselves, 7

otoño *(m.)* autumn, 2

otro(a) other, another, 6

oye listen, 2

P

paciencia *(f.)* patience, 14

paciente *(m., f.)* patient, 1

padrastro *(m.)* stepfather, 15

padre *(m.)* dad, father, 4

padres *(m. pl.)* parents, 4

padrino *(m.)* godfather, 15

padrinos *(m. pl)* godparents, 15

pagar to pay, 3

página *(f.)* page, LP

pago *(m.)* payment, 3

país *(m.)* country, 15

palabra *(f.)* word, LP

pan *(m.)* bread, 8; —— **tostado** toast, 9

panadería *(f.)* bakery, 8

panqueque *(m.)* pancake, 9

pantalla *(f.)* screen, 3

pantalón, pantalones *(m.)* pants, trousers, 7

pantimedias *(f. pl.)* pantyhose, 7

papa *(f.)* potato, 8; ——**s fritas** french fries, 9

papá *(m.)* dad, father, 4

papanicolaus *(m.)* pap smear, 11

papel *(m.)* paper, 1; —— **higiénico** toilet paper, 8

paquete *(m.)* package, 7

par *(m.)* pair, 7

para in order to, 3; for, 4; —— **que** in order that, 13; ¿—— **qué?** what for?, 9

paraguas *(m.)* umbrella, 9

parar to stop, 10

parecer to seem, 10

pared *(f.)* wall, 2

pareja *(f.)* couple, 4; **la feliz ——** the happy couple, 5

pariente(a) *(m., f.)* relative, 15

parque *(m.)* park, 8; —— **de diversiones** amusement park, 5

parquear to park, 15

parte *(f.)* part, 6; **la tercera ——** one-third, 9

partido *(m.)* game, 4; —— **de básquetbol** *(m.)* basketball game, 5

pasado(a) last, 7

pasaje *(m.)* ticket, 12

pasajero(a) *(m., f.)* passenger, 12

pasaporte *(m.)* passport, 12

pasar to happen, 10; to spend (time), 13; —— **la aspiradora** to vacuum, 14; —— **por la aduana** to go through customs, 13; **pase** come in, LP

pasatiempo *(m.)* pastime, 11

pastel *(m.)* pastry, cake, pie, 8

pastilla *(f.)* pill, 10

patata *(f.)* potato *(Spain)*, 8

patinar to skate, 4

patio *(m.)* patio, 13

pecho *(m.)* chest, 10

pedazo *(m.)* piece, 9

pediatra *(m., f.)* pediatrician, 11

pedido *(m.)* order, 9

pedir (e > i) to ask for, to request, 6; to order, 9; —— **un préstamo** to apply for a loan, 6; —— **turno** to make an appointment, 10

pelar to peel, 9

película *(f.)* movie, 13

pelo *(m.)* hair, 5

penicilina *(f.)* penicillin, 11

pensar (e > ie) to think, 5; —— + *infinitive* to plan to (do something), 5

pensión *(f.)* boarding house, 3; —— **completa** *(f.)* room and board, 13

peor worse, 5; **(el, la) ——** worst, 5

pepino *(m.)* cucumber, 8

pequeño(a) small, 2; little, 9

pera *(f.)* pear, 8

perder (e > ie) to lose, 6; —— **el conocimiento** to lose consciousness, to faint, 10

perdón sorry, LP; excuse me, 9

perdonar to forgive, 13

perfeccionista perfectionist, 1

perfecto(a) perfect, 4

periódico *(m.)* newspaper, 8

permiso excuse me, LP

pero but, 3

perro(a) *(m., f.)* dog, 14; —— **caliente** *(m.)* hot dog, 8

persona *(f.)* person, 12

pescadería *(f.)* fish market, 8

pescado *(m.)* fish, 8

pesimista pessimistic, 1

peso *(m.)* weight, 11

picnic *(m.)* picnic, 5; **de ——** on a picnic, 5

pie *(m.)* foot, 7

pierna *(f.)* leg, 10

pijama, pijamas *(m.)* pajamas, 7

pimienta *(f.)* pepper, 9

pimiento *(m.)* green pepper, 8

pintar to paint, 15

pintura *(f.)* painting, 14

piña *(f.)* pinapple, 8

piscina *(f.)* swimming pool, 4

piso *(m.)* floor, 8; *(Spain)* apartment, 15

pizarra *(f.)* chalkboard, 1

plan de ahorros *(m.)* savings plan, 6

plancha *(f.)* iron, 14

planchar to iron, 14

planear to plan, 4

plástico *(m.)* plastic, 5

plata *(f.)* silver, 9

plátano *(m.)* banana, 8

platillo *(m.)* saucer, 9

plato *(m.)* dish, plate, 9
playa *(f.)* beach, 5
pluma *(f.)* fountain pen, 1
poco(a) few, 2; little, 3; **un ——**
a little, 7; **—— hecho (cocido)**
rare, 14
poder (o > ue) to be able to, can,
6
poema *(m.)* poem, 4
poesía *(f.)* poetry, 15
pollo *(m.)* chicken, 8
polvo *(m.)* powder, 11
ponche *(m.)* punch *(beverage)*, 5
poner to put, 7; to turn on, 13;
—— fin to end, 3; **—— una**
inyección to give a shot, 10;
—— la mesa to set the table, 14;
——se to put on, 7
popular popular, 1
por for, per, 3; through, along, by,
via, because of, on account of, on
behalf of, 9; **—— ciento** per-
cent, 6; **—— favor** please, LP;
—— fin finally, 6; **—— la**
mañana (noche, tarde) in the
morning (evening, afternoon),
LP; **—— medio de** by, through,
7; **—— noche** per night, 13; **—**
—— vía aérea air mail, 6
porque because, 2
¿por qué? why?, 2
portugués *(m.)* Portuguese *(lan-*
guage), 3
posible possible, 8
posiblemente possibly, 8
postre *(m.)* dessert, 9; **de ——**
for dessert, 9
precio *(m.)* price, 13
preferir (e > ie) to prefer, 5
preguntar to ask *(a question)*, 9
prender to pin, 15
preocuparse to worry, 15
prepararse get ready, 7; to pre-
pare oneself, 11
presente present, here, LP
préstamo *(m.)* loan, 6
primavera *(f.)* spring, 2
primer(a) first, LP; **——a clase** *(f.)*
first-class, 12; **——a vez** first
time, 14
primo(a) *(m., f.)* cousin, 4
privado(a) private, 13
probador *(m.)* fitting room, 7

probar(se) (o > ue) to try (on), 7
problema *(m.)* problem, 2
profesor(a) *(m., f.)* professor, 1
programa *(m.)* program, 2
prometido(a) *(m., f.)* fiancé(e), 5
pronto soon, 11
propina *(f.)* tip *(for service)*, 9
propio(a) own, 2
propósito *(m.)* purpose, 7
próximo(a) next, 5
prueba *(f.)* quiz, test, LP
psicología *(f.)* psychology, 2
puerta *(f.)* door, 1; **—— de salida**
(f.) boarding gate, 12
pues well, OK, 8
puesto *(m.)* job, position, 15
puesto(a) put, placed, 10
puesto de revistas *(m.)* magazine
stand, 13
pulmonía *(f.)* pneumonia, 11
puño *(m.)* fist, 11
pupitre *(m.)* desk, 1
puré de papas *(m.)* mashed pota-
toes, 9
puso fin ended, 3

Q

que that, 3; than, 5; **—— viene**
next, 10
¿qué? what?, 2; **¿en —— puedo**
servirle? how may I help you?,
6; **¿—— día es hoy?** what day is
today?, 2; **¿—— fecha es hoy?**
what is today's date?, 2; **¿—— hay**
de nuevo? what's new?, LP;
¿—— hora es? what time is it?,
2; **¡ —— lástima!** too bad!, 5,
what a pity!, 7; **¿—— pasa aquí?**
what's going on here?, 1; **¿——**
quiere decir...? what does . . .
mean?, 1; **¿—— tal?** how's it
going?, LP
quebrado(a) broken, 10
quedar to fit, to suit, 7
quedar(le) grande/chico(a) (a uno
o una) to be too big/ small (on
someone), 7; **——le bien** to fit,
7
quedarse to stay, to remain, 8
quejarse to complain, 15
querer (e > ie) to want, to wish, 5;
—— decir to mean, 1

queso *(m.)* cheese, 4
¿quién(es)? who?, 2; **¿con ——?**
with whom?, 2
quiere decir... it means . . . , 1
química *(f.)* chemistry, 2
quince fifteen, 1; **dentro de ——**
días in two weeks, 12
quinientos(as) five hundred, 3
quitarse to take off, 7

R

radiografía *(f.)* X-ray, 10
raíz *(f.)* root, 11
rajita *(f.)* (small) slice, 9
rápidamente rapidly, 8
rápido(a) fast, 8
raramente rarely, 8
raro(a) rare, strange, 8
rascacielo *(m.)* skyscraper, 9
rasurarse to shave, 7
rato *(m.)* while, 4; **al ——** a
while later, 3; **un ——** a while,
4
ratón *(m.)* mouse, 3
real real, 8
realmente really, 8
rebaja *(f.)* sale, 7
recámara *(f.) (Mex.)* bedroom, 15
recepción *(f.)* reception, 15
receta *(f.)* prescription, 11; recipe,
9
recetar to prescribe, 10
recibir to receive, 3
recibo *(m.)* receipt, 3
reciente recent, 8
recientemente recently, 8
recogedor *(m.)* dustpan, 14
recomendar (e > ie) to recom-
mend, 9
recordar (o > ue) to remember, 6
refresco *(m.)* soft drink, soda, 4
refrigerador *(m.)* refrigerator, 14
regadera *(f.) (Mex.)* shower, 13
regalar to give *(as a gift)*, 14
regalo *(m.)* present, gift, 15
regatear to bargain, 8
registro *(m.)* register, 13
regresar to return, 12
reírse to laugh, 15
reloj *(m.)* clock, watch, 1
repaso *(m.)* review, LP
repetir (e > i) to repeat, LP

represa *(f.)* dam, 13
reservación *(f.)* reservation, 9
reservar to reserve, 12
resfriado *(m.)* cold, 11
resfrío *(m.)* cold, 11
residencia universitaria *(f.)*
  dormitory, 3
residente *(m., f.)* resident, 3
restaurante *(m.)* restaurant, 9
revisar to check, 3
revista *(f.)* magazine, 8
rico(a) rich, 5
río *(m.)* river, 15
riquísimo(a) delicious, 9
rodeado(a) surrounded by, 1
rodilla *(f.)* knee, 10
rojo(a) red, LP
romper(se) to fracture, 10
ropa *(f.)* clothes, 7; —— **interior**
  (f.) underwear, 7
rosado(a) pink, LP; rosé *(wine)*, 2
rosbif *(m.)* roast beef, 9
rostro *(m.)* face, 11
roto(a) broken, 10
rubio(a) blond, 5
ruso *(m.)* Russian *(language)*, 3

S

sábado *(m.)* Saturday, LP; **el
  pasado** —— last Saturday, 5
sábana *(f.)* sheet, 14
saber to know *(a fact, how to do
  something)*, 4
sabor *(m.)* flavor, 9
sabroso(a) delicious, tasty, 9
sacapuntas *(m.)* pencil sharpener,
  1
sacar to take out, 6
sal *(f.)* salt, 14
sala *(f.)* living room, 15; —— **de
  emergencia** *(f.)* emergency
  room, 10; —— **de estar** *(f.)* fam-
  ily room, den, 15; —— **de rayos X
  (equis)** *(f.)* X-ray room, 10
saldo *(m.)* balance, 6
salida *(f.)* exit, 12
salir to leave, to go out, 6
salsa *(f.)* salsa *(dance)*, 5
salud *(f.)* health, 10
saludos a... say hi to . . . , LP
sandalia *(f.)* sandal, 7
sandía *(f.)* watermelon, 8

sándwich *(m.)* sandwich, 3
sartén *(f.)* frying pan, 14
se (to) herself, himself, itself,
  themselves, yourself, yourselves,
  7; —— **dice...** you say . . . , 1;
  —— **usa...** it's used . . . , 1
secadora *(f.)* dryer, clothes dryer,
  14
sección *(f.)* section, 12; —— **de
  (no) fumar** *(f.)* (non)smoking
  section, 12
seco(a) dry, 9
secretario(a) *(m., f.)* secretary, 1
sedante *(m.)* sedative, 11
sedativo *(m.)* sedative, 11
seguir (e > i) to continue, 6; to fol-
  low, 6
segundo *(m.)* second, 10
seguro(a) sure, 5
seguro médico *(m.)* medical in-
  surance, 10
seguro social *(m.)* social security,
  6
seis six, LP
seiscientos(as) six hundred, 3
sello *(m.)* stamp, 6
selva *(f.)* rain forest, 7
semana *(f.)* week, 8
semestre *(m.)* semester, 2
sentar(se) (e > ie) to sit down, 7
sentir (e > ie) to regret, 11; **lo
  siento** I'm sorry, 1; ——**(se)** to
  feel, 10
señor (Sr.) *(m.)* Mr., sir, gentleman,
  1; **los señores** Mr. and Mrs., 13
señora (Sra.) *(f.)* lady, Madam,
  Mrs., 1
señorita (Srta.) *(f.)* Miss, young
  lady, 1
septiembre September, 2
ser to be, 1; —— **de** to be from, 1
serio(a) serious, 11
servicio de habitación *(m.)* room
  service, 13
servilleta *(f.)* napkin, 9
servir (e > i) to serve, 6; **¿en qué
  puedo** ——**le?** how may I help
  you?, 6
sesenta sixty, 1
setecientos(as) seven hundred, 3
setenta seventy, 1
sevillano(a) person from Seville,
  15

si if, 3
sí yes, 1
siempre always, 3; **como** ——
  as usual, as always, 3
siete seven, LP
siglo *(m.)* century, 3
silla *(f.)* chair, 1
simpático(a) charming, nice, 1;
  fun to be with
sino but, 12
sistema *(m.)* system, 2
sitio web *(m.)* website, 3
sobrante excess, left over, 9
sobre about, 6; —— **todo**
  especially, 7
sobrina *(f.)* niece, 4
sobrino *(m.)* nephew, 4
sociología *(f.)* sociology, 2
sofá-cama *(m.)* sleeper sofa, 13
solamente only, 8
solicitar un préstamo to apply for
  a loan, 6
sólo only, 8
solo(a) alone, 5
sombrero *(m.)* hat, 7
sombrilla *(f.)* parasol, 9
sonreír to smile, 15
sonrisa *(f.)* smile, 15
sopa *(f.)* soup, 9
su(s) his, her, its, their, your
  (form.), 3
subir to go up, 13; **subir (a)** to
  board *(a vehicle)*, 12
sucursal *(f.)* branch (of a bank), 6
suegra *(f.)* mother-in-law, 4
suegro *(m.)* father-in-law, 4
suerte *(f.)* luck, 7
suéter *(m.)* sweater, 7
suficiente sufficient, 3
sugerir (e > ie) to suggest, 11
sujetar (se) to hold, 7
supermercado *(m.)* supermarket, 8
sur *(m.)* south, 13
suspiro *(m.)* sigh, 15
suyo(s), suya(s) *(pron.)* his, hers,
  theirs, yours *(form.)*, 9

T

tablilla de anuncios *(f.)* bulletin
  board, 1
talla *(f.)* size *(of clothing)*, 7
tallarines *(m. pl.)* spaghetti, 9

taller de mecánica *(m.)* repair shop, 14

talonario de cheques *(m.)* checkbook, 6

tamaño *(m.)* size, 7

también also, too, 1

tampoco neither, 6

tan as, so, 3; —— **...como** as . . . as, 5; —— **pronto como** as soon as, 13

tanto(a) so much, 4; as much, (many), 5; *(pl.)* so many, 15

tarde late, 7; **más** —— later, 10

tarde *(f.)* afternoon, LP; **esta ——** this afternoon, 4; **por la ——** in the afternoon, LP

tarea *(f.)* homework, LP

tarjeta *(f.)* card, 6; —— **de crédito** *(f.)* credit card, 8; —— **de embarque** *(f.)* boarding pass, 12; —— **postal** *(f.)* postcard, 6

tarta *(f.)* cake, 8

taxi *(m.)* taxi, 6

taza *(f.)* cup, 2

tazón *(m.)* bowl, 14

te *(pron. fam.)* you, 6; (to) you, 7; (to) yourself, 7

té *(m.)* tea, 2; —— **helado, frío** iced tea, 2

teatro *(m.)* theater, 4

teclado *(m.)* keyboard, 3

teléfono *(m.)* telephone, 5; **llamar por ——** to phone, 5; **número de ——** *(m.)* telephone number, LP

telegrama *(m.)* telegram, 2

televisión *(f.)* television, 2

televisor *(m.)* TV set, 13

temer to be afraid, to fear, 11

temperatura *(f.)* temperature, 11

templado(a) warm, 9; moderate, 8

temprano early, 7

tenedor *(m.)* fork, 9

tener to have, 3; —— **acceso a la red** to have access to the Internet, 3; —— **...años (de edad)** to be . . . years old, 4; —— **calor** to be warm, 3; —— **cuidado** to be careful, 11; —— **el día libre** to have the day off, 14; —— **frío** to

be cold, 3; —— **ganas de...** to feel like . . . , 4; —— **(mucha) hambre** to be (very) hungry, 3; —— **lugar** to take place, 5; —— **miedo** to be afraid, scared, 3; —— **prisa** to be in a hurry, 3; —— **que** to have to, 3; —— **razón** to be right, 4; **no —— razón** to be wrong, 4; —— **(mucha) sed** to be (very) thirsty, 3; —— **(mucho) sueño** to be (very) sleepy, 3

terminar to end, to finish, to get through, 2

término medio *(m.)* medium-rare, 14

ternera *(f.)* veal, 9

terraza *(f.)* terrace, 15

terremoto *(m.)* earthquake, 9

ti *(obj. of prep.)* you, 5

tía *(f.)* aunt, 4

tiempo *(m.)* time, 8; weather, 9

tienda *(f.)* shop, 2; store, 7; —— **de regalos** *(f.)* souvenir shop, 13

tierra *(f.)* earth, 13

timbre *(m.)* *(Mex.)* stamp, 6; doorbell, 9

tinto red *(wine)*, 2

tintorería *(f.)* dry cleaner's, 14

tío *(m.)* uncle, 4

tipo *(m.)* type, 12

tiza *(f.)* chalk, 1

toalla *(f.)* towel, 14

tobillo *(m.)* ankle, 10

tocadiscos *(m.)* record player, 5

tocar to play (music, an instrument), 5; —— **a la puerta** to knock at the door, 14

tocino *(m.)* bacon, 9

todavía still, 14; yet, 14; —— **no** not yet, 14

todo all, 11; everything, 12; —— **el día** all day long, 11; —— **está en regla** everything is in order, 12

todos(as) all, 2

tomar to take, *(a class)*, 2; to drink, 2; —— **algo** to have something to drink, 4; —— **asiento** to take a seat, 12; —— **una decisión** to make a decision, 11; —— **helado** to eat

ice cream, 9; —— **sopa** to eat soup, 9; **tome asiento** have a seat, LP

tomate *(m.)* tomato, 2

torcer(se) **(o > ue)** to twist, 10

tormenta *(f.)* storm, 9

tornado *(m.)* tornado, 9

toronja *(f.)* grapefruit, 2

torpeza *(f.)* stupidity, 11

torta *(f.)* cake, 8

tos *(f.)* cough, 11

tostada *(f.)* toast, 9

tostadora *(f.)* toaster, 14

trabajador(a) hardworking, 1

trabajar to work, 2

trabajo *(m.)* work, LP

traducir to translate, 8

traer to bring, 7

tráfico *(m.)* traffic, 9

traje *(m.)* suit, 7; —— **de baño** *(m.)* bathing suit, 7

tranquilo(a) quiet, 11

trasbordar to change planes, ships, etc., 12

tratar (de) to try, 13

trece thirteen, 1

treinta thirty, 1

tres three, LP

trescientos(as) three hundred, 3

trimestre *(m.)* quarter, trimester, 3

trozo *(m.)* piece, 9

tu(s) your *(fam. sing.)*, 1

tú you *(fam. sing.)*, 1

turista *(m., f.)* tourist, 12

turno *(m.)* appointment, 10

tuyo(s), tuya(s) *(pron.)* yours *(fam. sing.)*, 9

U

últimamente lately, 11

último(a) last *(in a series)*, 3

un(a) a, an, 1

unidad *(f.)* unit, 3

unir to join, 6

universidad *(f.)* university, 1

uno one, LP

unos(as) some, 1

usar to wear, 7; to use, 6

usted (Ud.) *(form. s.)* you, 1; *(obj. of prep.)* you, 5

ustedes (Uds.) *(form. pl.)* you, 1; *(obj. of prep.)* you, 5
uva *(f.)* grape, 2

V

vacaciones *(f. pl.)* vacation, 9; **estar de ——** to be on vacation, 9; **ir(se) de ——** to go on vacation, 12
vainilla *(f.)* vanilla, 8
vajilla *(f.)* china, 14
valija *(f.)* suitcase, 12
valor *(m.)* value, 6
vamos let's go, 4
varios(as) several, 4
vaso *(m.)* glass, 2
vegetal *(m.)* vegetable, 8
veinte twenty, 1
vendar to bandage, 10
vendedor(a) *(m., f.)* merchant, 8
vender to sell, 6
venir to come, 3
venta *(f.)* sale, 7
ventaja *(f.)* advantage, 15
ventana *(f.)* window, 1
ventanilla *(f.)* ticket window, 6
ver to see, 3
veranear to spend the summer (vacationing), 12
verano *(m.)* summer, 2

verdad *(f.)* truth, 4
verdadero(a) true, LP
verde green, LP
verdulería *(f.)* vegetable market, 8
verter (e > ie) to pour, 9
vestíbulo *(m.)* lobby, 13
vestido *(m.)* dress, 7
vestir(se) (e > i) to dress (oneself), to get dressed, 7
veterinario(a) *(m., f.)* vet, 4
vez *(f.)* time, 7; **la última ——** the last time, 7
vía aérea airmail, 6
viajar to travel, 12
viaje *(m.)* journey, 5; trip, 12; **¡buen ——!** have a nice trip!, 12; **de ——** on a trip, 12
viajero(a) *(m., f.)* traveler, 13
vida *(f.)* life, 11; **mi ——** darling, 10
viejo(a) old, 5
viernes *(m.)* Friday, LP
vinagre *(m.)* vinegar, 14
vino *(m.)* wine, 2; **—— rosado** rosé wine, 2; **—— tinto** red wine, 2
virar to turn over, 9
visa *(f.)* visa, 12
visitar to visit, 4
vista *(f.)* view, 13; **con —— a** overlooking (with a view of), 13

visto(a) seen, 10
vitamina *(f.)* vitamin, 11
vivir to live, 3
volver (o > ue) to return, to go (come) back, 6
vosotros(as) you *(fam. pl.)*, 1; you *(obj. of prep.)*, 5
vuelo *(m.)* flight, 9
vuelto(a) returned, 10
vuestro(s), vuestra(s) *(adj.)* your *(fam. pl.)*, 3; yours, 9

Y

y and, 1; past, after, 2; **—— media** half past, 2
ya already, 3; **¡—— es tarde!** it's (already) late!, 2
yerno *(m.)* son-in-law, 4
yo I, 1

Z

zacate *(m.)* *(Mex.)* lawn, 14
zanahoria *(f.)* carrot, 8
zapatería *(f.)* shoe store, 7
zapatilla *(f.)* slipper, 7
zapato *(m.)* shoe, 7
zorro(a) *(m., f.)* fox, 9
zumo *(m.)* juice *(Spain)*, 2

English–Spanish

A

a, an un(a), 1
about de, 6; sobre, 6
absent ausente, LP
accept aceptar, 3
accident accidente *(m.)*, 10
accompanied acompañado(a), 12
account cuenta *(f.)*, 6 **on —— of** por, 9
accounting contabilidad *(f.)*, 2
ache doler (o > ue), 10
activity actividad *(f.)*, 4
ad aviso *(m.)*, 15; anuncio *(m.)*, 15
add agregar, 9; añadir, 12
address dirección *(f.)*, 10
adhesive bandage curita *(f.)*, 11
admit admitir, 15
advantage ventaja *(f.)*, 15
advise aconsejar, 11
aerobics danza aeróbica *(f.)*, 2
after y, 2; después (de), 9
afternoon tarde *(f.)*, LP; **this ——** esta tarde, 4
afterwards después, 3; luego, 3
agency agencia *(f.)*, 12
agent agente *(m., f.)*, 12
ago hace..., 9
agree on convenir en, 14
air aire *(m.)*; **—— -conditioning** aire acondicionado, 13
airline aerolínea *(f.)*, 12
airmail por vía aérea, 6
airplane avión *(m.)*, 9
airport aeropuerto *(m.)*, 12
all todos(as), 3; **—— day long** todo el día, 11
allergic alérgico(a), 11
almost casi, 9
alone solo(a), 5
along por, 9
already ya, 3
also también, 1
although aunque, 11
always siempre, 3
ambulance ambulancia *(f.)*, 10
amount cantidad *(f.)*, 7
amusement park parque de diversiones *(m.)*, 5

and y, 1
angel ángel *(m.)*, 14
ankle tobillo *(m.)*, 10
anniversary aniversario *(m.)*, 9
announce anunciar, 15
another otro(a), 6
antacid antiácido *(m.)*, 11
anthropology antropología *(f.)*, 2
antibiotic antibiótico *(m.)*, 11
any algún, alguno(a), algunos(as), 3; cualquier(a), 12; **at —— time** en cualquier momento, 6
anyone alguien, 6
anything algo, 6; **—— else?** ¿algo más?, 6
anywhere en alguna parte, 10
apartment apartamento *(m.)*, 3; piso *(m.)* 15
appeal to gustar, 4
apple manzana *(f.)*, 12
apply for a loan solicitar (pedir) un préstamo, 6
appointment turno *(m.)*, 10; **make an ——** pedir turno, 10
April abril, 2
arm brazo *(m.)*, 10
arrival llegada *(f.)*, 13
arrive llegar, 5; **—— late (early)** llegar tarde (temprano), 9
art arte *(m.)*, 2
artichoke alcachofa *(f.)*, 14
as como, 2; **as if** como si, 15; **as much . . .** tanto(a)..., 5; **as soon as** en cuanto, tan pronto como, 13; **as usual, as always** como siempre, 3
ask (for) pedir (e > i), 6; **—— (a question)** preguntar, 9
asparagus espárrago *(m.)*, 14
aspirin aspirina *(f.)*, 11
at a, 2; en, LP; **—— any time** en cualquier momento, 6; **—— home** en casa, 5
athletic atlético(a), 1
attend asistir, 3
attractive bonito(a), 1
August agosto, 2
aunt tía *(f.)*, 4

automatic teller machine cajero automático *(m.)*, 6
automobile coche *(m.)*, automóvil *(m.)*, auto *(m.)*, carro *(m.)*, 10
autumn otoño *(m.)*, 2
available libre, disponible, 13
avocado aguacate *(m.)*, 8

B

back espalda *(f.)*, 10
backpack mochila *(f.)*, 1
bacon tocino *(m.)*, 9
bad malo(a), 5; **too ——!** ¡qué lástima!, 5
badly mal, 5
baked al horno, 9
bakery panadería *(f.)*, 8
balance saldo *(m.)*, 6
ballpoint pen bolígrafo *(m.)*, 1
banana plátano *(m.)*, 8
bandage vendar, 10
bank banco *(m.)*, 6
bargain regatear, 8
baseball béisbol *(m.)*, 4
basketball básquetbol *(m.)*, 5
bathe bañarse, 7
bathing suit traje de baño *(m.)*, 7
bathroom baño *(m.)*, 13; cuarto de baño *(m.)*, 13
bathtub bañadera *(f.)* 13
battlefield campo *(m.)* de batalla, 13
be ser, 1, estar, 4; **—— able to** poder (o > ue), 6; **—— acquainted with** conocer, 4; **—— afraid, scared** tener miedo, 3, temer, 11; **—— bored** aburrirse, 7; **—— born** nacer, 13; **—— careful** tener cuidado, 11; **—— cold** tener frío, 3, hacer frío, 9; **—— from** ser de, 1; **—— good (bad) weather** hacer buen (mal) tiempo, 9; **—— hot** tener calor, 4, hacer calor, 9; **—— (very) hungry** tener (mucha) hambre, 3; **—— in a hurry** tener prisa, 3; **—— right** tener razón, 4;

—— **serving** estar sirviendo, 5;
—— **(very) sleepy** tener (mucho)
sueño, 3; —— **sorry** sentir
(e > ie), 1; —— **sunny** hacer sol,
9; —— **(very) thirsty** tener
(mucha) sed, 3; —— **tight**
apretar (e > ie), 7; —— **too big/
small on someone** quedarle
grande/chico(a) (a uno o una),
7; —— **windy** hacer viento, 9;
—— **wrong** no tener razón, 4;
—— . . . **years old** tener... años
de edad, 4
beach playa *(f.)*, 5; —— **resort**
balneario *(m.)*, 12
bean frijol *(m.)*, habichuela *(f.)*,
8; **green** —— judía verde
(f.), 8
beard barba *(f.)*, 7
beat batir, 9
beautiful hermoso(a), LP; **ex-
tremely** —— bellísimo(a), 5
because porque, 2; —— **of** por,
9
become part (of) formar parte
(de), 2
bed cama *(f.)*, 13; **double** ——
cama doble *(f.)*, 13; **twin** ——
cama chica (pequeña) *(f.)*, 13
bedroom dormitorio *(m.)*,
recámara *(f.)*, 15
beer cerveza *(f.)*, 5
before antes *(adv.)*, antes de
(prep.), 11; antes de que *(conj.)*,
13
begin comenzar (e > ie), empezar
(e > ie), 5
behalf : on —— **of** por, 9
believe creer, 5; **I don't** —— **it**
no lo creo, 11
bellhop botones *(m.)*, 13
bell tower campanario *(m.)*, 15
belt cinto *(m.)*, cinturón *(m.)*, 7
besides además *(adv.)*, 4; además
de *(prep.)*, 7
best (el, la) mejor, 5
better mejor, 5
between entre, LP
big gran, grande, 5
bigger mayor, 5
biggest (el, la) mayor, 5
bill cuenta *(f.)*, 9

biology biología *(f.)*, 2
birthday cumpleaños *(m. s.)*, 5
black negro(a), LP
blackboard pizarra *(f.)*, 1
bleach lejía *(f.)*, 8
blender licuadora *(f.)*, 14
blond rubio(a), 5
blouse blusa *(f.)*, 7
blue azul, LP
board subir (a), 12
boarding gate puerta de salida
(f.), 12
boarding house pensión *(f.)*, 3
boarding pass tarjeta de embar-
que *(f.)*, 12
body cuerpo *(m.)*, 10
book libro *(m.)*, 1
bookstore librería *(f.)*, 3
boot bota *(f.)*, 7
boss jefe(a) *(m., f.)*, 4
bottle botella *(f.)*, 2
bowl tazón *(m.)*, 14
boy chico *(m.)*, muchacho *(m.)*,
5
boyfriend novio *(m.)*, 3
brake freno *(m.)* 14
branch (of a bank) sucursal *(f.)*,
6
bread pan *(m.)*, 8
breakfast desayuno *(m.)*, 13
bride novia *(f.)*, 5
bring traer, 7
broccoli brócoli *(m.)*, 8
brochure folleto *(m.)*, 12
broken quebrado(a), roto(a), 10
brook arroyo *(m.)*, 13
broom escoba *(f.)*, 14
brother hermano *(m.)*, 4
brother-in-law cuñado *(m.)*, 5
brown marrón, café, LP; **(hair or
eyes)** castaño, 5
brunette moreno(a), 5
bulletin board tablilla de
anuncios *(f.)*, 1
bus autobús *(m.)*, ómnibus *(m.)*,
10
business administration admi-
nistración de empresas *(f.)*, 2
busy ocupado(a), 5
but pero, 3; sino, 12
butter mantequilla *(f.)*, 8
buy comprar, 6

by por, 9; por medio de, 7
bye chau, LP

C

cafe café *(m.)*, 4
cafeteria cafetería *(f.)*, 2
cake torta *(f.)*, 8; pastel *(m.)*, 8;
tarta *(f.)*, 8
call llamar, 4; llamada *(f.)*, 12
cancel cancelar, 12
capital capital *(f.)*, LP
car coche *(m.)*, 8; carro *(m.)*, 8;
auto *(m.)*, 8; automóvil *(m.)*, 8
caramel custard flan *(m.)*, 9
card tarjeta *(f.)*, 6; **credit** ——
tarjeta de crédito *(f.)*, 8
cardiologist cardiólogo(a) *(m., f.)*,
11
carefully cuidadosamente, 3
carrot zanahoria *(f.)*, 8
carry out llevar a cabo, 5
carry-on bag bolso de mano *(m.)*,
12
case caso *(m.)*, 11; **in that** ——
entonces, 5, en ese caso, 11
cash efectivo *(m.)*, 6; —— **(a
check)** cobrar un cheque, 6
cashier cajero(a), *(m., f.)*, 3
cassette tape caset *(m.)*, 5
cattle ganado *(m.)*, 13
celebrate celebrar, 9
celery apio *(m.)*, 8
central central, 15
century siglo *(m.)*, 3
cereal cereal *(m.)*, 8
certified certificado(a), 6
chair silla *(f.)*, 1
chalk tiza *(f.)*, 1
chalkboard pizarra *(f.)*, LP
change cambiar, 3; —— **planes**
trasbordar, cambiar de avión, 12
charge cobrar, 3
charming simpático(a), 1; gentil, 5
check cheque *(m.)*, 3; cuenta *(f.)*,
9; examinar, 11; fijarse, 14;
revisar, 3; —— **out (of a hotel
room)** desocupar, 13
checkbook talonario de cheques
(m.), 6
checking account cuenta
corriente *(f.)*, 6

cheese queso *(m.)*, 4
chemistry química *(f.)*, 2
cherry cereza *(f.)*, 8
chest pecho *(m.)*, 10
chest of drawers cómoda *(f.)*, 15
chicken pollo *(m.)*, 8
child niño(a) *(m., f.)*, 8
children hijos *(m. pl.)*, 5
china vajilla *(f.)*, 14
Chinese *(language)* chino *(m.)*, 3
chivalry caballería *(f.)*, 11
chocolate chocolate *(m.)*, 8
choose elegir (e > i),2; escoger, 15
chop (of meat) chuleta *(f.)*, 8
Christmas Navidad *(f.)*, 6
church iglesia *(f.)*, 9
city ciudad *(f.)*, 6
claim check comprobante *(m.)*, 12
class clase *(f.)*, 1
classified clasificado(a), 15
classmate compañero(a) de clase *(m., f.)*, 1
classroom clase *(f.)*, 1
class schedule horario de clases *(m.)*, 2
clean limpiar, 8
cleaning limpieza *(f.)*, 15
clear claro(a), 8; despejado(a), 9
clearly claramente, 8
clerk empleado(a) *(m., f.)*, 6; dependiente(a) *(m., f.)*, 7
climate clima *(m.)*, 2
clock reloj *(m.)*, 1
close cerrar (e > ie), 5
clothes ropa *(f.)*, 7; —— **dryer** secadora *(f.)*, 15
cloudy nublado(a), 9
club club *(m.)*, 4
coat abrigo *(m.)*, 7
coffee café *(m.)*, 2; —— **with milk** café con leche, 3
coffee pot cafetera *(f.)*, 14
coin moneda *(f.)*, 14
cold catarro *(m.)*, 11; resfriado *(m.)*, 11; resfrío *(m.)*, 11; frío(a), 13
collar cuello *(m.)*, 7
collide (with) chocar (con), 10
come venir, 3; —— **in** pasar, 1; pase, LP
compact disc (CD) disco compacto *(m.)*, 5

company compañía *(f.)*, 15
complain quejarse, 15
complete completo(a), 8
completely completamente, 8
computer computadora *(f.)*, ordenador *(m.) (Spain)*, 1
computer science informática *(f.)*, 2; cibernética *(f.)*, 2
concert concierto *(m.)*, 4
confirm confirmar, 12
congratulations enhorabuena *(f.)*, 5
consciousness conocimiento *(m.)*, 10; **lose** —— perder el conocimiento, 10
conservative conservador(a), 1
continue seguir (e > i), 6
converse conversar, 2
convince convencer, 15
cook cocinar, 9
corner esquina *(f.)*, 10
cost costar (o > ue), 6; —— **an arm and a leg** costar un ojo de la cara, 15
cotton algodón *(m.)*, 11
cough tos *(f.)*, 11
country *(as opposed to city)* campo *(m.)*, 9; país *(m.)*, 15
couple pareja *(f.)*, 4; **the happy** —— la feliz pareja, 5
course asignatura *(f.)*, 2; materia *(f.)*, 2
cousin primo(a) *(m., f.)*, 4
cover cubrir, 9
crab cangrejo *(m.)*, 8
cream crema *(f.)*, 9
cruise crucero *(m.)*, 12
crutches muletas *(f. pl.)*, 10
Cuban cubano(a) *(m., f.)*, 1
cucumber pepino *(m.)*, 8
cup taza *(f.)*, 2
curtain cortina *(f.)*, 15
cut cortar, 14
cyclone ciclón *(m.)*, 9

D

dad padre *(m.)*, papá *(m.)*, 4
dam represa *(f.)*, 13
dance bailar, 4
dark moreno(a), 5
darling mi vida, 10; mi amor, 14

date (a document) fechar, 6
daughter hija *(f.)*, 4
daughter-in-law nuera *(f.)*, 4
day día *(m.)*, LP; **all —— long** todo el día, 11; **per ——** al día, 2; **the last —— to . . .** el último día para..., 3; **(on) the following (next) day** al día siguiente, 4; **have the —— off** tener el día libre, 14; **this very ——** hoy mismo, 15
dead muerto(a), 10
December diciembre, 2
decide decidir, 3
deer ciervo *(m.)*, 13
degree grado *(m.)*, 19
delicious riquísimo(a), 9; sabroso(a), 9
delighted encantado(a), 1
den sala de estar *(f.)*, 15
department departamento *(m.)*, 6
departure ida *(f.)*, 12
deposit depositar, 6; depósito *(m.)*, 15
depth fondo *(m.)*, 15
dermatologist dermatólogo(a) *(m., f.)*, 11
desk escritorio *(m.)*, 1; pupitre *(m.)*, 1
design programs diseñar programas, 3
dessert postre *(m.)*, 9; **for ——** de postre, 9
detergent detergente *(m.)*, 8
diary diario *(m.)*, 11
die morir (o > ue), 8
diet dieta *(f.)*, 8
difficult difícil, 2
dining room comedor *(m.)*, 13
dinner cena *(f.)*, 9; **have ——** cenar, 9
discount descuento *(m.)*, 7
discover descubrir, 3
dish plato *(m.)*, 9
dishwasher lavaplatos *(m.)*, 14
disk disco *(m.)*, 3
do hacer, 4
doctor doctor(a), 1; médico(a) *(m., f.)*, 10
doctor's office consultorio *(m.)*, 11
document documento *(m.)*, 12

dog perro(a), 14; **hot ——** perro caliente *(m.)*, 9
dollar dólar *(m.)*, 3
done hecho(a), 10
door puerta *(f.)*, 1
doorbell timbre *(m.)*, 9
dormitory residencia universitaria *(f.)*, 3
double bed cama doble *(f.)*, cama matrimonial *(f.)*, 13
double boiler Baño María *(m.)*, 9
doubt dudar, 13
downtown centro *(m.)*, 15
dozen docena *(f.)*, 8
drape cortina *(f.)*, 15
dress vestido *(m.)*, 7; **—— (one-self)** vestir(se) (e > i), 7
drink tomar, 2; beber, 3; bebida *(f.)*, 4
drive conducir, 8
driver's license licencia para conducir (manejar) *(f.)*, 3
drop gota *(f.)*, 11
drugstore farmacia *(f.)*, 8
dry seco(a), 9
dry clean limpiar (lavar) en seco, 14
dry cleaner's tintorería *(f.)*, 14
dryer (clothes) secadora *(f.)*, 14
during durante, 11; **—— the week** entre semana, 12
dustpan recogedor *(m.)*, 14

E

each cada, 3
ear (internal) oído *(m.)*, 10; **(external) ——** oreja *(f.)*, 10
early temprano, 7
earth tierra *(f.)*, 13
earthquake terremoto *(m.)*, 9
easily fácilmente, 8
easy fácil, 2
eat comer, 3; **something to ——** algo para comer, 4; **—— ice cream** tomar helado, 9; **—— soup** tomar sopa, 9
education educación *(f.)*, 6
efficient eficiente, 1
egg huevo *(m.)*, 8; blanquillo *(m.)* *(Mex.)*, 8
eight ocho, LP

eight hundred ochocientos(as), 3
eighteen dieciocho, 1
eighty ochenta, 1
either . . . or o... o, 6
elbow codo *(m.)*, 10
elegant elegante, 7
elevator ascensor *(m.)*, elevador *(m.)*, 13
eleven once, 1
e-mail mensaje electrónico *(m.)*, 3; **—— address** dirección electrónica *(f.)*, 3
emergency emergencia *(f.)*, 10; **—— room** sala de emergencia *(f.)*, 10
end terminar, 2; poner fin, 3
engaged (to be married) comprometido(a), 15
engagement compromiso *(m.)*, 5
engineer ingeniero(a) *(m., f.)*, 11
engineering ingeniería *(f.)*, 7
English *(language)* inglés *(m.)*, 2; **(person)** inglés(esa)
enter entrar (en), 6
entitle dar derecho, 7
eraser borrador *(m.)*, 1; goma de borrar *(f.)*, 1
errand diligencia *(f.)*, 6; **to run ——s** hacer diligencias, 6
especially sobre todo, 7; especialmente, 8
essay ensayo *(m.)*, 11
even if aunque, 13
evening noche *(f.)*, LP
ever alguna vez, 6
every cada, 3
everything todo, 12; **—— is in order** todo está en regla, 12
exam examen *(m.)*, LP
examine examinar, 11
excess exceso *(m.)*, 12; **—— baggage (charge)** exceso de equipaje *(m.)*, 12; *(adj.)* sobrante, 9
excursion excursión *(f.)*, 12
excuse me permiso, LP; perdón, 9
exercise hacer ejercicio, 3; ejercicio *(m.)*, 8
exit salida *(f.)*, 12
expensive caro(a), 11
exterior exterior *(m.)*, 13

extra extra, 13; **—— convenience** mayor comodidad, 7
eye ojo *(m.)*, 5

F

face cara *(f.)*, 10; rostro *(m.)*, 11
factory fábrica *(f.)*, 15
faint perder el conocimiento, desmayarse, 10; desfallecer, 11
faith fe *(f.)*, 11
fall otoño *(m.)*, 2; **—— down** caerse, 10; **—— asleep** dormirse (o > ue), 11; **—— in love (with)** enamorarse (de), 14
false falso(a), LP
family room sala de estar *(f.)*, 15
far lejos, 4
fast rápido(a), 8
father padre *(m.)*, papá *(m.)*, 4
father-in-law suegro *(m.)*, 4
fear temer, 11
February febrero, 2
fee cargo, 7
feel sentir(se) (e > ie), 10; **—— like** tener ganas de, 4
fever fiebre *(f.)*, 11
few pocos(as), 2
fiancé(e) prometido(a) *(m., f.)*, 5
field campo *(m.)*, 2
fifteen quince, 1
fifty cincuenta, 1
finally por fin, 6
find encontrar (o > ue), 2
fine bien, LP
finger dedo *(m.)*, 10
finish terminar, 2
fire fuego *(m.)*, 9
first primer(a), LP; **—— -class** (de) primera clase, 12; **—— time** primera vez, 14
fish pescado *(m.)*, 8
fish market pescadería *(f.)*, 8
fist puño *(m.)*, 11
fit quedar, 7; quedarle bien, 7
fitting room probador *(m.)*, 7
five cinco, LP
five hundred quinientos(as), 3
fix arreglar, 14
flavor sabor *(m.)*, 9
flight vuelo *(m.)* 9; **—— attendant** auxiliar de vuelo *(m., f.)*, 12

floor   piso *(m.)*, 8
flower   flor *(f.)*, 13
flu   gripe *(f.)*, 11
fog   niebla *(f.)*, 9
follow   seguir (e > i), 6
food   comida *(f.)*, 8
foot   pie *(m.)*, 7
for   para, 4; por, 3
forget   olvidarse (de), 14
forgive   perdonar, 13
fork   tenedor *(m.)*, 3
fortress   fortaleza *(f.)*, 9
forty   cuarenta, 1
found   fundar, 2
fountain pen   pluma *(f.)*, 1
four   cuatro, LP
four hundred   cuatrocientos(as), 3
fourteen   catorce, 1
fox   zorro(a) *(m., f.)*, 9
fracture   fractura *(f.)*, 10; frac-
   turar(se), 10; romper(se), 10
frank   franco(a), 8
frankly   francamente, 8
free   libre, 4; gratis, 6
French *(language)*   francés
   (m.), 3
french fries   papas fritas *(f. pl.)*, 9
frequent   frecuente, 8
frequently   frecuentemente, 8
Friday   viernes *(m.)*, LP
fried   frito(a), 9
friend   amigo(a) *(m., f.)*, 2; **best**
   —— mejor amigo(a) *(m., f.)*, 3
friendship   amistad *(f.)*, 14
from   de, 2; desde, 9
fruit   fruta *(f.)*, 8
frying pan   sartén *(f.)*, 14
fun to be with   simpático(a), 5
function   funcionar, 14
furniture   muebles *(m. pl.)*, 15

G

game   juego *(m.)*, 4; partido *(m.)*,
   4; **basketball** —— partido de
   básquetbol *(m.)*, 5
garage   garaje *(m.)*, 14
garbage   basura *(f.)*, 14
garden   jardín *(m.)*, 11
gee!   ¡caramba!, 2
general   general, 8
generally   generalmente, 3

gentleman   señor *(m.)* *(abbr.* Sr.*)*,
   1; caballero *(m.)*, 5
geography   geografía *(f.)*, 2
geology   geología *(f.)*, 2
German *(language)*   alemán *(m.)*,
   3
get   conseguir (e > i), 6; ——
   acquainted   conocer, 4; ——
   better   mejorarse, 11; ——
   dressed   vestirse (e > i), 7; ——
   engaged (to)   comprometerse
   (con), 14; —— **a haircut**   cortarse
   el pelo, 13; —— **hurt**   lastimarse,
   11; —— **married (to)**   casarse
   (con), 12; —— **ready**   prepararse,
   7; —— **through**   terminar,
   2; —— **up**   levantarse, 7
gift   regalo *(m.)*, 15
girl   chica *(f.)*, muchacha *(f.)*, 5
girlfriend   novia *(f.)*, 3
give   dar, 4; *(as a gift)* regalar, 14;
   —— **a shot**   poner una inyec-
   ción, 10; —— **up**   darse por
   vencido(a), 9
glad: to be glad (about)   alegrarse
   (de), 11
glance   mirada *(f.)*, 15
glass   vaso *(m.)*, 2
glove   guante *(m.)*, 7
go   ir, 4; —— **away**   irse, 9; ——
   back   volver (o > ue), 6; ——
   down   bajar, 11; —— **in**   entrar
   (en), 6; —— **on vacation**   ir(se)
   de vacaciones, 12; —— **out**
   salir, 6; —— **shopping**   ir de
   compras, 7; —— **to bed**
   acostarse (o > ue), 7; ——
   through customs   pasar por la
   aduana, 13; —— **up**   subir, 13;
   —— **swimming**   ir a nadar, 4
goal   meta *(f.)*, 11
goddaughter   ahijada *(f.)*, 15
godfather   padrino *(m.)*, 15
godmother   madrina *(f.)*, 15
godparents   padrinos *(m. pl.)*, 15
godson   ahijado *(m.)*, 15
gold   oro *(m.)*, 2
golden brown   dorado(a), 9
good   bueno(a), 4; —— **afternoon**
   buenas tardes, LP; —— **evening**
   buenas noches, LP; —— **morning**
   buenos días, LP; —— **night**

buenas noches, LP; —— **-looking**
   guapo(a), 1; —— **sense**   acierto
   (m.), 15
good-bye   adiós, LP
government   gobierno *(m.)*, 1
grade   nota *(f.)*, 2
graduate   graduar(se), PM
granddaughter   nieta *(f.)*, 5
grandfather   abuelo *(m.)*, 9
grandmother   abuela *(f.)*, 9
grandparents   abuelos *(m.)*, 5
grandson   nieto *(m.)*, 5
grape   uva *(f.)*, 2
grapefruit   toronja *(f.)*, 2
gray   gris, LP
great   magnífico(a), 5; gran,
   estupendo(a), 15
great-granddaughter   bisnieta *(f.)*,
   15
great-grandfather   bisabuelo *(m.)*,
   15
great-grandmother   bisabuela *(f.)*,
   15
great-grandson   bisnieto *(m.)*, 15
green   verde, LP; —— **bean**   judía
   verde *(f.)*, 8; —— **pepper**
   pimiento *(m.)*, 8
groceries (food items)   comestibles
   (m. pl.), 8
group   grupo *(m.)*, 5
grow   crecer, 13
gynecologist   ginecólogo(a) *(m.,
   f.)*, 11

H

hair   pelo *(m.)*, 5
half   medio(a), 2; —— **past**   y
   media, 2; —— **an hour**   media
   hora, 13
half brother   medio hermano
   (m.), 15
half sister   media hermana *(f.)*, 15
ham   jamón *(m.)*, 9
hamburger   hamburguesa *(f.)*, 8
hand   mano *(f.)*, 1
handbag   bolso *(m.)*, 7; cartera *(f.)*,
   7; bolsa *(f.)*, 7
hand luggage   maletín *(m.)*, 12
handsome   guapo(a), 1
happen   pasar, 10
happy   feliz, 1

hardworking trabajador(a), 1
hat sombrero *(m.)*, 7
Havana La Habana *(f.)*, 1
have tener, 3, haber 10; ——
  access to the Internet tener
  acceso a la red, 3; —— **breakfast**
  desayunar, 9; —— **the day off**
  tener el día libre, 14; —— **dinner**
  (supper) cenar, 5; —— **fun**
  divertirse (e > ie), 7; —— **lunch**
  almorzar (o > ue), 9; —— **a seat**
  tomar asiento, 1; —— **something**
  to drink tomar (beber) algo, 4;
  —— **to** deber, 3, tener que, 3
he él, 1
head cabeza *(f.)*, 7
headache dolor de cabeza *(m.)*,
  11
health salud *(f.)*, 10
heart corazón *(m.)*, 10
heating calefacción *(f.)*, 13
height estatura *(f.)*, 5; **of medium**
  —— de estatura mediana, 5
hello hola, LP
help ayudar, 14
her ella *(subj. pron.)*, 1; su(s)
  (adj.), 3; ella *(obj. of prep.)*, 5; la
  (dir. obj.), 6; **(to)** —— le *(ind.*
  obj.), 7
here presente, LP; aquí, 3; ——
  it is aquí está, 2; —— **is . . .**
  aquí tiene..., 3
hers suyo(a), suyos(as), 9
herself se, 7
hi hola, LP; **say** —— ... saludos
  a..., LP
hillside ladera *(f.)*, 11
him él *(obj. of prep.)*, 5; lo *(dir.*
  obj.), 6; **(to)** —— le *(ind. obj.)*, 7
himself se, 7
his su(s) *(adj.)*, 3; suyo(a),
  suyos(as), 9
history historia *(f.)*, 2
hold sujetar (se), 7; —— **in high**
  regard estimar, 11
home hogar *(m.)*, 5; **at** —— en
  casa, 5
homework tarea *(f.)*, LP
honeymoon luna de miel *(f.)*, 5
hope esperar, 11; **I** —— ojalá, 11
horseback riding montar a
  caballo, 5
hospital hospital *(m.)*, 10

hot cálido(a), 9; caliente, 13; ——
  chocolate chocolate caliente
  (m.), 3; —— **dog** perro caliente
  (m.), 8
hotel hotel *(m.)*, 9
hour hora *(f.)*, 2
house casa *(f.)*, 3
how cómo, 1; —— **are you?**
  ¿cómo está usted?, ¿cómo estás?,
  LP; —— **do you say . . . ?** ¿cómo
  se dice...?, 1; —— **do you spell**
  your last name? ¿cómo se dele-
  trea tu apellido?, LP; —— **is it go-**
  ing? ¿qué tal?, LP; —— **long?**
  ¿por cuánto tiempo?, 13; ——
  many? ¿cuántos(as)?, 2; ——
  may I serve you? ¿en qué
  puedo servirle?, 6; —— **much?**
  ¿cuánto(a)?, 2
humid húmedo(a), 9
hunger hambre *(f.)*, 4
hungry: to be hungry tener
  hambre, 4
hurricane huracán *(m.)*, 9
hurry apurarse, 8; —— **up** darse
  prisa, 14
hurt doler (o > ue), 10
husband esposo *(m.)*, 4

I

I yo, 1
ice hielo *(m.)*, 3; —— **cream**
  helado *(m.)*, 8
iced helado(a), 3; frío(a), 3; ——
  tea té helado, té frío *(m.)*, 3
idea idea *(f.)*, 4
identification identificación *(f.)*, 3
if si, 3
illiterate analfabeto(a) *(m., f.)*, 7
important importante, 5; **the** ——
  thing lo importante, 5
improve mejorar, 11
in en, LP; de, 2; a, 12; —— **addi-**
  tion to además de, 3; —— **Eng-**
  lish en inglés, 1; —— **order that**
  para que, 13; —— **order to** para,
  3; —— **place of** en lugar de, 12;
  —— **Spanish** en español, 1;
  —— **the morning (afternoon,**
  evening) por (de) la mañana
  (tarde, noche), 2
include incluir, 12

income ingreso *(m.)*, 6
inexpensive barato(a), 7
infection infección *(f.)*, 11
information información *(f.)*, 6
injection inyección *(f.)*, 10
inside en, 12
insist on insistir en, 14
instead of en vez de, 2
insurance seguro *(m.)*, 10; **med-**
  ical —— seguro médico, 10
insured asegurado(a), 7
intelligent inteligente, 1
interest interés *(m.)*, 6
interesting interesante, 4
interior interior, 13
international internacional, 9
invitation invitación *(f.)*, 5
invite invitar, 15
invited invitado(a), 4
iron plancha *(f.)*, 14; planchar, 14
isthmus istmo *(m.)*, 6
it *(dir. obj. pron.)* la, 6; lo, 6
Italian *(language)* italiano *(m.)*, 3
its su(s), 3
itself se, 7

J

jacket chaqueta *(f.)*, 7
jam mermelada *(f.)*, 9
January enero, 2
Japanese *(language)* japonés
  (m.), 3
jewel joya *(f.)*, 13
jewelry joyas *(f. pl.)*, 13
job puesto *(m.)*, 15
join unir, 6
joint account cuenta conjunta
  (f.), 6
joke bromear, 5
journey viaje *(m.)*, 5
juice jugo *(m.)*, 2; zumo *(m.)*
  (Spain), 2
July julio, 2
June junio, 2

K

keep guardar, 6
keyboard teclado *(m.)*, 3
key llave *(f.)*, 13
kid bromear, 5
kill matar, 11
kind gentil, 5

kiss   beso *(m.)*, 15
kitchen   cocina *(f.)*, 9
knee   rodilla *(f.)*, 10
knife   cuchillo *(m.)*, 9
knight   caballero *(m.)*, 11
knock (at the door)   tocar (llamar) a la puerta, 14
know   conocer, 4; saber, 4

L

lab   laboratorio *(m.)*, 2
lady   señora *(f.)* *(abbr.* Sra.), 1
lamb   cordero *(m.)*, 9
lamp   lámpara *(f.)*, 15
land   tierra *(f.)*, 13
language   idioma *(m.)*, 2; lengua *(f.)*, 2; —— **lab**   laboratorio de lenguas *(m.)*, 2
last   durar, 2; (**in a series**) último(a), 3; pasado(a), 7; —— **name**   apellido *(m.)*, 5; —— **night**   anoche, 8; —— **year**   el año pasado *(m.)*, 7
late   tarde, 7; **it's (already) ——!** ¡ya es tarde!, 2
lately   últimamente, 11
later   luego, 9; más tarde, 10; **see you** —— hasta luego, LP
Latin America   Latinoamérica *(f.)*, 2
laugh   reírse, 15
lawn   césped *(m.)*, zacate *(m.)(Mex.)*, 14
lawyer   abogado(a) *(m., f.)*, 1
learn   aprender (a), 4
leave   salir, 6; dejar, 8; **I'm leaving** me voy, 2
left   izquierdo(a), 7; **to the ——** a la izquierda, 7
left over   sobrante, 9
leg   pierna *(f.)*, 10
lemonade   limonada *(f.)*, 3
less   menos, 5; —— **. . . than** menos... que, 3
lesson   lección *(f.)*, 1
let   dejar, 9; —— **it cool** dejar enfriar, 9; ——**'s go** vamos, 4; ——**'s see** a ver, 2
letter   carta *(f.)*, 6
lettuce   lechuga *(f.)*, 8
level   nivel *(m.)*, 2
liberal   liberal, 1

liberty   libertad *(f.)*, 2
library   biblioteca *(f.)*, 2
license   licencia *(f.)*, 3
lie   mentir (e > ie), 11
life   vida *(f.)*, 11
light   luz *(f.)*, 1; ligero(a), 11; claro(a), 13
like   gustar, 7; como *(prep.)*, 13; —— **very much**   encantarle a uno, 15
listen (to)   escuchar, 15; **listen!** ¡oye!, 2
literature   literatura *(f.)*, 2
little *(adj.)*   poco(a), 3; chico(a), 9, pequeño(a), 9; **a ——**   un poco, 7
live   vivir, 3
living room   sala *(f.)*, 15
loaded   cargado(a), 7
loan   préstamo *(m.)*, 6
lobby   vestíbulo *(m.)*, 13
lobster   langosta *(f.)*, 8
lock (in a canal)   esclusa *(f.)*, 6
lodge   hospedarse, 13
log on the system   entrar al sistema, 3
look for, up   buscar, 6
lose   perder (e > ie), 6; —— **consciousness**   perder el conocimiento, 10
love (term of endearment)   cariño *(m.)*, 15; **my ——**   mi amor, 14; encantarle a uno, 15, amar, 15
loved one   amado(a) *(m., f.)*, 15
luck   suerte *(f.)*, 7
luggage   equipaje *(m.)*, 12
lunch   almuerzo *(m.)*, 13; **have ——**   almorzar (o > ue), 9
luxury   lujo *(m.)*, 13

M

Madam   señora *(f.)* *(abbr.* Sra.), 1
made   hecho(a), 10
magazine   revista *(f.)* 8; —— **stand** puesto de revistas *(m.)*, 13
maid   criada *(f.)*, 14; muchacha *(f.)*, 14
maiden name   nombre de soltera *(m.)*, 12
main office   casa central *(f.)*, 6
make   hacer, 4; —— **a decision** tomar una decisión, 11
man   hombre *(m.)*, 1

manager   gerente *(m., f.)*, 13; encargado(a) *(m., f.)*, 15
many   muchos(as), 3
map   mapa *(m.)*, 1
March   marzo, 2
market   mercado *(m.)*, 8
marmalade   mermelada *(f.)*, 9
marry   casarse (con), 14
mashed potatoes   puré de papas *(m.)*, 9
mathematics   matemáticas *(f. pl.)*, 2
matter   importar, 6; **it doesn't ——** no importa, 6
May   mayo, 2
maybe   a lo mejor, 15
M.D.   médico(a) *(m., f.)*, doctor(a) *(m., f.)*, 10
me   mí *(obj. of prep.)*, 5; me *(dir. obj.)*, 6; me *(indir. obj.)*, 7; me *(refl. pron.)*, 7
meal   comida *(f.)*, 8
mean   querer (e > ie) decir, 1
measure   medida *(f.)*, 7
meat   carne *(f.)*, 8; —— **market** carnicería *(f.)*, 8
meatball   albóndiga *(f.)*, 9
medicine   medicina *(f.)*, 10
medium   mediano(a), 5; —— **-rare**   término medio, 14
melt   derretir (e > i), 9
memory   memoria *(f.)*, 3
men's department   departamento de caballeros *(m.)*, 7
menu   menú *(m.)*, 9
merchant   mercader *(m.)*, 3; vendedor(a) *(m., f.)*, 8
message   mensaje *(m.)*, 3
Mexican   mexicano(a) *(m., f.)*, 1
microcomputer   microcomputadora *(f.)*, 3
microwave oven   horno de microondas *(m.)*, 15
milk   leche *(f.)*, 2
milkshake   batido *(m.)*, 9
million   millón *(m.)*, 13
mine   mío(a), míos(as), 9
mineral   mineral *(m.)*, 3; —— **water**   agua mineral *(f.)*, 3
minus   menos, 1
minute   minuto *(m.)*, 6
Miss   señorita *(f.)* *(abbr.* Srta.), 1
mix   mezclar, 9

mixture mezcla *(f.)*, 6
moderate templado(a), 8
mom madre *(f.)*, mamá *(f.)*, 4
moment momento *(m.)*, 6
Monday lunes *(m.)*, LP
money dinero *(m.)*, 5; —— **order** giro postal *(m.)*, 6
monitor monitor *(m.)*, 3
month mes *(m.)*, 21
monthly mensual, 7
moral moraleja *(f.)*, 9
more más, 5; —— . . . **than** más... que, 3; —— **than (number)** más de, 13
morning mañana *(f.)*, LP; **early —— ** madrugada *(f.)*, 11; **in the —— ** por la mañana, LP
mother madre *(f.)*, mamá *(f.)*, 4
mother-in-law suegra *(f.)*, 4
mouse ratón *(m.)*, 3
mouth boca *(f.)*, 9
move (relocate) mudarse, 7
movie theater cine *(m.)*, 4
movies cine *(m.)*, 4
mow (the lawn) cortar el césped, 14
Mr. señor *(m.)* *(abbr.* Sr.), 1; **Mr. and Mrs. . . .** los señores..., 13
Mrs. señora *(f.)* *(abbr.* Sra.), 1
much mucho(a), 5
museum museo *(m.)*, 5
mushroom champiñón *(m.)*, 8
music música *(f.)*, 2
must deber, 3
my mi(s), 3
myself me, 7

N

name nombre *(m.)*, 5; **be —— d** llamarse, 1, llevar el nombre de, 5; **my —— is . . .** me llamo..., 1; **what is your —— ?** ¿cómo se llama usted? *(form.)*, ¿cómo te llamas? *(fam.)*, 1
napkin servilleta *(f.)*, 9
narrow estrecho(a), 7
near cerca (de), 3; —— **here** cerca de aquí, 11
neck cuello *(m.)*, 7
need necesitar, 2
neighborhood barrio *(m.)*, 14
neither ni, 6; tampoco, 6

nephew sobrino *(m.)*, 4
nettle ortiga *(f.)*, 13
never jamás, nunca, 6
new nuevo(a), 1
newspaper diario *(m.)*, periódico *(m.)*, 8
next próximo(a), 5; que viene, 10; —— **to** junto a, 9
nice simpático(a), 1
niece sobrina *(f.)*, 4
night noche *(f.)*, LP
nightclub club nocturno *(m.)*, 5
nightgown camisón *(m.)*, 7
night table mesita de noche *(f.)*, 15
nine nueve, LP
nine hundred novecientos(as), 3
nineteen diecinueve, 1
ninety noventa, 1
no no, 1; ningún, ninguno(a), 6
nobody nadie, 6; ninguno(a), 6
nocturne nocturno *(m.)*, 11
none ninguno(a), 6
noon mediodía *(m.)*, 13; **at —— ** al mediodía, 13
no one nadie, 6; ninguno(a), 6
normal normal, 8
normally normalmente, 8
north norte *(m.)*, 13
North American norteamericano(a) *(m., f.)*, 1
nose nariz *(f.)*, 10; —— **drops** gotas para la nariz *(f. pl.)*, 11
not no, 1; —— **any** ningún, ninguno(a), 6
notebook cuaderno *(m.)*, 1
nothing nada, 6; —— **else** nada más, 6
notice fijarse, 14; darse cuenta de, 14
novel novela *(f.)*, 4
November noviembre, 2
now ahora, 5; **right —— ** ahora mismo, 10
number número *(m.)*, 6
nurse enfermero(a) *(m., f.)*, 10

O

obtain conseguir (e > i), 6
occupied ocupado(a), 13
ocean mar *(m.)*, 13
October octubre, 2

oculist oculista *(m., f.)*, 11
of de, 2; —— **course** cómo no, 5, ¡claro (que sí)!, 15; —— **course not** ¡claro que no!, 15
office oficina *(f.)*, 6
oil aceite *(m.)*, 14
okay bueno, 3; **is it —— ?** ¿está bien?, LP
old antiguo(a), LP; viejo(a), 5
older mayor, 5
oldest (el, la) mayor, 5
on en, LP
one uno, LP; un(a), 1
one hundred cien (ciento), 1
one-third la tercera parte, 9
one-way de ida, 12
onion cebolla *(f.)*, 8
only sólo, 8, solamente, 8
open abrir, 6; abierto(a), 10; franco(a), 13
oppressed oprimido(a), 13
optimistic optimista, 1
or o, 5
orange anaranjado(a), LP; naranja *(f.)*, 2
orchard huerto *(m.)*, 9
order pedir, 8; pedido *(m.)*, 9; mandar, 11; **in —— that** para que, 13
other otro(a), 6
our nuestro(s), nuestra(s), 3
ours nuestro(s), nuestra(s) *(pron.)*, 9
ourselves nos, 7
outdoor al aire libre, 4; —— **market** mercado al aire libre *(m.)*, 8
oven horno *(m.)*, 14
over en, 12
overlooking con vista a, 13
own propio(a), 2
owner dueño(a), *(m., f.)*, 13

P

package paquete *(m.)*, 7
page página *(f.)*, LP
pain dolor *(m.)*, 10
painkiller calmante *(m.)*, 11
paint pintar, 15
painting pintura *(f.)*, 14
pair par *(m.)*, 7
pajamas pijama, pijamas *(m.)*, 7
pancake panqueque *(m.)*, 9

pants   pantalón *(m.)*, pantalones *(m., pl.)*, 7
pantyhose   pantimedias *(f. pl.)*, 7
pap smear   papanicolaus *(m.)*, 11
paper   papel *(m.)*, 1
parasol   sombrilla *(f.)*, 9
pardon?   ¿cómo?, ¿mande? *(Mex.)*, LP
parents   padres *(m. pl.)*, 4
park   parque *(m.)*, 8; estacionar, 15; aparcar, 15; parquear, 15
part   parte *(f.)*, 6
party   fiesta *(f.)*, 4
passbook   libreta de ahorros *(f.)*, 6
passenger   pasajero(a) *(m., f.)*, 12
passport   pasaporte *(m.)*, 12
past   y *(ref. to time)*, 2
pastime   pasatiempo *(m.)*, 11
pastry   pastel *(m.)*, 8
patience   paciencia *(f.)*, 14
patient   paciente *(m., f.)*, 1
patio   patio *(m.)*, 13
pay   pagar, 3
payment   pago *(m.)*, 3
pea   guisante *(m.)*, 8
peach   durazno *(m.)*, melocotón *(m.)*, 8
pear   pera *(f.)*, 8
pediatrician   pediatra *(m., f.)*, 11
peel   pelar, 9
pen   bolígrafo *(m.) (ballpoint)*, pluma *(f.) (fountain)*, 1
pencil   lápiz *(m.)*, 1; —— sharp-ener   sacapuntas *(m.)*, 1
penicillin   penicilina *(f.)*, 11
people   gente *(f.)*, 6
pepper   pimiento *(m.) (green)*, ají *(m.)*, 8; pimienta *(f.) (black)*, 9
per   por, 3; —— night   por noche, 13
percent   por ciento, 6
perfect   perfecto(a), 3
perfectionist   perfeccionista, 1
perhaps   a lo mejor, 15
person   persona *(f.)*, 12
pessimistic   pesimista, 1
pharmacist   farmacéutico(a), *(m., f.)*, 11
pharmacy   farmacia *(f.)*, 8
Ph.D.   doctorado *(m.)*, 1; licenciado(a) *(m., f.) (in Mexico)*, 1
phone   llamar por teléfono, 5; —— call   llamada telefónica *(f.)*, 11

physics   física *(f.)*, 2
pick up   buscar, 10
picnic   picnic *(m.)*, 5; on a —— de picnic, 5
pie   pastel *(m.)*, 8
piece   pedazo *(m.)*, trozo *(m.)*, 9
pill   pastilla *(f.)*, 10
pillowcase   funda *(f.)*, 14
pin   prender, 15
pineapple   piña *(f.)*, 8
pink   rosado(a), LP
place   lugar *(m.)*, 5; poner, 7; in —— of   en lugar de, 5; —— of interest   lugar de interés *(m.)*, 1
placed   puesto(a), 10
plan   planear, 4; to —— to (do something)   pensar (e > ie) + *infinitive*, 5
plane   avión *(m.)*, 12
plastic   plástico *(m.)*, 5
plate   plato *(m.)*, 9
play   jugar (i.e., a game), 8; —— music, an instrument   tocar, 5; —— tennis   jugar al tenis, 4
player   jugador(a) *(m., f.)*, 4
pleasant   agradable, 11
please   por favor, LP; complacer, 13
pleasure   gusto *(m.)*, 1; it's a —— to meet you; how do you do?   mucho gusto, 1; the —— is mine   el gusto es mío, 1
plus   más, 1
pneumonia   pulmonía *(f.)*, 11
poem   poema *(m.)*, 4
poetry   poesía *(f.)*, 15
political science   ciencias políticas *(f. pl.)*, 2
poorly   mal, 11
popular   popular, 1
pork   cerdo *(m.)*, 8
Portuguese *(language)*   portugués *(m.)*, 3
position   puesto *(m.)*, 15
possible   posible, 8
possibly   posiblemente, 8
postcard   tarjeta postal *(f.)*, 6
post office   correo *(m.)*, oficina de correos *(f.)*, 6
potato   patata *(f.) (Spain)*, papa *(f.)*, 8; mashed ——s   puré de papas *(m.)*, 9
pour   verter (e > ie), 9; —— out   echar, 13

powder   polvo *(m.)*, 11
prayer   oración *(f.)*, 15
prefer   preferir (e > ie), 5
pregnant   embarazada, 11
prepare (oneself)   prepararse, 11
prescribe   recetar, 10
prescription   receta *(f.)*, 11
present   presente, LP; regalo *(m.)*, 15
pretty   bonito(a), 1
price   precio *(m.)*, 13
printer   impresora *(f.)*, 3
private   privado(a), 13
privateer   corsario *(m.)*, 5
problem   problema *(m.)*, 2
procrastinate   dejar para mañana lo que uno puede hacer hoy, 11
professor   profesor(a) *(m., f.)*, 1
program   programa *(m.)*, 2
proud   orgulloso(a), 15
provided that   con tal (de) que, 13
psychology   psicología *(f.)*, 2
punch   ponche *(m.)*, 5
pupil   alumno(a) *(m., f.)*, 1
purple   morado(a), LP
purpose   propósito *(m.)*, 7
purse   bolso *(m.)*, 7; cartera *(f.)*, 7; bolsa *(f.)*, 7
put   poner, 7; puesto(a), 10; —— on   ponerse, 7; —— a cast on   enyesar, 10

Q

quality   calidad *(f.)*, 7
quarter   cuarto *(m.)*, 2; trimestre *(m.)*, 3; —— past (or after) . . . . . .y cuarto, 2; —— to . . . . . .menos cuarto, 2
quench   apagar, 9
quiet   tranquilo(a), 11
quiz   prueba *(f.)*, LP

R

rain   lluvia *(f.)* 9; llover (o > ue), 9
raincoat   impermeable *(m.)*, 9
rain forest   selva *(f.)*, 7
raise   levantar, LP
rapid   rápido, 8
rapidly   rápidamente, 8
rare   raro(a), 8; casi crudo(a), poco hecho, 14

show enseñar, mostrar (o > ue), 12
shower ducha *(f.)*, regadera
  (Mex.)(f.), 13
shrimp camarón *(m.)*, gamba *(f.)*,
  8
sick enfermo(a), 5
sigh suspiro *(m.)*, 15
sign firmar, 6; —— **up** ins-
  cribirse, 7; letrero *(m.)*, 4
silver plata *(f.)*, 8
silverware cubiertos *(m.)*, 14
sink fregadero *(m.)*, 14
sir señor *(m.)* *(abbr.* Sr.), 1
sister hermana *(f.)*, 4
sister-in-law cuñada *(f.)*, 4
sit down sentarse (e > ie), 7
six seis, LP
six hundred seiscientos(as), 3
sixteen dieciséis, 1
sixty sesenta, 1
size talla *(of clothing) (f.)*, tamaño
  (m.), 7
skate patinar, 4
ski esquiar, 5
skirt falda *(f.)*, 7
sky cielo *(m.)*, 9
skyscraper rascacielo *(m.)*, 9
sleep dormir (o > ue), 6
sleeper sofa sofá-cama *(m.)*, 13
sleeve manga *(f.)*, 7
slice (small) rajita *(f.)*, 9
slim delgado(a), 1
slip combinación *(f.)*, 7
slipper zapatilla *(f.)*, 7
slow despacio, 1; lento(a), 8;
  ——**er, please** más despacio,
  por favor, LP
slowly lentamente, 8
small pequeño(a), 5
smaller menor, 5
smallest (el, la) menor, 5
smile sonreír, 15; sonrisa *(f.)*, 15
smoke fumar, 12
snack (afternoon) merienda *(f.)*, 9
snow nevar (e > ie), 9
snowfall nevada *(f.)*, 9
so así que, 15; —— **long** hasta
  luego, LP; —— **much** tanto(a),
  4; —— **many** tantos(as), 15
soap jabón *(m.)*, 8
soccer fútbol *(m.)*, 4
Social Security Seguro Social, 6

sociology sociología *(f.)*, 2
sock calcetín *(m.)*, 7
soda refresco *(m.)*, 4
soft drink refresco *(m.)*, 4
some unos(as), 1; algún,
  alguno(a), algunos(as), 6
someone alguien, 6
something algo, 6
sometimes a veces, 4; algunas
  veces, 6
somewhere en alguna parte, 10
son hijo *(m.)*, 4
son-in-law yerno *(m.)*, 4
soon pronto, 11
sorry perdón, LP; **I'm** —— lo
  siento, 1
soul alma *(m.)*, 13
soup sopa *(f.)*, 9
source fuente *(f.)*, 6
south sur *(m.)*, 13
souvenir shop tienda de regalos
  (f.), 13
space espacio *(m.)*, 15; **parking**
  —— espacio para estacionar
  (m.), 15
spaghetti tallarines *(m. pl.)*, 9;
  espaguetis *(m. pl.)*, 8
Spain España, 13
Spanish *(language)* español *(m.)*,
  2; **(person)** español(a), 2
speak hablar, 2; **this is . . . (name)**
  speaking habla... (nombre), 5
specialty especialidad *(f.)*, 9
spell deletrear, 11
spelling deletreo *(m.)*, 11
spend (money) gastar, 8; ——
  (time) pasar, 12; —— **the**
  summer veranear, 12
spoon cuchara *(f.)*, 9
spoonful cucharada *(f.)*, 9
sport deporte *(m.)*, 4
spring primavera *(f.)*, 2
stadium estadio *(m.)*, 4
stairs escalera *(f.)*, 10
stamp estampilla *(f.)*, 6; sello *(m.)*,
  6, timbre *(m.)* *(Mex.)*, 6
stand in line hacer cola, 6
star estrella *(f.)*, 13
stare clavar la pupila, 15
start comenzar (e > ie), empezar
  (e > ie), 5
state estado *(m.)*, 3

stay quedarse, 8; **(at a hotel)**
  hospedarse, 13
steak bistec *(m.)*, biftec *(m.)*, 9
stepbrother hermanastro *(m.)*, 15
stepdaughter hijastra *(f.)*, 15
stepfather padrastro *(m.)*, 15
stepmother madrastra *(f.)*, 15
stepsister hermanastra *(f.)*, 15
stepson hijastro *(m.)*, 15
stereo estéreo *(m.)*, tocadiscos
  (m.), 5
still todavía, 14
stomach estómago *(m.)*, 10
stop parar, 10; detenerse, 11
stopover escala *(f.)*, 12; **to stop**
  over hacer escala, 12
store tienda *(f.)*, 7
store information archivar la
  información, 3
stork cigüeña *(f.)*, 5
storm tormenta *(f.)*, 9
stove cocina *(f.)*, 9
strainer colador *(m.)*, 15
strange raro(a), 8
strawberry fresa *(f.)*, 8
street calle *(f.)*, 2
student estudiante *(m., f.)*, 1;
  alumno(a) *(m., f.)*, 1
study estudiar, 2
stupidity torpeza *(f.)*, 11
subject asignatura *(f.)*, 2; materia
  (f.), 2
sufficient suficiente, 3
sugar azúcar *(m.)*, 7; —— **cane**
  caña de azúcar *(f.)*, 7
suggest sugerir (e > ie), 11
suit traje *(m.)*, 7
suitcase maleta *(f.)*, valija *(f.)*, 12;
  small —— maletín, 12
summer verano *(m.)*, 2
Sunday domingo *(m.)*, LP
superintendent encargado(a)
  (m., f.), 15
supermarket supermercado *(m.)*,
  8
sure seguro(a), cómo no, 5
surf the net navegar la red, 3
surgeon cirujano(a) *(m., f.)*, 11
surrounded rodeado(a), 1
sweater suéter *(m.)*, 7
sweep barrer, 14
swim nadar, 4

swimming pool   piscina *(f.)*, 4
syrup   jarabe *(m.)*, 11
system   sistema *(m.)*, 2

T

table   mesa *(f.)*, 1
tablecloth   mantel *(m.)*, 9
take   tomar, 2; —— **(someone or something someplace)** llevar, 4; —— **out** sacar, 6; —— **off (clothes)** quitarse, 7; —— **a seat** tomar asiento, 1; —— **care of oneself** cuidarse, 11; —— **place** tener lugar, llevar a cabo, 5
talk   conversar, 2
tall   alto(a), 1
tape   cinta *(f.)*, caset *(m.)*, 5
tasty   sabroso(a), 9
taxi   taxi *(m.)*, 6
tea   té *(m.)*, 3
teacher   maestro(a) *(m., f.)*, 7
tear   lágrima *(f.)*, 15
tear out   arrancar, 13
teaspoon   cucharita *(f.)*, 9
teenager   adolescente *(m., f.)*, 8
telegram   telegrama *(m.)*, 2
telephone   teléfono *(m.)*, 5; —— **number** número de teléfono *(m.)*, LP
television (set)   televisión *(f.)*, televisor *(m.)*, 13
tell   decir (e > i), 5; —— **me** dígame, 10
teller   cajero(a) *(m., f.)*, 6
temperature   temperatura *(f.)*, 11; **at low** —— a fuego lento, 9
ten   diez, LP
tenderloin   filete *(m.)*, 14
tenth   décimo, 13
terrace   terraza *(f.)*, 15
test   prueba *(f.)*, LP
than   que, 5
thanks   gracias, LP
thank you   gracias, LP; —— **very much** muchas gracias, LP
thank goodness   menos mal, 8
that   que *(rel. pron.)*, 3; aquel, aquella, ese, esa, eso *(adj.) (distant)*, 6; aquello, eso, *(neut. pron.)*, 6; aquél, aquélla, ése, ésa, *(pron.)*, 6

the   el *(m. sing.)*, la *(f. sing.)*, los *(m. pl.)*, las *(f. pl.)*, 1
theater   teatro *(m.)*, 4
their   su(s), 3
theirs *(pron.)*   suyo(a), suyos(as), 9
them   ellas *(f.)*, ellos *(m.) (obj. of prep.)*, 5; las *(f.)*, los *(m.)*, 6; **(to)** —— les, 7
themselves   se, 7
then   entonces, 5; después, 3; luego, 3
there   allí, 5; —— **is (are)** hay, 1; —— **was (were)** hubo, 8
these   estos(as) *(adj.)*, 6; éstos(as) *(pron.)*, 6
they   ellos(as) *(m., f.)*, 1
thin   delgado(a), 1
thing   cosa *(f.)*, 8
think   pensar (e > ie), 5; creer, 5
thirteen   trece, 1
thirty   treinta, 1
this   este, esta *(adj.)*, 3; esto *(neut. pron.)*, 4; —— **one** *(pron.)* éste, ésta, 4
thistle   cardo *(m.)*, 13
those   esos(as), aquellos(as) *(adj.)*, 4; ésos(as), aquéllos(as) *(pron.)*, 4
thousand   mil, 3
three   tres, LP
three hundred   trescientos(as), 3
throat   garganta *(f.)*, 11
through   por, 9; por medio de, 7
Thursday   jueves *(m.)*, LP
ticket   billete *(m.)*, 12; pasaje *(m.)*, 12
tie   corbata *(f.)*, 7
till   menos, 2
time   tiempo *(m.)*, 8; época *(f.)*, 11; hora *(f.)*, 13; **what** —— **is it?** ¿qué hora es?, 2; **at what** ——...? ¿a qué hora...?, 2
tip   propina *(for service) (f.)*, 9
tired   cansado(a), 4
to   a, 12; —— **taste** a gusto, 9; menos, 2
toast   pan tostado *(m.)*, 9; tostada *(f.)*, 9
toaster   tostadora *(f.)*, 14
today   hoy, 2
toe   dedo del pie *(m.)*, 10
toilet paper   papel higiénico *(m.)*, 8
tomato   tomate *(m.)*, 8

tomorrow   mañana, LP; **see you** —— hasta mañana, LP; —— **morning** mañana por la mañana, 3
tongue   lengua *(f.)*, 10
tonight   esta noche, 4
too   también, 1; —— **much** demasiado(a), 12
tooth   diente *(m.)*, 10
tornado   tornado *(m.)*, 9
tour   excursión *(f.)*, 12
tourist   turista *(m., f.)*, 12
towel   toalla *(f.)*, 14
traffic   tráfico *(m.)*, 9
tranquilizer   calmante *(m.)*, 11
translate   traducir, 8
trash   basura *(f.)*, 14
travel   viajar, 12
travel agency   agencia de viajes *(f.)*, 12
traveler   viajero(a) *(m., f.)*, 13
traveler's check   cheque de viajero *(m.)*, 6
trimester   trimestre *(m.)*, 3
trip   viaje *(m.)*, 12; **have a nice** —— buen viaje, 12; **on a** —— de viaje, 12
trousers   pantalón *(m.)*, 7; pantalones *(m. pl.)*, 7
true   verdadero(a), LP; cierto(a), 13; **it's** —— es verdad, 4
trust   confiar en, 14
truth   verdad *(f.)*, 4
try   tratar de, 13; —— **(on)** probar(se) (o > ue), 7
T-shirt   camiseta *(f.)*, 7
Tuesday   martes *(m.)*, LP
turn on   poner, 13
turn over   virar, 9
TV set   televisor *(m.)*, 13
twelve   doce, 1
twenty   veinte, 1
twist   torcer(se) (o > ue), 10
two   dos, LP; **there are** —— **of us** somos dos, 13
two hundred   doscientos(as), 3
type   tipo *(m.)*, 12

U

umbrella   paraguas *(m.)*, 9
uncle   tío *(m.)*, 4

under debajo de, 12
undershorts calzoncillos *(m. pl.)*, 7
understand entender (e > ie), 5
underwear ropa interior *(f.)*, 7
unfortunately desgraciadamente, 8
unit unidad *(f.)*, 3
unite mezclar, 13
university universidad *(f.)*, 1
unless a menos que, 13
until hasta, 5; hasta que, 13
us nosotros(as) *(obj. of prep.)*, 5; nos *(dir. obj.)*, 6; nos *(indir. obj.)*, 7
U.S. estadounidense *(m., f.) (used to denote citizenship)*, 1
use usar, 6

V

vacant libre, disponible, 13
vacate desocupar, 13
vacation vacaciones *(f. pl.)*, 9; **to be on** —— estar de vacaciones, 9
vacuum pasar la aspiradora, 14
vacuum cleaner aspiradora *(f.)*, 14
value valor *(m.)*, 6
vanilla vainilla *(f.)*, 8
vase florero *(m.)*, 14
veal ternera *(f.)*, 8
vegetable vegetal *(m.)*, 8; —— **market** verdulería *(f.)*, 8
very muy, LP; —— **well** muy bien, LP
vest chaleco *(m.)*, 7
vet veterinario(a) *(m., f.)*, 4
via por, 9
vinegar vinagre *(m.)*, 14
visa visa *(f.)*, 12
visit visitar, 13
vitamin vitamina *(f.)*, 11

W

wait (for) esperar, 10
waiter camarero(a) *(m., f.)*, 4; mozo *(m.)*, mesero(a) *(m., f.) (Mex.)*, 4
waiting list lista de espera *(f.)*, 12
wake up despertarse (e > ie), 7

walk caminar, 10
wall muro *(m.)*, 15; pared *(f.)*, 5
wallet billetera *(f.)*, 7
want desear, 2; querer (e > ie), 5
war guerra *(f.)*, 2
warm templado(a), 9
warning advertencia *(f.)*, 11
wash (oneself) lavar (se), 7; —— **lavarse** one's hair **la cabeza**, 7; —— **dishes** fregar (e > ie), 14
washing machine lavadora *(f.)*, 14
wastebasket cesto de papeles *(m.)*, 1
watch reloj *(m.)*, 1
water agua (el) *(f.)*, 13; **ice** —— agua con hielo, 3
way modo *(m.)*, 11
we nosotros(as), 1
wear usar, llevar, 7; —— **a certain shoe size** calzar, 7
weather tiempo *(m.)*, 9; **to be good (bad)** —— hacer buen (mal) tiempo, 9
web site sitio web *(m.)*, 3
wedding boda *(f.)*, 15; —— **anniversary** aniversario de bodas *(m.)*, 9
Wednesday miércoles *(m.)*, LP
week semana *(f.)*, 8; **during the** —— entre semana, 12; **in two** ——**s** dentro de quince días, 12
weekend fin de semana *(m.)*, 4
weight peso *(m.)*, 11
welcome bienvenido(a), 5; **you're** —— de nada, 1; —— **party** fiesta de bienvenida *(f.)*, 5
well bien, LP; —— **-done** bien cocido(a), 14; **very** —— muy bien, 3; **not very** —— no muy bien, 3
west oeste *(m.)*, 13
what? ¿qué?, 2; ¿cuál(es)?, 2; —— **day is today?** ¿qué día es hoy?, 2; —— **for?** ¿para qué?, 9; —— **is . . . like?** ¿cómo es...?, 1; —— **is today's date?** ¿qué fecha es hoy?, 2; ——**'s new?** ¿qué hay de nuevo?, LP; —— **is the rate of (monetary) exchange?** ¿a cómo está el cambio de moneda?, 12; —— **is your name?** ¿cómo se llama usted *(form.)*?, ¿cómo te

llamas *(fam.)*?, 1; —— **a pity!** ¡qué lástima!, 7
when cuando, 3; ¿cuándo?, 2
where ¿dónde?, 2; —— **are you from?** ¿de dónde eres?, 1; —— **from?** ¿de dónde?, 2; —— **(to)?** ¿adónde?, 4
which ¿cuál(es)?, 2
while rato *(m.)*, 4; mientras, 7; **a** —— un rato, 4; **a** —— **later** al rato, 3
white blanco(a), LP
who? ¿quién(es)?, 2
why? ¿por qué?, 2
wide ancho(a), 7
wife esposa *(f.)*, 4
window ventana *(f.)*, 1; **ticket** —— ventanilla *(f.)*, 6
wine vino *(m.)*, 2; **red** —— vino tinto, 2; **rosé** —— vino rosado, 2; —— **glass** copa *(f.)*, 2
winter invierno *(m.)*, 2
wish desear, 2; querer (e > ie), 5
with con, 1; de, 12; —— **me** conmigo, 5; —— **you** contigo, 5; —— **someone else** acompañado(a), 12; —— **whom?** ¿con quién?, 2
woman mujer *(f.)*, 1
wonderful estupendo(a), 15
wood madera *(f.)*, 13
word palabra *(f.)*, LP
work (of art) obra *(f.)*, 14; trabajo *(m.)*, PM; trabajar, 2; funcionar, 14
world mundo *(m.)*, 15
worry preocuparse, 15
worse peor, 5
worst (el, la) peor, 5
wound herida *(f.)*, 10
wounded herido(a), 13
wow! ¡caramba!, 2
wrist muñeca *(f.)*, 10
write escribir, 3; —— **down** anotar, 9; —— **programs** diseñar programas, 3
written escrito(a), 10

X

X-ray radiografía *(f.)*, 10
X-ray room sala de rayos X (equis) *(f.)*, 10

Y

year año *(m.)*, 7
yellow amarillo(a), LP
yes sí, 1
yesterday ayer, 7
yet todavía, 14; **not——** todavía
 no, 14
you tú, vosotros(as), usted(es)
 (pron.), 1; ti, usted(es),
 vosotros(as) *(obj. of prep.)*, 5;
 la(s), lo(s), os, te *(dir. obj.)*, 6; le(s),

os, se, te *(indir. obj.)*, 7; **——'re**
 welcome de nada, LP
young joven, 5
young lady señorita *(f.)*, 1
young man chico *(m.)*, muchacho
 (m.), 1
young people jóvenes *(m. pl.)*, 5
young woman chica *(f.)*,
 muchacha *(f.)*, 1
younger menor, 5
youngest (el, la) menor, 5

your su(s), tu(s), 1; vuestro(s),
 vuestras(s), 3
yours suyo(a), suyos(as), tuyo(a),
 tuyos(as), vuestro(a),
 vuestros(as), 9
yourself se, te, 7
yourselves os, se, 7

Z

zero cero, LP

INDEX

PHOTO CREDITS

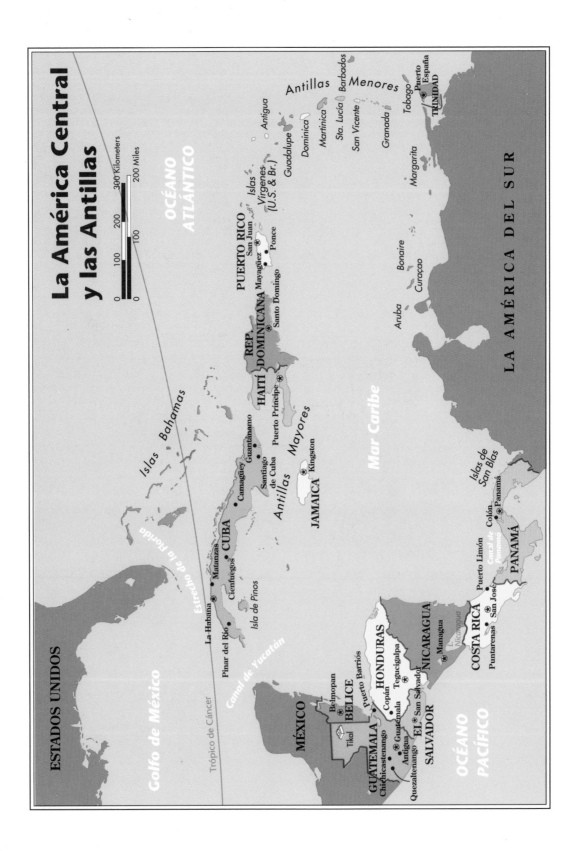

La América Central y las Antillas

ESTADOS UNIDOS

Golfo de México

OCÉANO PACÍFICO

OCÉANO ATLÁNTICO

Trópico de Cáncer

Islas Bahamas

Estrecho de la Florida

Canal de Yucatán

MÉXICO

BELICE
Belmopan
Tikal
Puerto Barrios

GUATEMALA
Chichicastenango
Quezaltenango
Antigua
Guatemala

EL SALVADOR
San Salvador

HONDURAS
Copán
Tegucigalpa

NICARAGUA
Managua
L. Nicaragua

COSTA RICA
Puntarenas
San José

PANAMÁ
Puerto Limón
Colón
Panamá
Canal de Panamá
Islas de San Blas

CUBA
Pinar del Río
La Habana
Matanzas
Cienfuegos
Isla de Pinos
Camagüey
Santiago de Cuba
Guantánamo

JAMAICA
Kingston

Antillas Mayores

Mar Caribe

HAITÍ
Puerto Príncipe

REP. DOMINICANA
Santo Domingo

PUERTO RICO
Mayagüez
San Juan
Ponce

Islas Vírgenes (U.S. & Br.)

San Juan

Antillas Menores

Antigua
Guadalupe
Dominica
Martinica
Sta. Lucía
San Vicente
Barbados
Granada

Tobago
Puerto España
TRINIDAD

Margarita
Bonaire
Curaçao
Aruba

LA AMÉRICA DEL SUR

300 Kilometers
200 Miles
0 100 200
0 100 200